国家社科基金重大项目
"数字经济时代竞争政策定位与反垄断问题研究"（23&ZD076）的阶段性成果

西南政法大学新时代法学理论研究丛书

Research on the Difficult Issues
in the Implementation
of Antitrust Law
in the Mobile Internet Field

移动互联网领域
反垄断法
实施疑难问题研究

叶　明　吴太轩　著

社会科学文献出版社
SOCIAL SCIENCES ACADEMIC PRESS (CHINA)

总　序

党的二十大报告指出，"深入实施马克思主义理论研究和建设工程，加快构建中国特色哲学社会科学学科体系、学术体系、话语体系，培育壮大哲学社会科学人才队伍"。哲学社会科学是推动历史发展和社会进步的重要力量。习近平总书记在哲学社会科学工作座谈会上的讲话谈道："人类社会每一次重大跃进，人类文明每一次重大发展，都离不开哲学社会科学的知识变革和思想先导。"法学学科作为哲学社会科学的重要组成部分，承担着培养法治人才、产出法学成果、服务经济社会发展的重要职责。法学学科建设离不开法学理论研究的高质量发展。中共中央办公厅、国务院办公厅《关于加强新时代法学教育和法学理论研究的意见》提出要"创新发展法学理论研究体系"，这是新时代对法学理论研究工作提出的要求，也是广大法学工作者投身理论研究事业的使命。

作为新中国最早建立的高等政法学府之一、全国法学教育研究重镇的西南政法大学，自1950年成立以来，一直将法学理论研究作为事业发展基础，并取得了丰硕的研究成果。法学理论研究是推动中国法学教育发展的事业，是服务中国法治实践的事业，也是丰富中国特色哲学社会科学体系建设的事业。在党中央、国务院的坚强领导下，尤其是党的二十大以来，西南政法大学始终坚持以习近平新时代中国特色社会主义思想为指导，深入贯彻党的二十大精神和党中央决策部署，深学笃用习近平法治思想、总体国家安全观，全面贯彻党的教育方针，坚持扎根重庆、服务全国、放眼世界，坚持立德树人、德法兼修，发挥法学特色优势，不断健全科研组织、壮大科研队伍，通过各个学院和各大研究机构团结带领本校科研骨干围绕中心、服务大局，在实施全面依法治国战略、新时代人才强国战略、创新驱动发展战略等方面持续做出西政贡献。

为深入贯彻党的二十大精神和习近平总书记在哲学社会科学工作座谈会上的重要讲话精神，具体落实中办、国办《关于加强新时代法学教育和法学理论研究的意见》要求，西南政法大学组织动员本校法学科研优秀骨干，发挥法学专家群体智慧和专业优势，编撰出版了"西南政法大学新时代法学理论研究丛书"。这套丛书具有四个鲜明特点：一是，自觉坚持把对习近平法治思想的研究阐释作为首要任务，加强对习近平法治思想的原创性概念、判断、范畴、理论的研究，加强对习近平法治思想重大意义、核心要义、丰富内涵和实践要求的研究；二是，紧紧围绕新时代全面依法治国实践，切实加强扎根中国文化、立足中国国情、解决中国问题的法学理论研究，总结提炼中国特色社会主义法治具有主体性、原创性、标识性的概念、观点、理论，构建中国自主的法学知识体系；三是，着力推动中华优秀传统法律文化创造性转化、创新性发展；四是，注重加强外国法与比较法研究，合理借鉴国外有益经验，服务推进全面依法治国实践。

出版这套丛书，希望能够为中国自主法学知识体系建设贡献西政智慧、西政方案、西政力量。2016 年 5 月 17 日，习近平总书记在哲学社会科学工作座谈会上指出："一个没有发达的自然科学的国家不可能走在世界前列，一个没有繁荣的哲学社会科学的国家也不可能走在世界前列。坚持和发展中国特色社会主义，需要不断在实践和理论上进行探索、用发展着的理论指导发展着的实践。在这个过程中，哲学社会科学具有不可替代的重要地位，哲学社会科学工作者具有不可替代的重要作用。"2022 年 4 月 25 日，习近平总书记在考察中国人民大学时深刻指出："加快构建中国特色哲学社会科学，归根结底是建构中国自主的知识体系。"这一重要论断深刻说明，对于构建中国特色哲学社会科学来说，建构中国自主知识体系既是根本基础又是必由之路。法学是哲学社会科学的重要支撑学科，是经世济民、治国安邦的大学问。西政是全国学生规模最大、培养法治人才最多的高等政法学府，师资队伍庞大、学科专业门类齐全，有条件、有义务、有使命走在中国自主法学知识体系建设的第一理论方阵。

是为序。

林　维

2024 年 7 月

目　录

引　论

一　选题背景及研究意义

（一）选题背景

近年来，我国 PC 端互联网已日趋饱和，伴随着移动终端价格的下降及 Wi-Fi 的广泛覆盖，我国移动互联网市场呈现"井喷式"发展态势。截至 2023 年 12 月，我国移动互联网用户已经超过 12.27 亿。[①] 然而，移动互联网企业在资本实力、数据优势、规则制定权力的加持下，运用数据用户流量和算法等杠杆撬动各个市场上的市场份额，导致其商业平台无限延伸，商业疆界不断扩张，[②] 该市场也面临着竞争不充分、用户利益未得到有效保护等挑战，发生了米时科技诉奇虎 360、滴滴收购优步（中国）、深圳微源码诉腾讯等垄断案件，需要有关部门予以回应。由于移动互联网产品的生产方式往往以数据的形式出现，相关产品的定价并不以企业的生产能力为指导。同时，企业通常追求的是数据量而非产品的利润，依靠数据量巩固行业的地位，并通过双边市场的产品定价方式来与其他对手竞争。[③]在网络效应、规模效应、虹吸效应以及数据潜在生产力的大力推动之下，[④]

---

① 参见袁璐《去年移动互联网二线以上城市用户占比增 10.5%》，百家号网，https://baijia-hao. baidu. com/s？id＝1789498350508783255&wfr＝spider&for＝pc，最后访问日期：2024 年 5 月 27 日。

② 参见孙晋《数字平台的反垄断监管》，《中国社会科学》2021 年第 5 期。

③ 参见金俭《超越市场力量和垄断力量：平台经济时代的反垄断规制》，《比较法研究》2023 年第 1 期。

④ 参见谢富胜、吴越、王生升《平台经济全球化的政治经济学分析》，《中国社会科学》2019 年第 12 期。

移动互联网领域的垄断倾向日益明显。

近些年来，很多国家和地区不断强化了移动互联网领域的反垄断，甚至掀起一股数字平台反垄断的浪潮。① 欧盟更是在既有的竞争法之外，制定和实施了《数字市场法》，专门针对超级数字平台建立了"守门人"制度。② 可以说，移动互联网经济的高质量发展离不开有效市场，更离不开有为政府，在避免移动互联网经济发展产生负面效应的同时，还应引导移动互联网经济走上规范健康可持续发展道路。③

由于移动互联网与传统实体市场和 PC 端互联网相比，其商业模式与垄断行为都具有较大特殊性，实务部门在运用建立在传统实体市场之上的反垄断法处理这些案件时面临一系列难题，比如：用哪种测试方法来界定移动互联网领域相关市场？认定应用商店的市场支配地位应考虑哪些因素？如何认定平台劫持、预装软件、拒绝第三方软件上架、平台封禁等新型垄断行为的违法性？如何确定移动互联网市场的经营者集中申报标准？在移动互联网垄断案件中如何实施行为性救济？移动互联网的快速发展带来了许多新问题、新挑战，冲击着既有的法律法规和政策制度，需要不断完善反垄断监管体制机制，提高我国数字经济治理体系和治理能力现代化水平。④ 在此背景下，本书以"移动互联网领域反垄断法实施疑难问题研究"为题，对移动互联网领域反垄断法实施面临的疑难问题展开专门研究。

（二）研究意义

1. 学术价值

（1）拓宽了反垄断法的研究视域，提出了一些反垄断法学界需要研究的新命题

本书将反垄断法学界的研究视域从传统实体经济和互联网经济领域扩

---

① 参见熊鸿儒、韩伟《全球数字经济反垄断的新动向及启示》，《改革》2022 年第 7 期。
② 该法已于 2023 年 5 月 2 日正式施行。
③ 参见李玉梅、高鹤鹏、陈洋毅等《中国平台经济的现状、意义、问题及对策》，《华东经济管理》2024 年第 5 期。
④ 参见叶明、李文博《数字经济互联互通的实现方式——问题揭示、欧盟经验及调整方向》，《科技与法律》2023 年第 2 期。

展到移动互联网领域，提出了移动互联网领域相关市场界定方法必须重构，需要界定时间市场；市场支配地位的认定需要增加考虑创新、产品多样性、用户隐私等因素；营业额非经营者集中申报的唯一标准等需要研究的新命题。

（2）有利于丰富反垄断法和民事诉讼法理论

从相关市场、市场支配地位、垄断行为违法性、法律责任等方面研究其在移动互联网领域的特殊性，有利于完善我国反垄断法的相关理论；研究传统的诉前禁令、证据规则如何在移动互联网领域具体适用，有利于丰富我国民事诉讼法的相关理论。

2. 应用价值

（1）提供修改《中华人民共和国反垄断法》（以下简称《反垄断法》）相关条款的理论支撑和具体建议

针对《反垄断法》未考虑到移动互联网迅猛发展及其垄断行为的特殊性，《反垄断法》在该领域的实施困难重重的问题，本书从相关市场界定、市场支配地位认定、垄断行为违法性认定、法律责任追究等方面为《反垄断法》相关条款的修改提供立法参考与理论支撑。

（2）有助于反垄断法在移动互联网领域的合理实施

本书从实体和程序两个方面提出反垄断法的实施建议，有助于反垄断执法部门和司法部门在移动互联网领域合理实施反垄断法。

二　文献综述

针对移动互联网领域反垄断法的实施情况，学界的研究集中在以下几个方面。

（一）移动互联网领域垄断行为概述

1. 相关概念明晰

（1）移动互联网的含义

理论界对移动互联网这一概念尚未形成统一、明确的定义。对于移动互联网与传统互联网之间的关系，目前存在两种不同观点：一种是移动互联网本身属于互联网的一部分;① 另一种认为移动互联网是互联网延伸的新领域,移动互联网继承了移动通信随时、随地、随身和互联网分享、开放、互动的双重优势,是集二者所长的"升级版本",② 是移动终端与互联网相互融合的高级阶段。③ 关于移动互联网的构成,中国信息通信研究院2011年首次阐述了"移动互联网"这一概念,指出移动互联网包括三个要素:移动终端、移动网络和应用服务。④

(2)平台经济的含义

作为由互联网平台协调组织资源配置的一种经济形态,平台经济被视为数字经济的一种特殊形态。国家发展改革委等九部门联合印发的《关于推动平台经济规范健康持续发展的若干意见》明确指出:"平台经济是以互联网平台为主要载体,以数据为关键生产要素,以新一代信息技术为核心驱动力,以网络信息基础设施为重要支撑的新型经济形态。"平台竞争是当下互联网竞争的主要模式。企业通过搭建一个网络交互空间,使得不同的消费群体和经营者群体能够通过这一空间接口进行各种交易或者交互活动。⑤

2. 移动互联网市场的特点

与 PC 端互联网市场相比较,移动互联网市场一方面与 PC 端互联网市场存在很多共性,另一方面,移动互联网市场也有其自身的特性。

(1)移动互联网市场与 PC 端互联网市场共有的特点

移动互联网与传统互联网都具有双边市场性。⑥ 而交叉网络外部性是

---

① 参见宋俊德《2005 年移动互联网领域的几个热点问题》,《北京邮电大学学报》2005 年第 2 期。

② 参见王德禄《移动互联网产业发展分析》,《中国高新区》2013 年第 1 期。

③ 参见何晴《移动互联网垄断协议界定之疑难问题——以"苹果电子书定价垄断"一案为例》,《哈尔滨学院学报》2014 年第 7 期。

④ 参见工业和信息化部电信研究院《移动互联网白皮书(2011 年)》,中国信息通信研究院官网,http://www.caict.ac.cn/kxyj/qwfb/bps/201804/P020151211378871645978.pdf,最后访问日期:2024 年 5 月 28 日。

⑤ 参见张江莉《反垄断法在互联网领域的实施》,中国法制出版社 2020 年版,第 37 页。

⑥ 参见冯源《互联网领域优势传导效应与反垄断规制——以双边市场为视角》,《网络法律评论》2015 年第 2 期。

互联网双边市场的主要特征,① 以移动操作系统为例,平台企业拥有终端用户和应用提供方两边客户,且这两边客户的收益均取决于对方数量的多少,具有典型的交叉网络效应。②③ 当消费者持续使用某项移动互联网产品,他们对技术服务的使用经验会使他们更容易在技术的帮助下获得有效的信息,提高他们主观上对技术价值的认识;同时,随着用户数量的增加和用户交流的积累,正反馈机制带来的规模效应以及由此产生的外部性使消费者更难以放弃这一平台,④ 消费者对特定技术的依赖更容易被锁定。另外,PC端互联网市场与移动互联网市场采用的商业模式存在交叉,主要有电商模式、广告模式等。⑤ 在大数据时代,数据成为平台企业的重要资产。⑥

（2）移动互联网市场特有的特点

封闭平台（或所有权平台）被认为是独自占有和使用技术（或源代码）的平台,⑦ 比如苹果公司的 App Store,用户只能通过该平台下载应用软件,其对应用软件上架也有着严格的审核程序,并非完全开放的。⑧ 移动互联网市场沉浸式体验可以让用户始终沉浸在对产品的感受当中,不会被其他环节割裂、干扰。⑨ 在竞争方式上,移动互联网平台经营者可通过平台接入的方式,将平台具有的某种相对优势地位传导到接入企业所在的

---

① 参见周正《基于双边市场理论的电子商务平台竞争规制研究》,东北财经大学 2010 年博士学位论文,第 11 页。

② See Amstrong M., Wright J., *Two-sided Market with Multihoming and Exclusive Dealing*, Working Paper, IDEI 2004.

③ See Parker G. G., Van Alstyne M. W., "Two-sided Network Effects: A Theory Information Product Design", *Management Science*, 2005, 51 (10).

④ 参见韦骁勇、沈蕾《 "满意"还是"锁定":理解技术创新路径依赖下的消费者持续使用》,《系统管理学报》2018 年第 4 期。

⑤ 参见李高广、吕廷杰《电信运营商移动互联网运营模式研究》,《北京邮电大学学报》(社会科学版) 2008 年第 3 期。

⑥ 参见万兴《大数据时代的网络效应及其价值》,《现代经济探讨》2018 年第 12 期。

⑦ See Katsamakas E., Xin Mingdi, *An Economic Analysis Enterprise Adoption of Open Source Software*, Working Paper, New York University, 2005.

⑧ 参见魏如清等《双边网络环境下开放与封闭平台的竞争:以移动操作系统平台为例》,《中国管理科学》2013 年 S2 期。

⑨ 参见薛新《移动互联网时代新思维——企业如何快速转型与升级》,人民邮电出版社 2016 年版,第 235 页。

相关市场中。①

3. 移动互联网领域垄断行为特征

（1）垄断主体多元性

移动互联网行业的移动终端、移动网络、应用服务三领域中存在不同程度的垄断，垄断主体呈现多元性。移动终端方面，谷歌、高通、苹果等公司在操作系统和终端制造领域有较大垄断优势，近年来频繁遭到反垄断调查。② 网络运营方面，出于成本、政策等原因，网络运营领域往往缺乏良性竞争，目前国内网络运营业务由少数几家大企业垄断。③ 应用服务方面，市场规模仍在高速增长，如 2015 年苹果公司 App Store 总下载规模已超 1000 亿次。④ 但即便有新企业不断参与应用服务市场的竞争，早期进入市场的少数企业已经占据了明显优势地位。

（2）垄断方式隐蔽性

移动互联网软件和网络服务不受时间、地域限制，为用户提供个性化服务，运用互联网技术违反《反垄断法》的成本低，且违法行为较为隐蔽。一方面，专业性造成垄断行为认定障碍。大企业能够利用高新技术手段给竞争对手设置壁垒，利用算法实现限制交易的目的无须使用有形手段，从而限制竞争。此外，平台企业能够对曝光率有所调整，增大他人获取相关证据的难度。另一方面，移动互联网领域多数产品的免费外衣导致垄断行为难以识别。通过免费模式吸引用户，一旦市场优势地位形成，可能出现滥用市场支配地位损害消费者权益的行为。⑤

---

① 参见冯源《互联网领域优势传导效应与反垄断规制——以双边市场为视角》，《网络法律评论》2015 年第 2 期。

② See *The Power of Google: Serving Consumers or Threating Competition?* （Hearing before the Sub-committee on Antitrust Competition Policy and Consumer Rights, Washington, September 2011）, pp. 57~59.

③ 参见宣潇然《我国移动互联网行业的垄断问题及其对策》，《重庆第二师范学院学报》2018 年第 3 期。

④ 参见中国信息通信研究院官网，http://www.caict.ac.cn/kxyj/qwfb/bps/201804/P02015121 1378960738048.pdf，最后访问日期：2024 年 5 月 28 日。

⑤ 参见于馨森《搜索引擎与滥用市场支配地位》，《中国法学》2012 年第 3 期；胡凌：《互联网企业垄断：现实与未来》，《文化纵横》2014 年第 1 期。

（3）垄断地位不稳定性

首先，移动互联网呈高度技术性，任何新技术的产生都可能打破原来的垄断，企业必须创新以维持垄断地位。[①]　其次，移动互联网时代，用户大部分时间花在应用程序而非浏览网页上，[②]　任何应用程序都可以创建新入口，入口的分散性势必动摇已有企业的优势地位。最后，移动互联网相关技术容易被复制模仿，一旦优势网络产品被模仿，极有可能丧失垄断地位。

（4）竞争性垄断和寡头垄断并存

对此，学界存在以下三种观点：①个别企业已经能够掌握行业发展动向，移动互联网市场呈寡头垄断状态；[③]　②移动互联网产业实质竞争激烈，是一种竞争性垄断[④]；③移动互联网市场的竞争状态是一种新型的"单寡头竞争性垄断"[⑤]。移动互联网细分市场呈现不同的竞争状态，寡头垄断与竞争性垄断并存，相互转化，形成空前的竞争状态。[⑥]　大企业规模激发正反馈效果，对中小企业形成隔离，用户锁定效应也使得大企业的产品和市场行为更易被接受。[⑦]　这些因素一定程度上促成了寡头垄断。与此同时，长尾效应增加了中小企业参与竞争的可能性，移动互联网领域用户的多归属性也使得中小企业能够顺利参与到市场竞争中。[⑧]

4. 移动互联网领域垄断行为的影响

现代反垄断法以维护市场公平竞争、鼓励创新和提升消费者福利为立

[①]　参见冯江主编《中国网络市场之竞争法博弈》，法律出版社 2015 年版，第 19 页。

[②]　参见《移动网络彻底颠覆了谷歌对互联网的统治》，《知识文库》2015 年第 6 期。

[③]　参见何宝宏《五谈科技反垄断 - 4》，搜狐网，https://www.sohu.com/a/553882835_118622，最后访问日期：2024 年 10 月 22 日。

[④]　参见王雪《网络经济下的垄断与规制研究》，《长沙大学学报》2013 年第 4 期。

[⑤]　参见傅瑜等《单寡头竞争性垄断：新型市场结构理论构建——基于互联网平台企业的考察》，《中国工业经济》2014 年第 1 期。

[⑥]　参见张益群等《中国电子商务第三方支付市场的单寡头竞争性垄断市场结构实证研究》，《商业经济研究》2018 年第 1 期；傅瑜等《单寡头竞争性垄断：新型市场结构理论构建——基于互联网平台企业的考察》，《中国工业经济》2014 年第 1 期。

[⑦]　参见胡凌《互联网垄断：现实与未来》，《文化纵横》2014 年第 1 期。

[⑧]　参见苏治等《分层式垄断竞争：互联网行业市场结构特征研究——基于互联网平台类企业的分析》，《管理世界》2018 年第 4 期；See Erik Brynjolfsson, "Goodbye Pareto Principle, Hello Long Tail: The Effect of Search Costs on the Concentration of Product Sales", *Management Science*, August 2011.

法目标，但随着经济发展，互联网领域的垄断行为对反垄断法目标的实现提出了挑战。

（1）对消费者的影响

保护消费者权益是反垄断法的终极目的,[①] 但移动互联网领域垄断企业将垄断利润转嫁给消费者，消费者时常遭受垄断危害。[②] 在隐私权方面，大数据、算法、算力作为互联网经济发展的支撑要素，由于缺乏一个类似 Googl eplay 所应用的 App 审核系统,[③] 98.5%安卓手机 App 存在获取用户隐私权限问题。[④] 在选择权方面，充分、自由的选择是消费者福利的重要内涵。某些垄断企业采取捆绑搭售手段违背消费者的选择意愿，如中国联通就因搭售捆绑固定电话遭到用户控诉。[⑤] 又如阿里巴巴向消费者提供其旗下淘宝的网络零售服务的同时，曾经以消费者必须接受支付宝的支付结算服务作为完成购物过程的条件。[⑥] 在使用成本上，企业的垄断行为均以减少消费者整体福利为代价。[⑦] 动态定价和大数据杀熟已是移动应用程序领域的普遍现象，国内移动网络运营商的资费明显偏高,[⑧] 也加重了消费者成本负担，剥夺了消费者剩余，降低了消费者对网络交易市场的信任。

（2）对市场竞争者的影响

垄断行为对移动互联网市场中的竞争者最直接的影响即为经营自由受

---

① 参见颜运秋《反垄断法的终极目的及其司法保障》，《时代法学》2005 年第 6 期。
② 参见时建中主编《反垄断法——法典释评与学理探源》，中国人民大学出版社 2008 年版，第 3 页。
③ 参见赵思茵、李静《App"疯狂"调用权限背后 用户隐私或暴露无遗》，东方财富网，https://finance.eastmoney.com/news/1372，20170319721410470.html，最后访问日期：2024 年 5 月 27 日。
④ 参见莱文《98.5%安卓 App 获取用户隐私权限》，《中国质量报》2018 年 2 月 1 日，第 8 版。
⑤ 参见吴勇《联通宽带套餐违规搭售 侵犯消费者自主选择权》，经济参考网，http://jjckb.xinhuanet.com/2013-06/24/content_451955.htm，最后访问日期：2024 年 3 月 16 日。
⑥ 参见赵伟昊《网络零售平台搭售行为的反垄断法规制分析——以阿里巴巴为例》，《安徽商贸职业技术学院学报》2023 年第 2 期。
⑦ 参见李昌麒主编《经济法学》（第 3 版），法律出版社 2016 年版，第 184 页。
⑧ 参见宣潇然《我国移动互联网行业的垄断问题及其对策》，《重庆第二师范学院学报》2018 年第 3 期。

到限制。① 同时，用户锁定效应和垄断企业强大的技术实力挤占了中小企业的生存空间，打击其参与竞争的热情。当前，中小型平台进出市场的高度流动性和大型平台垄断地位的相对稳定性形成了行业特有的"分层式垄断竞争"市场结构。② 中小平台难以获取市场份额，锁定用户，也缺乏进行创新的意愿，创新能力降低。例如，当某大型平台垄断足量的关键数据时，其他中小平台则被排斥在必要数据之外或只能付出高代价才能获得必要数据。各平台企业纷纷通过"封禁"行为搭建"护城河"，维护自身用户资源，如淘宝、飞书不能入驻微信小程序功能；抖音、淘宝中的短视频无法直接分享至微信聊天；淘宝系电商平台屏蔽微信支付功能；等等。③

（3）对移动互联网市场的影响

垄断是企业在特定市场实行排他性控制，限制或阻碍竞争的状态或行为。移动互联网企业实施垄断行为损害了移动互联网市场的公平竞争秩序，例如平台通过大数据策略性地阻挠进入或引诱退出，形成反竞争性的效应。④ 因此垄断给市场造成的最直接影响即为限制、弱化竞争。在具有网络效应的移动互联网产业中，"先下手为强"和"赢家通吃"是市场竞争的重要特征。⑤ 由于垄断行为的存在，移动互联网市场上始终未能形成充分竞争的局面。

（二）移动互联网领域相关市场界定问题研究

近年来，移动互联网经济作为互联网经济向移动端衍生的产物，其已成长为一个极其重要的新兴市场，为了使其更好地服务社会亟须相关法律

① 参见陈凯茵、徐曼曼《起底互联网公司合并潮：谁是最终赢家?》，新华网，http://www. xinhuanet.com/fortune/cjqmt/2.htm，最后访问日期：2019 年 1 月 19 日。
② 参见黎业明《超大型数字平台双轮垄断的反垄断法规制研究——兼论关键设施规则的适用》，《科技与法律》（中英文）2023 年第 4 期。
③ 参见上海市市场监管局执法总队课题组《互联网平台"封禁"行为的竞争法规制研究》，《中国市场监管研究》2023 年第 8 期。
④ 参见孟雁北《反垄断法》（第 2 版），北京大学出版社 2017 年版，第 25 页。
⑤ 参见成也、武常岐《移动互联网市场中的垄断行为与反垄断政策研究——以高通、腾讯为例》，《管理现代化》2015 年第 5 期。

的正确指引。① 合理规制移动互联网竞争的前提是如何准确界定相关市场。《国务院反垄断委员会关于相关市场界定的指南》（以下简称《相关市场界定指南》）、《国务院反垄断委员会关于平台经济领域的反垄断指南》（以下简称《平台经济反垄断指南》）及《禁止滥用市场支配地位行为规定》均对界定相关市场的替代性分析方法作出了一定的解释。当前，我国对相关市场界定的基本态度与方法，通常采取"定性分析+定量分析"的方法，具体表现为替代分析法（包括需求替代和供给替代）、假定垄断者测试法（SSNIP）、临界损失测定法（CLA）等。② 然而，移动互联网市场特有的免费模式、更强的网络外部性等特征却给传统相关市场界定方法提出了新的难题。③

1. 移动互联网领域相关市场界定的困境

传统经济中，以替代性分析为主的相关市场界定方法根植于功能需求替代和价格竞争这两大核心，难以适应已经由产品服务竞争发展到数据竞争的互联网经济。④ 当前，传统的界定方法在界定移动互联网相关市场时，在相关产品市场、相关地域市场、相关时间市场上主要面临以下困境。

在移动互联网领域相关产品市场界定上，有别于传统产品"一个产品一项功能"的特点，由于技术性、虚拟性令许多移动互联网产品的功能可以通过升级随时添加，其功能往往是多样性、综合性的，⑤ 即使是不同定位的产品之间也可能存在相似的功能，这打破了不同产品间原本清晰的界

① 参见成也、武常岐《移动互联网市场中的垄断行为与反垄断政策研究——以高通、腾讯为例》，《管理现代化》2015 年第 5 期。
② 参见陈兵《互联网市场支配地位认定方法再探》，《安徽大学学报》（哲学社会科学版）2020 年第 6 期；孙挥《互联网产业双边市场中相关市场的界定》，《价格月刊》2013 年第 9 期。
③ 参见宣潇然《我国移动互联网行业的垄断问题及其对策》，《重庆第二师范学院学报》2018 年第 3 期。
④ 参见宋骊洁、路凡、杨双宇等《"大数据杀熟"反垄断法规制路径研究》，《中国价格监管与反垄断》2023 年第 12 期。
⑤ 参见赵莉莉《反垄断法相关市场界定中的双边性理论适用的挑战和分化》，《中外法学》2018 年第 2 期。

限，导致替代性分析的难度显著增加。① 移动互联网市场与传统市场存在重叠，原本通过店面或者 PC 端互联网销售的商品或服务也开拓了移动互联网端销售平台，这导致移动端的互联网市场和线下的实体市场以及 PC 端互联网出现了部分重叠，在具体案件认定中如何有效界定线上虚拟市场和线下实体市场便成了一个难题。② 此外，SSNIP 测试法缺乏可操作性，传统的 SSNIP 测试法的适用前提是以价格为基础，但移动互联网领域普遍采用的免费模式使竞争不再受到价格的约束，这种非价格的竞争机制突破了 SSNIP 测试法适用的前提。③ 同时，双边市场加剧内部竞争效应，移动互联网的消费者端和商户端这两个子市场之间相互作用，当任意一端需求变化时，不仅会影响本子市场内产品或服务的使用情况和利润水平，也会造成另一端子市场的剧烈波动，因而难以对任意一端市场进行准确界定。④

在相关地域市场的界定上，传统地域市场定义主要是基于假设垄断者测试，⑤ 此外，由于移动互联网产品的移动性、网络的无边界性，在界定该领域相关地域市场时，易将其范围直接简单定义为全球市场，导致界定的相关地域市场范围过大。⑥

在相关时间市场的界定上，移动互联网领域的双边市场特性导致其行业竞争更趋动态性，⑦ 其产品更新换代的速度因为技术创新而大大加快，产品周期更短。⑧ 同时，移动互联网企业普遍重视知识产权保护，目标产

---

①　参见雷琼芳《互联网相关市场界定的研究——基于假定垄断者测试法和盈利模式测试法的比较》，《价格与理论实践》2017 年第 2 期。

②　参见赵莉莉《反垄断法相关市场界定中的双边性理论适用的挑战和分化》，《中外法学》2018 年第 2 期。

③　参见孙晋、钟瑛嫦《互联网平台型产业相关产品市场界定新解》，《现代法学》2015 年第 6 期。

④　参见黄坤《互联网产品和 SSNIP 测试的适用性——3Q 案的相关市场界定问题研究》，《财经问题研究》2014 年第 11 期。

⑤　参见仲春《数字经济平台相关市场界定研究》，《法治研究》2023 年第 2 期。

⑥　参见胡丽《反垄断法视域下网络空间"相关地域市场"的界定——兼评"奇虎诉腾讯垄断案"中全球市场的认定》，《河北法学》2014 年第 6 期。

⑦　参见黄勇、蒋潇君《互联网产业中"相关市场"之界定》，《法学》2014 年第 6 期。

⑧　参见孟雁北《互联网行业相关市场界定的挑战——以奇虎诉腾讯反垄断案判决为例证》，《电子知识产权》2013 年第 4 期。

品知识产权的保护期限也是影响相关时间市场的重要因素。①

2. 移动互联网领域相关市场界定的建议

面临以上的种种挑战，亟须对移动互联网领域相关产品市场、相关地域市场、相关时间市场的界定思路进行全方位的完善。②

首先，在界定相关市场时，应当构建动态分析框架，考虑数据和流量在竞争中发挥的作用。③ 可以对 SSNIP 测试法进行改良，在保留价格为关键因素的前提下，合理确定基准价格、④ 灵活把握涨价幅度⑤是最为有效的两条途径。同时，SSNIP 测试法也可以采用新的变量衍化为变种测试法，⑥经济合作与发展组织提出了 SSNDQ（小而显著的非暂时性质量下降）测试法和 SSNDI（小而显著的非暂时性创新努力下降）测试法，学界提出了比较可行的 SSNDPP（小而显著的非暂时性个人信息保护水平下降）测试法，日本的《数据与竞争政策》提出 SSNIC（小而显著的非临时性成本上涨）测试法。此外，部分学者认为传统的相关市场界定方法已无法在移动互联网领域内有效发挥作用，提出了新的界定方法，如盈利模式分析法、⑦ 附属子市场法⑧等。甚至，有学者提出，越过相关市场界定，以直接证据来证明经营者的市场力量。结合平台经济的特殊性，可以多种方法相结合共同界定相关市场，必要时可淡化或模糊对相关市场的界定。⑨ 此外，在界

---

① 参见杨文明《市场份额标准的理论反思与方法适用——以互联网企业市场支配地位认定为视角》，《西北大学学报》（哲学社会科学版）2014 年第 3 期。
② 参见丁茂中《反垄断法实施中的相关市场界定研究》，华东政法大学 2010 年博士学位论文。
③ 参见孙秀蕾《从亚马逊发展模式看数字经济平台的"自我优待"行为及规制》，《南方金融》2021 年第 6 期。
④ 参见黄坤《互联网产品和 SSNIP 测试的适用性——3Q 案的相关市场界定问题研究》，《财经问题研究》2014 年第 11 期。
⑤ 参见黄勇、蒋潇君《互联网产业中"相关市场"之界定》，《法学》2014 年第 6 期。
⑥ 参见王宛亭《新经济行业反垄断分析中的市场界定演化》，《电子知识产权》2018 年第 7 期。
⑦ 参见蒋岩波《互联网产业中相关市场界定的司法困境与出路——基于双边市场条件》，《法学家》2012 年第 6 期。
⑧ 参见成也、武常岐《移动互联网市场中的垄断行为与反垄断政策研究——以高通、腾讯为例》，《管理现代化》2015 年第 5 期。
⑨ 参见任晓聪、和军、黄子龙《基于分类视角的平台经济常态化监管策略研究》，《经济纵横》2023 年第 12 期。

定相关产品市场时，有学者提出应当以交叉网络外部性为判断基准，将交叉网络效应的强弱当作分析要点，若用户间的网络外部性较强且为双向，应界定为同一相关市场；若用户间网络外部性不强或者仅为单向的效应，则应界定为多个市场。①

其次，在界定相关地域市场时，综合考虑运输成本、商品特性、商品价格、②贸易壁垒、消费者偏好③等因素，需要着重关注贸易壁垒的存在，尤其是近些年来，各国都对非本国的软件应用从数字安全和个人隐私保护方面提出了更加严苛的要求。④分别对移动互联网领域实体产品与虚拟产品的相关地域市场进行考量，特别强调不能将虚拟产品的相关地域市场简单界定为全球市场。⑤

再次，在界定相关时间市场时，应当重点结合移动互联网市场的竞争动态性，⑥充分考量知识产权保护及其他因素，⑦将知识产权保护期划分为尚处于保护期限和已过保护期限，借鉴并引入产品的使用周期与生产周期制度，合理划分相关市场的时间范围。⑧有学者提出，需要区分在反垄断执法或司法中的不同场景来看待"时间"的限定性。即，经营者集中案件的时间市场需要有限度拉长，面向过去、现在和未来进行相对动态的分析；滥用市场支配地位和垄断协议类型案件时间市场分析需要重点考虑行为发生时企业的相关市场和市场支配地位。⑨还有学者提出可以考虑在定

---

① 参见申乐诚《互联网平台反垄断相关市场界定》，《经济研究导刊》2023年第10期。
② 参见胡丽《反垄断法视域下网络空间"相关地域市场"的界定——兼评"奇虎诉腾讯垄断案"中全球市场的认定》，《河北法学》2014年第6期。
③ 参见王先林《论反垄断法实施中的相关市场界定》，《法律科学》（西北政法学院学报）2008年第1期。
④ 参见仲春《数字经济平台相关市场界定研究》，《法治研究》2023年第2期。
⑤ 参见吴韬《互联网行业反垄断案件中的相关市场界定：美国的经验与启示》，《电子知识产权》2011年第5期；仲春《数字经济平台相关市场界定研究》，《法治研究》2023年第2期。
⑥ 参见朱战威《互联网平台的动态竞争及其规制新思路》，《安徽大学学报》（哲学社会科学版）2016年第4期。
⑦ 参见时建中、王伟炜《〈反垄断法〉中相关市场的含义及其界定》，《重庆社会科学》2009年第4期。
⑧ 参见丁茂中《反垄断法实施中的相关市场界定研究》，华东政法大学2010年博士学位论文。
⑨ 参见仲春《数字经济平台相关市场界定研究》，《法治研究》2023年第2期。

义相关市场时划定时间框架,并在既定时间内判断相关市场。[①]

最后,科学执法的基本前提要有明确的指引,因此需要完善《相关市场界定指南》,[②] 发挥案例指导制度的作用。同时基于执法机构使用的一些评估竞争效果的分析工具并不依赖于市场界定,[③] 探索淡化移动互联网相关市场界定理论可能是一条对移动互联网垄断进行规制的新的合理途径。[④] 尽管如此,相关市场界定作用和地位不容忽视,其筛选功能有助于明确竞争关系、确定市场参与者、评估市场力。[⑤]

(三) 移动互联网领域滥用市场支配地位行为的认定

我国在反垄断执法与司法实务中,对于滥用市场支配地位的行为建立了一种比较固定的分析模型,即从市场主体的相关市场出发,再从市场支配地位的角度来判断,最终确定市场支配地位的滥用和竞争损害的分析。[⑥] 然而,在互联网平台经济发展过程中,平台强制"二选一"、自我优待、大数据杀熟等涉嫌构成滥用市场支配地位、不公正交易的行为时有发生,传统反垄断工具在应对平台反垄断问题中的不适应性日渐凸显。

1. 移动互联网领域市场支配地位的认定

市场支配地位的认定是滥用市场支配地位行为认定的前提。对企业是否具备市场支配地位的认定,主要采用市场结构标准并辅之以其他因素,市场份额在评价企业市场地位时起决定性作用。[⑦] 在目前中国反垄断执法

---

① 参见金俭《超越市场力量和垄断力量:平台经济时代的反垄断规制》,《比较法研究》2023 年第 1 期。

② 参见雷琼芳《互联网相关市场界定的研究——基于假定垄断者测试法和盈利模式测试法的比较》,《价格与理论实践》2017 年第 2 期。

③ See U. S. Department of Justice and the Federal Trade Commission, *Horizontal Merger Guidelines*, August 19, 2010.

④ See Jonathan B. Baker, "Contemporary Empirical Merger Analysis", *George Mason Law Review*, Vol. 5, No. 3, 1997.

⑤ 参见贾玉环、王千《电商平台"二选一"行为的相关市场界定问题研究——以"阿里巴巴"案和"食派士"案为视角》,《电子知识产权》2023 年第 5 期。

⑥ 参见刘贵祥《滥用市场支配地位理论的司法考量》,《中国法学》2016 年第 5 期;参见裴轶《互联网经济中滥用市场支配地位的反垄断法规制》,中国政法大学出版社 2019 年版,第 156 页。

⑦ 参见王晓晔《王晓晔论反垄断法》,社会科学文献出版社 2010 年版,第 195 页。

和司法实践中，市场份额是认定市场支配地位的第一参考因素，大量关于市场支配地位的论证都是从市场份额开始的。① 然而，移动互联网行业的特殊性给市场份额标准带来了挑战，新兴市场进入壁垒认定难度加大，市场支配地位较难认定。

首先，欲认定经营者市场支配地位，须界定相关市场。② 移动互联网领域相关市场界定中，需求替代性分析受制于网络效应、锁定效应，供给替代性分析受制于新型市场壁垒，且双边市场增加了替代性分析的难度，③这些因素共同导致相关市场界定难题；与此同时，免费经营模式使市场份额难以计算，经营者在相关商品和地域市场上的销售额是计算市场份额最基本的依据，尤其对包含不同商品的相关市场而言，销售额更能反映每个经营者的市场地位。④ 而移动互联网领域，通过基础产品免费使用而获得用户锁，再利用增值及广告服务等方式获取利润的免费经营模式，使得销售额难以衡量，导致市场份额难以计算。⑤ 此外，移动互联网领域企业市场份额的动态性及不稳定性，致使市场份额计算难度增大。同时，移动互联网领域中市场份额对于支配地位认定的判断作用进一步退化，其无法像传统行业中成为衡量市场支配地位的最重要因素。动态性竞争特点使企业对高市场份额的拥有往往具有短暂性，意味着企业的市场支配地位不仅仅取决于占有较高市场份额或市场集中度。⑥ 一些其他因素，诸如企业对数据资源的占有也成为支配力的衡量因素，对数据的再开发、利用，将之

---

① 参见万江《中国反垄断法：理论、实践与国际比较》，中国法制出版社 2015 年版，第111 页。
② 参见戴龙《滥用市场支配地位的规制研究》，中国人民大学出版社 2012 年版，第42 页。
③ 参见刘佳《互联网产业中滥用市场支配地位法律问题研究》，人民出版社 2018 年版，第68~73 页。
④ 参见万江《中国反垄断法：理论、实践与国际比较》，中国法制出版社 2015 年版，第107 页。
⑤ 参见胡丽《互联网企业市场支配地位认定的理论反思与制度重构》，《现代法学》2013 年第 2 期。
⑥ 参见叶明《互联网行业市场支配地位的认定困境及其破解路径》，《法商研究》2014 年第 1 期。

集合在产品之上，会促进市场支配地位的产生。① 资本的不断扩张形成了跨界竞争，再加上大数据、人工智能算法等技术的发展，数据、平台、算法三者高度融合，少数超级平台依赖海量动态数据和算法技术能够实现对同行业与跨行业市场的实质性控制。② 《国务院反垄断委员会关于平台经济领域的反垄断指南》中首次指出关于经营者的市场支配地位可以参考"掌握和处理相关数据的能力""数据获取的难易程度"等因素。然而应用到实际认定垄断上还存在不明确问题，比如数字平台掌握的数据数量是否决定市场优势？掌握和处理数据的能力如何衡量？总之，行业特殊性使市场份额计算方法受到质疑，市场份额对衡量移动互联网领域经营者市场竞争力的判断作用已经退化。③

学者们普遍意识到传统的静态分析方法与平台高度动态的竞争模式不相适应，难以合理认定市场支配地位，故对移动互联网领域市场支配地位认定进行了一些研究，但关于具体方案的落实及可行性分析的研究并不多见。具有代表性的建议主要有如下几点。其一，弱化市场份额标准。市场份额不是决定经营者是否拥有支配地位的唯一因素。④ 《平台经济反垄断指南》第 4 条指出，应坚持个案分析原则，不同类型垄断案件对于相关市场界定的实际需求不同，为平台"二选一"、大数据杀熟、算法合谋、轴辐协议、最惠国待遇条款等行为在何种情况下可能会构成违法行为提供了指引，同时将流量、数据、算法作为平台经济领域反垄断规制的重要考量因素。⑤ 对经营者是否拥有市场支配地位评判时，除考虑经营者市场份额外，还应考虑经营者的品牌效应、生产规模或能力、专有技术、竞争对手的实力以及竞争状况等诸多因素。⑥ 特别地，针对数字内容平台的市场力量评

---

① 参见戴龙、黄琪、时武涛《庆祝〈反垄断法〉实施十周年学术研讨会综述》，《竞争政策研究》2018 年第 4 期。

② 参见杨东《论反垄断法的重构：应对数字经济的挑战》，《中国法学》2020 年第 3 期。

③ 参见胡丽《互联网企业市场支配地位认定的理论反思与制度重构》，《现代法学》2013 年第 2 期。

④ 参见万江《中国反垄断法理论、实践与国际比较》，中国法制出版社 2015 年版，第 111 页。

⑤ 参见陈兵、马贤茹《数字经济平台企业垄断认定完善理路》，《上海大学学报》（社会科学版）2021 年第 3 期。

⑥ 参见戴龙《滥用市场支配地位的规制研究》，中国人民大学出版社 2012 年版，第 124 页。

估，应当相对弱化市场份额等结构化要素，更多考察凸显数字内容行业特性的非结构化要素。① 此外，有学者还提出，针对某些情形可以进行拟制，例如在价格歧视的认定范围上，不仅仅限于具有市场支配地位的竞争者，还应当相应扩充为没有合理理由的所有市场竞争者②；或者将虽不具有市场支配地位但利用算法技术实施的价格歧视行为视为"大数据时代背景下的新型垄断行为"。③

其次，市场支配地位认定应加强对用户数量的考察。④ 流量是互联网经济的核心竞争力，流量的价值大小取决于用户的数量。在移动互联网领域，免费端用户数量将直接决定盈利端商户数量，因此就市场支配地位的认定而言，用户数量比销售额更具有实际意义。⑤ 市场支配地位认定应将服务提供的用户数代替市场份额，并将技术创新、网络效应、路径依赖、实施技术标准列入市场支配地位认定考察范畴中。⑥ 有学者提出，针对处理数据的企业，可以考虑从数据流通以及下游市场竞争的影响判断数据处理者对其市场支配地位的滥用。⑦ 将获取数据和流量的能力纳入《反垄断法》第 23 条提及的技术条件因素之中。⑧

再次，市场支配地位认定应考察移动互联网双边市场特征，并进行跨界竞争分析。在双边市场中确定竞争范围，在双边市场逻辑下确定基础商

① 参见詹馥静《数字内容平台滥用市场力量的反垄断规制分析》，《华中科技大学学报》（社会科学版）2023 年第 5 期。
② 参见施春风《定价算法在网络交易中的反垄断法律规制》，《河北法学》2018 年第 11 期。
③ 参见胡元聪、冯一帆《大数据杀熟中消费者公平交易权保护探究》，《陕西师范大学学报》（哲学社会科学版）2022 年第 1 期。
④ 参见何昕擘《互联网+背景下滥用市场支配地位的反垄断法规制》，华东政法大学 2015 年硕士学位论文。
⑤ 参见朱婧珂《互联网反垄断中认定滥用市场支配地位》，Proceedings of 2015 International Conference on Law and Economics，2015 年 6 月 6 日。
⑥ 参见寿步《互联网市场竞争中滥用市场支配地位行为的认定》，《暨南学报》（哲学社会科学版）2012 年第 10 期。
⑦ 参见戴秋燕《数据处理者滥用用户协议行为的反垄断法规制》，《法商研究》2023 年第 6 期。
⑧ 参见赵精武、孙小雨《反垄断法视角下"互联互通"的实施原则与规范表达》，《西安交通大学学报》（社会科学版），中国知网，http://kns.cnki.net/kcms/detail/61. 1329. c. 20230306. 1621.010. html，最后访问日期：2024 年 5 月 27 日。

品，判断是否存在平台企业利用在其中一边市场的垄断地位，对另一边市场进行有效控制，影响市场进入或改变其有效竞争格局。①② 有学者认为，在双边市场情形下，市场支配地位的认定过程必须进行跨市场的考察。③ 也有学者认为，移动互联网领域产业边界日益交融，行业内不同细分市场的企业，经常为争夺用户资源而展开激烈竞争。无论是搜索引擎、社交网络，还是电子商务，一方面各自有不同业务，另一方面又都面向网络用户，都在通过提供免费或低价产品换取用户关注，具有明显的平台化发展和竞争特点，④ 故市场支配地位的认定应进行跨界竞争分析。

最后，市场进入壁垒和潜在竞争也是在衡量市场集中度时必须同时考虑的因素。⑤ 相比于资本障碍、成本优势等传统壁垒，新兴市场进入壁垒对潜在竞争者进入市场造成了更大的阻碍，而且缺乏明确的违法性判断标准。鉴于此，《平台经济反垄断指南》和《禁止滥用市场支配地位行为规定》都对市场壁垒的考量因素进行了补充。从数据层面分析市场进入壁垒，主要体现在数据的可获取性、可复制性以及可迁移性三个方面。除此之外，市场进入壁垒的判断还应当考虑潜在竞争者对互联网经营者的依赖程度。⑥

2. 移动互联网领域滥用市场支配地位行为的判定

认定市场支配地位需合理选取市场份额计算指标，重视平台企业掌握和处理数据的能力，并厘清控制必需设施和具有市场支配地位的关系。⑦

---

① 参见蒋岩波《互联网行业反垄断问题研究》，复旦大学出版社 2019 年版，第 95 页。
② 参见李扬、袁振宗《数字经济背景下互联网平台滥用市场支配地位行为的认定》，《知识产权》2023 年第 4 期。
③ 参见许光耀《互联网产业中双边市场情形下支配地位滥用行为的反垄断法调整——兼评奇虎诉腾讯案》，《法学评论》2018 年第 1 期。
④ 参见时建中《互联网市场垄断已见端倪亟须规制》，《经济参考报》2016 年 8 月 17 日，第 6 版。
⑤ 参见王中美《互联网反垄断的难题及其解决》，上海社会科学院出版社 2019 年版，第 80 页。
⑥ 参见李扬、袁振宗《数字经济背景下互联网平台滥用市场支配地位行为的认定》，《知识产权》2023 年第 4 期。
⑦ 参见陈兵、赵青《反垄断法下平台企业"自我优待"行为的违法性认定》，《江汉论坛》2023 年第 7 期。

在移动互联网领域，滥用市场支配地位行为较难认定，学者们针对该问题
展开研究，总结出如下原因。其一，移动互联网特殊性对反垄断法价值的
挑战，使该领域滥用市场支配地位行为认定难。从各个学派对价值的不同
追求来看，关于反垄断法的价值，出现了以"竞争"为核心和以"效率"
为核心的不同观点。[①] 在移动互联网领域，正反馈（positive）、冒尖（tip-
ping）、锁定（lock-in）、转移成本（switching cost）等一系列相关现象[②]，
产生了传统经济中少见的次优经济获胜现象，给以"竞争""效率"为核
心的反垄断法价值带来了挑战。我们一直主张反垄断是用来解决竞争问题
的工具，其宗旨是保护竞争、创新和效率。随着时代的发展，反垄断的功
能和宗旨是否可以延伸和扩展也是值得探讨的问题。[③] 其二，移动互联网
特殊性加剧了反垄断法的不确定性，使移动互联网领域滥用市场支配地位
行为的认定难度进一步增加。[④] 其三，移动互联网行业对违法性认定原则
的挑战，使该领域滥用行为认定难度加剧。本身违法原则和合理原则是在
分析垄断行为违法性时常用的两大基本原则，当前对于企业滥用市场支配
地位的反垄断分析倾向于适用合理原则，[⑤] 然而移动互联网市场的动态变
化性及其带来的企业竞争行为层出不穷，导致本身违法原则的整齐划一性
劣势凸显。对于合理性原则，由于其要求仔细衡量市场行为目的中可能存
在的有利于竞争的部分，[⑥] 移动互联网行业特殊的市场竞争状况导致其适
用难度加大。

为解决移动互联网领域滥用市场支配地位行为认定的困境，学者们从
以下方面提出建议。

---

① 参见张小强《网络经济的反垄断法规制》，法律出版社 2007 年版，第 70 页。
② See Davids Evans，"A Guide to the Antitrust Economics of Networks"，*Antitrust ABA* 36，1996
（10），pp. 36-39.
③ 参见北京航空航天大学法学院、腾讯研究院《网络空间法治化的全球视野与中国实践
（2019）》，法律出版社 2019 年版，第 69 页。
④ 参见潘丹丹《反垄断法不确定性的意义研究》，法律出版社 2015 年版，第 11~12 页。
⑤ See Thomas A. Piraino，Jr.，"Rreconciling the Per Se and Rule of Reason Approaches to Anti-
trust Analysis"，*Southern California Law Review*，Volume 64，1991，p. 686.
⑥ See Bock，"An Economic Appraises Vertical Restraints"，*The Antitrust Bulletin*，Spring 1985，
pp. 120-121.

第一，突出竞争政策的基础地位，我国应不断完善反垄断制度规则体系，根据经济发展塑造竞争政策践行框架，[①] 确立反垄断法经济核心地位，对传统及数字经济领域的各种反垄断行为形成制度约束体系。[②] 平台企业反垄断规制的过程中"支持创新"和"消费者权益保护"成为我国反垄断法律体系在新发展阶段需着力实现的两大价值目标。[③] 如何确定各个价值目标的权重并进行综合权衡是需要反垄断法在实践中持续探索的问题。在反垄断政策选择方面，有学者提出应兼顾公平与效率价值，既考虑垄断行为促进竞争的一面，也考虑其限制竞争的一面，协调公平竞争与经济效率两大目标。[④] 竞争政策应充分考虑平台经济自身发展逻辑和价值理念，扬平台优化经济结构及促进市场资源配置之长，避破坏市场竞争秩序及损害消费者福利之短。[⑤] 还有学者提出建立科学的互操作政策，通过事前反垄断监管与事后反垄断执法推动互联网平台形成高质量水平的互联互通。[⑥] 另有学者认为，传统的以成本—价格为基础、以经济效率为核心的反垄断政策已不能完全适应移动互联网产业的发展，在该领域中必须建立以保护技术创新为核心的反垄断政策。[⑦]

第二，在违法性原则认定方面，有学者认为，合理原则实质上为一项效益和价值衡平原则，其以权衡垄断行为对竞争的正负效应为核心，着眼于对竞争造成的实际后果，故其具有很强的适应性和灵活性。[⑧] 合理原则关注行为后果而非行为本身，综合分析各种因素能够避免对移动互联网经

---

① 参见张文魁《数字经济的产业组织与反垄断：数字市场全球治理及中国政策》，中国人民大学出版社 2022 年版，第 231 页。

② 参见宋荟柯《数字经济下的竞争政策研究——欧盟应对数字经济下竞争监管的实践与启示》，《价格理论与实践》2021 年第 7 期。

③ 参见陈兵、马贤茹《数字经济平台企业垄断认定完善理路》，《上海大学学报》（社会科学版）2021 年第 3 期。

④ 参见任剑新《美国反垄断思想的新发展——芝加哥学派与后芝加哥学派的比较》，《电子知识产权》2004 年第 6 期。

⑤ 参见李希梁、陈沁心《平台反垄断治理的约束边界与调适向度》，《社会治理》2023 年第 2 期。

⑥ 参见唐要家《平台互操作政策的应用场景与实施机制》，《理论学刊》2023 年第 2 期。

⑦ 参见蒋岩波《网络产业的反垄断政策研究》，中国社会科学出版社 2008 年版，第 121 页。

⑧ 参见叶明《互联网企业独家交易行为的反垄断法分析》，《现代法学》2014 年第 4 期。

济中经济效率行为的错误规制。① 引入该原则是为了从价值层面重拾反垄
断法的公平目标。②

　　第三，在滥用行为具体认定中，应加强对移动互联网行业特殊性的考
量。其一，应辨别移动互联网领域滥用市场支配地位行为的复杂性，对于
交易是否影响了竞争秩序应结合具体产品和移动互联网产业特点进行评
估，考虑其对潜在创新的影响和对消费者利益的影响。③ 其二，融入《平
台经济反垄断指南》的反垄断行为治理逻辑，将第 23 条兜底性条款的其
他因素予以细化，行为竞争效果分析应结合双边市场特性，并考虑竞争行
为跨界传导效应。移动互联网领域的竞争已经不同于传统意义上的行业竞
争，而是一种崭新的平台竞争、跨界竞争。④ 与传统单边市场不同，处在
双边市场中的企业面向的是两个或两个以上的消费群体且群体之间存在关
联性。⑤ 同时，由于移动互联网领域经营者往往同时提供多种功能的产品，
彼此涉足的市场领域往往互相重叠，如果某一款移动互联网应用软件在用
户端具有足够的市场份额和足够强的用户锁定效应，若其对其他应用软件
在用户端上进行排斥，无论该软件与其功能是否具有替代关系，都可能会
构成在相关市场中的排斥和限制竞争的后果，⑥ 故对其行为应进行跨市场
竞争分析。其三，行为判定应考量移动互联网领域动态竞争特性，突破传
统三步法思路困局。在移动互联网领域，若能直接获得市场支配力的证
据，或者从市场行为当中推断出市场竞争可能具有的积极或者消极影响，
这时就可以不界定相关市场，也不需要传统的分析方式了。此时，为确保
滥用市场支配地位行为的认定结果准确，可以考虑忽略相关市场界定，但

①　参见张小强《网络经济的反垄断法规制》，法律出版社 2007 年版，第 83 页。
②　参见许丽《论个人隐私数据的反垄断法保护路径》，《中国流通经济》2023 年第 3 期。
③　参见蒋潇君《互联网企业滥用市场支配地位行为的反垄断法规制研究》，对外经贸大学
　　2014 年博士学位论文。
④　参见时建中《互联网市场垄断已见端倪亟须规制》，《经济参考报》2016 年 8 月 17 日，
　　第 6 版。
⑤　参见李剑《双边市场下的反垄断法相关市场界定——"百度案"中的法与经济学》，《法
　　商研究》2010 年第 5 期。
⑥　参见寿步《互联网市场竞争中滥用市场支配地位行为的认定》，《暨南学报》（哲学社会
　　科学版）2012 年第 10 期。

不需要把相关市场、市场支配力和竞争效应的分析作为前后割裂的步骤，而应该看作具有关联性的三个要素。如果对市场支配力判断的标准能够反过来验证相关市场以及市场份额判断，就可以增加判断结论的说服力。①

此外，也有学者主张学习德国对滥用相对优势地位条款的修订逻辑以及《中华人民共和国电子商务法》第 35 条滥用相对优势地位行为的规定，引入滥用相对优势地位，形成市场支配地位和相对优势地位双层规制模式。在以平台经济领域，当经营者的市场力量未达到支配地位的程度，但又确有依据自身交易优势而损害交易相对人利益时，可以考虑根据依赖性原理适用滥用相对优势地位条款加以规制，维护市场公平竞争。②

3. 移动互联网领域中实质性竞争损害的评估

只有损害竞争的行为才构成垄断，这是反垄断法适用的起点。竞争损害是行为结果的呈现，如何进行判断，一般又具体化为两种反竞争效应：共谋效应和排他效应。③ 一般而言，竞争损害评估可以从两个维度加以分析：第一，从平台内的角度看，行为人的行为是否已经造成限制了平台内各用户公平竞争的后果；第二，应当从其他平台进入相关市场的难易程度加以考量。与传统领域的垄断相似，平台垄断的基础在于某一市场主体占有绝大多数市场份额，而其他主体能否平等地与之竞争就成为判断垄断能否存在的重要依据。④ 然而在数字经济和平台市场的背景下，平台因其资本扩张和跨界混业经营形成了庞大复杂的生态系统，⑤ 加之平台市场极具动态性，使得传统的竞争损害评估方式针对互联网平台的某些新型垄断行为不适用。

究其原因，一是相关规定未细化。例如《平台经济反垄断指南》中对

---

① 参见朱理《互联网环境下相关市场界定及滥用市场支配地位的分析方法与思路》，《人民司法·案例》2016 第 11 期。

② 参见杨东、周鑫《数字经济反垄断国际最新发展与理论重构》，《中国应用法学》2021 年第 3 期。

③ 参见焦海涛《反垄断法上的竞争损害与消费者利益标准》，《南大法学》2022 年第 2 期。

④ 参见任宣怿《互联网经济背景下反垄断法的适用研究》，《中国价格监管与反垄断》2023 年第 4 期。

⑤ 参见孙晋《数字平台的反垄断监管》，《中国社会科学》2021 年第 5 期。

拒绝交易行为有专条规定，但是在违法性认定方面，指南除了将"排除、限制竞争"作为结论性标准外，并未充分体现拒绝交易的竞争损害逻辑，也未对相关因素进行详细规定，实践中很难借此展开竞争分析。① 二是潜在竞争损害凸显。在互联网经济中跨市场传导市场力量更为常见，数据驱动下的跨市场竞争损害，也更加强调潜在竞争损害、纵向整合中的竞争损害和相邻市场上的竞争损害。② 例如，平台自我优待行为通常可能并不涉及上下游之间的成本差异，而更侧重于平台企业对平台及数据等资源准入条件的控制和将多方数据资源同自身经济拓展相关联的优势，这种控制将导致相邻市场可能无法继续保持在可竞争的水平上。在认定竞争损害时，传统市场力量滥用控制制度需要关注两对因果关系：市场力量和滥用行为之间的因果关系，以及滥用行为和反竞争效果之间的因果关系，两者缺一不可。三是互联网行业虚拟化、自动化等新特征给竞争损害认定带来不确定性，诸如并购行为之类的竞争损害评估及具体案件中结构救济与行为救济的取舍面对新的挑战。

　　学者们对此难题进行研究，从以下方面提出了建议。首先，坚持审慎态度，深入审视该行为的本质特征，遵循竞争损害的逻辑，明确行为的违法性构成要件，审慎考量抗辩理由。其次，有学者提出，限制竞争效果应该从对市场竞争和消费者利益的影响两方面出发，在个案中予以界定。③ 分析行为效果须着眼市场竞争秩序而并非个别竞争者的利益得失。可以将竞争者的具体损失视为评价限制竞争效果的一个因素，在此基础上考察受影响的竞争者范围、程度，涉案行为对消费者利益、创新等所能造成的影响。还有学者提出认定是否排除、限制竞争应将"双轮垄断"效应纳入重

① 参见孟然、周博文《论互联网平台企业拒绝交易行为反垄断法规制》，《忻州师范学院学报》2023年第6期。
② 参见方小敏、张亚贤《超级平台市场力量的三种规制模式》，《南京大学学报》（哲学·人文科学·社会科学）2023年第1期。
③ 参见李扬、袁振宗《数字经济背景下互联网平台滥用市场支配地位行为的认定》，《知识产权》2023年第4期。

要考量因素。① 另有学者提出，可以根据产品差异化理论细化竞争损害分析维度，借鉴芝加哥学派"产业组织理论"、"综合价格理论"和"福利经济学"等理论分析框架，考察行为是否不当排挤竞争对手、锁定用户需求以及减损消费者福利等。② 最后，针对某些特定类型的垄断行为，学者们提出了新对策。例如，对超级平台企业混合合并适用竞争损害举证责任倒置规则。既能够大大减轻反垄断执法机构调查收集证据的成本，并弥补预测、评估能力不足的短板，又能够改善原告因信息不对称所导致的举证责任弱势地位。③ 又如，在以杠杆作用为中心的滥用市场支配地位的行为中，应从提高竞争对手（尤其是实现网络效应）成本、加强已有支配地位从而促使市场倾覆态势进一步加剧，以及杠杆作用导致的竞争优势是否在绩效竞争允许的范围内三个维度进行分析。④

此外，国际反垄断实践开始在竞争损害分析过程中关注个人信息保护问题，将个人信息保护水平作为竞争损害评估的因素，谷歌诉双击（Doubleclick）案⑤、微软诉领英（LinkedIn）案中均有所体现该趋势。数字平台提供的个人信息保护水平是竞争的一个维度，对利用个人信息实施垄断行为带来的竞争损害进行判断时，可明确将个人信息保护水平作为竞争损害评估要素，建立损害个人信息保护水平的认定标准。⑥ 有学者提出可以类比传统的反垄断框架中的价格分析，引入数据隐私保护"价格"分析机制。⑦

---

① 参见段宏磊、沈斌《数字经济领域平台服务互操作性的实现路径与立法回应》，《学习与实践》2023年第6期。
② 参见詹馥静《数字内容平台滥用市场力量的反垄断规制分析》，《华中科技大学学报》（社会科学版）2023年第5期。
③ 参见肖海军、罗迎《数字经济时代平台企业混合合并的反垄断规制》，《甘肃社会科学》2023年第2期。
④ 参见胥智仁《平台跨界竞争中的传导式排他性策略——以杠杆作用的竞争损害为中心》，《经贸法律评论》2024年第1期。
⑤ 参见曲创等《互联网平台反垄断案例评析：经济学视角》，经济科学出版社2022年版，第150页。
⑥ 参见杨利华、刘嘉楠《数字经济中个人信息竞争的反垄断治理》，《国际商务研究》2023年第3期。
⑦ 参见刘武朝、温春辉《过度收集用户隐私数据行为的竞争损害及反垄断法规制》，《价格理论与实践》2021年第7期。

（四）移动互联网领域垄断协议的法律规制

针对移动互联网领域垄断协议的违法性认定问题，学者们主要从以下几个方面进行了研究。

1. 移动互联网领域垄断协议违法性认定原则的适用

当前，对移动互联网领域垄断协议违法性认定原则的适用，美国采用本身违法原则与合理原则相结合的模式。[①] 欧盟则运用一般合理与豁免制度，一般禁止与特别禁止，对不同类型的垄断协议进行详细划分，并对其正负效果进行比较。[②] 根据我国近几年对移动互联网领域垄断协议的反垄断法规制来看，横向垄断协议中的固定价格协议、划分市场和消费者协议、联合抵制协议等大多适用了本身违法原则，即只要达成了垄断协议行为，不再对该行为的经济效果进行分析，直接判定违法，[③] 而对于统一标准、交换价格情报等行为一般适用了合理原则。[④] 事实上，各国对于垄断协议行为的违法性认定原则，似乎都经历了由本身违法原则向合理原则演变的过程。[⑤] 正如我国有学者指出，由于移动互联网市场具有网络效应、用户锁定效应、相对封闭性等特点，[⑥] 移动互联网经营者之间达成垄断协

[①] 参见孔祥俊《反垄断法原理》，中国法制出版社 2001 年版，第 119~120 页；孙晋：《反垄断法——制度与原理》，武汉大学出版社 2010 年版，第 159 页；〔美〕赫伯特·霍文坎普《美国反垄断法——原理与案例》（第 2 版），陈文煊、杨力译，中国人民大学出版社 2023 年版，第 234 页。

[②] 参见〔英〕奥利弗·布莱克《反垄断的哲学基础》，向国成、袁媛等译，东北财经大学出版社 2010 年版，第 67~68 页；许光耀《垄断协议的反垄断法调整》，人民出版社 2018 年版，第 125 页。

[③] 参见兰磊《论我国垄断协议规制的双层平衡模式》，《清华法学》2017 年第 5 期。

[④] 参见陈兵《本身违法原则的早期特征对我国反垄断立法的启示》，《法学杂志》2006 年第 2 期；孙晋《反垄断法——制度与原理》，武汉大学出版社 2010 年版，第 186 页。

[⑤] 参见张小强《网络经济的反垄断法规制》，重庆大学法学院 2006 年博士学位论文，第 129 页；丁茂中《现行〈反垄断法〉框架下维持转售价格的违法认定困境与出路》，《当代法学》2015 年第 5 期。

[⑥] 参见周正《基于双边市场理论的电子商务平台竞争规制研究》，东北财经大学应用经济学系 2010 年博士学位论文，第 11 页；冯江主编《中国网络市场之竞争法博弈》，法律出版社 2015 年版，第 7 页；See Katsamakas E., Xin Mingdi, *An Economic Analysis Enterprise Adoption of Open Source Software*. Working Paper, New York University, 2005; See Parker G. G., Van Alstyne MW, "Two-sided Network Effects: A Theory Information Product Design", *Management Science*, 2005, 51 (10).

议的结果可能会促进互联网技术的创新、提高消费者福利等，因此不能僵化适用本身违法原则，应当以合理原则为主。① 甚至，有学者提出应放弃规制平台的垄断结构，转而规制其垄断行为。②申言之，在合理原则的适用过程中，需要综合考量实施行为的竞争效果、③ 性质、参与者的市场力量、对效率的影响、替代方法和利益平衡等因素，适当缩短考量周期以保证结果的科学性。④

2. 移动互联网领域垄断协议的违法性认定模式

当前，对移动互联网领域垄断协议的违法性认定，学者们并未提出系统性的新型违法性分析模式，⑤ 多数学者依旧是主张采用较为完整的传统四要件分析模式。⑥ 首先，在行为主体认定方面，移动互联网语境下行为人通过算法及大数据促成垄断协议的形成，除了经营者外，程序的设计者、改良者均有参与，后两者能否成为责任承担的主体，又该承担怎样的责任法律尚未有明确的规定，需要根据案例具体分析。⑦ 其次，在客观要件方面，一则行为人采取算法共谋，利用计算机技术进行沟通实施固定价格、划分市场等垄断协议行为，二则依据市场透明的价格信息和大数据算

① 参见魏如清、唐方成等《双边网络环境下开放与封闭平台的竞争：以移动操作系统平台为例》，《中国管理科学》2013 年第 S2 期；韦骁勇、沈蕾《"满意"还是"锁定"：理解技术创新路径依赖下的消费者持续使用》，《系统管理学报》2018 年第 4 期。
② 参见周军《互联网经济垄断：结构的合理和行为的危害》，《经济与管理》2021 年第 4 期。
③ 参见吴太轩、何昊洋《共享经济产业相关市场的界定》，《人民法院报》2018 年 12 月 19 日，第 7 版。
④ 参见〔美〕赫伯特·霍温坎普《联邦反托拉斯政策：竞争法律及其实践》（第 3 版），许光耀、江山、王晨译，法律出版社 2009 年版，第 61 页；陈兵《解读美国反托拉斯法适用中的合理规则——兼论英美法上"贸易限制合同"案件的处理模式》，《太平洋学报》2010 年第 5 期；冯江《中国企业并购的反垄断律师实务》，法律出版社 2012 年版，第 92 页；张荣刚、尉钏《平台领域反垄断法律规制的效能提升策略》，《南昌大学学报》（人文社会科学版）2023 年第 6 期。
⑤ 参见叶卫平《反垄断法的价值构造》，《中国法学》2012 年第 3 期。
⑥ 参见李剑《欧盟汽车售后市场纵向垄断协议规制及其启示》，《价格理论与实践》2015 年第 11 期；施春风《定价算法在网络交易中的反垄断法律规制》，《河北法学》2018 年第 11 期。
⑦ 参见吴佩乘《反垄断法中纵向垄断协议的解释学澄清——兼评全国首例纵向垄断协议行政诉讼案》，《知识产权》2018 年第 11 期；曾迪《大数据背景下互联网平台反垄断法适用难题及对策研究》，《重庆邮电大学学报》（社会科学版）2019 年第 3 期。

法技术，可以在没有意思联络的情况下达成心照不宣地共同实施排除、限制竞争的行为。[①] 因此，学者们偏向研究算法合谋是否构成违法性垄断协议，[②] 以及移动互联网领域垄断协议行为方式的举证问题。[③] 再次，在主观要件上，鉴于移动互联网领域垄断协议参与主体的排除、限制竞争目的在本质上只是一种主观心理状态，多数学者主张以行为的客观效果进行推定。[④] 比如，对移动互联网领域垄断协议行为的证据采用类型化分析，即从沟通证据到行为证据、经济证据的转变。[⑤] 最后，在客观效果分析方面，学者们对采用"限制竞争说"抑或"实质性限制竞争说"存在分歧。但是，多数学者考虑到移动互联网领域垄断协议具有促进效率与排除限制竞争的两面性，主张采用后者。[⑥] 具体而言，由于移动互联网具有动态性特征，在短时期内难以区分垄断协议性行为是损害了市场竞争还是促进了经济运行效率，[⑦] 故而可以从是否损害竞争机制、是否妨碍创新、是否侵害消费者福利三方面进行综合衡量。[⑧]

　　总之，专门研究移动互联网领域垄断协议违法性认定的文献不多。移动互联网领域垄断协议是传统垄断协议的一种延伸，移动互联网平台借由算法可以形成数字垄断协议，它不仅具有传统垄断协议的特征，而且还有移动互联网领域的特殊性。由于移动互联网本身的特殊性，传统垄断协议违法性认定规则在移动互联网市场的适用上遇到瓶颈。[⑨] 其主要表现在以

---

① 参见郭宗杰《反垄断法上的协同行为研究》，《暨南学报》（哲学社会科学版）2011 年第 6 期；汪彬彬《网络横向垄断协议的构成认定》，《中外企业家》2018 年第 15 期。

② 参见韩伟《算法合谋反垄断初探——OECD〈算法与合谋〉报告介评（下）》，《竞争政策研究》2017 年第 6 期。

③ 参见王丹《优化反横向垄断协议政策促进经济高质量发展研究》，《中国物价》2019 年第 5 期。

④ 参见叶明《互联网企业独家交易行为的反垄断法分析》，《现代法学》2014 年第 4 期。

⑤ 参见钟原《大数据时代垄断协议规制的法律困境及其类型化解决思路》，《天府新论》2018 年第 2 期。

⑥ 参见王玉辉《垄断协议规制制度》，法律出版社 2010 年版，第 59 页。

⑦ 参见叶卫平《价格垄断协议的认定及其疑难问题》，《价格理论与实践》2011 年第 4 期。

⑧ 参见王健《垄断协议认定与排除、限制竞争的关系研究》，《法学》2014 年第 3 期；叶明《互联网经济对反垄断法的挑战及对策》，法律出版社 2019 年版，第 105~107 页。

⑨ 参见杜爱武、陈云开《中国反垄断诉讼案件数据分析和案例评析报告（2016—2017）》，载王先林主编《竞争法律与政策评论》2018 年第 4 卷，法律出版社，2018 年版。

下几个方面：一是观点很多却不全面具体，对观点的介绍和分析没有进行深入的理论论证；二是目前依然没有法定统一的认定垄断协议违法性的规则或标准，也没有针对移动互联网领域垄断协议提出系统的论述，具体规则内容仍然不够成熟；[①] 三是需要依靠"自由交易市场""市场有效性"等经济学理论分析对市场造成的影响，参考因素过多而难以有效结合形成统一量化标准。[②] 所以，可以结合我国实际，合理借鉴国外相关经济学和法学理论和实务经验，完善移动互联网领域垄断协议的违法性认定。[③]

（五）移动互联网领域经营者集中的反垄断法审查

目前，学界对移动互联网领域经营者集中的反垄断法审查研究集中在如下几个方面。

1. 移动互联网领域经营者集中反垄断审查的困境

当前，我国移动互联网领域经营者集中的反垄断法审查主要存在以下困境。

（1）事前申报标准不合理

目前，我国仅以单一的营业额作为申报标准，监管机构无法以此准确判断移动互联网企业的市场占有率。一方面，在移动互联网领域，经济价值及竞争影响主要体现在用户数据和网络效应，经营者的市场份额难以量化甚至没有营业额；但其拥有的数据资源、用户基础、创新型技术等蕴含着巨大的发展潜力，然而依照目前的营业额申报标准，即便已经具有了较大的市场影响力，也能够回避反垄断执法机构的审查。另一方面，认定经营者集中行为的核心要素是控制权转移，但现行制度缺乏对控制权转移的明确标准。[④] 在营业额的计算方面，该规定采取税务方面的解释，没有明

---

① 参见时建中《互联网市场垄断已见端倪亟须规制》，《经济参考报》2016 年 8 月 17 日，第 6 版。
② 参见何晴《移动互联网垄断协议界定之疑难问题——以"苹果电子书定价垄断"一案为例》，《哈尔滨学院学报》2014 年第 7 期。
③ 参见蒋岩波《我国反垄断法的司法制度构想》，《法学家》2008 年第 1 期。
④ 参见王晓晔《我国反垄断法中的经营者集中控制：成就与挑战》，《法学评论》2017 年第 2 期。

确具体的营业额计算方法和扣除相关成本的方法。① 《国务院关于经营者集中申报标准的规定》第 4 条规定了经营者集中申报标准的兜底条款，该条款并没有真正地发挥作用。②

（2）审查标准和综合审查要素宽泛

申报标准决定市场监督管理部门是否对企业的集中进行审查的问题，而审查标准则决定市场监督管理部门是否许可经营者集中的问题。然而，我国《反垄断法》第 34 条对经营者集中实质审查标准的规定过于笼统，该条规定经营者集中审查的标准是排除和限制竞争的效果，并未规定排除和限制竞争达到何种程度才构成垄断。③ 《反垄断法》第 33 条规定了审查经营者集中应综合考虑的因素，该条款虽然考虑因素较为全面，但仅是初步规定，并未细化市场份额、市场集中度的计算标准，对技术进步的影响标准，对消费者的影响等要素。④ 同时，在互联网经济发展下，非价格竞争损害在某些新型垄断行为中较之价格竞争损害更为重要，单纯通过对价格竞争损害进行分析，无法进行精准竞争损害判定。审查阶段自由裁量权的行使与集中效率和经营者利益密切相关，对于自由裁量权的规制也成为学者关注的焦点。⑤

（3）审查程序不完善

目前，我国的经营者集中审查期限过长。听证程序参与性、公开性、透明性不足，没有保障经营者陈述权、申辩权和其他社会公众知情权的实现，使移动互联网领域经营者集中审查程序的参与性存在瑕疵。⑥

---

①　参见周谊《经营者集中的反垄断审查制度刍议》，《时代法学》2014 年第 1 期。

②　参见陈轩禹、徐涛《"互联网+"经济形态下我国经营者集中申报制度问题探析》，《新疆财经大学学报》2019 年第 2 期。

③　参见慕亚平、肖小月《我国反垄断法中经营者集中审查制度探析》，《学术研究》2010 年第 4 期。

④　参见王晓晔《我国反垄断法中的经营者集中控制：成就与挑战》，《法学评论》2017 年第 2 期。

⑤　参见徐瑞阳《论经营者集中申报标准实施机制的完善》，《法学家》2016 年第 6 期。

⑥　参见吴振国、刘新宇《企业并购反垄断审查制度之理论与实践》，法律出版社 2012 年版；汪芯《经营者集中反垄断审查制度的困境与优化路径》，《中国价格监管与反垄断》2023 年第 2 期；李小明、徐祎《论我国经营者集中审查制度的缺陷与完善》，《湖南大学学报》（社会科学版）2010 年第 5 期。

2. 移动互联网领域经营者集中反垄断法审查的对策与建议

面对移动互联网领域经营者集中反垄断法审查的困境，学者们提出不同的应对策略，主要对策如下。

首先，在申报标准的完善方面，学界提出了交易额标准、市场份额标准以及以营业规模、销售数量、用户数量为内容的综合性标准等多种补充性的申报标准。① 此外，国务院反垄断委员会应在《平台经济领域的反垄断指南》中细化各种不同情况下的交易额计算方法。② 对于一些中间平台性质的移动互联网企业，营业额和佣金比率不透明使得现行的营业额标准不能对其进行有效评价时，需要结合佣金比例计算营业额。对于豁免事由的细化，可以明确小型豁免和合营豁免。③ 在移动互联网行业，除去交易额标准之外，用户数据与流量同样是企业赚取积累资本的关键要素，《平台经济反垄断指南》中，第 18 条增设了关于经营者集中申报标准的类型，但本质上仍然是将营业额作为实质标准，因此在进行审查时应考虑增设其他申报标准类型。④ 在实体性因素上，要考虑申报标准能否反映经营者的市场力量和与当地市场的关联性。在程序性因素上，要考虑申报标准是否明确清晰、易于计算。⑤

其次，在审查标准和综合审查要素的完善方面，需要强化基本控制标准的指引性，细化经营者集中审查的考量因素。⑥ 应设置多元化的合并审查参考标准，具体考察是否有利于技术创新，是否造成市场进入壁

---

① 参见《〈反垄断法〉及专家修改建议稿全文对比》，竞争法微网，https://mp.weixin.qq.com/s/wrs7kn-Ihs1ELk1C9THeYw，最后访问日期：2024 年 10 月 21 日。

② 参见刘桂清《大型数字平台猎杀式并购初创企业的反垄断规制难题与破解进路》，《吉首大学学报》（社会科学版）2022 年第 5 期；张子介《经营者集中申报制度的反思与修正》，《安徽商贸职业技术学院学报》（社会科学版）2017 年第 1 期。

③ 参见王燕《试析经营者集中的反垄断审查》，《重庆科技学院学报》（社会科学版）2009 年第 9 期。

④ 参见汪芯《经营者集中反垄断审查制度的困境与优化路径》，《中国价格监管与反垄断》2023 年第 2 期。

⑤ 参见张译元《数据驱动型经营者集中申报标准创新研究》，《河南财政税务高等专科学校学报》2023 年第 2 期。

⑥ 参见王晓晔《我国反垄断法中的经营者集中控制：成就与挑战》，《法学评论》2017 年第 2 期。

垄，是否有利于消费者利益最大化。① 有学者提出，可以考虑将平台的总体营业额作为审查标准。可以将收购价格纳入审查范围，必要时可以收购价格代替营业额作为审查标准。可以延长监管周期，将企业被收购后创造的经济效益纳入审查标准，对于经济效益达到申报标准的企业采取事后申报的方式。② 还有学者提出，可以将营业额转变为数据商业价值，规避欲通过营业额避开经营者集中审查的企业。③ 另有学者提出借鉴德国模式引入交易规模标准，与现有的营业额标准一起构建二元定量申报标准体系。④ 在双边和多边市场情况下，反垄断执法机构还应考虑直接和间接网络效应、其他经营者提供的平行服务和用户转换成本、与网络效应有关的规模经济、经营者获取数据的难易程度以及技术和商业模式创新的压力等因素。⑤

此外，在对移动互联网领域经营者集中进行反垄断审查时，应注意对移动互联网领域先发制人的并购进行适度的审查和监管，防止并购属于吞并与之存在直接或潜在竞争的对手公司，从而维持自己市场支配地位的情形发生。因此，有学者提出引入潜在竞争理论并针对数字企业并购特点调整竞争损害评估方法。⑥ 但是，在监管的过程中需要注意以下几个方面：第一，这种收购行为的主观恶意方面的认定需要审慎把握；第二，要注意价值平衡；第三，注意豁免事由的把握。如果此次收购有利于企业的规模经营，那么收购也是可以被豁免的。⑦ 又因为移动互联网平台的规模、功能和影响各不相同，因而在平台经济领域反垄断中有必要对平台本身进行

---

① 参见郭传凯《互联网平台企业合并反垄断规制研究——以"滴滴""优步中国"合并案为例证》，《经济法论丛》2018 年第 1 期。

② 参见吴昊洋《数字平台反垄断监管的法律问题探索》，《江苏工程职业技术学院学报》2023 年第 2 期。

③ 参见吴晓明、王杰《数字平台数据垄断规制的困境与出路》，《商业经济》2023 年第 6 期。

④ 参见仲春《我国数字经济领域经营者集中审查制度的检视与完善》，《法学评论》2021 年第 4 期。

⑤ 参见《〈反垄断法〉及专家修改建议稿全文对比》，竞争法微网，https://mp.weixin.qq.com/s/wrs7kn-Ihs1ELk1C9THeYw，最后访问日期：2024 年 10 月 21 日。

⑥ 参见刘桂清《大型数字平台猎杀式并购初创企业的反垄断规制难题与破解进路》，《吉首大学学报》（社会科学版）2022 年第 5 期。

⑦ 参见韩伟主编《数字市场竞争政策研究》，法律出版社 2017 年版。

适当的分类和分级。① 基于《反垄断法》第 37 条的总规定，明晰分类分级审查的具体法律标准，明确建立以公共事业、金融服务、数字经济、文化传媒、国有控股为重要门类的审查体系，形成以地方简易程序审查、中央处级简易程序审查、中央处级一般程序审查、中央司级重大程序审查为基本结构的审查层级。②

最后，在审查程序的改进方面，学者们的意见较为统一，主要认为需要缩短审查期限，③ 增加审查过程中的公开度与透明度，④ 强化事后审查机制等。⑤ 特别是数字经济处于动态之中，事前审查针对创新型企业、扼杀式并购等事前审查将存在漏洞，因此有必要强化事后审查机制，弥补事前审查可能存在的遗漏。此外，在调查的过程中也要坚持审慎原则。⑥

（六）移动互联网领域反垄断法的实施程序

目前，学界对移动互联网领域反垄断法实施程序的研究集中在以下两方面。

1. 移动互联网领域反垄断法程序困境

我国移动互联网发展时间较短，研究多是基于 PC 端互联网领域垄断行为的延伸研究，对于移动互联网领域反垄断法的实施程序困境，学者们总结如下。

（1）移动互联网领域反垄断法私人执行存在证明责任分配不合理、诉讼风险高的问题⑦

首先，移动互联网领域反垄断诉讼双方当事人的举证能力往往存在较

---

① 参见王先林《论常态化监管下平台经济领域反垄断的定位和举措》，《江淮论坛》2023 年第 4 期。

② 参见段宏磊《我国经营者集中分类分级审查制度的构建——以新〈反垄断法〉第 37 条为分析对象》，《法商研究》2022 年第 6 期。

③ 参见吴振国、刘新宇《企业并购反垄断审查制度之理论与实践》，法律出版社 2012 年版。

④ 参见徐瑞阳《论经营者集中申报标准实施机制的完善》，《法学家》2016 年第 6 期。

⑤ 参见汪芯《经营者集中反垄断审查制度的困境与优化路径》，《中国价格监管与反垄断》2023 年第 2 期；吴振国、刘新宇：《企业并购反垄断审查制度之理论与实践》，法律出版社 2012 年版。

⑥ 参见郭传凯《互联网平台企业合并反垄断规制研究——以"滴滴""优步中国"合并案为例证》，《经济法论丛》2018 年第 1 期。

⑦ 参见杨紫烜主编《经济法》（第 4 版），北京大学出版社、高等教育出版社 2010 年版，第 224 页。

大差距，进而造成诉讼对抗的不均衡。① 在诉讼中，举证责任上仍然适用"谁主张谁举证"的一般举证规则。一方面，针对移动互联网平台泄露用户信息以换取自身利益、侵犯用户隐私的行为，用户即使察觉到自身权益受到侵害，由于地位的不对等、损失较小、取证难度过大、诉讼时间过长等原因往往会选择忍气吞声。另一方面，《反垄断法》以"消费者福利"为标准，通过分析某项行为对消费者福利的影响来判断垄断行为的合理性，即"合理推定"。合理推定的裁决标准也影响着原、被告举证责任的分配。"合理推定"标准下，原告的举证责任明显重于"本身违法"标准，这也是反垄断案件鲜有胜诉的原因。② 其次，移动互联网领域反垄断诉讼存在极大经济风险，而这种风险往往导致原告方当事人放弃通过诉讼来维护自己的利益。最后，即使当事人获得胜诉判决，依据垄断侵权之诉的损害补偿原则，当事人获得的赔偿也无法弥补自己在诉讼中所付出的时间和精力成本。③ 此外，移动互联网平台反垄断公益诉讼在实践层面难以得到有效开展，平台乱象难以得到有效治理。④

（2）移动互联网领域电子证据缺乏系统取证、举证、质证的操作规范，致使该领域电子证据未能起到其应有的证明作用⑤

首先，在移动互联网领域，电子数据规模巨大但缺乏统一的数据标准，此类数据存储的非标准性和复杂性给获取、分析电子证据带来了严峻挑战。其次，司法机关中缺少一批经验丰富的专业人才，现阶段的电子设备和取证手段无法适应发展迅速的移动互联网市场。⑥ 最后，基于

---

① 参见于洋《关于建立反垄断民事诉讼程序的探讨》，《中国价格监督检查》2012 年第 5 期。
② 参见冯博、张家琛《数字平台领域〈反垄断法〉与〈反不正当竞争法〉的经济逻辑和司法衔接》，《法治研究》2023 年第 3 期。
③ 参见邹亚莎、李亚《反垄断民事诉讼中的举证责任分配》，《法律适用》2014 年第 2 期。
④ 参见林轲亮、莫晨宇《互联网平台反垄断公益诉讼三大现实困境及其破解》，《重庆大学学报》（社会科学版），中国知网，http://kns.cnki.net/kcms/detail/50.1023.C.20240124. 1020.002.html。
⑤ 参见刘仁《互联网时代有待创新电子证据解决方案》，《中国知识产权报》2013 年 10 月 25 日，第 10 版。
⑥ 参见何小刚《移动互联网背景下电子数据的取证审查初探》，《安徽警官职业学院学报》2015 年第 4 期。

平台的"隐私服务协议",当事人收集云数据易侵犯隐私,云储存的共享属性在带来资源整合效益的同时,亦使得用户的权益处于摇摆不定的漂浮状态。[1] 此外,多数数字平台利用算法实施的垄断行为具有很强的隐蔽性,一般用户难以察觉该行为。

(3)移动互联网领域电子证据保全公证困难

整体上看,当前我国的移动互联网电子证据保全公证还存在以下问题。第一,保全公证缺乏专业人员。在移动互联网领域,如果公证员不具备相应的技术知识,只是简单依照传统保全方式记录,便无法甄别电子证据的真假,甚至造成伪证的后果。[2] 第二,移动互联网电子证据本身类型众多,而且每种电子证据所记载的信息量又十分繁复。公证机构缺乏专门的法律团队,针对申请人的诉求,主动设计、提供可行的公证方案。第三,在移动互联网领域,网络欺诈手段不断更新,即使公证人员具有相关专业知识,也很难识别所有的欺骗手段。[3]

(4)移动互联网领域诉前禁令制度的适用率低

移动互联网领域违法垄断行为危害巨大,推广使用诉前禁令可以弥补司法救济的滞后性,但诉前禁令制度在移动互联网领域的适用现状并不理想。诉前禁令适用率低有以下四个原因。第一,我国移动互联网领域反垄断案件诉前禁令的审查标准不明。[4] 第二,在我国司法实践中,缺少移动互联网领域诉前禁令的适用先例作为指引。第三,我国移动互联网领域诉前禁令制度程序缺失。第四,缺乏移动互联网领域的专业法官队伍。多数法官无法判断移动互联网垄断案件能否适用诉前禁令,因此为避免失误便

---

[1] See George Grispos, Tim Storer and William Bradley Glisson, "Calm before the Storm: The Challenges of Cloud Computing in Digital Forensics", *International Journal of Digital Crime and Forensics*, 2012, pp. 28-48.

[2] 参见米立琴《保全互联网电子证据公证法律问题研究》,《中国公证》2017年第6期。

[3] 参见曾荣鑫《互联网电子证据保全公证机制探析》,《云南社会主义学院学报》2014年第1期。

[4] 参见彭向阳、刘玲、彭一翔《浅析知识产权诉前禁令审查标准》,《科技管理研究》2017年第4期。

选择弃之不用，严重影响了司法审判的时效性与公正性。[①]

2. 移动互联网领域反垄断法实施程序困境的对策

面对移动互联网领域反垄断法的程序困境，学者们提出不同的应对策略，主要对策如下。

（1）合理分配该领域反垄断诉讼双方当事人的证明责任

第一，可采取"举证责任倒置"的证明责任分配原则，[②] 并对具体的垄断情形采用针对性举证分配策略。[③] 对于隐蔽性较强且负外部性较大的反竞争行为，可酌情采用举证倒置的方式，即由监管部门举证该行为具有垄断性，转向互联网企业自证该行为具有充分市场竞争性。[④] 第二，针对反垄断公益诉讼的优化，有学者提出，应将行政公益诉讼纳入反垄断规制体系中，建立行民双轨公益诉讼并存模式，扩宽检察机关程序选择。同时，结合互联网领域特殊性，在公告程序、检察建议程序方面强化诉前程序供给。确立谦抑性反垄断公益诉讼机制，合理保障互联网平台一方的合法权益。[⑤]

（2）构建移动互联网领域反垄断电子证据制度

第一，建立电子证据开示制度，降低私主体反垄断案件的诉讼风险。[⑥] 第二，完善电子证据取证规定，增强证据可采性，避免证据不足导致的程序倒流。[⑦] 第三，采用比例原则划定取证界限，[⑧] 要求当事人在收集电子证据的过程中，需要考虑到具体所需的信息，确保对权利人的隐私侵害符合

[①] 参见彭向阳、刘玲、彭一翔《浅析知识产权诉前禁令审查标准》，《科技管理研究》2017年第4期。

[②] 参见刘桂清《反垄断法中产业政策与竞争政策》，北京大学出版社2010年版，第41页。

[③] 参见邹亚莎、李亚《反垄断民事诉讼中的举证责任分配》，《法律适用》2014年第2期。

[④] 参见陈琳琳、夏杰长、刘诚《数字经济市场化监管与公平竞争秩序的构建》，《改革》2021年第7期。

[⑤] 参见林轲亮、莫晨宇《互联网平台反垄断公益诉讼三大现实困境及其破解》，《重庆大学学报》（社会科学版），中国知网，http://kns.cnki.net/kcms/detail/50.1023.C.20240124.1020.002.html。

[⑥] See Albert Sanchez Graells, Discovery, "Confidentiality And Disclosure of Evidence Under the Private Enforcement of EU Antitrust Rules", *IE Working Paper Derecho*, 2006, p. 40.

[⑦] 参见汪海燕《论刑事程序倒流》，《法学研究》2008年第5期。

[⑧] 参见刘权《目的正当性与比例原则的重构》，《中国法学》2014年第4期。

最小损害原则。第四，引入技术方法检验移动互联网领域电子数据的真实性。① 第五，制定移动互联网领域电子证据保全公证程序，全方位规定审查电子证据情况、记录保全过程的具体步骤，确保电子证据取证规范化。② 与此同时，针对移动互联网领域电子证据保全公证中常见的欺诈手法，预先做好防范措施，确保公证处网络系统的安全性。③

（3）增强移动互联网领域诉前禁令制度操作性

首先，完善诉前禁令适用审查标准。在移动互联网领域反垄断案件诉前禁令审查的过程中，法官可参考以下四个审查标准。第一，参考"胜负可能性"标准。第二，参考"难以弥补的损害"标准。可参考北京市高级人民法院对"难以弥补的损害"的细化解释，从能否恢复原状、损害后果和范围等角度进行衡量。第三，参考"当事人利益衡平"标准。④ 第四，参考"公共利益判断"标准，法院决定适用诉前禁令时，应考量市场反应和公共利益的损失。⑤ 最后，除以上判断标准之外，针对现实中较为突出、对行业竞争秩序损害较大的垄断行为，如移动互联网巨头滥用市场支配地位、达成横向垄断协议等，可适当提高诉前禁令的审查通过率。⑥ 其次，设置移动互联网垄断案件诉前禁令的时间限制，⑦ 赋予被申请人在一定期间内提出撤销该禁令的权利。⑧ 最后，成立诉前禁令专业审查团队，一方面将专业性强、有相关审判经验的法官集中起来，合理使用审判资源，提

---

① 参见何月、韩索华、刘树金等《电子证据鉴定技术和规范研究》，《电信科学》2010年第2期。
② 参见米立琴《保全互联网电子证据公证法律问题研究》，《中国公证》2017年第6期。
③ 参见曾荣鑫《互联网电子证据保全公证机制探析》，《云南社会主义学院学报》2014年第1期。
④ 参见李澜《美国禁令制度研究——兼评我国知识产权诉讼中临时禁令制度》，《科技与法律》2003年第2期。
⑤ 参见周晓冰《北京市法院首例诉前禁令案评析——兼议诉前禁令的审查标准》，《科技与法律》2008年第2期。
⑥ 参见曲凌刚、杨扬《互联网行业不正当竞争案件审理研究》，《现代电信科技》2014年第11期。
⑦ 参见刘晴辉《正当程序视野下的诉前禁令制度》，《清华法学》2008年第4期。
⑧ 参见《美国联邦民事诉讼规则、证据规则》，白绿铉、卞建林译，中国法制出版社2000年版，第103页。

高审判工作效率。另一方面，限制法官个人主观性，以事实证据为核心，形成稳定的审判模式。①

（七）移动互联网领域垄断行为的法律责任

目前，学界对移动互联网领域垄断行为的法律责任研究主要集中于民事责任、行政责任两个方面。以损害赔偿为核心的民事责任，以行政罚款为重点的行政责任共同构成了我国移动互联网领域反垄断法律责任的基本体系。②

1. 民事责任方面

当前我国《反垄断法》对违法者的民事责任规定主要体现在第60条：经营者实施垄断行为，给他人造成损失的，依法承担民事责任。从此条规定可以看出，我国反垄断的民事责任规定过于笼统，具体适用到移动互联网领域时，操作性很差。③ 赔偿损失是经营者承担民事责任的基本方式，也是受害人追究垄断行为责任的主要目的。移动互联网领域垄断行为赔偿损失的具体运用还需要立法的进一步细化，特别是关于损失的计算方法与赔偿数额的确定等规则，因为一直存在着争议，使其处于不确定状态，对其细化显得更为重要。④ 我国今后出台的反垄断法实施条例或细则应当明确规定停止侵害、消除危险和赔偿损害等民事责任形式，尤其应当规定惩罚性赔偿。⑤ 这是因为在移动互联网领域，垄断行为实施者与垄断受害人之间往往实力悬殊，而惩罚性赔偿可以激励私人提出反垄断诉讼，平衡垄断受害人与垄断行为实施者在诉讼活动中悬殊的利益关系，以更有效地打

①　参见孙彩虹《我国诉前禁令制度：问题与展开》，《河北法学》2014年第8期；吴昊洋《数字平台反垄断监管的法律问题探索》，《江苏工程职业技术学院学报》2023年第2期。

②　参见孙晋《我国〈反垄断法〉法律责任制度的缺失及其完善》，《法律适用》2009年第11期；丁国峰《反垄断法律责任制度研究》，安徽大学法学院2011年博士学位论文；范广达、刘佳《反垄断法责任体系的制度反思与完善对策》，《人民论坛》2012年第9期。

③　参见范广达、刘佳《反垄断法责任体系的制度反思与完善对策》，《人民论坛》2012年第9期。

④　参见张瑞萍《关于反垄断民事责任的若干思考》，《北京交通大学学报》（社会科学版）2011年第2期。

⑤　参见孙晋《我国〈反垄断法〉法律责任制度的缺失及其完善》，《法律适用》2009年第11期；刘迎霜《浅析我国反垄断法中的民事责任》，《南京社会科学》2009年第1期。

击移动互联网领域垄断行为，保护市场竞争，保障消费者利益。对移动互联网领域垄断企业损害赔偿责任的追究，可以三倍赔偿为上限，以垄断企业年度销售额为计算依据，由反垄断执法机关自由裁量，根据个案予以判决。①

2. 行政责任方面

罚款是对移动互联网企业垄断行为最常见也是最具威慑力的行政制裁手段。② 但我国《反垄断法》仅对罚款制度作了原则性的规定，实践中呈现出罚款不够严厉、适用标准不明确等问题，反垄断罚款对移动互联网领域垄断行为的威慑力大打折扣。③ 对此，可以通过制定实施细则或实施办法等规范性文件，改变罚款的计算方式，明确罚款的计算步骤和裁量因素，使其更具可操作性，以显著改善我国反垄断罚款制度在移动互联网领域的威慑效果。④ 进一步追寻反垄断罚款的相对确定性，提高罚款的透明度和改善罚款的可预见性。⑤ 在罚款计算模式的选择上，比例自由裁量模式与损害赔偿折算模式各有利弊，从保持执法公平性与行政罚款的深层属性上看，采损害赔偿折算模式更为妥当。⑥

总体来看，竞争法制发达国家在移动互联网领域反垄断法规制的研究水平领先于我国，其研究方法、研究思路等值得我国学习。从研究动态来看，发达国家的研究重心已从个案解决转移到制度建构，可为我国的相关

---

① 参见叶明、郑淑媛《我国纵向价格垄断协议的法律责任分析——以"洋奶粉案"为例》，《商业时代》2014 年第 17 期；叶明、商登珲《互联网企业搭售行为的反垄断法规制》，《山东社会科学》2014 年第 7 期。

② 参见叶明、商登珲《互联网企业搭售行为的反垄断法规制》，《山东社会科学》2014 年第 7 期。

③ 参见孙晋《我国〈反垄断法〉法律责任制度的缺失及其完善》，《法律适用》2009 年第 11 期；黄勇、刘燕南《垄断违法行为行政罚款计算标准研究》，《价格理论与实践》2013 年第 8 期。

④ 参见黄勇《垄断违法行为行政罚款计算标准研究》，《价格理论与实践》2013 年第 8 期；王健、张靖《威慑理论与我国反垄断罚款制度的完善——法经济学的研究进路》，《法律科学》（西北政法大学学报）2016 年第 4 期。

⑤ 参见王健《追寻反垄断罚款的确定性——基于我国反垄断典型罚款案例的分析》，《法学》2016 年第 12 期。

⑥ 参见丁茂中《垄断行为法律责任条款实施困境的消解》，《法学》2017 年第 9 期。

研究提供方向指引。但是，由于研究时间不长等原因，国外也存在研究成果不够丰硕、显性成果缺乏、制度建议可操作性不强等问题。国内相关研究在基本概念、规制理据、研究范式等方面达成了共识，搭建起了研究该问题的基本框架，但总体上存在研究不够系统、深入，研究针对性不强等问题。具体而言，存在"三个偏重"的问题：①研究路径上，总体上采取移植路径。偏重将反垄断法规制 PC 端互联网市场垄断行为的思路、模式、方法简单移植到移动互联网市场，而对移动互联网市场反垄断法实施的特殊性研究不够。②研究方法上，过于偏重法学规范分析方法，缺乏实证研究和法学、网络经济学、信息学等多学科方法的综合运用，研究方法比较单一。③研究内容上，偏重对热点个案的分析和解决，忽视对规制原则、规制理念、规制方法等基础理论的提炼，研究不够系统深入，研究结论的推广价值不大。

三　主要研究方法

本书按照"发现问题→分析和解决问题→制度建构"的基本思路，除了采用传统的规范分析、比较研究、案例分析、文献分析等研究方法外，还采用文本调研、问卷调查、专家访谈三种实证研究方法进行调研。

1. 文本调研法

采用 SPSS 分析软件对移动互联网领域垄断案件的判决书和行政处理决定书进行定性和定量分析，揭示反垄断法在移动互联网领域的实施现状。

2. 问卷调查法

通过发放问卷的方式，对广东、北京、上海、浙江、江苏、重庆等地反垄断实施部门进行调查，找到移动互联网领域反垄断法实施存在问题的深层次原因。

3. 专家访谈法

对处理本类案件经验比较丰富的法官和执法人员进行访谈，验证通过文本调研和问卷调查形成的一些观点。

四 主要研究内容

本书主要研究以下内容。

1. 移动互联网领域垄断行为概述

主要研究移动互联网市场与传统实体经济市场以及 PC 端互联网市场相比，其具有哪些基本特征；移动互联网领域垄断行为的主要表现及危害，为下面研究移动互联网领域反垄断法实施疑难问题做好铺垫。

2. 移动互联网领域相关市场的界定

针对假定垄断者测试法难以适用于移动互联网市场界定的难题，如何引入盈利模式测试法、产品性能测试法等新方法界定移动互联网的相关市场；将市场界限模糊的平台界定为一个产品市场还是多个产品市场；针对移动互联网市场动态特征明显的现状，如何界定移动互联网时间市场。

3. 移动互联网领域滥用市场支配地位行为的认定

针对传统的等效竞争者基准测试法难以适用于移动互联网领域市场支配地位认定的难题，如何寻找新的测试方法；如何通过客观行为推定相关主体滥用了市场支配地位；如何认定拒绝第三方软件上架等移动互联网市场新出现的滥用市场支配地位行为的违法性。

4. 移动互联网领域垄断协议违法性的认定

如何识别移动互联网市场相关主体在竞争链上是处于不同阶段还是属于直接的竞争者，进而判定是横向垄断协议还是纵向垄断协议；如何判定移动互联网领域的算法合谋在主观上有限制竞争的故意；如何判定移动互联网领域的最惠条款具有限制竞争效果；本身违法原则在移动互联网垄断协议案件中的适用条件为何。

5. 移动互联网领域经营者集中的反垄断审查

针对移动互联网市场已经出现的营业额未达到法定标准甚至没有营业额，但对市场竞争影响巨大的经营者集中行为，是否需要申报；如何确定移动互联网领域经营者集中的申报标准；如何评估先发制人并购对未来市场竞争的影响。

6. 移动互联网领域反垄断实施程序

针对移动互联网动态竞争的特性，如何适用诉前禁令；适用诉前禁令需要具备哪些实体和程序要件；在移动互联网市场的众多主体间如何分配举证责任；移动互联网垄断案件的证据如何认定；移动互联网垄断案件的行为证据如何保全。

7. 移动互联网领域垄断行为的法律责任

如何在移动设备生产商、移动生态系统控制者、应用商店所有者、平台软件提供者、第三方应用程序开发者等众多主体中确定法律责任主体，分担法律责任；如何在移动互联网垄断案件中实施行为性救济；针对移动互联网垄断案件普遍存在的原告损失、被告获利难以查明，酌定赔偿适用混乱的现实，如何确定科学、具有可操作性的酌定赔偿制度。

五　可能的创新之处

1. 研究对象有新意

移动互联网是近年出现但是发展速度惊人的新事物，而其中的反垄断法实施疑难问题更是理论和实践中的新问题，因此，本书的研究对象具有一定开创性。

2. 研究方法有特色

第一，引入 SPSS 分析软件的聚类分析方法划分移动互联网垄断行为的类型，运用因子分析法探寻移动互联网领域反垄断法实施存在问题的原因。

第二，将定量和定性研究方法相结合，对市场份额、损害赔偿等进行定量分析，对移动互联网垄断行为的认定等进行定性研究。

3. 研究观点有创新

第一，抛弃传统的假定垄断者测试法，综合适用盈利模式测试法、产品性能测试法界定移动互联网的相关市场。

第二，移动互联网市场支配地位的认定需要增加考虑创新、产品多样性、隐私保护等因素。

第三，营业额非移动互联网经营者集中申报的唯一标准，还需要考虑交易额、用户数量、数据控制情况等因素。

第一章　移动互联网领域垄断行为概述

2009 年 1 月 7 日，工业和信息化部为中国移动、中国电信和中国联通 3 家运营商发放了 3 张第三代移动通信（3G）牌照。由此，2009 年成为我国的 3G 元年，我国正式进入第三代移动通信时代。此后，包括移动运营商、资本市场、创业者等各方急速进入国内移动互联网领域，原来的 PC 端互联网网民逐渐呈现出向移动端"移民"的趋势。根据中国互联网络信息中心统计数据，早在 2018 年 12 月，我国手机网民规模已达 8.17 亿人，网民通过手机上网的比例高达 98.6%，而使用台式电脑、笔记本电脑上网的比例仅为 48.0% 和 35.9%。[①] 截至 2023 年 6 月，我国手机网民规模达 10.76 亿人，较 2022 年 12 月增长 1109 万人，网民中使用手机上网的比例为 99.8%。[②] 显然，手机已成为最普遍的上网工具。然而在移动互联网飞速发展的过程中，出现了各式各样新型的垄断纠纷，比如 2015 年因 360 手机卫士拦截短信引发的"3 米大战"，2017 年因腾讯查封微信公众号引发的纠纷，2020 年因腾讯拒绝与飞书兼容引发的纠纷……由于移动互联网本身所具有的开放性、互通性、综合性等特点，法院在审理移动互联网领域的垄断纠纷时，有些情况无法直接援引现行《反垄断法》关于相关市场、市场支配地位等规定。比如在"3 米大战"中，深圳市中级人民法院认为微信用户数量众多不等于具有天然垄断属性，否认以用户数量作为认定微

[①]　参见中国互联网络信息中心（CNNIC）《第 43 次〈中国互联网发展状况统计报告〉》，中国互联网络信息中心官网，https://www.cnnic.cn/n4/2022/0401/c88-838.html，最后访问日期：2024 年 5 月 29 日。

[②]　参见中国互联网络信息中心（CNNIC）《第 52 次〈中国互联网发展状况统计报告〉》，中国互联网络信息中心官网，https://www.cnnic.cn/NMediaFile/2023/0908/MAIN1694151810549M3LV0UWOAV.pdf，最后访问日期：2024 年 5 月 29 日。

信具有市场支配地位的标准。移动互联网领域市场支配地位真正的认定标准应当是什么，在涉及相关商品市场认定时也出现争议，原告认为本案的相关商品市场就是微信软件本身，而被告则主张应为微信所提供的公众号服务，现行《反垄断法》对此问题却并未提及。要解决《反垄断法》在移动互联网领域面临的新问题，就应先明确什么是移动互联网，发生在移动互联网领域的垄断行为又具有哪些新特征。

第一节　移动互联网市场分析

首先需要明确，移动互联网市场是一种新生的、独立的市场，即移动互联网与 PC 端互联网市场、传统实体经济市场分别属于不同的独立领域。伴随着用户互联网使用习惯的逐步形成，以及移动化、碎片化的时间增加，用户对在移动状态下使用互联网的需求逐步强烈。而移动数据传输网络高速发展，移动终端的多媒体、智能化变革，适用于移动终端的互联网标准协议的形成，使得用户在移动状况下使用互联网的需求成为现实。移动互联网改变的不仅仅是接入终端，它不是 PC 端互联网在移动终端的单一复制，而是一种新的产业、商业或市场模式，并将持续催生新的产业、商业形态。比如美团网、拼多多软件衍生出的商业团购模式；饿了么、美团外卖扶持起来的"外卖小哥"新职业；摩拜单车、ofo、car2go 等开辟出的全新绿色出行模式和共享经济理念。类似例子，数不胜数。可以说移动互联网正在创造一种前所未有的信息化生活模式。从 App 点餐下单，到半小时后外卖送达，整个过程的实现绝非我们所看到的一个外卖 App 以及外卖送餐员的功劳，App 背后有强大的应用服务平台技术和网络服务技术、移动终端本身的软硬件平台作为支撑，少了其中任何一个环节，用户都有可能吃不上这份外卖。

一　移动互联网的含义及构成

理论界对移动互联网这一概念尚未形成统一、明确的定义。从狭义来看，移动互联网是指互联网的技术、平台、商业模式和应用与移动通信技术结合并实践的活动的总称；从广义上来讲，就是移动通信和互联网二者结合起来，成为一体。对于移动互联网与传统互联网之间的关系，目前存在两种不同观点，一种是移动互联网本身属于互联网的一部分，另一种是移动互联网是互联网延伸和拓展出的新领域。目前我国的主流观点认为移动互联网并不属于互联网领域，而是互联网延伸出的新市场，如"移动互联网≠移动+互联网，移动互联网是移动和互联网融合的产物，不是简单的加法，而是乘法——移动互联网=移动×互联网"，①"移动互联网产业是互联网产业发展的结果，是移动终端与互联网相互融合的高级阶段"。②

中国信息通信研究院在《移动互联网白皮书（2011 年）》中指出的移动互联网的三个构成要素足以体现其与 PC 端互联网的不同，用户通过使用移动智能终端，以移动网络的全覆盖作为支撑，以各式各样的应用服务软件为平台，可摆脱 PC 端固定场所的限制，随时随地获取影音、通信、电子商务、地图等多功能服务，极大提升了便捷性。移动互联网作为空前广阔的融合发展领域，与广泛的技术和产业相关联。纵览当前移动互联网业务和技术的发展，其主要涵盖六大技术产业领域：①移动互联网关键应用服务平台技术；②面向移动互联网的网络平台技术；③移动智能终端软件平台技术；④移动智能终端硬件平台技术；⑤移动智能终端原材料元器件技术；⑥移动互联网安全控制技术。

上述六大技术之间的关系大致如表 1-1 所示。

表 1-1　移动互联网的技术体系：六大技术产业领域

云端	移动互联网关键应用服务平台技术	
管理、服务端	面向移动互联网的网络平台技术	移动互联网安全控制技术
终端	移动智能终端软件平台技术	
	移动智能终端硬件平台技术	
	移动智能终端原材料元器件技术	

资料出处：中国信息通信研究院（工业和信息化部电信研究院）《移动互联网白皮书（2011年）》，中国信息通信研究院官网，http://www.caict.ac.cn/kxyj/qwfb/bps/，最后访问日期：2019年1月12日。

---

① 王德禄：《移动互联网产业发展分析》，《中国高新区》2013 年第 1 期。

② 何晴：《移动互联网垄断协议界定之疑难问题——以"苹果电子书定价垄断"一案为例》，《哈尔滨学院学报》2014 年第 7 期。

上述六大技术协调配合构建起移动互联网产业链，其中又可提炼出五大类参与主体，如表1-2所示。而且，当前每一类参与主体都存在竞争企业，这些企业共同构成移动互联网的产业生态系统。

表1-2 移动互联网的产业生态系统

产业链各主体	细分主体	代表企业
网络设施/设备制造商	网络软件设备制造商	思科、微软、华为、北电等
	网络硬件设备制造商	英特尔、阿尔法、华为、中兴等
运营商		中国移动、中国电信、中国联通
应用服务提供商	应用商店	Apple App Store、Google Android Market、中国移动商城等、华为应用市场等
	移动商务	阿里巴巴、京东、亚马逊、拼多多等
	位置服务	百度、谷歌、高德等
	移动阅读	亚马逊、掌阅 iReader、QQ 阅读、番茄小说等
	云服务	苹果、微软、谷歌、百度、腾讯等
	浏览器	谷歌、360、百度、搜狗等
	即时通信	腾讯、人人网、新浪微博等
	多媒体	腾讯、酷我、抖音、爱奇艺等
终端设备制造商	终端操作系统提供商	微软、苹果、谷歌、塞班等
	终端硬件制造商	英特尔、高通、AMD、苹果、华为等
用户	个人用户、企业用户等	略

资料出处：彭本红、鲁倩《移动互联网产业系统生态化治理研究》，《中国科技论坛》2016年第10期。

在移动互联网产业链中，各个主体之间都具有一定的供需或逻辑关系，如图1-1所示，A 为移动互联网产业中的内容开发商，用户在移动终端上看到的文字、图像、音频和视频等文件最初都是内容开发商生产的，比如新浪生产的新闻。服务提供商 B 将 A 生产的内容进行处理后接入互联网，比如 WAP 提供的上网服务。经过处理的内容进入到各种应用平台 C，如新浪新闻 App。内容经过应用平台整合后进入移动互联终端载体。但移动终端需要网络运营商 D 的服务来实现数据移动，比如中国移动、中国电信、中国联通的网络基站传输，只有通过网络基站的传输，用户才能随时随地在移动终端使用移动互联网浏览新浪新闻，享受软件提供商所提供的服务。

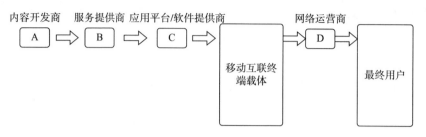

内容开发商　服务提供商 应用平台/软件提供商　　　　网络运营商

图1-1　移动互联网产业链

资料出处：彭本红、鲁倩《移动互联网产业系统生态化治理研究》，《中国科技论坛》2016年第10期。

二　移动互联网市场的特点

在移动互联网技术体系、产业链、产业生态系统逐步构建并基本完善的背景下，移动互联网市场得以飞速发展。与 PC 端互联网市场相比较，移动互联网市场一方面与 PC 端互联网市场存在很多共性；另一方面，移动互联网市场也有其自身的特性。这些特性直接影响到相关业务的形成和商业模式的构建。

（一）移动互联网市场与 PC 端互联网市场共有的特点

1. 双边市场性

双边市场理论源于网络经济学和多产品定价理论，学界公认法国图卢兹大学的经济学家让-夏尔·罗歇（Jean-Charles Rochet）与让·梯若尔（Jean Tirolede）的文章《双边市场概述》（*Two-Sided Markets: An Overview*）是目前对双边市场最权威的论述。他们对双边市场的定义是：一个平台对买者和卖者的每个交互作用分别收取不同费用，当总价格不变时，价格结构的变化会影响平台总交易量，这样的平台就具有双边市场特征。[①] 双边市场依靠平台连接两边或多边的客户，与单边市场不同，双边市场定价不遵循边际成本加成定价原理，而是采取其他的定价方式。例如，平台企业

[①]　参见周正《基于双边市场理论的电子商务平台竞争规制研究》，东北财经大学应用经济学系 2010 年博士学位论文，第 11 页。

对一边的消费者群体收取的费用明显低于其提供服务的成本甚至免费，而对另一边的供应商收取较高的费用，甚至是明显高于成本的费用，但这不一定是"滥用"市场支配地位，而是双边市场特殊的倾斜式定价方式的表现。再如，平台企业有时对双边市场主体进行补贴，但这也并非为了垄断，而是基于双边市场的网络外部性而制定的营销策略。

在 PC 端互联网及移动互联网领域，双边市场是指交易活动并不是由产品或者服务的供应商直接与消费者进行，而是通过平台企业（第三方交易平台）向交易双方提供产品或服务以完成交易。在双边市场中，平台企业采用完全颠覆传统单边市场的盈利模式，平台企业间的合法竞争行为有时与法律所禁止的垄断行为界限十分模糊，而当前的反垄断法律法规还基本停留在传统单边市场阶段。对于以服务双边市场为盈利模式的平台企业，若直接适用单边市场理论来认定，很可能会出现遗漏或造成误判。PC端互联网及移动互联网领域常见的双边市场主要有以下几类。

（1）电子商务双边市场

较早发展起来的具有双边市场性的电子商务平台目前大多已占有相当的市场份额，比如手机淘宝、手机京东。淘宝和京东已成为当前国内最大的两个电子商务平台。最近几年异军突起、形式多样的其他双边市场平台也初具规模，比如拼多多、美团外卖等。上文已谈到，双边市场的特点之一就是可以通过对一边市场实行免费，而从另一边市场收费来获利。[1] 根据 2017 年的数据，拼多多的盈利就主要来自线上网络营销手续费、佣金、直销商品（拼好货），其中，线上营销服务和佣金也被一并称为线上市场服务。[2]

（2）媒体平台双边市场

除了最直接的电子商务领域的双边市场，移动互联网领域媒体产业的双边市场特征也很普遍。媒体产业双边市场的特点在于，媒体平台提供丰

---

[1]　参见冯江主编《中国网络市场之竞争法博弈》，法律出版社 2015 年版，第 7 页。

[2]　参见《一文全方位读懂拼多多：它是谁，如何运作？》，百家号网，https://baijiahao. baidu. com/s？id=1606969362433122655&wfr=spider&for=pc，最后访问日期：2019 年 1 月 13 日。

富的内容如音乐、视频、新闻等来吸引受众，然后凭借平台拥有的受众规模来吸引广告商投放广告，进而收取高额的广告费用。比如最常见的腾讯视频、爱奇艺等视频软件在播放视频之前跳出的广告，普通受众必须等待广告播放完毕方可观看视频内容，若想直接跳过广告，则需要购买视频网站的会员服务，但此会员费同广告商支付的广告费相比则显得九牛一毛。

（3）支付平台双边市场

移动支付平台企业的双边市场商业模式与上述电子商务平台、多媒体平台相比又有所不同，一般来说，移动支付平台企业不会直接向使用平台进行支付的付款方和收款方直接收取使用费，而是通过将移动支付平台作为金融产品推广平台向入驻企业收取广告费盈利。不仅如此，大多入驻移动支付平台的金融企业还需要以移动支付平台作为支付或担保手段。比如支付宝与蚂蚁花呗，蚂蚁花呗以用户在支付宝的交易记录、信用情况为基础，决定向用户提供贷款的额度、信用等级等，同时又以支付宝为平台进行放贷、结算。

当前，随着移动互联网经济的深化与数字化技术的发展，移动互联网平台生态的构筑不仅增加了双边市场中"边"的种类和数量，而且促使各行业实现无边界的跨界联动，最终形成多边市场。多边市场中的经营者通过打造跨行业的生态系统，为消费者提供更加多元充分的产品与服务。[①]

2. 网络外部性

（1）外部性

"外部性理论"发端于马歇尔（Marshall）的《经济学原理》（1890）一书，在该书中他提出外部性并非仅存在于生产领域，消费领域同样存在外部性。外部性是指在生产或消费过程中给他人带来的外部影响，也称为效应溢出。比如，使用微信支付的消费者越多，相应地，支持微信支付的商家也就越多，进而每一个消费者就能在更多场合使用微信支付，即每一个消费者都享受了其他微信支付用户的加入所带来的积极外部影响。外部性的一个重要特征是非市场性，即他人所受的无论积极或消极的外部影响

---

① 参见王明泽《结构主义视角下数字经济垄断分析》，《中国科技论坛》2023年第3期。

都并非出于自愿，而造成外部影响的行为人却不会因此对他人进行赔偿或要求他人补偿，即这种外部影响没有转化为以货币体现的对价。也正因其非市场性，市场便无法对产生外部性的主体进行调整，外部性并不属于买卖关系中的内容，价格机制也无法启动。

（2）网络外部性①

这是 PC 端互联网和移动互联网双边市场最突出的特征，其含义是网络对于某一网络用户的价值会因其他消费者加入使网络扩大而得到提升，就是说消费同种网络产品的用户增加，消费者获得的整体效用也会增加。影响网络外部效应的因素包括网络规模、网络外部性强度，一般来说，网络规模越大外部性效应就越强，网络的用户规模越大整个网络的价值就越高。在移动互联网领域，最近几年兴起的拼多多 App 就是双边市场网络外部性最直接、典型的一个体现。拼多多的商业模式其实很简单，就是一种网上团购的模式，以团购价来购买某件商品。发起拼单的买家会成为拼主，拼主付款后可以将商品链接一键分享到微信、QQ 等社交平台上，在完成拼团之后，拼主还有机会获得免单券。假定一件衣服正价 100 元，通过拼团只要 80 元就可以购买，一同购买的用户越多，商品成交的价格就越低，如果拼团不成功，就会自动取消订单。平台通过降价这种最直接的方式，鼓励买家将 App 推广给更多人，买家这种拼团砍价其实就是批发和微分销的理念。

（3）交叉网络外部性

传统互联网和移动互联网双边市场的网络外部性还具有明显的交叉特征，其含义是两边市场除了对各自所在的市场产生外部性以外，还可以通过第三方平台对另一边市场的用户产生外部性。两边的外部性之所以交叉影响，主要是因为双边市场用户的需求通常是互补的，这种互补与单边市场产品的互补性是完全不同的。单边市场产品的互补性是指消费者要将互补的产品一同使用才能满足特定需求，而双边市场的需求互补则是指双边

---

① See Parker G. G., Van Alstyne MW, "Two-sided Network Effects: A Theory Information Product Design", *Management Science*, 2005, 51（10）.

用户的需求必须同时存在，交易才有可能产生。以淘宝网为例，其作为买家和卖家的交易中介，如果买家没有购物需求，或者卖家没有销售需求，那么淘宝网交易中介的作用就不存在了，因为交易并不存在。正因为 PC 端互联网及移动互联网双边市场主体的需求具有互补性，一边主体需求的变化就会通过平台对另一边主体造成影响。例如在 2010 年之前，使用苹果公司的 IOS 操作系统的手机用户还比较少，安卓操作系统在市场上占据很大优势，因而当时的手机 App 也大多是针对安卓系统而开发，但近几年使用苹果手机的用户越来越多，相应地，软件开发商就针对 IOS 系统开发出更多的 App，这反过来又可以增加 IOS 操作系统用户的效用，而双方相互影响的整个过程，都是通过手机操作系统这个第三方服务平台来实现的。

3. 锁定效应

锁定效应是指从一种产品、技术或者系统转换到另一种产品、技术或者系统的成本较高，当某种经济产品、技术或者系统发展到一定程度时，便不会出现转换路径，用户对此依赖会进一步强化此种状态，产品、技术或者系统会进一步锁定在该均衡状态中，形成路径依赖。[1]

移动互联网产品和 PC 端互联网产品对于用户都具有很强的黏性，在移动互联网领域尤其明显。PC 端互联网产品的用户黏性体现为通过入口级产品获取用户，所谓入口级产品就是一个与用户"重度连接"的产品和服务，以此为基础展开企业的所有增值服务，诸如百度、奇虎 360、谷歌公司的网页浏览器对于其他产品就是入口级产品。这些浏览器为用户提供搜索通道，使用户能够便捷地到达他们想要访问的网站，浏览器再通过把控网络流量、变现网络流量来盈利。而移动互联网的用户黏性则体现为通过极致的产品和服务本身来获取用户，把用户变成自己的"粉丝"，然后再通过跨界整合资源直接提供用户所需要的服务，提高用户的满意度，形成使用习惯，最终"锁定"用户。这种现象产生的原因，一方面是移动互联网用户量更多，但是用户使用时间碎片化的特征导致无效流量较多，移动互联网平台企业无法通过简单的流量变现来盈利。另一方面，传统互联

---

[1]　参见王明泽《结构主义视角下数字经济垄断分析》，《中国科技论坛》2023 年第 3 期。

网通过提供标准化产品来获取用户，诸如搜索引擎、杀毒软件，而移动互联网可通过非标准化产品（服务）来获取用户，用户可根据自身偏好选择不同的手机应用，并且在安装后也可对其进行个性化设置，这样一来用户手机中的各种应用服务就具有了高度个性化的特征，从而提高手机应用对用户的黏性，形成"粉丝群"，而一旦形成粉丝群，这些粉丝的付费意愿就会提高，并且愿意口碑推广，愿意产生内容。

以微信为例，根据上文已经论述过的网络外部性，使用微信的用户越多，微信本身的效用也就越大，并且由于用户的不断增多，其亦会不断提升自己的产品和服务质量，进而回馈给所有用户更多的正外部性。当某个消费者身边几乎所有人都使用微信作为即时通信软件时，他（她）若要与周围人便捷地进行即时通信也就必须使用微信。此外，一旦用户通过微信建立起自己的好友通讯录，形成了相对稳定的社交圈，并且已经习惯并依赖于微信的操作模式及其提供的各种诸如微信支付、朋友圈分享等服务时，他（她）就很难放弃微信而去尝试一个新的即时通信软件，这个时候，他（她）就相当于被微信牢牢地"锁定"了。

对于互联网企业，技术创新是其生存和发展的关键因素，要保持企业在行业中的优势地位，不仅要促使消费者接受该项技术，更需要使其对该项技术形成习惯、持续使用。当技术逐渐融入消费者日常生活中，消费者对这种技术的感知不断固化，技术依赖开始增强。另外，由于消费者信息处理能力的局限，若放弃当前所习惯的手机软件去尝试一个新的软件，这需要一定的认知努力，比较不同软件的技术差异并学会熟练使用一项新技术需要努力，也要付出信息搜索和处理的努力。因此，当消费者已经熟练掌握某项技术时，他们便不会轻易放弃这项技术便利，对技术的依赖程度随之增长，从而加强认知锁定。[①] 可以看出，当某项技术具备了超越其他同类技术的独特优势时，消费者便不再只是简单地因为对服务的"满意"而重复使用该应用软件，这种行为更像是被"锁定"的。

---

① 参见韦骁勇、沈蕾《"满意"还是"锁定"：理解技术创新路径依赖下的消费者持续使用》，《系统管理学报》2018 年第 4 期。

4. 商业模式

在移动互联网与传统互联网产品与服务中，"免费"占据了主流，不难发现免费模式已成为当今互联网商业模式的主导。具体来说，"免费+广告"模式、"免费+增值"服务模式是移动互联网与传统互联网所共有的并且最为人们所熟知的两种商业模式。"免费+广告"模式中最为典型的莫过于视频网站，如腾讯视频、优酷视频、爱奇艺等。对于视频网站的大部分普通用户而言，其可免费在各类视频网站搜索、观看、下载视频文件，但是，免费并不意味着"零成本"，用户需要以观看片头、弹窗、片尾等各种形式广告作为对价。对于视频网站经营者而言，从广告投放商这一边市场所收取的高额广告费用则可以弥补其免费提供视频服务的成本，不仅如此，广告费也是大部分视频网站收入的主要来源。除了视频网站，"免费+广告"模式也常见于社交应用、浏览器等软件之中，如微博中经常弹出的广告、百度浏览器搜索结果中的前几条广告网页等。但移动互联网领域的广告和 PC 端互联网相比，有一个明显优势，就是移动终端一般具有定位功能，应用提供商可以根据用户所在的位置投放广告，精确感知用户的需求。比如美团网、携程网等生活服务类应用，当用户打开手机应用时，该应用即可根据用户所在位置生成首页广告，推荐离用户较近口碑又高的餐饮、住宿商家。

随着互联网技术的进步与用户个性化需求的提高，一些互联网产品在"免费+广告"模式的基础上又催生出"免费+增值"服务模式。这种模式先为用户提供免费的基础服务，随后推出区别于免费用户的优质服务项目作为增值服务，从而实现盈利。如视频网站的会员制度，会员用户可以在观看视频的过程中跳过广告，并且可以观看免费用户不能观看的视频，而免费用户要想观看这些视频就必须成为会员或者单独付费观看。在办公软件中也存在各种会员服务，比如 WPS 软件中，某些格式模板只提供给会员用户使用，非会员用户则需要付费购买。就连使用最为普遍的微信近几年也推出了各种增值服务，比如微信零钱提现收取手续费、某些微信表情包需要付费购买。移动互联网市场中的增值服务与传统互联网相比，其个性化程度更高，在下文"产品个人性"部分中会有详细论述。

5. 竞争方式

通过存储并分析用户的使用数据，互联网企业能充分了解用户的消费能力、偏好、需求等个人信息，进而向用户销售极具个性化的服务、推送满足用户需求的广告，由此获得高额利润。大数据应用帮助企业实现了智能决策、提高了运行效率和风险管理能力。根据中国信息通信研究院的统计，应用大数据实现了智能决策的企业占比高达55.2%，并有46.6%的企业表示应用大数据后提升了运营效果，35.9%的企业应用大数据后能够更好地管理风险。[①] 而数据如何获取、收集、积累，则需要平台来发挥作用。在互联网领域，平台是与双边市场紧密联系的一个概念，正是因为双边甚至多边市场的存在，平台才得以发挥作用。比如华为与腾讯的冲突中，双方分别运用操作系统、即时通信软工具为平台，来收集用户数据，最终因争夺数据而引发纠纷。

华为在2016年12月发布了荣耀Magic手机，Magic手机基于安卓系统重新开发了"Magic Live"操作系统，这是华为首次将人工智能应用于手机产品。Magic手机可以根据微信聊天内容自动提取并分析相关地址、天气等信息。腾讯认为华为获取了其微信应用的数据，因此调整了对Magic手机的接口，导致Magic手机用户使用微信出现问题。两者纠纷的根源，其实就是无论腾讯的微信还是华为的"Magic Live"系统，都想要获取用户数据并以此形成自己的竞争优势。互联网领域平台竞争、数据竞争的特点，导致不同经营范围的企业出现了直接利益冲突，华为和腾讯的冲突已不是中国巨头公司间的第一次争斗，更早的还有菜鸟驿站与顺丰之间的数据争夺。百度、阿里巴巴、腾讯三巨头之间的数据、流量争夺也从未停歇，这些企业都有着共同的目标，就是建造一个可以收集用户数据的平台，并以此平台为基础展开市场竞争。

[①] 参见中国信息通信研究院（工业和信息化部电信研究院）《中国大数据发展调查报告（2018年）》，中国信息通信研究院官网，http://www.caict.ac.cn/kxyj/qwfb/ztbg/201804/P020180426332651074674.pdf，最后访问日期：2024年5月29日。

（二）移动互联网市场独有的特点

1. 相对封闭性

在移动互联网领域存在着很多相对封闭的生态圈，这些生态圈大多是由一些大型企业构建。比如苹果公司构建了包括移动终端生产、操作系统提供（IOS）到最后的应用商店（App Store）、内容服务在内的相对封闭生态圈。

在移动操作系统领域，目前苹果公司的 IOS 和谷歌公司的安卓几乎已经瓜分了国内的移动操作系统市场。苹果公司采用封闭的平台竞争模式，它开发出 IOS 移动操作系统、App Store 应用商店，还自主设计和制造各种移动终端产品，比如 Iphone、Ipad、Ipod。然而，苹果公司独占 IOS 系统的使用权，不对其他终端制造商开放，该系统只能为苹果公司的终端产品所采用，因此对其他终端制造商是封闭的。① 此外，对于应用开发商而言，IOS 操作系统也是相对封闭的，因为所有的应用软件都只能通过 App Store 才能下载到用户手机，而 App Store 对应用软件上架有着严格的审核程序，并非完全开放的。② 安卓操作系统虽然对于用户和终端制造商都是开放的，但是对于其他操作系统而言，其仍是相对封闭的，比如安卓与 IOS、Windows 相互之间都不能兼容，各个系统的用户都只能在自己的操作系统内使用移动互联网。而且，使用不同操作系统的用户，其手机备忘录、应用软件等都只能在该操作系统内使用，若安卓用户更换了 IOS 系统的手机，原手机内的通讯录、备忘录等都无法直接转移至新手机，需要通过第三方软件提取并转存才可实现，各种应用软件也必须重新下载适配 IOS 操作系统的版本。

2. 产品个人性

移动互联网产品的使用场合很多，并且灵活多变，和 PC 端互联网产品相比，其个人性更强。一般情况下，一个移动终端的所有者就是其使用

---

① See Katsamakas E. , Xin Mingdi, *An Economic Analysis Enterprise Adoption of Open Source Software*, Working Paper, New York University, 2005.
② 参见魏如清等《双边网络环境下开放与封闭平台的竞争：以移动操作系统平台为例》，《中国管理科学》2013 年 S2 期。

者，偶尔存在共享移动终端设备的情形，比如家庭成员共同使用平板电脑。而 PC 终端很有可能同时存在多个使用者，尤其是工作电脑，并且这种工作电脑的办公属性更强。在应用软件方面，手机应用软件相比 PC 端软件也更多样，个人属性更强，涵盖用户个人生活的方方面面。根据中国互联网络信息中心 2018 年发布的报告，2018 年 1 月至 5 月，国内在架的移动应用程序就已达 415 万款，类型多样，并且数据显示 2017 年 7 月至 2018 年 5 月每一类都存在相当数量的竞争者。2022 年，我国国内市场上监测到的 App 数量为 231 万款，4 月当月净增 1 万款。移动应用开发者数量达 103.3 万个，4 月当月净增 1.8 万个；第三方应用商店在架应用累计下载量达 21164 亿次，4 月当月净增 468 亿次。[①]

在这些移动应用软件中，有些是可以直接精准定位用户所处的位置的，比如根据位置变化做出迅速反应进而提供最适合的服务。除了移动软件，移动终端本身也是极具个性化的，比如目前多数智能手机都具有移动支付功能（如 Apple Pay、Huawei Pay），用户可以直接将自己的银行卡与手机绑定，在消费时甚至都不需要再单独打开支付宝或微信等支付软件，通过手机自带的程序就能完成支付。再如，一些手机的运动量记录功能，无论用户是否使用手机，只要其保持开机状态并且随身携带手机，手机就能自动记录该用户每天的运动量，比如行走步数、已爬楼层数。还有一些手机的备忘录可以实现指定时间、地点提醒，满足用户的个性需求。这些移动互联网领域的产品与用户的个人生活紧密结合，呈现出高度的个性化，PC 端互联网产品在这方面是无法与之相比的。

3. 高度便捷性

GPRS、3G、4G、5G 和 WLAN 或 Wi-Fi 构成了一张立体、无缝覆盖的网络，用户可以使用移动终端通过上述任何形式访问网络。移动互联网的载体是移动终端，这些终端不仅包括常见的智能手机、平板电脑，还有可能是智能眼镜，如谷歌眼镜，或者手表，如苹果公司的 iWatch，甚至一些

---

① 参见《工信部：我国移动应用程序（App）总量企稳小幅增长》，光明网，https://m.gmw.cn/2022-05/30/content_1302972766.htm，最后访问日期：2024 年 2 月 26 日。

智能服装、饰品等。这些物品都属于人体穿戴的一部分，和手机一样，都能随时随地使用。有的移动终端设备甚至可以在运动或者睡眠时持续使用，比如最近几年兴起的智能手表，无论是苹果公司的 iWatch 还是小米公司的手环，都可以在睡眠状态下实现心率、脉搏测量并将数据存储至云端。有的运动手环还能在游泳、潜水状态下使用，最大限度地摆脱了场地的限制。此外，无论是在上班还是上课，用户都可以同时使用移动终端访问移动互联网，而并不会因此对要处理的事务造成太大的影响，或者其可以利用工作、学习的短暂休息时间使用移动终端上网，因为从其打开手机到访问移动互联网，整个过程也就几秒钟的时间，不需要再使用时，也可以迅速关闭访问窗口。因此，用户访问移动互联网，不会有时间限制的困扰，不需要等待电脑开机、接入网络等一系列冗长的过程，任何时候其都能方便地"上线"或"下线"，甚至全天候"在线"，不必担心有重要信息、时效信息被错过。

4. 使用时间碎片化

在移动互联网市场，变化最大的就是用户的消费方式和消费场景，企业接触用户的时间和地点越来越广泛和不固定，接触用户的时间也越来越短暂，碎片时间成为赢得消费者的黄金窗口。

随着工作与生活节奏的加快，用户每次逛店，停留在实体店、网店、移动商店的时间越来越短，可能从最初的半小时，缩短至 10 分钟，再缩短至 1 分钟，甚至最后缩短到以秒计算。用户每天都在通过微博、微信、陌陌等各种社交媒体随时随地创造信息内容，例如信息分享、评论、转发、点赞，甚至购物清单、浏览痕迹，晒出的心情、照片和视频等。这些刚刚生产出来的碎片信息，会铺天盖地包围其他人，影响着他们的生活和工作，影响着他们的购物决策，并产生大量即时性、冲动性需求，从而让用户的消费需求和购物时间更加碎片化。

碎片化的时间让企业和用户生活之间的边界变得越来越小，以往工作时间用来工作，生活时间用来生活的情况变成了生活和工作之间可以相互匹配，移动互联网让用户可以在不影响工作的情况下去享受生活，而生活中的碎片化时间也可以用来完成工作。[①]

5. 传播即时性

由于移动互联网市场具备上述便捷性，用户可以充分利用生活、工作中的碎片时间，接收和处理各类信息。也正因如此，利用移动互联网来传播信息与 PC 端互联网相比更具即时性。热点事件可以在短短几分钟之内传遍全网，各种各样的爆炸性新闻层出不穷、夺人眼球，如 2017 年底的"江歌案""昆山案"，消息一出即迅速引发全网热议，一天之内各种微信公众号就能推送出一篇点赞过万的推文，热门微博在几分钟内就能被转发过万。再如 2019 年上半年发生的"凉山州消防员殉职"事件，在意外事件确认的当天，微信朋友圈、微博热搜就已经开始转发相关新闻和悼念文章了，速度之快，是传统媒体所不能比的。但是从不利的方面看，正因为其传播速度之快，各种"偷拍门"等负面事件的影响才能在几分钟内波及全网，一些虚假恐怖信息才得以迅速散播，各种网络侮辱、诽谤事件才得以迅速发酵酿成不可挽回的损失。

6. 流量局限性

移动互联网市场的基础是一张立体的网络，GPRS、EDGE、3G、4G、5G 和 WLAN 构成的无缝立体网络，使得移动终端可以通过上述任何形式接入网络。移动通信技术从第一代的模拟通信系统发展到第二代的数字通信系统，以及之后的 3G、4G、5G，并以突飞猛进的速度持续发展。手机移动数据的出现，使得人们随时随地通过手机访问移动互联网成为可能，另外，移动数据也将手机用户"俘虏"，使其必须小心谨慎地关注流量的使用情况，关注本月流量是否超额。移动互联网业务在给人们带来便捷的同时，也受到了来自网络能力和终端能力的限制：在网络能力方面，受到无线网络传输环境、技术能力等因素限制；在终端能力方面，受到终端大小、处理能力、电池容量等的限制。

自 2018 年 7 月取消国内流量漫游费（不含我国港澳台地区）以来，

[①]　参见薛新《移动互联网时代新思维：企业如何快速转型与升级》，人民邮电出版社 2016 年版，第 16 页。

国内流量资费持续降低，但各种应用程序的流量消耗却不降反增，当前市场上的各种直播软件、短视频软件炙手可热，被戏称为"流量抽水机"，持续使用这些软件会使消费者对于流量的需求越来越大，相应地，流量消耗也将持续增长。虽然现在 Wi-Fi 网络的覆盖率越来越高，但是手机用户也并非随时随地都能连接 Wi-Fi，使用移动数据的场合依然很多。大多数手机网民的移动数据都来自话费套餐，而套餐中的流量额度毕竟有限，超出套餐额度就将额外付费购买流量，这对于多数用户而言是一个不得不考虑的因素。通信行业中有个说法叫作"20 天效应"，就是指手机用户在每月第 20 天起就会密切关注自己的手机流量使用情况，一旦发现流量可能超额，就会从这一天开始逐渐减少流量消耗。可以看出，移动互联网用户使用移动终端享受互联网提供的各种服务并非随心所欲、无拘无束，移动互联网不像 PC 端互联网那样，只要每月缴纳固定的宽带使用费就能无限使用，移动终端用户使用移动互联网的行为会受到流量额度的限制。

7. 沉浸式用户体验模式

沉浸式体验指的就是让用户全心全意沉浸到产品或服务中，整个流程完整流畅，能让用户在酷爽的感觉中完成体验，这种体验对产品适用的各个环节应该是无感的，引导无感、操作无感、结束无感。用户的注意力，始终沉浸在对产品的感受当中，不会被其他环节割裂、干扰。[1] 比如猫眼电影手机 App，用户一打开进入即有一个非常有趣的动画加载过程，其动画人物的设计、文字的使用，以及整个画面所表达出来的意境，都能让用户减少加载时的烦躁感。

8. 市场优势跨界传导

2009 年 3 月，商务部依法对可口可乐并购汇源一案进行审查，在审查过程中发布公告指出："可口可乐公司有能力将其在碳酸软饮料市场上的支配地位传导到果汁饮料市场，对现有果汁饮料企业产生排除、限制竞争

---

① 参见薛新《移动互联网时代新思维：企业如何快速转型与升级》，人民邮电出版社 2016 年版，第 235 页。

效果，进而损害饮料消费者的合法权益"①，因而禁止此并购案。这是商务部首次在官方文件中提出"垄断传导"的概念。在移动互联网领域，这种传导体现得更加明显。由于数据是互通的，经营者可以将其在某一平台收集到的用户数据应用于新的平台，并且依托其在原来平台的优势地位对新平台所在的行业进行控制。比如微信起初只是一个即时通信软件，但随着其在即时通信领域的优势地位形成，其又开发出如微信支付、微信运动等扩展服务，并且利用其在即时通信行业的优势地位迅速推广其扩展服务，微信支付如今已和支付宝一起占领了国内移动支付市场的主要份额。随着数据经济的飞速发展，经营者的经营活动不再拘泥于其最初的、主营的业务，他们可以顺应用户需求变化而不断变化，将其在原有领域形成的优势地位传导至新的领域。

第二节　移动互联网领域垄断行为探析

过去十多年，我国的经济结构已经发生了重大变化，以互联网为代表的数字经济成长迅速。到今天，一个以移动互联网为载体的新的虚拟市场蓬勃发展，大型平台企业大量涌现，移动互联网市场日益成为我国经济发展的新动向。然而，有市场必然有竞争，竞争过程中则不可避免地会出现非法竞争现象。

相比传统实体经济市场和 PC 端互联网市场，移动互联网市场呈现的相对封闭性、个人性等特点以及独特的商业、竞争模式，使得该领域的垄断行为也呈现出一些独有的特征。近年来移动互联网领域的垄断案件呈现逐年增长的态势。新兴企业与行业巨头之间存在激烈竞争，更容易引发垄断纠纷，《反垄断法》自 2008 年施行以来，腾讯、华为、中兴等企业围绕

---

① 中华人民共和国商务部：《中华人民共和国商务部公告 2009 年第 22 号商务部关于禁止可口可乐公司收购中国汇源公司审查决定的公告》，中华人民共和国商务部官网，http://www.mofcom.gov.cn/aarticle/b/c/200903/20090306108617.html，最后访问日期：2024 年5 月 29 日。

反垄断均发生了多起诉讼。在互联网反垄断第一案"3Q大战"[①]硝烟未散之时，又发生了米时科技诉奇虎360滥用市场支配地位的"3米大战"，被称为我国"移动互联网反垄断第一案"。然而在移动互联网领域，垄断主体、垄断方式、垄断者地位等方面都存在一些不同于传统互联网的特征。在实践中，呈现出新特征的移动互联网领域垄断行为已经远远超出《反垄断法》的规制能力，因此在移动互联网领域反垄断法正面临着诸多困境。从近几年该领域的相关案例来看，相关市场界定、支配地位认定、利益损害衡量等方面往往成为争议的焦点。因此，如何有效规制垄断行为成为我国移动互联网市场发展初期难以回避的问题。[②]

此外，存在独有特征的移动互联网领域垄断行为给市场、其他合法经营者以及广大消费者带来的影响又是巨大和不可估量的。虽然部分合法垄断行为能够起到提高经济效益、节约生产成本等积极作用，但市场中普遍存在的非法垄断所带来的危害同样不可轻视。尤其在移动互联网经济尚处于发展初期，各方面制度还不甚完善的背景下，垄断行为可能给经营者、消费者乃至整个市场造成消极影响。在移动互联网市场，不仅传统的垄断行为会延伸扩张，新型的垄断也会不断衍变、层出不穷。这些现状对规制移动互联网这一新兴领域中的垄断行为，保护移动互联网市场竞争秩序，维护其他经营者和消费者的合法权益都提出了更为严峻的考验。

一 移动互联网领域垄断行为的特征

垄断行为是《反垄断法》规制的对象，研究《反垄断法》在移动互联网领域的实施问题，前提是要明晰该领域中垄断行为的特征，从而得以具体分析移动互联网领域反垄断规制困境并有针对性地提出解决方案。依托移动通信技术与互联网技术而产生的移动互联网，其平台载体不同于传统实体经济市场和PC端互联网市场，因此其中存在的垄断行为也呈现出不同于以往的特点：移动互联网市场特殊的运作体系必需要更多主体的加

---

① 参见最高人民法院（2013）民三终字第5号民事判决书。
② 参见冯江主编《中国网络市场之竞争法博弈》，法律出版社2015年版，第36页。

入，从而使垄断主体也变得更加多元；经营的超时空性和个性化特征导致该领域垄断行为更为隐蔽；技术迭代更新加快使得移动互联网领域相关经营者垄断地位不稳定；而移动互联网大市场下各个细分市场的存在又造成了现阶段寡头垄断与竞争性垄断并存的局面。总之，准确把握移动互联网领域垄断行为特征，是进一步分析该领域反垄断法实施问题的必要前提。

（一）垄断主体多元性

规制垄断行为应当依据相关法律规定，市场经济中对垄断行为的规制主要是对垄断行为主体的规制。垄断行为研究中所指的垄断主体，主要是指《反垄断法》第2条所称的经营者，即从事商品生产、经营或者提供服务的自然人、法人和非法人组织。随着互联网技术的发展，互联网经济对我国整个经济体系的影响日益深刻。在今天，一套相对完整的移动互联网市场体系已经形成，该体系势必需要多元主体的加入，每个环节才能有效配合。根据移动互联网市场中移动终端、移动网络、应用服务这三个要素，大体可以认为移动终端、网络运营和应用服务三个彼此关联又相互独立的领域共同构成了移动互联网市场。现阶段，这些不同的领域中已经各自出现了垄断者，尤其在应用服务领域，实体产业进入加上依托移动互联网技术而产生的新型经济形态使得竞争主体更加多元。因此，移动互联网领域的垄断主体也更为复杂和多元。

1. 移动终端领域的垄断主体

移动终端作为移动互联网业务的关键入口，在移动互联网市场发展初期就吸引了大批企业参与。终端软件操作系统方面，苹果、谷歌、微软等公司已经在全球范围内占据了体量巨大的市场份额，而苹果公司更是在发展初期就形成了自己较为完整和封闭的体系。终端硬件方面，目前美、日、欧企业依然主导全球芯片市场，高端芯片领域几乎被这三大地区的企业所垄断，而作为处理器芯片龙头企业的高通公司近年来更是频繁遭到各个国家的反垄断调查。与此同时，全球智能手机市场格局也在悄然变化，苹果、三星两家独大的局面有逐渐被打破的趋势，中国品牌智能手机的市场占有额获得整体性提升。

2. 网络运营领域的垄断主体

移动网络是移动终端连接到公共网络，从而实现互联网访问的渠道。我国该领域的竞争主要存在于各大通信运营商之间。由于移动网络的运营需要前期基站、塔台、线路等的建设，投入成本巨大，并且建成后仍需长期性高成本维护，一般的中小企业无力承担。因此移动网络运营领域往往缺乏良性的竞争，容易形成大企业垄断的问题。目前我国移动通信业务就是由中国移动、中国电信、中国联通等少数几家大企业垄断，[①] 其垄断格局也相对稳固。

3. 应用服务领域的垄断主体

不同于移动终端制造市场，应用服务市场规模仍在持续高速增长。以苹果公司的 App Store 为例，其总下载规模在 2015 年已经超过 1000 亿次。[②] 由于移动互联网便利和即时的优势，各个行业都陆续接入移动互联网，如今消费者的衣食住行各个方面的需求几乎都可以通过各种 App 来解决。但即使不断有新的企业参与到应用服务市场的竞争中，不可否认的是参与较早、实力强大的少数企业已经在该市场中占据了明显的优势地位。例如，以 BAT［百度（Baidu）、阿里巴巴（Alibaba）、腾讯（Tencent），简称 BAT］为代表的互联网巨头企业，能够利用在 PC 端互联网时期积累的各种资源，在移动互联网刚刚兴起之时就进入该领域并迅速占据优势地位。事实上，百度公司在搜索服务领域、阿里巴巴、京东和拼多多在电子商务领域，腾讯在移动社交通信领域已经形成了各自服务领域中的优势地位。

总体来看，移动互联网市场的每个要素既有独立性又存在相互联系，从而实现供需双方市场的互联互通。无论在移动互联网市场哪一个环节，市场前景和需求都是十分可观的。在此情况下，一方面早在 PC 端互联网中站稳脚跟的企业率先进军移动互联网，例如早年在 PC 端互联网领域凭借 QQ 占据市场优势的腾讯公司，于 2011 年开发上线的移动终端即时通信

---

① 参见宣潇然《我国移动互联网行业的垄断问题及其对策》，《重庆第二师范学院学报》2018 年第 3 期。

② 参见工业和信息化部电信研究院《移动互联网白皮书（2015 年）》，第 10 页。

应用——微信，在 2023 年第四季度的月活跃用户数已达 13.13 亿。[①] 另一方面，移动互联网的低门槛性和高收益性又吸引了大量的新企业加入，从网约车、网上订餐到电子商务、移动支付，各种功能的移动应用程序正在形成一个全方位覆盖的移动互联网市场格局。可以说，移动互联网市场中每一个环节都存在相当规模的经营主体，事实上也各自形成了不同程度的垄断现象。因此，移动互联网领域的垄断主体呈现出多元化的特点。而随着移动互联网科技的进一步发展，移动互联网覆盖范围进一步拓展，更多经营者将会加入该市场的竞争当中，势必造成垄断主体进一步多元化的趋势。这将会对移动互联网领域的反垄断工作提出新的挑战。

（二）垄断方式隐蔽性

《反垄断法》第 3 条规定了三种由经营者实施的垄断行为，包括垄断协议、滥用市场支配地位和具有或者可能具有排除、限制竞争效果的经营者集中。在传统实体经济市场中，经营者一般提供实体商品，同时经营行为也会受到时间和地域的限制。因此一旦出现经营者垄断行为，能够很快为同业竞争者和消费者所感知。以"北京锐邦涌和科贸有限公司诉强生（上海）医疗器材有限公司、强生（中国）医疗器材有限公司纵向垄断协议纠纷案"和"日本八家汽车零部件生产企业价格垄断案"为例，可以看出这些在传统实体经济市场中提供实体产品的企业一旦实施垄断行为，能够迅速波及下游企业及消费者，通过价格变动等方式直接影响经营者和消费者，垄断行为方式较为直接和显著。

而移动互联网产业是一种高新技术产业，不受时间和地域的影响，软件产品和网络服务产品是移动互联网企业的主要经营领域，且相比于 PC 端互联网，移动互联网领域的企业更多为用户提供个性化服务，更具私密性，因此追踪难度大，更加难以发现。总的来说，移动互联网领域垄断行为的隐蔽性有以下表现。

1. 专业性导致垄断行为难以判断

移动互联网市场是移动通信技术和互联网技术结合的产物，该市场中

---

① 参见人宝宝《微信月活 13 亿 稳坐"第一国民 App"宝座》，搜狐网，https://www.sohu.com/a/659201928_114822，最后访问日期：2024 年 2 月 26 日。

的产品和服务从研发、投入市场到更新、维护都离不开技术支撑。这些技术需要经过专业的学习培训才能掌握，因此一般情况下非专业人员难以了解移动互联网背后完整的运作流程。具有垄断地位的企业往往利用高新技术手段给竞争对手设置壁垒，从而限制竞争。一方面，由于数据要素改变了传统物质存在的时空属性，人们无法对其进行直接感知，仅仅通过使用无法得知移动互联网平台的算法逻辑；另一方面，由于算法的技术特征，一般消费者即便获取了其代码逻辑，也难以就其内容展开实质性审查，种种特征加大了对移动互联网垄断进行外在监督的难度。[①] 如果没有完善的网络平台和相关的数据库信息，其他经营者和消费者则很难辨别和发现违法垄断行为。例如，2017 年逾 50 家手机应用软件开发商集体举报苹果公司涉嫌滥用市场支配地位的案件中，多款软件被苹果公司以 "违反 4.3 Design-Spam（重复的应用）" 条款为由从 App Store 下架，上传大量相似版本 App 的开发者由此遭到除名。但具体如何判断设计重复，苹果公司的行为又是否构成打着协议条款的幌子实施滥用市场支配地位限制交易行为，仍没有一个确定的结论。

2. 垄断行为常常披着免费的外衣

相比 PC 端互联网，移动互联网更注重与移动终端使用者的交互性，即能够与消费者保持十分密切的联系。基于移动互联网市场特殊的商业运作模式，拥有规模庞大而稳定的用户群是移动互联网企业盈利的基础，企业往往采用免费的模式在短期内吸引大量的用户，从而建立在某一相关领域的优势地位。一旦优势地位形成，该企业便有机会推出各种增值付费服务以获取高额利润，甚至可能出现操纵该领域价格。如腾讯公司在发展初期为用户提供免费下载，在获得一定用户基础后，开始实行收费会员制，并拒绝与其他公司的即时通信软件互通，直接限制了网络内的竞争，导致其他即时聊天软件很难发展。[②] 又如针对谷歌、百度而展开的滥用市场支配地位的调查，也往往因为 "缺乏基于价格的交互行为" 而在认定相关市

---

① 参见张嫒《数字经济次生风险的全景透视与法治之维》，《中州学刊》2023 年第 12 期。
② 参见张小强《网络经济的反垄断法规制》，法律出版社 2007 年版，第 242~243 页。

场过程中产生较大争议。① 因此,在免费"外衣"的掩饰下,无论消费者还是市场监管主体,对于移动互联网领域的垄断行为更加难以察觉。

移动互联网领域垄断行为的隐蔽性特征同样给反垄断工作带来一定障碍。首先,其技术性高、专业性强的特性必然对反垄断执法人员提出更高的要求,执法人员只有熟悉移动互联网市场的商业模式、背后运营体系有,才能及时敏锐地察觉市场中可能存在的垄断行为,从而对垄断行为加以规制。其次,隐蔽性也给经营者和消费者维护合法权益造成困难。从近年来发生在移动互联网领域的某些垄断纠纷裁判结果来看,原告诉求未获法院支持,很大程度上是囿于技术条件不足,难以获取充分证据所导致。

(三) 垄断地位不稳定性

移动互联网市场依托移动通信和互联网技术,随着技术发展的日新月异,移动互联网领域企业的更新换代将会比传统市场中的企业更快。另外,由于移动互联网产品技术性强、用户入口分散、容易复制模仿的特点,移动互联网领域的垄断相比于 PC 端更具有不稳定和不确定性。

1. 技术更新快

移动互联网产品呈现出更强的技术性,技术进步决定了经营者的市场份额是暂时的,任何新的技术、产品的产生都有打破原来垄断的可能性,从而围绕新技术为核心形成新的垄断。垄断与竞争状态交替频率加快,垄断仅是动态竞争过程中的暂时状态。企业必须不断创新,不断地向市场推出新产品来维持垄断地位,否则就会被市场淘汰。② 以智能手机操作系统为例,塞班系统曾经作为最大的手机操作系统供应商,诺基亚、三星、摩托罗拉等手机巨头都是塞班基金会的成员。然而随着新兴智能手机的兴起,塞班重硬件、轻软件的弊端逐渐凸显,迟迟不能对新操作界面、新媒体等方面的市场需求作出回应。与此同时,安卓系统迎合市场变化积极作出技术更新,解决兼容性问题,最大限度开放软件市场。到目前为止,安卓系统与苹果 IOS 系统已经在全球范围内遥遥领先。由此可见,移动互联

---

① 参见于馨淼《搜索引擎与滥用市场支配地位》,《中国法学》2012 年第 3 期。
② 参见冯江主编《中国网络市场之竞争法博弈》,法律出版社 2015 年版,第 19 页。

网领域企业的市场地位能够在短短几年时间内发生颠覆性的改变。一旦技术停滞，即使现在垄断优势明显的苹果 IOS 和安卓系统可能也难以维持稳固的地位。

2. 入口分散性

用户在使用 PC 端互联网时一般是通过输入域名进行网页搜索浏览，而根据雅虎旗下的 Flurry 的调查数据，到了移动互联网时代，智能手机用户大约 88% 的时间都花费在应用，而不是浏览网页上。[①] 这说明相比于 PC 端互联网，移动互联网用户入口更加分散，任何一款应用程序都可以创建一个新的入口。在追求用户流量的移动互联网市场中，这使移动终端的应用程序更具有不确定性。谷歌曾一度在搜索引擎市场占据绝对统治地位，但移动革新已经改变了搜索市场的格局，无论即时通信软件还是移动支付应用，都形成了自己的入口，直接对谷歌形成冲击。又如在移动互联网最初兴起的几年，手游市场一度十分繁荣，出现了诸如"愤怒的小鸟""阴阳师"等现象级游戏软件。但随着微信小程序的开发，越来越多的手机游戏入驻微信平台，大大挤占了独立手机游戏 App 的市场份额。可以看出，在移动互联网领域，一旦更具吸引力的用户入口出现，势必会动摇在位企业的优势地位。

3. 易复制性

移动互联网相关技术在开发难度大的同时却极容易被复制模仿，即使一个企业研发出受到市场欢迎的网络产品并借此取得优势地位，仍然存在被仿效而丧失垄断地位的可能，这也导致了移动互联网市场中企业的垄断地位不稳定。例如，优步的网约车模式刚进入中国市场时一家独大，而随后不久滴滴、快的、神州等企业的加入，随即掀起了一场"网约车大战"。类似的还有美团和饿了么、高德地图与百度地图之间的竞争等。

移动互联网垄断的不稳定性，一定程度上也对《反垄断法》在该领域的适用造成了困境。由于垄断行为往往涉及主体众多，影响范围广，危害性较大，反垄断调查往往是一个漫长的过程。然而移动互联网市场中垄断

---

① 参见《移动网络彻底颠覆了谷歌对互联网的统治》，《知识文库》2015 年第 6 期。

主体垄断地位的不稳定性对反垄断调查时间提出了较高的要求，如果时间过长，则很有可能在调查过程中出现被调查对象垄断地位发生变化的后果，从而造成调查数据偏差，对其他经营者和消费者形成不利。从近几年我国移动互联网领域反垄断案例来看，相当多是因为所提供证据难以证明被诉经营者具有垄断地位而被驳回诉讼请求，而市场数据难以取证很大程度是垄断地位不稳定导致的。

（四）竞争性垄断和寡头垄断并存

对于现阶段移动互联网领域的垄断呈现出什么样的状态，学界目前存在不同的观点。有学者认为移动互联网领域的个别企业已在相关市场上扮演着近乎统治者的角色，能够掌控整个行业的发展动向，无论在市场份额、影响力还是综合实力上都具备竞争者无可比拟的优势，市场呈现明显的寡头垄断状态；① 有学者认为即使当下少数企业的优势地位明显，但移动互联网作为一个依靠创新拉动的新领域，中小企业的生存空间依然可观，大型企业并非高枕无忧，移动互联网领域的竞争实质上非常激烈，是一种竞争性垄断态势；② 另有学者认为，在特殊的经济特性的作用下，移动互联网领域的竞争模式呈现出不同于传统市场的新特征，一方面寡头企业实力不断增强地位难以撼动，另一方面众多中小企业又能够顺利进入市场与寡头企业竞争，是一种新型的"单寡头竞争性垄断"。③ 本书认为，移动互联网市场是由移动终端、网络运营、应用服务等不同环节共同组成的，而每一环节上又存在细分市场，总体来看，移动互联网领域不同细分市场呈现不同的竞争状态，寡头垄断与竞争性垄断并存，垄断与竞争相互强化，相互转化，从而形成一种空前的竞争状态。④

在移动终端制造产业中，苹果公司凭借其独有的 IOS 操作系统和良好

① 参见何宝宏《五谈科技反垄断－4》，搜狐网，https://www.sohu.com/a/553882835_118622，最后访问日期：2024 年 10 月 22 日。
② 参见王雪《网络经济下的垄断与规制研究》，《长沙大学学报》2013 年第 4 期。
③ 参见傅瑜等《单寡头竞争性垄断：新型市场结构理论构建——基于互联网平台企业的考察》，《中国工业经济》2014 年第 1 期。
④ 参见张益群等《中国电子商务第三方支付市场的单寡头竞争性垄断市场结构实证研究》，《商业经济研究》2018 年第 1 期。

的用户体验感在全球的市场首席地位一直未被超越。但与此同时，以华为、OPPO、VIVO 为代表的国产品牌阵营抓住科技机遇和换机红利，正在不断扩大市场空间，国产品牌得到整体性提升，甚至有打破苹果公司垄断的趋势①。

在网络运营环节，由于电信行业是国民经济发展的重要组成部分，对其他行业的发展有着关键作用。基于电信服务基础性、网络完整性、固定资产沉没性以及网络运营规模性的特征，人们普遍认为电信行业存在自然垄断性。与此同时，我国的电信行业还带有明显的行政垄断色彩，国家对于电信业存在较为明显的干预。一直以来我国电信运营领域呈现"三家独大"的局面，中国移动、中国联通、中国电信 3 家企业覆盖了国内移动互联网接入业务的绝大部分市场。但同时 3 家企业之间互有竞争，尤其近年实施电信行业改革以来，积极引入竞争、激发市场活力已成为今后发展方向，竞争机制将被更多引入电信行业。但总体来看，网络运营领域中的竞争状态仍然呈现出典型的寡头垄断特征。

移动互联网领域寡头垄断和竞争性垄断并存的特征主要体现在应用服务环节上。目前移动终端 App 领域中的企业无论在市场规模还是综合实力方面都呈现出巨大差异，寡头垄断较为明显，典型代表是 BAT3 家企业分别在搜索引擎、电子商务、即时通信领域占据了较大优势。从上文关于移动互联网市场特征的论述中可知，移动互联网市场所呈现的种种独特性实质上成为该领域中大型企业垄断的天然性基础，具体表现为以下三方面。第一，移动互联网市场中的网络外部性特征不仅促使供给方规模经济的形成，即用户数量增加使得企业边际成本趋零，还带来了需求方的规模经济，形成了用户数量增加、产品效用增大、用户自发聚集的良性循环。以谷歌为例，在搜索引擎市场上，谷歌基于规模经济能够享受网络效应带来的益处，而其他同业者难以提供同等水平的服务，难以提升和创新，因此用户吸引力大打折扣。在这种自我增强的"环"里，谷歌能够保持甚至扩

---

① 资料出处：《艾瑞移动设备指数》，艾瑞互联网大数据服务平台，https://index.iresearch.com.cn/device，最后访问日期：2024 年 10 月 29 日。

大在搜索引擎市场中的支配力。[1] 第二，大型企业已经具备的规模使得它们能够激发正反馈效果，[2] 在自身"强者愈强"的同时，还形成了对其他中小企业的隔离，不具备正反馈效果的企业最终只能退出市场。第三，锁定效应和用户的习惯性思维也进一步巩固了大型企业的优势地位，这些大企业所做出的创新举措也更容易被用户接受。可以看到，除了社交领域的微信，电商领域的淘宝、京东，诸如网约车领域的滴滴，团购领域的美团、大众点评，社区类的新浪微博，不同功能的细分 App 市场都存在着极个别的实力超群的大企业，呈现出寡头垄断的特征。

然而移动互联网领域中寡头的存在并不意味着竞争不足。移动互联网市场体现出显著的长尾效应，市场中需求多样化，企业可以根据不断出现的新需求开辟出新的领域，由此移动互联网空间正在不断拓展，能够包容更多的企业进入参与竞争，因此增加了中小企业竞争的可能性。[3] 不同于传统市场中企业依靠资本投入实现市场占领，移动互联网市场发展的核心在于商业模式和技术创新，这就为广大中小企业进入市场提供了良好契机。企业不论规模大小，如能运用准确的商业模式并适时推陈出新，就可能在短时间内产生颠覆市场的效果。同时，现实中用户一般会在其终端设备上下载使用不止一款同一功能的 App，可能会同时使用爱奇艺和优酷来观看视频，或者同时使用手机淘宝和手机京东来选购商品。移动互联网领

---

① See *The Power of Google: Serving Consumers or Threatening Competition?* （Hearing before the Subcommittee on Antitrust Competition Policy and Consumer Rights，Washington，September 2011），pp. 57-59.

② 参见苏治等《分层式垄断竞争：互联网行业市场结构特征研究——基于互联网平台类企业的分析》，《管理世界》2018 年第 4 期。

③ See Erik Brynjolfsson，"Goodbye Pareto Principle，Hello Long Tail：The Effect of Search Costs on the Concentration of Product Sales"，*Management Science*，August 2011。长尾效应（Long Tail Effect）"头"（head）和"尾"（tail）是两个统计学名词。正态曲线中间的凸起部分叫"头"；两边相对平缓的部分叫"尾"。从人们需求的角度来看，大多数的需求会集中在头部，而这部分我们可以称为流行，而分布在尾部的需求是个性化的，零散的小量的需求。而这部分差异化的、少量的需求会在需求曲线上面形成一条长长的"尾巴"，而所谓长尾效应就在于它的数量上，将所有非流行的市场累加起来就会形成一个比流行市场还大的市场。

域用户的这种多归属性①也使得除了大型企业之外的其他企业仍然能够顺利参与到市场竞争中。另外，移动互联网平台企业也经常受到风险投资的热捧，这进一步助力中小企业与大型企业展开竞争。从这一方面讲，移动互联网领域竞争性垄断态势同样不可忽视。

综上，在移动互联网领域，从市场结构看，市场是高度垄断的。但与此同时，不同技术或商业模式之间却存在激烈的竞争，市场上的厂商始终面对"创造性破坏"的威胁，必须不断实现技术和商业模式的进步与创新，从市场行为来看，市场又是高度竞争的。②

二 移动互联网领域垄断行为的影响

5G 时代的到来以及移动终端设备的升级为移动互联网市场的发展注入巨大能量。智能手机的普及使得移动终端庞大的用户基数已成定型，而电商、游戏等传统 PC 端应用已经适应移动终端发展，并不断拓展出新应用和服务，极大便利了广大消费者的日常生活，并带来持续的市场增长。然而，这一过程中产生的负面影响同样不可忽视。由于网络效应催化和技术创新周期缩短，移动互联网领域的垄断呈现多发趋势，从移动终端制造、网络服务运营到应用程序提供，几乎每一个细分市场中都存在不同程度的垄断。垄断是多种力量集合的产物，相比于不正当竞争行为，垄断具有更广泛的影响力，一个垄断行为的出现会使得整个行业受到波及，并能够对消费者产生一定影响。因此，移动互联网领域中的垄断行为给消费者、经营者以及整个行业发展带来的影响是全方位且深刻的。

（一）对消费者的影响

一直以来，学界对《反垄断法》立法目的与消费者权益保障之间的关系存在一定争议。诚然，反垄断立法及实施旨在防止垄断行为，保护市场公平竞争秩序，很多情况下反垄断法所规制的行为看似与消费者并没有直

---

① 参见苏治等《分层式垄断竞争：互联网行业市场结构特征研究——基于互联网平台类企业的分析》，《管理世界》2018 年第 4 期。

② 参见傅瑜等《单寡头竞争性垄断：新型市场结构理论构建——基于互联网平台企业的考察》，《中国工业经济》2014 年第 1 期。

接联系。而事实上无论在哪一领域，市场经营行为最终都是以消费为目的。正如有的学者所言，相对于保护消费者权益的终极目的而言，维护有效的公平竞争秩序这一目的只是工具性的。^① 在市场经济条件下，消费者总是处于弱者地位而遭受垄断行为的危害，各种形式的垄断利润的成本都会转嫁给消费者。^② 当某一市场中个别经营者实力明显膨胀，其竞争者无法与之抗衡，一家独大的局面直接限制了消费者的选择空间，为了攫取高额利润，占据垄断地位的经营者也极有可能通过固定价格、设置不合理条件等方式，进一步对消费者的公平交易权、隐私权等其他权益造成损害。因此，垄断行为对消费者的影响应是反垄断研究中不可忽视的议题。当前移动互联网经济已经渗透到人们生活的方方面面，与消费者的衣食住行有着不可分割的联系。相较于传统市场，移动互联网领域垄断的手段多样化、隐蔽化使得消费者越发难以察觉其对自身利益的损害；相较于 PC 端互联网市场，移动互联网市场因更具个人性、即时性特征，其中垄断行为势必给消费者带来除经济成本之外的其他方面的利益损害，比如侵犯消费者的隐私。因此，无论从程度抑或方式上，移动互联网领域垄断行为可能对消费者造成更大危害，对消费者的成本付出、隐私权、自主选择权以及信息获取都有一定负面影响。

1. 侵犯消费者隐私权

移动互联网市场的竞争以平台为媒介、以数据为核心，企业意在通过充分甚至过度挖掘其所掌握的用户个人数据以求争取背后的商业价值。在移动互联网领域，由于人工智能、大数据、云计算等技术的支持，企业获取用户信息变得非常容易。而移动互联网领域的用户交互性强、信息传播速度快、网络行为匿名化的特征又使得该领域中侵犯隐私权行为已经超出了传统法律的控制能力。虽然在移动互联网市场，尤其是应用程序这一领域中，经营者过度索取用户个人信息成为普遍现象，一定程度上已经侵犯了消费者的隐私权。但从现阶段发生的影响较大的侵犯用户隐私权事件来

---

① 参见颜运秋《反垄断法的终极目的及其司法保障》，《时代法学》2005 年第 6 期。
② 参见时建中《反垄断法——法典释评与学理探源》，中国人民大学出版社 2008 年版，第 3 页。

看，移动互联网领域的部分巨头往往能够凭借其市场优势地位和先进技术支持，进一步增加侵害消费者隐私权的风险，并使侵犯隐私权行为呈现出复杂、隐蔽的特点。移动互联网领域垄断行为侵犯消费者隐私权主要表现在以下几个方面。

（1）数据搜集过程中损害用户隐私权

目前移动互联网市场有相当数量的经营者存在过度索取用户个人信息的行为。在操作系统方面，腾讯社会研究中心和 DCCI 互联网数据中心发布的《2017 年度网络隐私安全及欺诈行为研究分析报告》显示，98.5%安卓手机 App 存在获取用户隐私权限问题。[①] 安卓作为一个较为开放的操作平台系统，在国外能够通过 Google Play 对 App 进行审核，而国内使用时并没有这样一个审核系统，App 开发者可以自由设置信息获取权限，[②] 导致了国内安卓系统有大量的 App 存在过度索取用户信息的行为。在应用程序方面，用户日常使用的各种功能的 App 几乎无一例外地需要获取用户摄像、录音、地理位置、通讯录等多种个人信息，有的 App 如果用户不同意某项授权就会持续弹出授权窗口"骚扰"，有的甚至如果用户拒绝提供这些信息将无法使用该应用，其中尤以占据较大市场份额的 App 为甚。音乐App 要"看"用户短信，新闻 App 要"听"用户声音，视频 App 要定位用户位置……应用程序的此种行为不禁让人疑惑：明明与提供服务没有关系的信息，为什么要强行收集？事实上，这些看似无关的信息对于移动互联网经营者，尤其是占有垄断地位的经营者有着重要意义。基于移动互联网市场中的跨界传导效应，这些经营者往往能够凭借自身强大的实力在短时间内开拓新的经营领域，而其先前收集的用户信息则成为其在新领域内迅速站稳脚跟的关键武器。如此一来，用户本来授权给某一特定 App 的个人信息，极有可能在未经同意的情况下被其他关联 App 所掌握，是否将信息授权某一应用程序、将哪些信息授权，这些本应属于用户的自主选择权

[①] 参见莱文《98.5%安卓 App 获取用户隐私权限》，《中国质量报》2018 年 2 月 1 日，第 8 版。

[②] 参见赵思茵、李静《国内安卓系统审核环节缺失？App"疯狂"调用权限背后 用户隐私或暴露无遗》，中国经营网，http://www.cb.com.cn/index/show/gs/cv/cv12517443133/p/s.html，最后访问日期：2024 年 5 月 29 日。

可能难以真正为用户自由控制。虽然 2020 年《信息安全技术个人信息安全规范》指出，移动互联网应用个人信息收集活动，应当遵循权责一致、目的明确、选择同意、最小必要、公开透明、确保安全、主体参与这七项个人信息安全基本原则，目前部分 App 在隐私政策内容中关于权限的申明方面已经基本符合整改要求，但是在"最小必要"与"目的明确"原则上，有较多 App 仍不够完善。

（2）数据使用过程中影响用户隐私权

移动互联网应用带有极大的个性化特征，相关经营者往往会通过掌握用户的喜好、习惯等信息，为用户提供个性化服务。这种行为虽然一定程度上为消费者提供了便利，但其利用个人信息对消费者决策权带来的消极影响亦不可忽视，主要有两种表现。其一，用户根据自身需求使用各种功能的 App，过程中留下的搜索信息会被这些 App 无形地"记忆"，并根据用户偏好推送相关信息。然而 App 提供商借机推送垃圾甚至虚假信息的行为屡见不鲜，尤以占有市场优势地位的个别企业为甚。2016 年发生的"魏则西事件"就是这一现象的典型例证，百度利用在搜索引擎市场庞大的用户规模，采用竞价排名的方式向用户推送虚假信息，正是这一问题的写照。其二，具有垄断地位的经营者利用大数据用户画像功能"猜透"消费者心思，推送广告更具针对性和诱导性。现阶段移动互联网巨头纷纷从原生领域向其他领域延伸，逐渐形成了自己的生态圈，同一生态里的底层数据库基本是共享的。App 之间采用同一个 SDK 开发，或者双方开放数据接口发送数据包以实现数据共享，即 A 程序虽然没有某一权限，但可以通过有权限的 B 程序获得相关信息。通过大数据画像功能使用用户信息的行为，尤以生态圈模式最为完整的阿里系争议最大。阿里系下的众多 App 能实现数据共享，例如用户在讨论购买某一物品的语音被高德地图捕捉到，高德地图将此信息"分享"给淘宝 App，淘宝由此将相关的广告推送放置在首页，这也就不难理解为什么这些 App 总能够猜透用户的心思。在移动互联网企业间的交易中，经营者往往以降低信息透明度为代价换取消费者的知情同意。这样的操作方式可能会降低用户的隐私保护标准，从而对消费者的利益带来伤害。①

（3）数据处分过程中损害用户隐私权

移动互联网很大程度是借助于云技术发展起来的，相比 PC 端互联网，移动互联网形成一张更为严密的网，所有用户的信息都可以在其中自由、快速、广泛地传播，但这种信息的传播已经远远超出了用户的可控范围。一旦用户将自己的相关信息发布，用户将基本无法掌握信息的处分权，想要使信息在网络中被"遗忘"已经完全无法为自己所掌控。移动互联网领域的垄断企业由于具备更为强大的信息收集和处理系统，在大量收集了用户信息后，还有能力将这些信息进行各种处分。一些大型移动互联网平台能够通过隐秘方式变相处理手中的信息资源，最典型的就是企业之间的数据共享合作和并购行为，诸如阿里巴巴与高德公司合作建立海量的基础地图和生活服务数据库，美团和大众点评合并后虽各自保持独立运营但数据信息互通已成为必然。

2. 侵犯消费者选择权

垄断是经营者在市场运行过程中实施的排除限制竞争或者可能限制竞争的行为或状态。② 因此垄断一旦发生，占据垄断地位的经营者会挤占其他经营者的生存空间，最终"赢者通吃"，因此垄断对消费者最为直接的影响就是侵犯了消费者的选择权。移动互联网市场的开放性本能够为消费者提供更加多元、更加个性化的服务。然而诸多细分市场中存在的较为严重的垄断现象大大限制了消费者选择网络产品和服务的空间。其中，移动互联网领域经营者滥用市场支配地位导致对消费者选择权损害的现象较为常见。

（1）捆绑搭售违背消费者的选择意愿

搭售是移动互联网领域垄断企业所实施的较为常见的一种滥用市场支配地位的行为。有些 App 提供商利用隐蔽的手段在用户下载应用时捆绑其他不相关应用。腾讯旗下的电脑管家因为经常出现自动安装的情况，受到

---

① 参见孙晋、帕孜丽娅·玉苏甫《数字经济时代消费者数据权益保护的法律困境与出路》，《西北工业大学学报》（社会科学版）2024 年第 3 期。

② 参见李昌麒主编《经济法学》（第 3 版），法律出版社 2016 年版，第 182 页。

广大网民的声讨，被称为"流氓软件"。然而在移动终端，腾讯推出的手机应用商店应用宝，也经常在用户下载目标 App 时自动安装。另外，在PC 端互联网领域有些企业依仗其垄断地位以套餐的方式强行捆绑搭售，若用户拒绝则无法享受正常的服务。这一行为在网络运营服务领域尤为严重。作为国内网络运营服务业中寡头之一的中国联通，就因为涉嫌搭售捆绑固定电话遭到用户的控诉。[①]

（2）限制或拒绝交易束缚消费者的选择空间

以"深圳微源码软件开发有限公司与腾讯科技（深圳）有限公司、深圳市腾讯计算机系统有限公司垄断纠纷案"（即前述"深圳微源码诉腾讯案"）[②] 为例，原告深圳微源码软件开发有限公司自 2015 年起在微信公众平台上注册了很多微信公众号，腾讯公司以每个公众号 300 元人民币收取服务费用。但随后不久，腾讯以违反公众号运营规则为由对原告的 26 个公众号进行封禁。尽管法院认为原告未能证明被告的市场支配地位，并且认定原告发布内容确有违反运营规则，因此不认为腾讯公司涉嫌滥用市场支配地位进行限制、拒绝交易。但类似腾讯这种在市场中占据市场支配地位的移动互联网企业，在实施限制、拒绝交易行为前，理由一定要充分，若大量以不甚明确的"规则"来限制、拒绝交易，不仅相关经营者利益会受损，消费者的选择空间也将大大受到限制。

3. 增加消费者使用成本

从理论上讲，移动互联网经济的发展对于一般消费者来说应当是极大的福利，一方面消费者能够随时随地获取最新信息，极大提高了每个人的效率；另一方面，虚拟的网络空间大大压缩了交易、物流等成本，很大程度上能够压缩用户的消费成本，给消费者带来切实的经济效益。但从社会现实看，垄断企业利用其优势获取超额利润是普遍现象，抬高价格、强加不合理交易条件、歧视对待交易对手等行为最终都是减少消费者的整体福

[①] 参见吴勇《联通宽带套餐违规搭售 侵犯消费者自主选择权》，经济参考网，http://jjckb. xinhuanet. com/2013-06/24/content_451955. htm，最后访问日期：2019 年 1 月 19 日。

[②] 参见广东省深圳市中级人民法院（2017）粤 03 民初 250 号民事判决书。

利为代价的。① 移动互联网市场不同于传统的单一市场，它是由众多细分市场共同构成的。若不加以管制，每一个细分市场中都有可能出现较为严重的垄断。垄断企业为攫取高额利润而实施的垄断行为，将会转化为经济成本，经过层层叠加后最终全部由消费者承担。可见，移动互联网中的垄断行为将会给消费者带来更加沉重的消费成本。

（1）应用程序领域

虽然应用程序领域中 App 提供商通常采取免费模式来吸引用户流量，但某些具有垄断地位的经营者已经出现了利用更多样、更隐蔽的"灰色手段"来获取更多消费者剩余②的现象，其中动态定价和大数据杀熟最为典型。动态定价实质上是一种二级价格歧视③，通过设置这种"自我选择装置"来分离消费者的需求层次，不同层次价格不同，以此获得更多消费者剩余。以"滴滴收购优步（中国）"为例，二者合并之前曾在网约车市场掀起了一场烧钱大战，通过极大的优惠力度短期内就抢占了出租车市场，然而自 2016 年滴滴优步（中国）宣布合并以后，优惠让利似乎也就此偃旗息鼓。相反，消费者发现合并后的滴滴在定价方面也发生了一些变化，越是用车高峰价格越高。对此滴滴的解释是，在高峰时段、距离较远的情况下，为了鼓励司机接单促成交易，因而适当加价。但不可否认的是，自完成合并后，网约车市场上一家独大的滴滴采取此种方式可以获取更多利润，已经基本不存在价格竞争的后顾之忧，而由此产生的额外成本最终也只能由消费者承担。大数据杀熟则是近期以来针对移动互联网的热议话题，它是指商家利用大数据技术，对自身积累或来自第三方的用户信息加以分类处理，并对其中使用次数较多、对价格不敏感的客户实施加价，以达到利益最大化的差别化价格策略。很多情况下，同样的产品或服务给老

---

① 参见李昌麒《经济法学》（第 3 版），法律出版社 2016 年版，第 184 页。

② 消费者剩余（consumer surplus）又称为消费者的净收益，是指消费者在购买一定数量的某种商品时愿意支付的最高总价格和实际支付的总价格之间的差额。消费者剩余衡量了买者自己感觉到所获得的额外利益。

③ 二级价格歧视是指垄断厂商按不同的价格出售不同单位的产量，但是购买相同数量产品的每个人都支付相同的价格，一个垄断的卖方还可以根据买方购买量的不同，收取不同的价格。垄断卖方通过这种方式把买方的一部分消费者剩余据为己有。

用户的定价明显高于新用户，而新用户所享受到的各种优惠福利，老用户也无法同等享受。相关调查显示，大数据杀熟现象在网络购物、在线差旅、网约车等领域尤为明显。这些领域中占有优势地位的平台企业掌握着海量的用户信息，因此能够对大数据进行更为精准的整合分析，准确掌握用户的习惯与偏好，从而实现"看人定价"。这种行为能够利用大数据技术最大限度地侵占消费者剩余，无形中增加了消费者的使用成本。

（2）移动终端领域

近几年，移动终端零配件领域的垄断不仅使下游企业深受其害，消费者也不得不承担高昂的费用。作为芯片设计企业的高通公司，近年来市场份额已经超过了英特尔，成为苹果、三星、华为等主要移动终端制造企业的芯片提供商。高通业务分为芯片业务和专利业务两个彼此独立的部分，而实际上，高通将芯片和专利费进行捆绑销售，若不与高通签订专利协议并缴纳高额的专利费，将无法从高通拿到芯片。而与 ICT（信息、通信和技术）公司签约后，高通照样向这些公司收取 5%专利许可费。此外，高通还涉嫌歧视性定价，其对中国公司收取的专利费用比对苹果、三星、诺基亚等公司的高出数倍乃至数十倍。[①] 而高通对下游企业设置不合理交易条件、收取垄断高价，最终只能由广大消费者买单。

同样作为移动终端制造领域的龙头企业，苹果公司在 2012 年卷入"电子书定价垄断"风波。苹果公司与五家出版商巨头签订协议，采取"代销模式"销售电子书。其结果是电子书的价格比亚马逊公司"批发模式"下的价格上涨了，美国司法部认为苹果公司与出版商串谋定价，抬高电子书销售价格，损害了消费者利益。[②]

（3）网络运营领域

在移动网络运营商方面，我国已经形成了较为明显的寡头垄断，以中国移动、中国联通、中国电信为代表的网络服务提供商凭借在该市场内的

---

① 参见《高通垄断三宗罪》，东方财富网，https://finance. eastmoney. com/a2/20140213359688388. html，最后访问日期：2024 年 5 月 29 日。

② 参见何晴《移动互联网垄断协议界定之疑难问题——以"苹果电子书定价垄断"一案为例》，《哈尔滨学院学报》2014 年第 7 期。

绝对优势地位，实施垄断行为，直接增加了用户的使用成本。在移动互联网时代，最为明显的垄断行为是几大运营商设置的不合理上网流量资费。移动终端的上网资费标准由各运营商制定，总体上看，各大运营商制定的资费标准相比其他国家或地区明显偏高，然而网速却不及其他国家的一半。[①] 在移动互联网迅速普及的今天，上网流量已经成为人们使用移动终端进行各种活动的必要前提。如前所述，基于移动互联网市场具有明显的流量局限性特征，网络运营商的此种行为必然导致众多消费者使用成本增长。

（二）对市场竞争者的影响

垄断既可以是一种行为，也可以是一种状态。但现代各国反垄断法大多倾向认为垄断状态本身并不违法，反垄断法规制的主要是垄断行为。[②] 垄断并非必然是一种消极现象，有些情况下垄断也有一定的积极作用。对于市场中的经营者来说，合法的垄断能够促使形成规模经济，最大限度减少企业成本、避免资源浪费、提高经济效益。而且合法的垄断能够推动行业标准的形成，从而促进行业规范有序发展。然而除了少数有利于社会整体效率提高的合法垄断行为（如国家垄断、自然垄断以及知识产权垄断）之外，市场垄断行为一般都受到否定。[③] 在移动互联网领域，垄断行为将给作为竞争者的其他企业，尤其是中小企业带来更大的负面影响。

1. 经营自由受到限制

从经营者角度看，网络经济自由是对网络产品进行投资的网络经济活动不受他人强制的状态，对于每一个互联网经营者来说都是至关重要的，是每一个互联网经营者不容侵犯的基本权利。移动互联网是一个开放的平台，和传统市场相比存在诸多出于政策、地理、时间等因素的限制，移动互联网市场能够最大程度上实现经营自由，经营者可以完全以用户需求为

---

① 参见宣潇然《我国移动互联网行业的垄断问题及其对策》，《重庆第二师范学院学报》2018 年第 3 期。

② 参见时建中主编《反垄断法——法典释评与学理探源》，中国人民大学出版社 2008 年版，第 1 页。

③ 参见李昌麒主编《经济法学》（第 3 版），法律出版社 2016 年版，第 183 页。

导向，开发出各具特色的网络产品和服务。但垄断企业实施的垄断行为很大程度上对其他经营者形成限制，影响了经营者们的经营自由。

自 2015 年起，移动互联网领域竞争态势和市场结构出现了一些新的变化，许多有一定市场影响力的小巨头企业从势不两立走向了抱团取暖。从58 同城和赶集网、滴滴和快的的合并到美团网和大众点评网、携程和去哪儿网的联合，企业纷纷走上了兼并收购的道路。而实际上稍加留意可以注意到，在这些合并案当中，除了企业自身原因和资本那只无形的手之外，这 8 家企业的背后都有 BAT 巨头的身影。[①] 这就意味着，表面上是每一垂直领域前两名企业的合并，而实际上则是 BAT 的触角的延伸，正构建起自己的平台生态圈。这将会导致垄断企业能够轻易左右该行业的商业动向，包括价格、产品、技术、数据在内的诸多要素都掌握在这些垄断企业的手中，其他经营者不得不服从于其制定的商业模式，否则将会在移动互联网市场激烈的竞争中掉队。因此，经营者的经营自由在无形中会受到来自垄断企业的束缚，这也是导致现阶段移动互联网市场产品服务同质化现象严重的根源之一。

2. 中小企业生存困难

移动互联网经济是一种参与度非常高的经济模式。当前移动互联网经济正处于发展初期，国家正大力鼓励移动互联网经济的发展，以求移动互联网红利中国能够为更多市场主体享受。同时，移动互联网特有的便携性、个性化、交互性特征也使得越来越多的中小企业参与其中。但大型垄断企业的存在使得中小企业在移动互联网领域生存越来越困难。

一方面，移动互联网产品存在很强的锁定效应。无论是即时通信、移动支付还是搜索引擎市场，一旦用户使用了某一款应用程序，除非后出现的应用有非常独特之处，否则用户一般不会主动更换。在移动互联网市场发展初期，一些在 PC 互联网领域已经积累一定实力的企业率先进入移动互联网领域，先入为主地吸引了用户资源。加之双边市场性的作用，越来

---

① 参见陈凯茵、徐曼曼《起底互联网公司合并潮：谁是最终赢家？》，新华网，http://www.xinhuanet.com/fortune/cjqmt/2.htm，最后访问日期：2019 年 1 月 19 日。

越多的用户会选择该应用,因此将该领域的绝大部分用户牢牢锁定。在此
情况下,后来参与的中小企业所提供的产品自然也就鲜有人问津。

另一方面,毫无疑问的是移动互联网经济是以技术为依托发展起来
的,实力强大的移动互联网企业为了获得垄断利润,将技术手段牢牢控制
在自己手中,同样使中小企业陷入困境。芯片企业高通公司为了攫取高额
利润,长期以来通过"芯片出售+专利费用收取"的方式,牢牢控制了移
动终端芯片制造技术。所以自移动终端芯片产业发展以来,除了传统芯片
制造商英特尔,几乎没有新生企业能够与之抗衡。由此看来,移动互联网
领域垄断行为极大地限制了中小企业的生存空间,进而打击中小企业参与
移动互联网经济的热情。

(三) 对移动互联网市场的影响

移动互联网市场是一个更加自由开放的市场,但这并不意味着竞争在
任何情况下都有利于市场的整体发展。相反,一定程度的垄断可能也会对
市场的良性发展起到积极作用。移动互联网发展初期阶段,众多企业掀起
了"烧钱"大战,在网约车、租房、外卖等多个行业中,经营者为了抢占
市场赢得用户,纷纷推出众多优惠项目。然而结果却是加剧了经营者之间
的内部损耗,也给整个市场造成了一定的乱象。自此之后,多家移动互联
网企业宣布合并,既避免了企业过度的消耗,又在一定程度上实现了行业
的深度整合。由此看来,垄断是移动互联网发展到一定阶段后自我整合的
一种方式。然而问题在于,脱离了有效管制的移动互联网市场形成的垄断
往往是规模大、程度深、难以控制的,这种垄断一般会给整个移动互联网
市场带来危害。

1. 限制、弱化竞争

从对垄断的定义来看,垄断是特定主体在经济活动中限制和阻碍竞争
的状态或行为,具体是指企业或企业组织单独或者联合采取经济的或者非
经济的手段,在特定市场实行排他性控制,从而限制或阻碍竞争的状态或
行为。① 因此无论在哪一领域,垄断产生的副作用都应当包括限制、阻碍

---

① 参见孟雁北《反垄断法》(第 2 版),北京大学出版社 2017 年版,第 25 页。

竞争。但在移动互联网领域，移动互联网市场竞争所呈现的网络效应、锁定效应等特征可能会放大垄断限制、弱化竞争的效果。

罗尔夫斯指出，"一个用户从通信服务所获得的效用随着加入这一系统的人数增多而增加"。[①] 在移动互联网领域，这种网络效应体现得尤为明显。在具有网络效应的移动互联网产业中，"先下手为强"（first-mover advantage）和"赢家通吃"（winner-takes-all）是市场竞争的重要特征。以支付宝为例，支付宝在刚进入市场时推出了大量优惠活动吸引用户，当用户形成比较大的规模时，更多的实体商家也乐意使用支付宝，因此支付宝依靠这种网络效应短时间吸引了大量的商户和消费者。而这种强者愈强的现象却造成了"大树底下不长草"的局面。在移动支付领域占据市场份额第二的财付通，即使同样推出各种优惠，但其奋斗多年仍然无法与支付宝分庭抗礼。对于其他市场份额更小的企业，更是难以参与到真正的竞争当中。

同样，移动互联网产品的锁定效应也在很大程度上弱化了竞争。虽然PC端互联网产品也具备锁定效应的特征，但在移动终端 App 主导的移动互联网领域，锁定效应对市场竞争产生的影响尤为显著。用户在使用某一款应用程序后将会形成一定的"路径依赖"，随着使用时间的积累，从此款应用向其他应用转移的成本会越来越大，因此用户一般情况下不愿再去使用其他应用程序。从企业的角度看，即使企业的产品具备相同的功能，但某些企业已经具备的优势却很难打破。以即时通信行业为例，腾讯将在PC 互联网时代的优势地位延续到移动互联网，用户在 QQ、微信已经形成了自己的关系网，已经被牢牢"锁定"。即使近几年也有新的即时通信工具推出，但充分竞争的局面始终未能形成。

2. 阻碍技术创新

当今国际社会处在一个飞速发展的时代，无论哪一个领域，创新精神都显得尤为重要。移动互联网是依托技术创新发展起来的，从根本上说创

---

① 参见成也、武常岐《移动互联网市场中的垄断行为与反垄断政策研究——以高通、腾讯为例》，《管理现代化》2015 年第 5 期。

新是移动互联网市场发展的唯一动力。尽管有学者提出，移动互联网市场中的垄断行为能够保障该领域的持续创新，但总体上看，移动互联网领域垄断行为对于创新的负效应已经凸显。根据经济学家肯尼斯·约瑟夫·阿罗（Kenneth Joseph Arrow）所提出的阿罗替代效应（Arrow's Replacement Effect），竞争厂商在通过创新所获得的收益要远大于垄断厂商通过创新的所得，换言之，创新对于竞争经营者的吸引力要远远大于对垄断经营者。因此，垄断企业身处垄断优势之中，往往容易满足于现状，对创新缺乏进取心，反倒是那些规模较小、市场力量微弱的企业对研发竞争更有热情。垄断一旦形成，垄断主体倾向于采取创新以外的其他各种手段来维持自己的垄断利润，直接导致创新动力的不足；与此同时，对于其他经营主体，为了能在这种垄断格局之下力求一席之地，不惜利用移动互联网的易复制性大搞"山寨"模仿，给整个市场造成了创新观念的扭曲。

移动互联网领域的创新具有高沉没成本、低边际成本的特点。对于一个企业来说，初期的技术创新可能需要大量的人力、物力、财力投入，一个看似简单的应用程序可能需要耗费开发者长时间的研究投入。然而一旦研发成功投入市场，该产品能够给开发者带来巨大的经济收益，而且这些网络产品与服务后期所需要的维护成本极低，边际成本趋零，甚至可以将其视为一项"一劳永逸"的经济模式。而企业一旦获得了垄断地位，创新对于它们就不那么有吸引力了。这些垄断企业完全可以通过其他方式维持高额的垄断利润，而不需要再耗费精力进行创新。在传统市场，垄断企业通过操控市场价格来维持垄断，而在移动互联网市场中，网络效应、锁定效应等特性无形中已经对垄断企业起到帮助作用。因此，垄断企业创新热情减退，进而蔓延到整个市场竞争乏力，创新动力不足。

对于其他经营者来说，它们自身实力弱于垄断经营者，创新能力也远远低于垄断主体，垄断产生的挤压效应使它们不得不走上模仿甚至抄袭的道路。现阶段移动互联网领域中的产品服务同质化非常严重，创新不足也是这一现象的根源之一。从商业模式到产品设计，缺失了良性竞争氛围的移动互联网市场，"拿来主义"司空见惯。不仅如此，一些市场份额大、影响力强的企业也时常因"抄袭门"而饱受诟病。移动互联网领域的创新在一定程度上已经被异化为"将他人的思路和设计拿来稍加改动"。在BAT占领互联网市场后,我国很少有创新性强的独立发展壮大的企业,在创新观念扭曲的大环境下,也没有能够呈现源源不断的创新浪潮。

3. 破坏市场秩序

公平有序的市场竞争秩序是任何行业健康发展的前提条件,良好的市场秩序是企业发展壮大的根基、是消费者各项权益的保障,也是我国《反垄断法》所追求的价值目标。如果没有良性的市场竞争秩序,市场中的各个主体将失去稳定生存的大环境,无论对任何行业都将会是致命的打击。我国移动互联网经济兴起较晚,目前正处于发展初期阶段,尚存在诸多不稳定因素。因此现阶段出现的垄断行为对移动互联网市场的长远发展将会产生严重的后果。

首先,滥用市场支配地位在移动互联网领域垄断行为中最为常见。垄断主体利用市场优势地位,排挤打压竞争对手,以图保持自己的垄断优势。有的垄断企业以捆绑搭售的方式滥用市场支配地位,如高通在向下游企业出售芯片时捆绑高额专利费;有的企业通过限制或拒绝交易实施垄断行为;还有一些垄断企业涉嫌歧视性垄断,如苹果公司在中国市场设置歧视性服务条款、高通针对中国企业设置不合理定价等等。这些滥用市场支配地位的行为都严重破坏了市场秩序,使相关企业蒙受利益损失的同时,也间接地侵害了消费者合法权益。

其次,移动互联网垄断协议行为近年来也呈多发态势。以"苹果电子书垄断协议案"为代表的移动互联网垄断协议行为,通过设置市场和技术壁垒,限制其他竞争者进入市场。这类行为一般牵涉主体众多,一旦达成的垄断协议得以实施,能够在短期内给整个市场造成冲击,因此也对市场秩序有较大的破坏性。

最后,移动互联网市场中频繁出现的兼并收购现象能够使得市场结构发生明显变化,进而有可能对市场秩序造成负面影响。以网约车市场为例,2016年滴滴宣布收购优步(中国),两个最大的网约车平台的合并无疑是强强联手,形成占据90%以上市场份额的平台。而根据《网络预约出租汽车经营服务管理暂行办法》①，网约车平台拥有定价权。合并后的滴滴的定价能力很可能让广大司机和消费者毫无抵抗能力，而这种缺乏同业竞争者制约的市场结构也不利于一个稳定市场秩序的建构。

---

① 参见交通运输部于 2016 年发布的《网络预约出租汽车经营服务管理暂行办法》，该办法于 2022 年修正。

第二章　移动互联网领域相关市场的
界定问题

　　我国于 2008 年正式实施《反垄断法》，旨在应对日趋严重的垄断行为，营造良好的公平竞争环境。2009 年，为了进一步细化反垄断执法中相关市场的界定标准，提高反垄断执法的透明度，国务院反垄断委员会颁布了《相关市场界定指南》。《相关市场界定指南》指出了在垄断行为认定中，相关市场界定是重中之重，并提供了一系列相关市场界定的指导方法。但是从《相关市场界定指南》本身的法律建构上来讲，其既非规章也非条例，法律效力不明，且与其他国务院部门规章之间存在关系不清的问题，加之指南内容较为宽泛、粗糙，导致其给反垄断执法工作带来的帮助十分有限。

　　近年来，随着科技飞速发展，尤其是智能移动设备的出现，移动互联网经济作为 PC 端互联网经济向移动端衍生的产物，其已成长为一个极其重要的新兴市场。值得格外注意的是，移动互联网在不断为经济注入新活力的同时，也给反垄断执法带来了新的挑战。[①] 一方面，PC 端互联网界定相关市场所面临的困境在界定移动互联网相关市场上依然存在——移动互联网市场与 PC 端互联网市场同样具有的双边市场性、锁定效应、网络外部性等特征，[②] 导致传统相关市场界定方法不能有效地发挥作用；另一方面，移动互联网市场也有别于 PC 端互联网市场，其移动支付、共享经济

[①]　参见王迪、王汉生《移动互联网的崛起与社会变迁》，《中国社会科学》，2016 年第 7 期。

[②]　参见成也、武常岐《移动互联网市场中的垄断行为与反垄断政策研究——以高通、腾讯为例》，《管理现代化》2015 年第 5 期。

等新特点令移动互联网相关市场界定需要考量更多新的相关因素。时下，移动互联网领域相关市场界定与 PC 端互联网领域相关市场界定之间的差异性是否显著，抑或是否有必要将移动互联网领域相关市场界定进行专门研究，学界内仍存在一定的争议。但近年来，大部分学者认为，与 PC 端互联网领域相关市场相比，移动互联网领域相关市场具有更强的隐蔽性、用户依赖性等特征，[①] 5G 时代的到来必将使移动互联网领域中的产品、地域、时间等因素产生更多新的特性，有必要对相关市场界定方法进行独立研究。[②]

综上，移动互联网领域相关市场与 PC 端互联网领域相关市场虽然相似却不相同，其在继承 PC 端互联网市场特征的基础上，衍生出了一系列自身独有的特点。面临即将到来的 5G、AR、VR 以及人工智能时代，移动互联网经济势必会在国民经济中占据愈来愈大的份额，扮演着越来越重要的角色。因此，不应贸然地将移动互联网领域相关市场界定等同于 PC 端互联网领域相关市场界定。为了更好地使移动互联网经济服务于中国特色社会主义经济，有必要借鉴 PC 端互联网领域相关市场界定的研究，同时对移动互联网市场进行深入分析，找出移动互联网领域相关市场界定的独特性，构建一套完备的移动互联网领域相关市场界定体系，包括移动互联网领域的相关产品市场界定、相关地域市场界定与相关时间市场界定。

第一节　移动互联网领域相关市场界定的现状

当下，我国正处于网络经济迅猛发展时期。网络经济发展已经是我国不可或缺的重要发展支柱之一，已成为社会经济发展的主要增长点。在网络经济中，移动互联网经济的发展更是惊人。截至 2022 年底，我国移动电话用户总数达 16.83 亿户，移动互联网用户数达 14.53 亿户，移动互联网

---

① 参见何晴《移动互联网垄断协议界定之疑难问题——以"苹果电子书定价垄断"一案为例》，《哈尔滨学院学报》2014 年第 7 期。

② 参见宣潇然《我国移动互联网行业的垄断问题及其对策》，《重庆第二师范学院学报》，2018 年第 3 期。

接入流量达 2618 亿 G，国内市场上监测到的 App 数量为 258 万款。[①] 可以说，从 2022 年开始，5G、工业互联网等投资带动形成经济新增长点，网上零售、跨境电商在促消费稳外贸发挥重要作用，在线文旅、云演出等打造了消费新场景。此外，移动互联网在助力乡村振兴、助力疫情精准防控和保药保供等方面也发挥了重要作用。然而，在享受其高速发展所带来的经济效益的同时，移动互联网领域也存在一些市场垄断问题。由于移动互联网经济具备更强的双边市场性、交叉网络外部性等特性，令该领域的相关市场界定更加复杂化、多样化，给我国反垄断执法工作带来了不小的挑战。[②] 对此，本书在研究国外移动互联网领域相关市场界定理论与实践的基础上，结合国内移动互联网经济特点，为我国移动互联网反垄断规制提供切实有效的相关市场界定对策与方法。

一　我国相关市场界定的现有规定

目前，我国对相关市场界定较为系统且专门的规范性法律文件主要有《反垄断法》和《相关市场界定指南》，同时《中华人民共和国反不正当竞争法》（简称《反不正当竞争法》）、《关于外国投资者并购境内企业的规定》（简称《外资并购法》）等法律法规也对相关市场界定有所规定。但后者所涉内容一般较少，因此本书只分析前者。

（一）《反垄断法》中相关市场界定的规定

根据 2022 年《反垄断法》第 15 条第 2 款的规定，相关市场是指"经营者在一定时期内就特定商品或者服务（以下统称商品）进行竞争的商品范围和地域范围"，由此可知，相关市场一般需要从产品、地域两个维度界定，在特殊情况下还需要考虑时间维度。在有"经济宪法"之称的《反垄断法》单独规定"相关市场"条款，并且为此专门出台了《相关市场界

[①] 参见廖灿亮、夏晓伦《〈中国移动互联网发展报告（2023）〉正式发布》，人民网，http://finance.people.com.cn/n1/2023/0628/c1004-40023305.html，最后访问日期：2024 年 2 月 27 日。

[②] 参见宣潇然《我国移动互联网行业的垄断问题及其对策》，《重庆第二师范学院学报》2018 年第 3 期。

定指南》，也在客观上表明了相关市场界定在反垄断执法的重要地位。

（二）《相关市场界定指南》对相关市场界定的规定

不同于《反垄断法》对相关市场界定简洁的规定，2009 年《相关市场界定指南》第 3 条对相关市场的定义作了较详细的规定，即"相关市场是指经营者在一定时期内就特定商品或者服务（以下统称商品）进行竞争的商品范围和地域范围。在反垄断执法实践中，通常需要界定相关商品市场和相关地域市场。相关商品市场，是根据商品的特性、用途及价格等因素，由需求者认为具有较为紧密替代关系的一组或一类商品所构成的市场。这些商品表现出较强的竞争关系，在反垄断执法中可以作为经营者进行竞争的商品范围。相关地域市场，是指需求者获取具有较为紧密替代关系的商品的地理区域。这些地域表现出较强的竞争关系，在反垄断执法中可以作为经营者进行竞争的地域范围。当生产周期、使用期限、季节性、流行时尚性或知识产权保护期限等已构成商品不可忽视的特征时，界定相关市场还应考虑时间性。在技术贸易、许可协议等涉及知识产权的反垄断执法工作中，可能还需要界定相关技术市场，考虑知识产权、创新等因素的影响"。

《相关市场界定指南》针对相关市场界定的考量因素、操作方法等实际执法工作提供了更具实用性的立法依据。首先，《相关市场界定指南》强调了相关市场界定是反垄断执法中的重中之重，表明"相关市场界定通常是对竞争行为进行分析的起点，是反垄断执法工作的重要步骤"。其次，相关市场的概念在《相关市场界定指南》中得以进一步明确，并表明相关市场界定内容应当包含相关产品市场界定、相关地理市场界定，在特殊情况下还应对相关时间市场进行界定。此外，《相关市场界定指南》更加全面地规定了对技术创新、知识产权保护、产业发展等内容的考量。最后，《相关市场界定指南》为相关市场界定提供了常用的三种界定方法，分别为需求替代分析法、供给替代分析法与假定垄断者测试法。

二 移动互联网领域相关产品市场界定的现状

相关市场界定中至关重要的一个维度当数相关产品市场界定，这一点在移动互联网领域相关市场界定中也不例外。针对移动互联网相关市场界定，我国主要采用的仍是传统的替代性分析法。例如，在被称为我国移动互联网反垄断第一案的"米时科技诉奇虎360滥用市场支配地位案"中，法院采用的是替代性分析法来界定相关产品市场。[①] 但是实践表明，网络外部性令替代性分析难以把握产品替代关系，免费模式使假定垄断者测试法的适用前提面临挑战，传统界定方法在移动互联网领域相关产品市场界定越来越难以适用，或多或少面临着各种各样的困境。

（一）移动互联网领域相关产品市场的主要界定方法

根据《相关市场界定指南》，目前在界定移动互联网领域相关市场时可适用的方法主要有：需求替代性分析法、供给替代性分析法与假定垄断者测试法。由于双边市场性、免费模式特性的存在，部分学者认为传统的相关市场界定方法已无法在移动互联网领域内发挥有效作用，为此提出了盈利模式分析法、附属子市场法等新型界定方法。[②] 在司法实践中，最高人民法院在审理"3Q大战"时还曾采用了降低产品性能的SSNDQ测试法。《最高人民法院知识产权案件年度报告（2014年）摘要》对此表明了态度：在界定相关市场时可对SSNIP测试法的进行变通，用质量因素替换原来的价格因素，适用基于质量下降的改良型假定垄断者测试。

虽然有学者针对PC端互联网及移动互联网领域相关市场的界定提出了新思考，但不容忽视的是，传统相关市场界定方法在运行多年后仍在移动互联网领域发挥着重要的作用，其秉承的替代性分析思路是相关市场界定中所绕不开的判定方式，对移动互联网相关市场界定有着重要的借鉴作用。因此，不能将传统界定方法直接抛弃，其所蕴含的认定思路、判定方式仍值得我们研究。故而，本书拟主要对《相关市场界定指南》所规定的三种相关市场界定方法进行详细分析，并简要介绍几种新型界定方法。

1. 定性的替代性分析法

根据《相关市场界定指南》第4条，一般而言，商品（地域）的可替代程度影响着相关市场范围的大小。对于移动互联网产品或服务的提供者

---

① 参见北京市高级人民法院（2015）高民（知）终字第1035号判决书。

② 参见成也、武常岐《移动互联网市场中的垄断行为与反垄断政策研究——以高通、腾讯为例》，《管理现代化》2015年第5期。

来讲，其受到最有效、最直接的竞争与约束来源于同类产品或服务的相互替代。处于同一市场的移动互联网产品或服务，其彼此之间在物理特性、销售方式、产品功能上存在或多或少的差异。从主体角度而言，对替代性可从需求者角度进行分析或从供给者角度出发分析，继而衍生出需求替代性分析法和供给替代性分析法。

（1）需求替代性分析法

需求替代性分析法是指从消费者（需求者）的角度出发，根据其对商品的偏好度、用途需求度、质量认可度、价格接受度以及获取难易度等相关因素来考量商品的可替代性大小，进而界定相关产品市场的方法。具言之，相关产品市场范围的边界取决于产品的可替代程度，而根据产品与产品之间替代的可能性的大小，一般可将其划分为完全替代与不完全替代。一般而言，不同产品间替代可能性越大，二者间的竞争程度越强，市场相关性越强。通常此种替代性具体表现为目标产品间具备相同或相似的功能作用，对于消费者而言，可以不必考虑功能作用上的差异性，更多的是基于个人喜好来选择何种产品。然而垄断者的持续垄断行为会令此种产品可替代性变弱，消费者的选择空间变窄，并引起竞争环境的进一步恶化。故而，为了尽可能降低垄断行为给消费者所带来的负外部性大小，在实践中通常遵循以需求替代为主、供给替代为辅的相关产品市场界定思路。

2021年4月，国家市场监督管理总局对阿里巴巴实施"二选一"垄断行为作出行政处罚决定，在界定本案相关市场时，决定认为需要考虑平台双边用户之间的关联影响，从经营者和消费者两个角度分别进行需求替代分析和供给替代分析。首先，网络零售平台服务与线下零售商业服务不属于同一相关商品市场，虽然二者在功能上具有一定相似性，但二者不具有紧密替代关系。其次，网络零售平台服务构成单独的相关商品市场，不同类别经营者、不同商品销售方式以及为不同商品品类提供的网络零售平台服务均属于同一相关商品市场。①

---

① 参见陈超明《阿里巴巴实施"二选一"垄断行为被处罚182.28亿元，附行政处罚决定书!》，知乎，https://zhuanlan.zhihu.com/p/363710584，最后访问日期：2024年3月1日。

2021 年 10 月 8 日，国家市场监管总局依法对美团"二选一"垄断案作出行政处罚决定。国家市场监管总局创新性地构建了以"平台功能—市场类型—用户群体（服务对象）"为逻辑主线的相关市场分析框架。首先，基于平台的功能是交易性平台还是非交易性平台而界定为一个相关市场还是多个相关市场。本案所涉互联网平台是一个交易性平台，市场监管总局将相关商品市场界定为一个相关商品市场——"网络餐饮外卖平台服务市场"。其次，基于市场类型的不同，分别从"线上和线下"以及"第三方平台和自营平台"对相关市场界定进行验证。分别从消费者和餐饮经营者两个用户群体进行了详细的需求替代分析，结论是二者不具有紧密替代关系，不属于同一相关商品市场。[①]

的确，需求替代分析法的出现为执法机关在界定相关市场上提供了一种基本思路，并逐渐被许多发达国家采纳。但是，需求替代分析法本身并非完美。比如，当不同产品和服务之间的替代性程度尚不明显时，难以对其是否属于同一相关产品市场作出准确判断。所以，在适用需求替代性分析法对相关产品市场进行界定时，往往易导致相关市场边界不周延和不确定等情况的发生。此外，由于受到网络效应、强锁定效应等特性的影响，移动互联网产品和服务之间的替代性程度更加难以把握，需求替代分析不能发挥原本良好的效果，因此寻求更富针对性的界定方法就成为必须解决的一个难题。[②]

（2）供给替代性分析法

供给替代性分析法，是指从经营者的角度出发，参考其他经营者生产投入的成本、进入市场的时间和承担的风险等相关因素来衡量产品的替代可能性的大小。诚然，供给替代性分析法与需求替代性分析法在很多方面具有紧密的联系，二者作为替代性分析方法的一体两面，分别从需求者和

[①] 参见王健《监管再发力，美团被罚超 34 亿！经济日报独家解读："二选一"违法性一目了然》，国家市场监督管理总局网站，https://www.samr.gov.cn/xw/mtjj/art/2023/art_636040ded790473a9303704e935a0d25.html，最后访问日期：2024 年 2 月 27 日。

[②] 参见邹开亮、刘佳明《大数据产业相关市场界定的困境与出路》，《重庆邮电大学学报》（社会科学版）2018 年第 5 期。

供给者两个不同的角度来考量产品和服务的替代可能性大小；但不同的是，供给替代性分析法的重点在于"供给替代"，是基于经营者角度考量哪些"潜在竞争"能够转化为"现实竞争"。[1]"潜在竞争"分为"强势的潜在竞争"和"一般的潜在竞争"两类，在实践中通常将前者作为"供给替代"加以分析，而后者则仅在认定市场支配地位时作为市场竞争状况加以考量。

美国首先在《企业合并指南》中对"供给替代性分析法"予以明确规定，后来该规定也逐渐为其他国家所采用，并视其为界定相关产品市场的一种正式方法。同样，我国《相关市场界定指南》也对其作出了规定：适用供给替代性分析法时，应着重从其他经营者角度出发，在判断供给替代性大小时应根据经营者的生产成本、市场风险等因素进行综合考量。若上述相关因素的数值越小，那么该市场的准入门槛越低、风险越低，其他经营者更容易生产该类产品，该市场的供给替代程度自然也就越高。相反，如果上述因素的数值越大，说明该市场的准入门槛越高、风险越高，其他经营者生产该类产品所需的投入成本就越高，该市场内部有能力供给该产品的供应者数量也就越小，该产品的供给替代程度自然也就越低。

虽然我国《相关市场界定指南》对供给替代性分析法作出了明确的规定，但是对于相关市场界定而言，需求替代性分析法仍然是至关重要的起主要作用的界定方法，供给替代性分析法往往起着补充的作用，不能直接作为相关产品市场的界定依据。同时，供给替代分析法缺乏具体的执行标准，实际操作性较弱。此外，移动互联网产业具有很强的用户黏性，特别是社交软件，当用户关系绝大部分沉浸在一两种软件时，其他供应商很难再推出新的与之抗衡的产品，这些特性也使得供给替代性分析更加难以适用。

2. 定量的假定垄断者测试法

假定垄断者测试法（又称 SSNIP 法）是指预先假定市场中某个经营者

---

[1] 参见王先林《论反垄断法实施中的相关市场界定》，《法律科学》（西北政法学院学报）2008 年第 1 期。

具有垄断地位，其在一段时间中不断对某个目标商品实施一个幅度较小但是有意义的涨价后，若大量的消费者基于此种商品价格的上涨而转向购买市场中的其他商品时，那么这些商品就应当与目标商品处于同一市场。[①]如前所述，传统的替代分析法只是定性的分析，其通常具有较强的主观性，对于如何划分相关市场界限难以把握，也没有客观的判断标准来准确判断目标产品所处市场的外延。因此，为了克服传统替代分析法的主观性，1982 年美国《企业合并指南》首次提出了假定垄断者测试法，它以严密的经济学分析为基础，更具操作性和可计量性，在一定程度上解决了市场外延的问题。自 20 世纪末开始，许多国家和地区逐步在实践中倾向于适用 SSNIP 法来界定相关市场。在移动互联网领域相关市场界定中，其具体实施一般可分为以下四个关键步骤。

第一，选定移动互联网目标产品（服务）候选市场，该市场内所包含的是与垄断行为所涉及的目标商品及其合理替代品；

第二，预先假定某一垄断者控制了整个候选市场中全部的移动互联网目标商品，其是目标商品的唯一供给者；

第三，对移动互联网目标商品实施"幅度虽小但有意义、持续的涨价"（幅度一般为 5%~10%，持续时间通常为 1 年），并等待市场反应后，若有相当数量的消费者因此转向购买其他合理替代品时，则证明了其他替代品与目标产品已经形成了充分竞争的关系，这时候其他合理替代品就应当被囊括进该候选市场；

第四，对上述的候选市场再次实施"小而有意义、非临时性的涨价"，并考量假定垄断者是否会因此获取额外的利益，若得到肯定的结果，则上述移动互联网商品与其他合理替代产品所构成的集合范围可以认定为相关市场。若得到否定的结果，则需要继续实施上述步骤，当消费者不再因为价格上涨而转向购买其他合理替代品，且假定垄断者基于涨价而获取额外利益时，停止测试，就可以将此时移动互联网商品与其他合理替代品所构

---

① 参见雷琼芳《互联网相关市场界定的研究——基于假定垄断者测试法和盈利模式测试法的比较》，《价格理论与实践》2017 年第 2 期。

成的集合范围界定为相关市场。[①]

3. 其他测试方法

（1）集群市场界定法

用集群市场界定法来考察移动互联网领域相关产品市场主要分为两个步骤：一是考察消费者的选择行为、经营者的定价方案以及其竞争性影响等方面，以证明涉案企业提供的移动互联网产品或服务具有交易补偿性；二是考察消费者是否通过比较不同企业的整个集群市场价格进行购买选择，考察产品或服务是否存在共同的技术特征或销售模式、产品或服务在功能方面是否具有互补性等方面来确定移动互联网产品或服务是否构成集群，以及该集群能否形成一个独立相关市场。

（2）子市场界定法

通常而言，子市场是从局部考虑提供多元产品或服务的移动互联网企业所占据的市场份额大小，即在一个包含性质、功能、作用与价格等因素的众多产品构成的综合的、较大的相关市场中，根据各产品的性质、功能、作用、价格或者生产设备、供给商、消费者群体等某一单独因素等实质指标，能够对这一较大的相关产品市场进行再次拆分细化，从而能够界定出较小相关产品市场，即"相关市场中的相关市场"。

（3）从属市场界定法

从属市场按照移动互联网商品的性质所划分的市场。顾名思义，从属市场是指为了充分发挥初级产品的使用价值，为其提供的具有一定辅助性的其他产品，这些起辅助作用的次级商品与初级产品同时使用，共同构成了相关产品市场。例如，腾讯QQ聊天软件是初级产品，而其附属的QQ秀、兴趣部落、财付通、安全管家、QQ邮箱等就属于次级产品，而这些次级产品所组成的市场就是初级产品所组成市场的从属市场。

（二）移动互联网领域相关产品市场界定的困境

由于移动互联网领域的双边市场性、用户锁定效应、网络外部性等特征，整个市场竞争处于动态变化中，相关产品市场的范围随之时刻在发生

① 参见孙挥《互联网产业双边市场中相关市场的界定》，《价格月刊》2013年第9期。

变化，因此传统的、静态的替代性分析法、SSNIP 测试法在界定移动互联网领域相关产品市场时或多或少面临着种种困境。

1. 替代性分析法面临的困境

（1）移动互联网产品的替代性难以把握

在传统的相关市场界定理论中，相关产品市场范围的大小主要取决于产品的可替代性的大小。当前，移动互联网市场的产品已经囊括生活的方方面面，其功能与种类比传统市场、PC 端互联网市场的产品更加纷繁复杂，包括手机即时通信、网络购物、手机网络游戏、移动支付、外卖点餐和在线打车等。有别于功能单一的传统市场产品，移动互联网领域产品由于互联网技术的虚拟性、平台的发展性往往可具备多项功能，产品功能多样性固然方便了消费者使用，但同时其使不同产品之间的替代界限更难以准确划分，提高了分辨的难度。例如，对于智能手机所能提供的 QQ、微信等软件的聊天功能与小灵通手机所提供的通信服务是分别认定为互联网产品和即时通信服务还是界定为同一即时通信服务下的不同功能，在学界与实务界均存在争议。①

此外，一方面传统市场的商品可借助 PC 端互联网电商平台和移动电商平台实现销售，另一方面互联网市场的 PC 端互联网商品与移动互联网商品也能够实现数据共享，这就形成了移动互联网市场与传统市场、PC 端互联网市场交相重叠的情形。因此，供需替代性分析法在界定移动互联网领域相关市场时自然会面临诸多局限。②

移动互联网产品均是通过电子技术来提供的，产品之间易具备较强的同质性，加之移动互联网产品往往会承载多项功能，使得不同产品之间也有可能具备相同的功能，产品之间替代性更加难以把握，产品边界变得模糊不清。③ 正如前文介绍的微信，其不仅具备即时通信工具的文字、语音

---

① 参见吴太轩、彭艳玲《数字经济领域相关市场界定研究》，《竞争政策研究》2022 年第 5 期。

② 参见赵莉莉《反垄断法相关市场界定中的双边性理论适用的挑战和分化》，《中外法学》2018 年第 2 期。

③ 参见雷琼芳《互联网相关市场界定的研究——基于假定垄断者测试法和盈利模式测试法的比较》，《价格与理论实践》2017 年第 2 期。

等功能，还提供独有的朋友圈功能，甚至还具有支付、小程序、微商店等功能。但值得注意的是，虽然移动互联网产品的相似功能看似彼此之间具有替代性，但这不当然意味着这些产品可以实现相互替代。

在"深圳微源码诉腾讯案"中，法院认为互联网企业所提供的服务呈现出动态化和平台化的特点，在基础服务上整合了多种不同类型的增值服务，具有多样性和复杂性，因此在界定该案相关产品市场时，法院面临着宣传推广需求与社交需求的选择问题。[1] 究其原因，在于移动互联网产品具备较强的综合性，其功能往往多种多样，加之核心功能的差异，对其进行准确的替代性分析变得愈加艰难，[2] 较强的网络外部性和用户锁定效应也会对市场的需求弹性产生限制影响。[3] 同时，由于移动互联网产业的网络外部性和免费经营战略，消费者往往倾向于选择消费者数量多的产品，需求替代分析法中的价格因素很难对消费者的需求产生影响，因而消费者不会轻易因价格因素转向其他类似产品。这就导致那些消费者参与较少的产品即使同样免费、质量更优，也通常很难改变消费者的需求。综上所述，移动互联网产品的需求交叉弹性指数亦不会很高，即使采用改良后的供需替代分析方法，所得出的相关产品市场仍可能范围偏小。最后，使用供需替代分析法界定移动互联网领域相关产品市场还将面临一大难题——是选取市场的一边分析，还是对市场的两边分别进行供需替代分析，这无疑又是另一个难以解决的问题。[4]

（2）移动互联网市场与传统市场、PC 端互联网市场存在重叠

随着移动互联网经济的飞速发展，许多原本通过店面或者 PC 端互联网销售的商品或服务，也纷纷开拓了在移动互联网端的销售途径，这导致在具体案件中移动互联网市场和线下的实体市场出现了部分的重叠。亚马逊、淘宝、京东、苏宁等从事移动互联网电子商务的企业，在其搭建的移

---

① 参见广东省深圳市中级人民法院（2017）粤 03 民初 250 号民事判决书。
② 参见王建文、张雯嘉《论互联网企业相关市场界定的挑战与解决思路》，《商业经济研究》2017 年第 6 期。
③ David S. Evans and Michael D. Noel，"The Analysist of Mergers that Involve Multisided Platform Businesses"，*Journal of Competition Law and Policy*，2008（4），pp. 101-134.
④ 参见孙挥《互联网产业双边市场中相关市场的界定》，《价格月刊》2013 年第 9 期。

动互联网端电子商务平台上几乎可以找到与实体市场相等的产品和服务数量。此时将线上虚拟市场和线下实体市场划为同一相关市场还是将其一分为二将影响具体相关市场的范围大小，而且，线上虚拟市场还包括移动端虚拟市场和 PC 端虚拟市场，这两个虚拟市场是两个独立市场还是一个统一市场也有不同的看法，不同的相关市场界定结果会影响整个反垄断案件的处理结果。因此在此种市场重叠的情形下，如何准确界定相关产品市场便成了一个难题。

从相关实践来看，法院在面临移动互联网市场与传统市场可能存在重合的问题时，通常认为企业的线上店铺和线下店铺所销售的商品或服务在性质、功能方面是相似甚至是相同的，彼此具有较高的可替代性，所以一般主张将线上虚拟市场与线下实体市场认定为同一个相关产品市场。这也比较符合实际情况中消费者的体验，线上虚拟市场与线下实体市场相比，虽然消费者在两种市场的消费体验有所差异，但是消费者可以在线上购买和去实体商店购买之间进行任意选择，这意味着无论是线上购买还是线下购买均不是买卖双方交易的唯一途径。消费者对于自己所需要购买的产品和服务，其既可以选择在实体店购买，也可以选择在线上购物平台购买。因此，当面临需要对线上购物平台与线下购物商店的同类商品界定相关市场时，如果简单地只认定线上交易市场界定为目标商品所处的相关市场，可能会导致所界定的相关市场范围明显过于狭窄，这样分析得到的目标企业的市场份额可能会偏离其真实的数值。由于移动互联网经济的不断深入发展，移动互联网商品的特性、销售模式等将更具复杂性，对商品或服务相关市场的界定难度将会进一步变大，应注意不同的商品或服务所对应的市场是不同的，在界定相关市场时不能一概而论。不难看出，移动互联网市场、PC 端互联网市场与传统市场三大市场都存在一定程度的重叠，这也导致以往适用于单一市场的传统相关市场界定方法难以应对移动互联网行业相关市场界定中出现的种种难题。

（3）市场边界模糊致使相关市场界定难

注意力经济时代下，移动互联网领域相关产品的市场边界日趋模糊，加剧了准确界定相关市场的难度。一方面，移动互联网经济的发展特点带来的业务范围宽广、业务边界泛化的特性致使其市场边界日益模糊，相关市场界定难度增加。另一方面，注意力经济时代，移动互联网领域的各网站以及以网络为基础的应用平台都在努力地寻找和提供注意力来吸引不同的消费者群体，从而提高自身竞争力。以视频软件（网站）为例，观看视频的消费者群体所付出的时间即此处所提到的注意力。视频软件（网站）平台的主要盈利来源即以观看视频的消费者群体的注意力作为交易产品，来与广告投放商进行交易，从而收取播放广告的费用。随着移动互联网经济的发展，为争取更多注意力，视频软件、即时通信、搜索引擎等在线平台除了以自身"主流业务"满足消费者的直接需求外，还会研发"周边业务"，以在本平台满足消费者对于其他平台的需求。以"百度地图"为例，首先，该软件的基础性业务是向用户提供目标地点的路线，借此，该业务平台就具有了用户基础和这一软件提供其他跨界服务的空间场域。其次，"百度地图"利用该基础性业务平台逐渐展开多元业务，实现跨界竞争，如为用户提供相关地点周围的商家查询和推荐服务、酒店查询和预订服务、打车服务等核心业务。最后，移动互联网领域各平台多元业务具有一体发展性，"百度地图"借此形成综合性的平台。综合性平台生态系统中的基础性平台和其他子平台也会通过传导数据流量，以此相互补强。① 因此，移动互联网领域的企业往往存在跨界业务的融合互动，而致使相关市场界定处于困境之中。②

2. SSNIP 测试法面临的挑战

（1）免费模式突破 SSNIP 测试法适用前提

首先，前文已提及移动互联网企业往往采取在某边市场实行产品免费的策略，同时移动互联网市场是一个以创新为核心驱动力的市场，其获取的竞争优势往往是基于产品的优秀性能，而非产品之间的价格竞争。移动互联网企业要想从市场竞争中获得更高利润，其不能依靠提高产品价格，而需要不断改进产品技术和提升产品性能来吸引用户，在此基础之上才能

---

① 参见殷继国《互联网平台封禁行为的反垄断法规制》，《现代法学》2021 年第 4 期。

② 参见吴太轩、彭艳玲《数字经济领域相关市场界定研究》，《竞争政策研究》2022 年第 5 期。

搭建获取利润的收费端和增值服务等。其次，以价格调整为基础的 SSNIP 方法在适用时，需要确定一个基准价格来进行"小幅但显著且非暂时性"的提价，以此来观察市场的反应。但是，在面对移动互联网企业的"免费产品策略"运行模式时，产品的基准价格往往为零，在此基础上无论进行何种幅度的涨价最后的结果均为零。[1] 最后，假设必须在此基准价格上进行一定的加价，将是价格从无到有的质变，这均是对原有价格的无限放大，产生的市场反应势必不符合市场的实际情况。[2] 因此，欲在移动互联网领域相关市场界定中适用 SSNIP 测试法，其不仅欠缺 SSNIP 测试法的适用前提，而且也有悖于目前移动互联网企业的经营模式。[3]

（2）双边市场加剧竞争效应

在移动互联网市场，一般移动互联网平台两端会分别连接商家（收费）和消费者（低价甚至免费）两个市场。如果将两个市场分开来看，在消费者所处的"免费市场"中，假设在 SSNIP 测试法中用"从免费到少量且适当的变化"来代替原本所要求的"具有数学意义的涨幅"，似乎就可以满足测试法关于"小而有意义、非临时性的涨价"的要求？但其忽略了一点，用户之所以青睐移动互联网产品，很大一个原因在于其产品大都是免费的，因此价格上的细微变化对用户而言都是十分敏感的。可以预见的是，例如，微信对使用产品的用户收取小额的费用，可能将导致相当部分的用户会放弃使用微信转而使用其他移动即时通信产品。显而易见，在盛行"免费模式"的移动互联网产品竞争中，从免费到收费这一变化在消费者看来并不是简单的数字变大，即使再微小的提价也会不可避免地被无限放大，对该目标产品的市场份额产生重大影响。

在移动互联网平台所处的"收费市场"中，由于商家需要向移动互联网平台付费，SSNIP 测试法看似可以得到较好的适用。但是，假设由双边

---

① 参见黄坤《互联网产品和 SSNIP 测试的适用性——3Q 案的相关市场界定问题研究》，《财经问题研究》2014 年第 11 期。

② 参见宁立志、王少南《双边市场条件下相关市场界定的困境和出路》，《政法论丛》2016 年第 6 期。

③ 参见蒋岩波《互联网产业中相关市场界定的司法困境与出路——基于双边市场条件》，《法学家》2012 年第 6 期。

市场中的收费方决定商品的基准价格，抑或定价策略都将价格因素视为利润最重要的获取点，SSNIP 测试法在此种前提下仍然会因为双边市场"交叉网络外部性"特征的影响而难以适用。因为在双边市场中，消费者端和商家端这两个子市场之间存在相互作用，当商户一方提价时，不仅会影响本市场内产品或服务的使用情况和利润水平，也会使消费者端的用户需求和使用情况出现波动，而消费者对于涨价所做出的反馈正好是 SSNIP 测试法考量的主要因素。所以，在适用 SSNIP 测试法在界定具有双边市场性的相关市场时，应尽可能考虑到由此可能带来的连锁反应，否则就可能面临进退两难的情形：一方面，如果适用简单的方法，将两端市场隔开分别进行界定，可能会缺少对两端市场相互作用的考量，从而令最终界定出的相关市场范围过窄；另一方面，如果把两端市场视为一个整体，SSNIP 测试法的适用也将面临新的困境，虽然无论将任何一端的基准价格上涨都会使该涨价市场的利润增加，但对于整体市场而言却可能带来整体利益获利下降的窘境，这就导致适用 SSNIP 测试法在准确衡量移动互联网市场情况方面显得捉襟见肘。

（3）价格因素丧失重要地位

如前所述，SSNIP 测试法主要是通过调整价格来确定可替代性产品的范围，由此可见，价格因素是 SSNIP 测试法的关键，只要确定了竞争性价格，则可以较为容易地进行测试。[①] 然而，就移动互联网企业来说，其不像传统企业将价格竞争视为最有效、最直接的方式，其各种形式的竞争最终并非均体现在价格竞争上。移动互联网企业之间的竞争主要表现在技术创新上，其竞争力的大小集中体现在产品是否能够得到广大用户的认可度上。同时，由于移动互联网企业具有的网络效应和消费者锁定等特征，会出现产品用户数量越多、产品价值越高的现象，形成"赢者通吃，输家出局"的马太效应，这使得移动互联网企业致力于获得用户基数，而最快

---

① 参见黄坤《互联网产品和 SSNIP 测试的适用性——3Q 案的相关市场界定问题研究》，《财经问题研究》2014 年第 11 期。

捷、有效的方式就是采用免费策略。[1] 因此，可以毫不夸张地说，免费策略已经成为移动互联网企业赖以生存的重要法则。此时，消费者已经难以被低廉的价格吸引，其更加关注的是免费产品的性能以及该产品现有的用户基数。而且，移动互联网领域，零价格市场通常与正价格市场联系在一起，给市场分析带来了复杂性。[2] 总之，SSNIP 测试法需要在市场中找到一个合理的竞争性价格，而移动互联网市场中可能不存在这个"合理价格"，这也导致价格因素丧失在相关市场界定参考因素中的重要地位。

三 移动互联网领域相关地域市场界定的现状

移动互联网产品大多具备虚拟性、跨地域性、传播速度快等特征，其开放的特性对相关地域市场界定提出了挑战。传统产品在界定相关地域市场时往往可以确定一个现实的地理区域，而移动互联网领域的产品依托虚拟网络空间进行交易，并不存在一个真实地理区域。因此为了准确把握移动互联网产品的相关地域市场，需要反垄断执法机构结合运输成本、商品特性、消费者偏好等因素来考量，进而准确界定移动互联网产品的相关地域市场。[3]

（一）移动互联网领域相关地域市场的考量因素

梳理案例可以发现，在界定移动互联网领域相关地域市场时，主要考量运输成本、商品本身特性、商品价格、贸易壁垒、消费者偏好、替代性等因素。

1. 运输成本

在传统相关地域市场界定理论中，运输成本系界定传统行业相关地域市场的重要因素。这一考量因素通常可适用于新经济市场，但是这并不意味着其同样能够直接适用于移动互联网市场。这是因为移动互联网产品与

---

[1] 参见苏华《多边平台的相关市场界定与反垄断执法发展》，《价格理论与实践》2013 年第8 期。

[2] 参见仲春《数字经济平台相关市场界定研究》，《法治研究》2023 年第 2 期。

[3] 参见胡丽《反垄断法视域下网络空间"相关地域市场"的界定——兼评"奇虎诉腾讯垄断案"中全球市场的认定》，《河北法学》2014 年第 6 期。

传统产品相比，其具有的虚拟性造就了移动互联网产品呈现"低成本运输"甚至是"零成本运输"的特征，从而导致产品相关地域范围的扩大。随着移动互联网经济的发展，网络购物模式日渐成熟，跨区域物流运输体系趋近完善，全球市场已经囊括利用移动互联网平台进行交易的有形产品所构成的市场。有形产品与无形产品的交叉，令运输成本对移动互联网领域相关地域范围的影响较之传统产业更显复杂。

2. 商品本身特性

移动互联网领域产品的种类多种多样，既包括传统的工业产品、农业产品、手工业产品等，也包括新型的信息产品、虚拟产品、金融产品。根据产品的存在形式，通常可将其划分为两类：一类是利用移动互联网技术生产并销售的信息商品；另一类是借助移动互联网平台进行销售的传统产品。由于这两类产品的商品特性截然不同，因此在界定相关地域市场所考量的因素也各有差异。值得注意的是，对于利用移动互联网技术生产和销售的信息商品，若该类产品在传统市场、PC端互联网市场和移动互联网市场中同时存在时，应避免直接将移动互联网市场与传统市场和PC端互联网市场独立开来，而应对彼此间的替代性深入分析后再下结论。界定移动互联网领域相关地域市场时需进行个案分析，根据各个产品的不同商品特征来考量相关因素，如面对移动互联网平台上交易的传统产品，应优先考虑类比适用传统市场中的界定方法尝试确定地域市场，然后再结合移动互联网市场的相关特性加以考虑。

3. 商品价格

价格因素作为界定传统产品相关地域市场的重要因素，在界定移动互联网产品相关地域市场时同样需要对其进行适当考量。首先，移动互联网市场充斥着无数的免费产品，这些遍布的免费产品可以吸引大量的消费者，而各个消费者所处的单独地域共同构成了整个产品的相关地域市场。其次，与传统产品不同，移动互联网产品大多是免费的，一旦开始收费，即使费用很低，很多消费者也会立即寻求其他免费的移动互联网产品，相关地域市场范围马上会剧烈变化。因此，商品价格对移动互联网产品的相关地域市场有着举足轻重的影响，是必须考量的因素。最后，虽然多数移动互联网产品是免费的，但也存在一些价格较高的商品。这类高价移动互联网商品的功能越相近，价格差异就越小。若商品价格差异越大，商品功能差异就越大，各自所对应的地域市场范围就不尽相同。职是之故，商品价格在对移动互联网相关地域市场的界定中同样发挥着至关重要的作用。①

4. 贸易壁垒

现有的贸易壁垒大致可以分为两类：关税壁垒和非关税壁垒。关税壁垒，是指通过增加税收而阻止国外产品进入本国；非关税壁垒，是指通过地方性法规、环境保护、技术因素等来阻止国外产品进入本国。各个国家或地区通常根据自我经济发达程度的不同，制定了不同的关税规定。若移动互联网领域商品进入他国市场面临的关税较高，企业往往会采取在目标国进行开发或发行产品的方式来避免过高的关税压力，因而在界定此产品相关地域市场时通常会将其认定为以该目标国为边界的区域性市场。此外，虽然世界各国都积极致力于加强经济合作、推行关税自由化，但各国贸易壁垒高墙林立的局面仍然未得到实质性改变，其对产品的传播地域仍然有着重大的影响。此外，各种"民族保护主义""逆全球化"等新型壁垒层出不穷，如美国近年来倡导"美国优先"主义并借此加强对本国的贸易保护。因此，在界定移动互联网领域相关地域市场时应格外重视贸易壁垒所带来的影响。

5. 消费者偏好

消费者对产品的喜爱和对某地区的偏好，也会影响移动互联网产品的相关地域市场范围。② 即使某些商品本身价值不菲或者其价格显著上涨，消费者基于特殊的喜好或是出于其他心理，也不会购买其他类似的产品来替代此种产品。此外，消费者偏好并不是一个新因素，其既存在于移动互联网市场中，也存在于 PC 端互联网市场中，其在二者中的表现无实质差异，因此可借鉴 PC 端互联网市场类似案件来帮助分析。在"奇虎 360 诉

① 参见胡丽《反垄断法视域下网络空间"相关地域市场"的界定——兼评"奇虎诉腾讯垄断案"中全球市场的认定》，《河北法学》2014 年第 6 期。
② 参见王先林《论反垄断法实施中的相关市场界定》，《法律科学》（西北政法学院学报）2008 年第 1 期。

腾讯滥用市场支配地位案"中，一审法院认定腾讯 QQ 即时通信工具的相关地域市场为"全球市场"；① 二审法院重新将其界定为国内市场，这是因为二审法院认为虽然使用 QQ 的消费者来源于全球各地，但各个销售地区销售的是采用本地语言的软件版本，而每个地区的消费者大都倾向于选择本地语言的软件版本。这足以证明在司法实践中法院在界定相关地域市场时，会重点考察消费者偏好、地区语言等因素。这一点在移动互联网市场也不例外，为了满足目标消费者的喜好，经营者在发行某种移动互联网软件时不会仅提供一种版本，往往提供多个版本供消费者选择，例如腾讯为了满足国内外消费者对 QQ 的不同需求，分别发布了国内版手机 QQ 和国际版手机 QQ。据此，消费者的语言习惯和偏爱程度能够对移动互联网产品的相关地域市场范围产生影响，消费者对同一产品不同版本的选择决定了该产品所对应的相关地域市场范围的大小。所以从消费者偏好来看，相关地域市场应该是具有语言、习惯等地域特征所构成的地区性市场，而不应简单定义为全球市场。

6. 替代性

界定移动互联网相关市场时，也可以从替代性方面来进行分析。比如国家市场监管总局对阿里巴巴的"二选一"行为的行政处罚决定就采用替代性方面对地域市场进行了界定。在该案中，一是从经营者需求替代分析，中国境内市场与境外市场不具有紧密替代关系。中国境内平台内经营者主要通过境内网络零售平台，将商品销售给中国境内消费者。如果经营者有意通过网络零售平台向中国境内消费者销售商品，一般不会选择境外网络零售平台，而是考虑在中国境内运营的网络零售平台。二是从消费者需求替代分析，中国境内市场与境外市场不具有紧密替代关系。中国境内消费者通过境外网络零售平台购买商品不仅面临服务语言、支付结算、售后保障等方面的障碍，还要支付一定的进口关税，且商品配送时间相对较长。因此，中国境内消费者通常通过境内网络零售平台购买商品，一般不会将境外网络零售平台作为其购买商品的替代选择。三是从供给替代分

① 参见广东省高级人民法院（2011）粤高法民三初字第 2 号民事判决书。

析,中国境内市场与境外市场不具有紧密替代关系。网络零售平台服务属于互联网增值电信业务,境外网络零售平台在中国境内开展业务需要按照相关法律法规要求申请业务许可,同时需要搭建开展业务所需的物流体系、支付系统、数据系统等设施,难以及时、有效地进入中国境内市场,对现有的中国境内网络零售平台形成竞争约束。四是为中国境内不同地域提供的网络零售平台服务属于同一相关地域市场。中国境内网络零售平台借助互联网可以为全国范围的经营者和消费者提供服务,且境内各地对网络零售平台服务的监管政策不存在较大差异。综上,本案相关地域市场界定为中国境内。[①]

(二)移动互联网领域相关地域市场界定难题

1. 移动互联网领域实体商品相关地域市场界定面临的难题

在移动互联网市场,存在相当一部分的传统实体商品。提供传统实体商品的企业的交易方式既可以是实体的,也可以是虚拟的移动电子商务的,还可以是 PC 端电子商务的。交易方式的多样性带来了一个难题:对于实体交易市场和移动电子商务市场、PC 端电子商务市场中的具备可替代性的产品,其是否属于同一竞争市场;更进一步,相关地域市场的范围应如何确定。以华为的手机零售业务为例,消费者可以通过线下的华为实体店购买,也可在线上的华为官网、淘宝电商平台、京东电商平台等进行订购,若将实体交易市场与移动互联网领域电子商务市场、PC 端电子商务市场视为同一市场,华为手机的相关地域市场将会是整个华为手机销售市场覆盖的地理区域;若将实体交易市场与移动互联网领域电子商务市场、PC 端电子商务市场划分为三个独立的市场,那么通过移动互联网市场购买的华为手机的地域范围将会缩小。因此,在对通过传统市场或移动互联网市场进行销售的同一产品进行地域市场界定时,秉持"合并说"或"独立说"的界定观点将会影响相关地域市场具体范围的大小。

2. 移动互联网领域虚拟产品相关地域市场界定面临的难题

相关地域市场,一般表现为消费者能够购买到其他替代品的地理区

[①] 参见陈超明《阿里巴巴实施"二选一"垄断行为被处罚 182.28 亿元,附行政处罚决定书!》,知乎,https://zhuanlan.zhihu.com/p/363710584,最后访问日期:2024 年 3 月 1 日。

域，该地理区域也是其他供给者在觉得涨价有利可图时可以迅速做出市场应对的目标地理区域，对地域范围的判断主要考量消费者是否可以在该地域内有效获取替代品。根据传统行业的经验，相关地域市场界定的主要考量因素涵盖了商品价值、商品性质、运输成本、贸易壁垒、消费者兴趣偏好或者基础设施建设等。①

然而，在移动互联网领域中大部分产品为软件类产品，基于移动互联网的虚拟性和流通的非地域性，这些软件类产品不会受到运输成本、销售方式等因素的影响，也就消除了客观存在的物理空间因素。这些产品根本不需要在地方建立销售网络，其原则上只受到国家出台的互联网管制政策、消费者喜好等因素的影响，而这些影响因素随着全球化进程的加快也在渐渐淡化。因此，有学者认为移动互联网领域产品的相关地域市场应当放大至全世界范围，即一个无国界的全球市场。例如，如今任意一款符合标准的移动智能设备，只要能在世界范围内使用移动数据网络，就可免费下载使用阿里巴巴推出的"支付宝"手机支付软件。但也有学者认为不能将移动互联网产品的相关地域市场直接界定为全球市场，毕竟每个国家或地区的互联网法律政策、用户的语言习惯、地区的文化都有所不同，而如今民族主义的抬头更加剧了这一情况，这表明目前全世界的移动互联网络并没有做到真正的互联互通，移动互联网产品的地域市场可能会受到国界的限制。②

在美团案中，市场监管总局在界定相关地域市场时，结合美团的经营范围，认为美团向消费者与餐饮经营者提供的服务不受地域限制、全国统一标准化，并且其重大商业策略通常从全国层面制定，在全国范围开展竞争。从实际情况看，在中国境内各地域间也不存在显著影响网络餐饮外卖平台跨地域服务的障碍，美团在中国境内构成独立的相关地域市场。因

---

① 参见王先林《论反垄断法实施中的相关市场界定》，《法律科学》（西北政法学院学报）2008年第1期。

② 参见胡丽《反垄断法视域下网络空间"相关地域市场"的界定——兼评"奇虎诉腾讯垄断案"中全球市场的认定》，《河北法学》2013年第8期。

此，本案相关地域市场界定为中国境内。①

四　移动互联网领域相关时间市场界定的现状

与传统市场不同的是，无处不在的动态性竞争决定了时间在移动互联网相关市场界定中的重要地位，企业更快地生产出产品便在竞争中具有更大的优势。时间因素对产品因素、地域因素产生重要影响，是移动互联网领域相关市场界定中不可忽视的重要组成部分。

（一）移动互联网领域相关时间市场界定的国内外比较

通过分析比较各国在界定相关市场的实践经验时发现，虽然思路尚存在一些差异，但大都会适当考虑对时间因素所产生的影响。英国在《相关市场界定——理解竞争法》指出，产品、地理、时间三要素中，时间对界定相关市场而言是至关重要的一个维度，时间维度的变化会对产品维度、地理维度造成直接影响。其将相关时间市场②看作一个独立的市场，对移动互联网领域相关时间市场的界定也遵循这一原则。③澳大利亚的竞争与消费者委员会在1999年颁布了《澳大利亚合并指南》④，其在界定相关市场的过程中，不仅从产品、地域两个维度，还从时间、功能两个维度来界定，移动互联网领域相关时间市场的界定自然也不例外。在《澳大利亚合并指南》中，竞争与消费者委员会突出强调了时间维度对于界定相关市场的重要性，并表示对目标商品替代可能性的分析需要在合理的时间尺度中进行考量。美国、欧盟、日本和加拿大等国在界定移动互联网领域相关市场时，虽然形式上规定从产品、地域二维角度来界定，但在实际具体操作中均对时间因素进行了适当考虑，例如在使用SSNIP测试法时还考虑了产品替代性周期。

---

① 参见国家市场监督管理总局国市监处罚〔2021〕74号行政处罚决定书。
② 相关时间市场指相同或近似的商品在某一区域内发生竞争的时间跨度。
③ 虽然英国在《相关市场界定——理解竞争法》第2.15条和第5.3条指出：相关市场的界定通常有两个维度，即产品和地理；在某种程度上，时间维度是产品维度的简单延伸，产品可以界定为在特定时间内所提供的服务。但是，在2.15条的注释部分，它也明确指出：时间在某些情况下是界定相关市场的一个深层次维度。
④ 《澳大利亚合并指南》于2005年被修订。

我国虽然在《相关市场界定指南》第 3 条中提及在界定部分产品中可考虑相关时间市场,[①] 但在实践中无论是反垄断执法机构还是法院均很少考虑时间因素。然而,在移动互联网市场竞争中,产品、地域和时间三个因素是相互影响、相互作用的,时间因素对其他二者有着重要影响。

(二) 移动互联网领域相关时间市场界定面临的困境

如前所述,与相关产品市场与相关地域市场相比较而言,相关时间市场的界定受重视程度不高。在《相关市场界定指南》中,仅对相关时间市场有所提及。然而,移动互联网具备动态竞争、产品周期短、知识产权保护明显等特征,使得时间因素在相关市场界定中有着举足轻重的地位。

1. 竞争动态性令市场份额快速变化

移动互联网行业竞争是基于创新的一种"成王败寇"式的竞争,胜者占据市场,败者被市场淘汰。此种创新型竞争与传统价格竞争有着明显的差异:在传统价格竞争中,即使经营者的产品质量不是最优,也可以凭借低价来增强自己的竞争力,吸引部分消费者购买该产品;而在创新型竞争中,产品价值集中体现在其性能是否先进,若性能落后,即使产品低价也无法吸引足够的消费者来购买。因此,移动互联网领域究其根本是技术的竞争,其要求企业必须通过不断创新技术才能保持自己的市场竞争力,这造就了移动互联网的竞争动态性。

同时,移动互联网市场自身的双边市场特性令任意一边市场竞争的动态变化都会对整个行业竞争产生更加激烈复杂的影响。[②] 具言之,移动互联网企业搭建双方的交易中间平台,而平台双方之间相互依赖。一边市场的价格、用户规模的变化不仅会影响其自身,还会影响另一边市场的价格和用户规模,任意一边市场的波动都将会反馈到另一边市场中并进而对整个移动互联网平台的竞争情况产生影响。

得益于通用技术共享,当某个移动互联网企业发布的产品流行之后,

---

① 《相关市场界定指南》第 3 条第 4 款规定:"当生产周期、使用期限、季节性、流行时尚性或知识产权保护期限等已构成商品不可忽视的特征时,界定相关市场还应考虑时间性。"

② 参见黄勇、蒋潇君《互联网产业中"相关市场"之界定》,《法学》2014 年第 6 期。

其他企业能在短时间内推出自己版本的类似软件。比如，在抖音短视频 App 获得成功后，为了抢占短视频产品份额、瓜分新蛋糕，百度、腾讯等公司在短时间内便推出了自家短视频 App 如"好看视频""全民视频""微视"等。由此可见，移动互联网产品的生产周期短、市场应用快，这将导致移动互联网产品的市场份额时刻处于变化之中。市场变化的快速性，势必会令移动互联网相关时间市场的界定更加艰难。这表明，双边市场特性进一步加强了移动互联网市场动态性竞争，导致整个市场的份额一直处于快速变化之中。前一刻还占有较高市场份额的某企业，由于缺乏创新，很可能在下一秒随即丧失掉自己的市场支配或优势地位。而在市场份额的快速变化中，既会有新产品的产生也会有旧产品的淘汰，这也表明相关市场范围处于不断变化中。此种情形下时间因素就显得格外重要，前一秒的相关市场范围很可能与后一秒的相关市场范围不相吻合。总之，在移动互联网行业的激烈竞争之下，界定相关市场亟须加强对竞争动态性的重视，准确把握时间因素，才能准确确定相关市场的范围。

2. 移动互联网产品的生命周期较短

由于移动互联网技术不断创新式地发展，技术和产品的生命周期明显缩短。移动互联网领域的竞争往往是"快餐式"的竞争，除核心技术外，行业内部存在大量通用技术共享的情形，对技术运用整合能力的提高导致产品的开发周期更短。[①] 移动互联网企业生产产品的核心既在于对技术的不断开发，又在于对新产品理念的不断构思，如何整合与创新现有技术，能够开发出吸引足够多消费者的新型产品。当一类产品被开发出并受到市场广泛接受时，随之而来的是其他经营者争相模仿推出同类产品或者更加新颖的产品与之竞争，原有的产品很容易在激烈的竞争中被淘汰，这也导致移动互联网产品的生命周期更短。一般而言，产品的生命周期主要分为创造、成长、成熟、衰退四个阶段，竞争的激烈程度在各个阶段表现各不相同。受摩尔定律等半导体发展规律的影响，移动互联网产品的更新换代

---

① 参见丁茂中《反垄断法实施中的相关市场界定研究》，华东政法大学 2010 年博士学位论文，第 147~148 页。

频率更加频繁，老产品升级现象更为普遍，这进一步缩短了产品生命周期，同时产品周期也容易受到各种经济因素、竞争对手数量的影响。如快手短视频 App 一经推出，其独特的短视频记录生活的方式便受到了市场消费者的喜爱，迅速抢占了市场。但随之而来的是竞争对手推出了抖音、微视、全民视频等短视频 App 与之竞争，导致其市场份额严重下滑，一度面临淘汰的困境，但快手公司通过淘汰旧产品、不断升级的方式，最终稳固了自身的市场份额。此外，随着时间的流逝，移动互联网领域曾经的某些垄断技术逐渐变为行业内众人皆知的技术，可能会存在在某个产品周期内不构成垄断的问题。显而易见的是，相关时间市场划定的不同，最终目标产品所界定的竞争环境、相关市场范围也截然不同。因而，产品生命周期较短对移动互联网领域的竞争环境有着重要影响，导致更加难以划分产品之间的界限、确定替代性产品的范围，这给移动互联网相关时间市场的界定带来了不小的麻烦。[①]

3. 移动互联网产品往往受知识产权保护期约束

移动互联网企业通过技术、产品的不断创新来抢占市场份额，这需要前期大量的投入。这种投入最终往往通过后期的垄断利润来弥补，因此其普遍重视对其产品的知识产权保护，这是维护其垄断利润的关键。[②] 若知识产权保护力度不够大，移动互联网产品易被抄袭、模仿，移动互联网企业将无法盈利，从而丧失不断创新的能力。当今大部分国家均已建立知识产权保护制度，我国也在 1999 年发布了《关于制作数字化制品的著作权规定》（已失效）。此后，最高人民法院于 2000 年颁布了《关于审理涉及计算机网络著作权纠纷案件适用法律若干问题的解释》（2006 年修正）。作为 PC 端互联网产品的衍生品，移动互联网产品通常具有一定的独创性，应属于知识产权的保护范围内。产品所有权人在保护期限内对其产品或技术享有独占性和排他性，其他人未经授权不可使用，这导致移动互联网领

---

① 参见孟雁北《互联网行业相关市场界定的挑战——以奇虎诉腾讯反垄断案判决为例证》，《电子知识产权》2013 年第 4 期。

② 参见陈汉威、胡继春《从"百度案"看我国互联网行业反垄断的困境与出路》，《价格理论与实践》2014 年第 6 期。

域相关市场范围较小；而在保护期届满后，受保护的产品和技术允许他人使用他，所有权人面临的竞争压力将陡然增大，相关市场范围又会比之前更为宽泛。职是之故，移动互联网产品在知识产权保护期内受到知识产权法律的保护，其天然地具有合法垄断性，但在知识产权保护期截止后，移动互联网产品便丧失垄断的合法性。一旦其丧失合法垄断性，模仿、使用该技术的替代性产品就会变多，自然会影响其相关市场的范围大小。因此，目标产品的知识产权保护期限也是界定移动互联网产品相关时间市场不得不去考量的重要因素。①

第二节　移动互联网领域相关市场界定的建议

移动互联网领域相关市场的界定是整个移动互联网市场反垄断的基础，对正确规制滥用市场支配地位、审查经营者集中等有着极其重要的作用。基于此，我国 2021 年发布的《平台经济反垄断指南》结合平台经济的特殊性，在相关市场界定中明确指出："在个案中界定相关商品市场时，可以基于平台功能、商业模式、应用场景、用户群体、多边市场、线下交易等因素进行需求替代分析；当供给替代对经营者行为产生的竞争约束类似于需求替代时，可以基于市场进入、技术壁垒、网络效应、锁定效应、转移成本、跨界竞争等因素考虑供给替代分析。具体而言，可以根据平台一边的商品界定相关商品市场；也可以根据平台所涉及的多边商品，分别界定多个相关商品市场，并考虑各相关商品市场之间的相互关系和影响。当该平台存在的跨平台网络效应能够给平台经营者施加足够的竞争约束时，可以根据该平台整体界定相关商品市场。"② 《平台经济反垄断指南》的上述规定虽然能够对解决移动互联网领域相关市场界定难题起到一定作用，但是由于该规定还不够具体，有必要细化。为了维护移动互联网领域良好的竞争秩序、促进反垄断执法工作，需结合移动互联网产业的特点，

---

① 参见杨文明《市场份额标准的理论反思与方法适用——以互联网企业市场支配地位认定为视角》，《西北大学学报》（哲学社会科学版）2014 年第 3 期。

② 参见《平台经济反垄断指南》第 4 条。

设计有针对性的反垄断执法规则，完善移动互联网相关产品市场、相关地域市场以及相关时间市场的界定方法。

一　移动互联网领域相关产品市场界定的建议

为了保障移动互联网市场良好的竞争秩序，使移动互联网相关产品市场界定更加准确、客观，本书认为应充分结合移动互联网市场的种种特性来改进原来的相关产品市场界定方法或者寻找新的界定方法，甚至在合理条件下可以跳过相关市场界定，对相关企业直接进行垄断认定。以下将从改进既有的 SSNIP 测试法、寻找新的测试方法双重角度来探寻准确界定移动互联网领域相关产品市场的合理有效途径。

（一）改进假定垄断者测试法

假定垄断者测试法的基本原理是科学的，其大致遵循的思路是借助考量价格与消费的关系，进而分析找出目标产品与其他产品间的可替代程度。但是，要想使 SSNIP 测试法能够在界定相关市场发挥出良好的效果，必须满足合适的条件和要求。假定垄断者测试法所需要的基础价格是在充分竞争形态下的价格，而非垄断价格，但由于移动互联网双边市场的交叉网络外部性、价格非对称性，将原本诞生于单边市场的 SSNIP 方法直接应用于界定移动互联网领域相关市场势必无法得到良好效果。但这并不意味着我们必须舍弃假定垄断者测试法，相反，我们可以通过调整 SSNIP 测试法的部分要素，促使其能够在移动互联网相关市场界定中继续发挥作用。①

1. 合理确定基准价格

要想使 SSNIP 测试法能够在移动互联网市场中得以适用，我们应首先找准基准价格。由于 PC 端互联网与移动互联网在双边市场上具有高度的相似性，这个问题可以借鉴现有涉及 PC 端互联网双边市场的相关研究成果。在移动互联网的双边市场中，面对用户的这边市场通常是价格为零的免费市场，而面对经营者的这边市场是价格不一的收费市场，收费市场的

---

① 参见叶明《互联网对相关产品市场界定的挑战及解决思路》，《社会科学研究》2014 年第 1 期。

价格一般可通过财务报表确认。值得注意的是，移动互联网市场中也存在双边市场均为收费市场的情形，最具有代表性的例子之一当数新浪微博，除了在面向用户的这边市场提供免费的资讯服务、微博会员微博打赏等收费的增值服务以外，其在面向经营者的那边市场向投放广告的广告商收取广告费。采用任意一边市场的价格为基准价格均无法全面地反映整个双边市场的价格变化，在对整个市场的竞争变化分析时易产生片面认识，因而建议以双边市场的价格之和作为进行"小而显著的非暂时性涨价"的基准价格。

同样，在移动互联网领域，我们还应对免费市场的"免费"进行深入分析。移动互联网市场的免费是不是真正的免费？答案是否定的。免费市场看似价格为零，但换一种思路来看，我们可以发现在免费市场的背后隐藏着更多的隐形价格——时间成本、流量成本。在以广告投放为盈利方式的移动互联网产品里，随着人们使用移动互联网产品的次数增多，人们被迫消耗大量宝贵时间来浏览在移动端投放的广告。[①] 比如小米公司的手机MIUI操作系统，其基于谷歌的安卓系统深度定制，由最初单一简洁的免费手机系统，演变成了一个集各种广告于一身的臃肿系统，用户被迫在不经意间观看了许多广告，浪费了大量时间。虽然时间成本是一个虚无的概念，目前还无法对其价值进行确定的标准量化，但这足以说明免费模式并不是真正完全免费的，其潜藏了其他隐性成本。因此，以移动互联网双边市场的价格之和作为其基准价格更具有实际可操作性，更符合其双边市场的特征，更能准确地反映出移动互联网市场面临的竞争状况。

2. 灵活把握涨价幅度

如果对作为基准价格的各个边市场的价格之和进行涨价，势必会导致其每一个边市场价格上涨。那么某边市场价格的上涨不仅会影响到该边客户的选择，基于移动互联网的交叉网络效应，即使是轻微上涨的价格变化也会令部分市场用户放弃交易，从而给整个平台与产业带来负外部性影

---

① 参见黄坤《互联网产品和 SSNIP 测试的适用性——3Q 案的相关市场界定问题研究》，《财经问题研究》2014 年第 11 期。

响。这证明移动互联网市场与传统市场存在较大差异，移动互联网产品的需求弹性更易受到影响，SSNIP 测试法中采取的小额涨价幅度也可产生需求上的显著性变化。因此，为了避免较强的交叉网络效应对需求弹性产生过大的影响，对 SSNIP 测试法的部分具体内容进行改进势在必行。在传统市场中适用的 5% ~ 10% 的涨价幅度需要进行调整，其在移动互联网更强的交叉网络效应影响下，5% ~ 10% 的涨价幅度所带来的需求弹性变化可能会被过度放大。若仍适用原方法，购买该移动互联网产品的用户可能会因为过高的涨价幅度而抛弃该产品，转而寻求其他可替代产品，相关市场的范围可能会被界定得过小。[①] 此种情况下得到的相关市场范围并非基于合理可替代性分析后的结果，而是在用户完全抛弃原有市场、重新选择新市场后得到的结果。至于涨价幅度究竟应定为多少，应由反垄断执法机构或司法机关根据具体案件中移动互联网产品的特点、规模、盈利情况等具体确定。

3. 改用新的变量因素

此外，还有一种 SSNIP 测试法新的改善途径，即抛弃原有以价格为变量的做法，而改用其他因素为变量。SSNIP 测试法难以在互联网行业相关市场界定直接适用的重要原因在于价格是该方法的主要参考变量，而如前所述，移动互联网产品大都是免费的，难以确定目标产品的基准价格，更不用提及在此基础之上实现价格的上涨。而且由于移动互联网产业是以创新为核心驱动力的产业，企业之间的竞争重点已不是产品价格之间的竞争，更倾向于产品性能、独特设计、用户注意力等竞争。在司法实践中，最高人民法院提出的"质量下降的假定垄断者测试"（即 SSNDQ 测试法）即对 SSNIP 测试法在机理上的一种改良，SSNDQ 测试法本质上仍然是建立在 SSNIP 测试法的适用步骤上，但其采用产品质量作为核心变量，舍弃了原有的产品价格变量。具体操作是，在某段时间周期内持续提高或降低产品的质量，观察市场中用户的变化情况，并进一步分析产品质量变化对目

---

① 参见黄勇、蒋潇君《互联网产业中"相关市场"之界定》，《法学》2014 年第 6 期。

标企业竞争收益的影响。① 换一种角度来看，这里降低产品性能可以替换成其相同效果的手段，比如要求消费者对目标产品付出更多的注意力成本，再进一步分析由此产生的结果。举例而言，在依赖于消费者注意力的广告类移动互联网产品中，可通过延长广告播放时间，令消费者付出更多的时间成本、注意力成本，再观察用户数量是否发生变化，进而讨论相关市场的范围大小。

（二）探索新型相关市场界定方法

在反垄断执法中，有时因为移动互联网市场较强的交叉网络外部性、价格非对称性、锁定效应等特性，假定垄断者测试法即使通过改良，仍无法在这个市场中发挥有效作用，此时就应寻找新的相关市场界定方法。在新方法的寻找上，可以借鉴 PC 端互联网相关市场界定方法的研究成果。在 PC 端互联网相关市场界定方法的讨论中，有学者表示应认识到传统相关市场界定方法并不是万能的，其在界定双边市场时表现出强烈的不适应性，此时应从互联网产业的双边市场特性出发，客观对待互联网企业所提供产品功能差异，并综合考虑商品价格、商品功能、盈利方式等因素，革新 PC 端互联网相关市场界定方法，进而提出了以盈利来源、产品性能来划分互联网相关市场的方法。② 在域外实践中，欧盟已开始采用"盈利模式分析法"来界定互联网相关市场。同样地，经过研究分析，本书认为可根据实际情况适用盈利来源分析法、产品性能测试法来界定移动互联网相关市场。

1. 盈利来源分析法

为了准确界定互联网相关市场，有学者提出了盈利来源法。③ 移动互

---

① 参见王宛亭《新经济行业反垄断分析中的市场界定演化》，《电子知识产权》2018 年第 7 期。

② 参见叶明《〈反垄断法〉在互联网领域的实施》，载王先林主编《竞争法律与政策评论》2018 年第 4 卷，法律出版社 2018 年版。

③ 盈利来源分析法，又称盈利模式测试法，简称盈利来源法，是通过盈利模式来确定相关市场的一种测试方法。企业在市场竞争中的目的都是追逐利益以及利润的最大化。在市场竞争中，企业会逐步形成自身特有的商务结构，企业通过这种特有的商务结构来实现盈利。企业这种赚钱的方式就是企业的盈利模式。

联网市场中虽然具有纷繁复杂的特性，但透过现象看本质，任意一个移动互联网企业的经营目的均是从这个市场中获取利润。移动互联网企业为了获取更大的利润，进而也就产生了激烈的竞争，这是盈利来源分析法赖以施行的基本逻辑。[①] 值得注意的是，在界定某个产品的利润来源时，应集中于主营产品，我们讨论该产品的某项功能所获得的利润，而非其获得的所有利润。此种界定相关市场方式的优势有二：一是可以比较精确地把握相关市场的范围，避免将相关市场界定得过大；二是可以有效避开对产品性能、价格等复杂因素的讨论，尤其是免费模式给移动互联网市场造成的影响。具体来讲，我们可以根据移动互联网企业提供各类商品所具备的不同功能，可分为即时通信类、电子商务类、游戏娱乐类、移动支付和外卖配送类等类别。在此基础上，借助对每种类别的移动互联网企业的商业模式、用户类别等因素进行分析，准确确定盈利模式，进而界定相关市场。[②]比如在界定"手机淘宝"与"闲鱼"两种产品的相关市场时，二者虽然都主打商品交易的功能，属于电子商务交易类产品，但"手机淘宝"属于"B2C"的"企业对个人"的电子商务模式，"闲鱼"则是"C2C"的"个人对个人"的电子商务模式，"手机淘宝"主要是通过向商家收取平台费，"闲鱼"则主要依赖于投放广告的收入，二者的盈利模式显然有所差异，也就不可能同属于一个相关市场。[③]

2. 营销模式测试法

营销模式测试法，是一种基于产品或服务的盈利渠道的相关市场界定方法。[④] 针对目标产品或服务既在传统市场领域存在又在移动互联网市场

①　参见雷琼芳《互联网相关市场界定的研究——基于假定垄断者测试法和盈利模式测试法的比较》，《价格与理论实践》2017 年第 2 期。
②　参见蒋岩波《互联网产业中相关市场界定的司法困境与出路——基于双边市场条件》，《法学家》2012 年第 6 期。
③　参见赵静《双边市场条件下相关市场界定的挑战与探索——以互联网产业为视角》，《牡丹江大学学报》2017 年第 8 期。
④　营销模式法，是指基于产品或服务不同的营销渠道来划分，假设该产品或服务的某种销售方式为其主要营销渠道，且该销售方式比其他销售方式能够更好地销售该商品或服务、满足消费者需求，那么我们就将采用这一营销模式的产品或服务界定为一个独立的相关产品市场。

中存在，适用营销模式测试法来界定相关市场往往能取得较好的效果。相较于传统相关市场界定方法，营销模式测试法通常是将移动互联网领域中的新型营销模式作为解决问题的切入点，与传统产业营销模式相比较，进而准确找出二者的区别。移动性、便捷性是移动互联网经济的重要特征之一，只要消费者拥有移动设备，且处于移动网络的覆盖范围内，就可以在任何时间、任何地方选择自己喜爱的产品或服务。并且，消费者通过对比产品或服务之间的价格，查看其他已购消费者的使用评价，可在很大程度上削减购物所需的出行成本。

　　营销模式测试法在界定移动互联网领域相关产品市场时发挥着举足轻重的作用，特别是可以更好地确定移动互联网交易平台类（例如手机移动App平台购物、外卖打车服务等）此种线上线下均可交易的实物类产品的相关市场范围。以购物为例，该业务在移动互联网购物出现之前，大都存在于线下实体商店如百货商场、购物中心等，人们需要亲自去这些场所进行购物。这种营销模式一直持续到了互联网购物的诞生，而移动互联网购物的诞生则更加促进了线上购物产业的蓬勃发展，同时也带动了物流产业，并对传统的线下实体购物模式产生了更大的冲击。随之而来的是一个新难题，这些移动互联网电子商务产品或服务的相关产品市场是否可以是独立的，抑或与PC端电子商务市场一起构成一个相关市场，抑或是与传统的线下实体购物的产品或服务共同处于同一相关产品市场，这正是本书亟须研究的问题。如果对这些产品进行传统的需求替代性分析，线上交易平台提供的产品或服务与线下实体交易的购物产品，二者在产品特性、作用、价格上都存在可替代性，因此移动互联网线上交易平台提供的产品或服务与商场实体店所出售的产品或服务应处于同一相关产品市场。若采用营销模式法进行分析，相比较线下实体购物的产品和PC端电子商务市场的产品，只要智能手机有电，处于有信号之处，不难发现移动互联网购物平台能够随时随地为用户提供相关产品，用户可通过移动终端的App对各类产品、服务进行筛选、对比，购物方式更加方便快捷，产品价格信息也更加透明，用户的售后、退换也更加便捷。但是，相较于通过移动互联网购物，消费者对于线下实体店的产品可在试用之后再选择购买与否，减小了用户退货换货的风险，消费者往往能够买到更适合自己的产品或服务。相较于 PC 端电子商务市场，其对是否供电、是否有网没有要求，因此，其比 PC 端电子商务市场购物更加方便。

移动互联网领域与 PC 端电子商务市场在购物方面虽然在便利性上有一些差距，但是从营销模式来看，二者相差较小。但是，移动互联网领域、PC 端电子商务市场共同组成的线上市场与线下实体店相比，二者在购物方式、购物体验上却有着明显的差异性，各有自己的优、劣势。所以通过营销模式测试法界定移动互联网产品的相关产品市场时，可将移动互联网领域、PC 端电子商务市场的产品放在一个相关市场，即线上市场；将传统实体店销售的商品放在一个独立的产品市场，即线下市场。综上所述，营销模式测试法在商务贸易领域可将商品区分为线上市场与线下市场，更加精确地界定相关产品市场。

3. 产品性能测试法

在传统行业的产品竞争中，低价往往是作为经营者营造自己竞争优势的重要手段，这也是价格因素成为 SSNIP 测试法核心参考因素的原因。然而，由于移动互联网商品具备独特的差异性、技术性等特征，产品与产品之间的可替代性程度较传统行业有所降低，而价格因素的地位也逐渐被性能因素所取代，因此价格变化对用户需求转向的影响程度显著地降低。同时，基于移动互联网领域免费产品盛行，市场中会存在大量的不支付经济对价的消费者，这也进一步减小了价格因素在产品替代性分析中发挥的作用。众所周知，移动互联网领域经营者之间的竞争比拼的主要是技术创新，各企业都投入大量的成本提高产品或服务的质量与性能，以此来显著化自己提供的产品或服务与竞争产品或者服务之间的差异性和个性化，若丧失对提高产品性能的追求，则会危及企业的生存。例如，在全球移动手机设备处于主导地位的苹果公司，其在占据大量市场份额的情况下仍不断对其独有的手机操作系统 IOS 推陈出新，频繁更新换代新系统，与安卓形成差异，并不断提高手机的性能，来吸引顾客购买新移动设备。此外，移动互联网行业的发展历史表明，在移动互联网领域，经营者每次推出更高性能的产品或服务时都会促使消费者更新换代自己的产品货物，新产品或服务的畅销也会显著影响整个移动互联网同类产品的供需求状况。① 因此，有学者基于对美国反托拉斯法判例的研究，提出了"产品性能测试法"② ——核心在于用产品性能来代替价格因素作为参考标准，并以此来观察某种产品性能特征的变化能否增加或减少可替代产品。

的确，产品性能测试法仍然遵循的是替代性分析法的界定思路，但与之相反的是产品性能测试法只需要考虑产品性能特征是否显著变化等少量因素，而不必考虑在双边市场中难以确定的产品价格等复杂因素。具言之，对产品性能的调整主要分为性能显著提高和性能显著降低，若显著提高某种产品的性能时，其往往可以吸引大量的消费者前来购买，而显著降低某种产品性能时，该产品又会被部分消费者抛弃并转向寻找其他可替代产品，此时这些可替代产品就会被纳入被测试产品的相关产品市场范围内。至于移动互联网领域相关产品性能变化的幅度要求，一般要求产品性能变化的数值幅度以 25% 为量化标准，即进行一个变量观察实验：当提高被测试产品 25% 的主要性能时，观察是否有显著数量的消费者选择购买该产品；而当降低该产品 25% 的主要性能时，观察是否有显著数量的消费者转向其他可替代产品。若得到肯定的结果，则被测产品与相关产品之间具有替代性，二者应被划入统一相关产品市场范畴；若得到否定的结果，则应将相关产品排除出被测试产品的相关产品市场范围。值得注意的是，是否属于同一相关产品市场的范畴只取决于二者是否有替代性，与产生二者的技术无关，即相互排斥但具备替代性的产品应被划为同一相关产品市场。此外，"产品性能测试法"的应用必须以产品的关键性能特征为基础，其也十分符合移动互联网行业中产品以技术创新为核心的特点。稍显不足的是，"产品性能测试法"的适用有着较为严苛的条件：其一，被测产品应具有相对稳定的核心性能；其二，移动互联网用户可以明显感知到被测产品性能的变化。其难点在于如何精准、合适地界定被测试产品与相关产

---

① 曾经的移动手机制造商巨头——诺基亚，虽然十余年中在全球占据绝对主导地位，但因为其产品系统性能的落后，在遭受 IOS 与安卓冲击后，最终被微软公司收购。

② 产品性能测试法是指通过考察不同产品基本性能变化所引起的消费者需求转向的变化，以此作为替代性分析的依据，从而确定相关产品市场范围的一种方法。

品之间的核心性能特征，因为核心性能特征本身是一个抽象、模糊的概念，而且移动互联网产品的某些性能特征与技术是难以被具体化、概念化的。① 因此在适用"产品性能测试法"之前，还需要搭建与之匹配且完善的移动互联网产品核心性能特征测试机制。

（三）关注数字生态系统或数据对相关市场界定的影响

竞争的"领域"不是单个产品或服务，而是各种互补产品和相关互补的参与者组成的更广泛生态系统。② 移动互联网领域同样存在若干生态系统，其由各种互补的产品及其参与者所组成。因此，在界定移动互联网领域的相关产品市场时，有必要分析移动互联网领域生态系统商业模式的特征，特别是其开放或封闭的性质，以及不同生态系统组件之间的互操作性水平。通常来说，开放生态系统之间的兼容性降低了转换成本，用户进行系统之间的转换较容易，因此生态系统之间的竞争较强。但有研究显示，封闭的生态系统也可能对竞争产生积极的影响。生态系统越封闭，从单一生态系统层面去界定相关市场就越合理。在开放或中间生态系统中，互操作性起着重要作用。互操作性越强通常会导致分散独立的市场界定方案，更低的互操作性则可能导致单一生态系统层面的市场界定方案。③

二 移动互联网领域相关地域市场界定的建议

在分析产品受运输成本、贸易壁垒、地理区域等因素的影响程度的基础上，本书将其划分为：纯虚拟网络产品与实体产品市场，再进一步讨论如何界定移动互联网相关地域市场。

（一）移动互联网领域实体产品相关地域市场界定的建议

关于实体产品市场，这类实体产品与传统实体产品无差异，主要的区别在于其采用了电子商务平台的销售方式。本书组认为对实体产品的相关

---

① 参见宁立志、王少南《双边市场条件下相关市场界定的困境和出路》，《政法论丛》2016年第6期。
② See Jacobides, Michael G. and Lianos, Ioannis, Ecosystems and Competition Law in Theory and Practice, January 24, 2021, https://ssrn.com/abstract = 3772366 or http://dx.doi.org/10.2139/ssrn.3772366.
③ 参见仲春《数字经济平台相关市场界定研究》，《法治研究》2023年第2期。

地域市场的界定思路可参考以往相关地域市场的界定思路，即通过综合考察运输成本、贸易壁垒等常用因素进行界定。[①] 显而易见，此类产品除了销售方式与传统实体产品市场不同外，其产品的生产与运输仍然依托于线下市场，只是将移动互联网交易平台作为其销售的渠道，因此其与传统实体产品市场以及 PC 端电子商务市场有着很强的替代关系。此外，移动互联网交易平台上的产品的价格变化，往往会影响到线下市场和 PC 端电子商务市场同类商品的销售量，这也证明三者之间有着较强的替代关系。例如"手机淘宝"上销售服饰的经营者，其通过"手机淘宝"来出售服饰，这类产品在线下工厂里加工生产，再通过线下物流进行运输，本质上与传统商场销售并无太大区别；同时"手机淘宝"上服饰价格的高低与 PC 端电子商务市场、线下市场同款服饰的价格往往处于竞争关系，三者价格高低的比较直接影响了消费者的选择。实体商店往往能为消费者提供亲自感受产品的机会，但线上市场也有自己的优势——可向消费者提供"足不出户"购物的便捷性，具体选择取决于消费者对何种因素喜爱的权重。但毫无疑问的是，线上交易平台与实体商店之间是存在明显的竞争关系：对于某一产品，消费者既可选择在线上购物平台购买，也可选择在线下实体商店购买，两个市场中的该产品彼此可相互替代，形成了激烈的竞争关系。这意味着线上购物平台面临着来自传统实体商店的竞争，而实体商店也面临着来自网店的竞争。这表明移动互联网交易平台上的实体产品的相关地域市场与 PC 端电子商务市场、线下传统实体产品之间具有竞争关系，三者的相关地域市场范围几乎重叠。但值得注意的是，在界定这类产品的相关地域市场时，应坚持个案分析的原则，供需替代分析应结合线上线下的相关因素来考量，包括产品的生产支出、运输支出、潜在的供应商、区域间贸易壁垒、用户人群的范围、用户的喜好、线上业务的覆盖范围等。[②]

（二）移动互联网领域虚拟产品相关地域市场界定的建议

在移动互联网领域，除了大量的传统实体产品外，还存在大量的纯虚

---

① 参见李虹、张昕竹《相关市场的认定与发展及对中国反垄断执法的借鉴》，《经济理论与经济管理》2009 年第 5 期。

② 参见吴韬《互联网行业反垄断案件中的相关市场界定：美国的经验与启示》，《电子知识产权》2011 年第 5 期。

拟产品，最为典型的例子就是各个手机应用商店中的 App 应用软件。纯虚拟产品本质上是一种数据集合，在外观上没有实体的物理属性，其是一种技术与知识产权的集合体。此类产品基本靠移动网络和 Wi-Fi 局域网络进行销售与传播，不依赖于诸如公路、铁路、航空传统的运输方式，几乎没有边界的限制。只要移动网络和 Wi-Fi 能够覆盖的地方，消费者拥有相应的移动设备，便能随时随地购买享受纯虚拟产品。那么在界定相关地域市场时，是否就意味着此类产品不应局限于某个区域甚至某个国家，其相关地域市场自然而然为全球市场呢？有学者对此持肯定观点，但本书认为，此类学者忽视了在界定相关地域市场的其他因素，相关地域市场的界定不仅受到运输成本、贸易壁垒等因素的影响，还受到各个国家或地区的互联网管制政策法律、文化差异等因素的影响。① 即使如今移动网络基本上已经覆盖了地球上的大多数区域，能够承载、传输数据到大多数地区，但网络的覆盖并不等于网络传输和使用的自由，其同样受到各个国家或地区的法律政策、文化差异等因素的影响。根据这些法律政策、文化差异，同一产品在其内容上势必会有所差异，甚至同一个软件仅存在于某一个地理区域内。比如在国外常用的手机软件脸书（Facebook）和谷歌，由于其不符合中国相关法律，其无法在中国大陆上被直接登录，这就意味着中国大陆应被排除在界定的相关地域市场外。在分析涉及移动互联网产品或互联网产品相关地域市场的执法实践中，欧盟委员会也偏向按照以国界为分界标准来划分相关地域市场的范围。故而，不能因为技术的无边界性就直接将移动互联网产品的相关地域市场界定为全球市场，还应考虑移动互联网产品所在国的互联网管制政策、法律、文化差异等因素，② 具体情况具体分析。

三 移动互联网领域相关时间市场界定的建议

如前所述，移动互联网技术日新月异，动态竞争令市场份额处于变化

① 参见仲春《互联网行业反垄断执法中相关市场界定》，《法律科学》（西北政法大学学报）2012 年第 4 期。
② 参见吴韬《互联网行业反垄断案件中的相关市场界定：美国的经验与启示》，《电子知识产权》2011 年第 5 期。

之中，时间因素对移动互联网市场的影响不言而喻。因而，本书组试图找寻一个能够准确衡量时间维度、产品周期的方法，这对移动互联网领域相关时间市场界定有着举足轻重的作用。

（一）重视移动互联网市场的竞争动态性

随着 4G 网络的普及、5G 网络的推广和移动智能设备的飞速发展，移动互联网市场中潜藏着更多的商机。此后，大量资本涌入移动互联网领域使得市场内部竞争程度陡然增加，令整个移动互联网市场的发展方向难以预测。更进一步，此种发展方向的不确定性导致移动互联网企业数量处在时刻变化之中，每段时间可能有新的企业创立也可能有新的企业被淘汰，这也证实了移动互联网领域激烈的竞争程度。在移动互联网领域中，企业往往仅能短暂地成为"脆弱的垄断者"。[①] 因此，要想能够准确界定移动互联网领域相关时间市场，首先要把握好移动互联网市场的竞争动态性。

首先，移动互联网市场竞争以技术和产品创新为主，是一种"成王败寇"式的竞争。此种创新竞争与传统价格竞争有着明显的差异：在传统价格竞争中，即使产品质量不是最优，经营者也可凭借低价来吸引部分消费者购买、增强自身竞争力，从而达到与优质产品竞争的目的；而在创新型竞争中，产品价值集中体现在其性能先进与否上，若性能落后，即使产品低价也无法吸引足够的消费者来购买。具言之，移动互联网领域究其根本是移动互联网技术的竞争，企业之间时刻处于激烈的技术创新比拼中，如逆水行舟，不进则退。此外，技术创新还模糊了移动互联网产品之间的边界，不同种类产品之间的界限逐渐被打破，原本功能各异的产品也可能随着功能的添加或完善逐渐具有替代关系，产品与产品之间的替代性变强。[②]

---

① 以苹果公司为例，2017 年第四季度，苹果公司在移动智能手机领域虽然仅占据了全球约 17.9％的市场份额，却占据了该领域约 87％的利润，具备相当的市场支配地位，这是其他手机厂商远不能比的。但在 2018 年，由于苹果公司创新能力不足，其占有额与利润率均呈现不同程度的下降，其自身也下调了 2018 年的财务预计。这说明虽然苹果公司的市场份额和利润额证明其具有一定市场支配地位，但因为缺乏创新，其市场支配地位立即遭到了削弱。

② 例如手机 App 中，新浪微博和微信之间，新浪微博逐渐拥有了微信一般的聊天功能，微信也逐渐拥有了和微博一样的时事新闻浏览功能。

倘若对相关时间市场不能进行准确地界定，易导致相关市场范围过大或过小。一般情况下，随着移动互联网产品之间功能界限的打破，其他替代性产品增会多，相关市场的范围也将扩大。

其次，移动互联网市场为双边市场或多边市场，导致其行业竞争更加激烈复杂。[1] 移动互联网企业搭建双方的交易中间平台，任意一边市场的变化都将得到另一边市场的反馈从而影响整个移动互联网平台的竞争情况。此种双边市场特性进一步加强了移动互联网市场竞争的激烈性。以"手机淘宝"为例，用户数量的减少会降低商家入驻的意愿，而商家数量的减少也不可能吸引足够的商家。此外，"手机淘宝"面临的竞争是十分激烈的：其一，与京东、拼多多等其他专门的手机购物平台竞争；其二，与一些社交产品的附属商城的竞争，如微信的微商店；第三，与线下实体商场和购物中心的竞争；其四，与 PC 端电子商务购物平台的竞争。在双边市场的影响下，行业之间竞争更加激烈，产品开发周期变短，产品在市场的存续时间变短。若产品不能够及时更新、丰富功能，就容易遭到市场的抛弃。这时在界定相关市场时就需要考量时间因素，即确定产品的存续时间。相关时间市场范围的起始点一般容易确定，以产品正式投入市场的时间为起始点；较难以确定的是截止的时间节点，究竟是经营者知晓其他经营者实施违法垄断行为时还是其向法院提出诉讼请求时抑或法院作出审判时，对截止时间点选择的不同会决定相关市场范围的大小。在考量竞争动态性的前提下，哪怕短暂的时间也会对移动互联网市场的竞争状况、市场份额产生重要的影响，在界定相关时间市场时应以产品投入市场为起始点，正式提出诉讼请求时为截止点。此外，在此相关时间市场范围内，对目标产品具备替代性的所有产品都应当纳入相关市场的范围。

（二）引入产品周期理论

移动互联网领域技术前所未有的创新速度，导致产品具有生命周期短、可替代性强的特点。在传统产品周期理论中，产品从最初的投入到被市场广为接受之间会有一个相当长的过渡期。但移动互联网行业与之不

---

[1] 参见黄勇、蒋潇君《互联网产业中"相关市场"之界定》，《法学》2014 年第 6 期。

同，移动互联网领域的竞争方式以技术创新和产品创新为主导，因此移动互联网产品的更新换代速度极快。在投放初期的产品可能只具备某些单独的功能，随着技术的不断提高，经过历代更新，其可能逐渐成为一个综合型产品，实现与其他产品的相互替代。[①] 究其原因，其根本在于技术创新对移动互联网行业的巨大影响，经营者推出的某一新颖产品可能就能在短时间内能改变该相关市场的市场份额情况。同时，产品从投产进入市场到停产退出市场的过程可以完整展示其竞争情况，移动互联网市场的发展历史也多次表明新产品技术进步令旧产品更容易被淘汰。具言之，移动互联网领域产品周期是一定的时间段，应当从产品的使用周期与生产周期两个角度来考虑。

从产品的使用周期来看，其差异性会导致消费者对产品的需求不同。某些移动互联网产品属于易耗品，如移动智能手机，其使用周期较短且此类产品需求性较大，其他竞争者可通过生产具备更优性能或者更亮丽外观的智能手机来吸引消费者，从而影响原经营者的供给，进而改变整个市场的竞争状况；而某类产品具有更长的使用周期，如移动即时通信软件微信，消费者基于软件上积累的人脉与较高的转移成本，对这类产品的依赖程度更高，与之竞争的其他替代品除非有创新型功能吸引消费者，否则能产生的供给弹性很小，更遑论对整个市场竞争所产生的影响了。产品使用期限的长短影响着相关市场的范围大小：产品使用期限越短，替代品就越多，相关市场范围也越大；产品使用期限越长，替代品就越多，相关市场范围也越小。

从产品的生产周期来看，借鉴产品周期理论，我们大致可把移动互联网产品的发展过程分为四个时期：探索期、创业期、成长期、成熟期。[②]在探索期，移动互联网领域的企业开始调查所开发产品的市场潜力，进行研制和开发准备工作；在创业期，企业的主要任务是开发并向市场展示目标产品和服务的样本；在成长期，满足要求的目标产品开始定型，逐步扩

---

① 例如美团和滴滴，前者经营范围从外卖业务逐步兼具网约车业务，后者则从网约车业务进军外卖业务。

② 参见丁茂中《反垄断法实施中的相关市场界定研究》，华东政法大学 2010 年博士学位论文，第 150~152 页。

大市场范围；在成熟期，企业则须能生产出为市场所广泛接受的最终成品。由于移动互联网领域的市场进入成本较低，企业在创业到达临界值的成长阶段中，很可能被突然出现的新对手取代。这样一个单独时期的市场自然不能被界定为相关时间市场，因为相关时间市场理应完整地包含一个产品的发展周期的所有时间段。此外，在通常情况下，若移动互联网产品具备较短的生产周期，经营者便有更多的可能根据市场供求情况对生产计划进行调整，从而令产品具备更强的竞争力与更高的替代可能性，当然由此带来的是相关市场的范围会变得宽泛；若移动互联网产品具备较长的生产周期，市场是难以预测的，若发生有悖于预期的变化时，经营者就难以在短期内对移动互联网目标产品的技术、产量进行调整，其他产品对其的替代性较差，其相关市场范围就会缩小。①

值得注意的是，即使无法准确把握移动互联网产品的使用周期或生产周期的长短时，反垄断执法机关或司法机关也应根据可预见时间范围原则，确定一个可预期的合理时间范围进而界定相关市场范围。

（三）充分考量知识产权保护及其他因素

知识产权保护是依法授予权利人的一种合法垄断，具备强烈的独占性、排他性。在移动互联网领域，经营者普遍对其产品享有知识产权，这是其排除和限制同类产品竞争的合法手段。但是，若经营者凭借拥有的知识产权实施排除、限制竞争的行为，仍可能在某些方面构成受反垄断法规制的垄断协议、滥用市场支配地位及经营者集中等行为。当其行为存在违反反垄断法的可能性时，行为所涉知识产权保护期是否截止作为重要的时间因素，对判断行为是否违反反垄断法有着强烈的影响。这是由于目标行为横跨了两个时间范围，即知识产权保护期内与保护期满之后：在知识产权保护期内，经营者独占产品、技术的合法行为受到反垄断法的豁免；而在知识产权保护期满后，独占、限制行为便不再具备合法性，应受反垄断法的规制。因此，其知识产权保护期前后的相关市场范围由于合法垄断性

---

① 根据微观经济学的理论，产品的生产周期越短，产品的供给弹性就越大，企业根据市场需求调整供给的能力就越大，相关市场的范围也就越大。

的丧失会发生变化，理应看作是两个不同的相关市场。综而观之，应对保护期前后的两个市场分别进行界定。

首先，移动互联网产品尚处于知识产权保护合法期限。① 由于知识产权具备专有性和排他性，其允许移动互联网经营者在一定的时间和地域内能够独家生产或者销售该产品，从而获取市场优势地位乃至垄断地位。如前所述，即使此行为属于反垄断法所豁免的合法情形，但移动互联网经营者如果利用知识产权保护肆意实施反竞争行为，其就应当被纳入反垄断法的约束对象中。② 当涉案产品的知识产权保护期限处在合法期限时，能够与其相互竞争具有可替代性的产品较少，整个市场竞争是知识产权保护下的有限竞争，此时得到的相关产品市场范围通常较小。此时，若存在某些可替代性产品违反知识产权保护规定，未经授权生产、销售类似产品，鉴于此类产品的违法性，应将其排除在涉案产品的相关市场范围，避免其对相关市场范围的干扰。同时，知识产权具备一定的地域因素，基于许可的范围应将地区划分为许可地域与非许可地域，这会影响移动互联网产品的相关地域市场界定。在准确界定相关市场的基础上，再进一步认定行使知识产权行为的违法性，判断是否构成一系列限制、排除竞争行为。

其次，产品知识产权保护期限已超过合法期限。此种情形下的相关市场界定途径与传统市场界定相关市场大致相同。这是由于在知识产权保护期满后，权利人虽然可继续生产销售产品、技术等，但其不再享有对产品的专有权和排他权，这意味着其权利人合法垄断所享有的市场份额、垄断地位势必会受到来自其他竞争者的冲击，此时不再存在反垄断法上合法豁免知识产权的垄断情形，涉案产品的相关产品市场和相关地域市场也随之发生变化。此时的相关市场范围，应遵从传统相关市场界定的步骤，从产品、地域逐一分析来界定，前文已对之作相关陈述，不再赘述。

---

① 合法期限是指，法律规定的任何人不得使用权利人的专利、商标、版权或者有着保密措施的技术秘密的期限。

② 例如，移动互联网技术发明者将该技术多重许可给其他人，单纯的非独占许可一般不会违反反垄断法，但在许可的同时许可人与被许可人之间限制该技术的生产数量、销售价格、销售对象等，其就可能对市场竞争构成实质性破坏，涉嫌违反反垄断法。

四 移动互联网领域相关市场界定的其他建议

正如美国著名法学家波斯纳所言，"良好的反托拉斯政策必须兼具法律规则与实施机制"，仅有良好的法律规则是远远不够的，还必须具备良好的实施机制以确保该政策以合理的成本、在合理的程度被遵循。① 为了准确界定移动互联网领域相关市场，除了需要调整相关市场界定方法，还应辅以一系列配套措施，如完善《相关市场界定指南》、发布相关市场界定指导性案例等。此外，淡化移动互联网领域相关市场界定理论也为法院与反垄断执法机构的反垄断工作提供了新的解决途径，值得我们深入思考。

（一）完善《相关市场界定指南》

完善的立法能够起到指引执法司法的重要作用。如前所述，移动互联网相关市场的界定难度是相当大的，若缺乏科学且完备的方法做指导，那么相关市场的界定结果就会丧失准确性、引起争议。鉴于各国为了保持法律文本的简洁性，都是在指南类规范性法律文件中对相关市场界定作出指导性规定，② 本书认为我国也应采取这一模式，对《相关市场界定指南》加以调整，以便更准确地界定移动互联网相关市场。

1. 确定移动互联网相关市场界定原则

如前所述，无论是在经营模式方面，还是在市场结构方面，移动互联网经济与传统线下经济都存在巨大差异，与原有的 PC 端互联网经济也有所不同，传统的相关市场分析方法已不能很好地反映移动互联网领域的竞争要素。面对挑战，目前我国《相关市场界定指南》中尚未有合适的界定原则来指引相关市场工作。因此，为了准确界定移动互联网领域的相关市场且为市场监督管理局和司法机关的反垄断工作提供明确的指引，有必要在指南中明确并完善移动互联网相关市场界定的原则：第一，促进竞争，保证效率原则。众所周知，规制垄断行为、打破市场垄断、营造良好的竞争秩序是反垄断法的核心立法宗旨，当然在促进竞争的同时也应尽可能保

---

① See Richard A. Posner, *Antitrust Law*, University of Chicago Press, 2001.

② 例如，美国是反垄断理论和实践领域较为先进的国家，但其关于反垄断的成文法并未规定相关市场界定的具体问题，只是在《并购指南》中对该问题进行了详细的论述。

证经营者彼此间的竞争效率处于在合理的区间。第二，国家政策指引，兼顾消费者利益与社会公共利益原则。反垄断法的诞生是有相应背景的，其制定的目的之一在于满足国家社会对经济的要求，并服务于经济政策，同时保护消费者利益和社会公共利益也是反垄断法的终极目标。第三，实质竞争约束原则。事实上，无论是传统线下市场还是互联网领域的竞争，替代性分析均体现了经营者所受到的实质竞争约束的程度和范围。例如，随着移动互联网市场及其产品边界的日趋模糊泛化，即时通信 A 平台与一家提供线上办公业务服务的 B 企业看似并不具有替代关系。然而，当 A 平台意图开展或已经推进该类业务时，B 企业就会对其产生潜在或实际的竞争约束。尽管 A 平台开始提供线上办公服务乃至其他不同的业务，也并未直接或完全改变 A 平台作为即时通信平台的基本定位。换言之，移动互联网平台在相关商品市场上的竞争对手和在其他方面（如创新）与之竞争的经营者可能并不完全等同，[1] 不能因为看似不具有替代性就径直认为该移动互联网平台不会受到其他经营者的实质竞争约束。事实上，移动互联网平台也会与非平台经营者进行竞争。[2] 此时，如果仅仅考察相关商品市场上可感知的竞争对手，而忽视在其他方面与之竞争的经营者，那么就未能充分把握该移动互联网企业所受到的实质竞争约束。相较于考察其他产品或服务是否足以替代，实质竞争约束的基本原则贴合了相关市场界定的基本逻辑，且在适用上具有灵活性，与移动互联网市场竞争的现实情况更为契合。[3] 第四，适当考虑时间因素原则。移动互联网市场的竞争以创新竞争为主，经营者彼此之间争分夺秒开发新产品、新技术来抢占市场份额，即使一个短暂的时间也可能引起相关市场的巨大变化，因而时间是移动互联网领域相关市场界定不得不重视的重要因素。总之，当前亟须明确移动互联网领域相关市场界定原则来科学引导移动互联网领域相关市场界定工

---

[1]　参见韩伟《迈向智能时代的反垄断法演化》，法律出版社 2019 年版，第 208 页。

[2]　Hovenkamp H., "Antitrust and Platform monopoly", *Yale Law Journal*, 2021, 130（8），pp. 1952-2051.

[3]　参见叶明、冉隆宇《数字平台并购的反垄断法规制疑难问题研究》，《电子政务》2022 年第 8 期。

作，维护市场正常的经济秩序，保护消费者的合法权益。

2. 引入适合的经济学理论

欲对移动互联网领域相关市场进行准确界定，需要明白反垄断法的目的之一是规范市场经济秩序，该目的的实现一方面依赖于法学理论，另一方面也与经济学理论的支撑密不可分。互联网产业乃至移动互联网产业所具备的种种特性，使得原有的经济分析方法难以在移动互联网相关市场界定中适用。因此，《相关市场界定指南》应吸收移动互联网领域的双边市场结构理论、交叉网络效应理论等新经济理论，并明晰新型经济学分析方法的适用方法，提供实际可操作性，从而提升界定移动互联网相关市场的准确性和科学性。如前所述，资本的涌入是行业激烈竞争的导火索，而资本竞争所带来的价格比拼成为吸引消费者的主要手段，所以价格成为传统行业相关市场界定必须着重考量的因素；然而，在移动互联网领域中，技术创新才是企业间比拼的核心竞争要素，其采用免费模式营销来吸引客户群，价格因素的地位显著下降，产品性能因素的地位变得更为重要。因此，移动互联网领域的相关市场很难用价格因素等传统经济因素进行可替代分析，可转而采用如利润结构分析、边际效益分析等新的经济学分析理论来进行剖析，也可以引入产业经济学的规模经济[1]和范围经济[2]来进行辅助研究。此外，在界定时也可将性能、技术特性等相关因素纳入界定相关市场的考量范围。

（二）发挥案例指导制度的作用

众所周知，在美国等判例法国家中，典型性判例可对同类案件有着指引作用。例如在"Live Universe v. My Space"案[3]中，加利福尼亚地区法院

---

① 规模经济分为"供方规模经济、需方规模经济"，分别指同一供方内部成本随规模扩大而下降，需方所获价值随规模扩大上升。

② 范围经济是指同一供方内部品种越多，成本越低。

③ 原告 Live Universe 公司坚持认为该案的相关产品市场应界定为互联网社交网络。而被告 My Space 公司则以实体市场也有其他形式的社交服务参与了社交网络的竞争为由否决了原告的观点，认为将 My Space 的相关产品市场仅仅界定为互联网社交网络，其范围显得过于狭窄，相反，在界定 My Space 相关产品市场时，也应该将其他实体市场社交服务纳入相关产品市场范围。由于被告 My Space 无法清楚说明实体市场哪些具体业务参与了社交网络服务的竞争，因此，法院最终采信了原告 Live Universe 公司界定相关产品市场的观点。

在对相关地域市场界定时，主要参考的是"America Online v. Great Deals"案关于相关地域市场的界定思路。① 故而，虽然在遵循成文法规则的我国，法院已审结的案件不具有普遍的适用性，但最高人民法院发布的指导性案例对类似案件的处理仍具有重要的参考价值。与判例法国家相比，成文法国家法律的滞后性是普遍存在的，法官只能"适用法律"而不能够"创设法律"。移动互联网市场的创新性导致其竞争方式、竞争状况比传统市场变化得更为迅速，加剧了法律的滞后性。

指导性案例的重要意义在于可以在一定程度上缓解由法律滞后性所带来的消极影响，降低法律的不适应性，同时帮助法官厘清审理思路。正因为如此，最高人民法院针对相应案件的审理的重点、思路、方法等，几乎每年都会发布相应的指导性案例，方便各级法院和法官审理相关案件进行学习，避免"同案不同判"情形的出现。在移动互联网领域相关市场界定中，"米时科技诉奇虎360滥用市场支配地位案"作为我国移动互联网反垄断第一案，一审、二审法院对相关市场模糊的界定思路却引起了学界争议，许多学者提出应进一步加强移动互联网领域双边市场、便捷性的分析。然而，直至今日，针对该案最高人民法院尚未提供更加详细、具有结论性的分析，也就无法给移动互联网领域相关市场界定时如何考量双边市场、适用何种界定方法等问题提供相应的指导。当然，无论学界讨论有多激烈，学者的观点毕竟不是法律，不能代替司法来作出强制规定，因此发布移动互联网领域相关市场界定指导性案例就成了最高人民法院的当务之急，这也是为了更好地服务移动互联网产业的发展，维护移动互联网市场健康有序的竞争秩序。

（三）探索淡化移动互联网领域相关市场界定理论

由于移动互联网领域的双边市场特性，整个市场的复杂性远超传统市场和PC端互联网市场，这给相关市场界定带来了巨大困难。况且移动互联网市场是一个以创新为核心驱动力的市场，其每时每刻都在发生变化，

---

① See Person v. Google, 2009 WL 3059092 (9th Cir. Sept. 24, 2009), http://www.ca9.uscourts.gov/datastore/memoranda/2009/09/24/07-16367.pdf, June 11, 2019.

随时都在挑战现有的相关市场界定方法。一方面传统的相关市场界定方法难以发挥作用，另一方面新的相关市场界定方法也无从寻找，造成至今尚无一个令学界普遍认可的相关市场界定方法。于是有学者提出，相关市场虽然十分重要，但毕竟是一个人为概念，可尝试着跳过相关市场界定来分析垄断问题。[①] 若能越过相关市场的界定，通过其他直接证据来认定移动互联网领域的垄断行为，自然可以避免现有的或将来的许多问题，进而有效节省司法与执法成本。这里，本书将适当讨论越过"淡化相关市场"理论的可行性与适用条件。

"淡化相关市场"理论最早由美国反托拉斯机构中的经济学家乔纳森（Jonathan）提出，其表示完整的市场界定并不是所有竞争行为分析不可或缺的必要前提。[②] 这也体现在美国的《横向合并指南》：尽管考量客户可获得的竞争性替代产品在某些时刻是必需的，但执法机构的分析可以不从市场界定开始，其使用的部分评估竞争效果的分析工具也不必依赖于市场界定。[③] 在美国"FTC v. Indiana Federation of Dentists"一案中，法院就提到："原告如果能够提供'产生了实际损害影响，例如产量减少'的证据，那么就无需详细的市场分析。"[④] 在我国"奇虎360诉腾讯滥用市场支配地位案"的二审判决中，最高人民法院也认为相关市场界定不是必要的。由此可见，"淡化相关市场"理论在传统市场和PC端互联网市场的反垄断实践中具备操作性，那么其是否能够在移动互联网领域的反垄断实践中推行？本书认为是可行的。若在移动互联网领域相关市场界定中，出现了更为直接的证据可以证明企业实施了妨碍竞争的垄断行为时，应允许淡化相关市场界定的必要性，直接对其进行垄断地位认定。这样做的好处在于，移动互联网领域相关市场的界定往往需要消耗大量的经济与时间成本去分析整

---

① 参见王先林主编《中国反垄断法实施热点问题研究》，法律出版社2011版，第332~334页。

② See Jonathan B. Baker, "Contemporary Empirical Merger Analysis", *George Mason Law Review*, Vol. 5, No. 3, 1997.

③ See U. S. Department of Justice and the Federal Trade Commission, *Horizontal Merger Guidelines*, August 19, 2010.

④ 参见 Daniel A. Crane、张江莉《越过市场界定：市场力量的直接证明（上）》，《竞争政策研究》2016年第2期。

理数据、确定影响效果，这给反垄断司法和执法带来了巨大障碍。若有直接证据可以证明企业具有垄断地位，越过相关市场的界定，也就意味着司法和执法机关不必承担如此沉重的成本，效率也会提高。

但值得警惕的是，对待"淡化相关市场"理论应持审慎的态度，其只可作为兜底性处理方式，而不应被广泛使用。否则，滥用"淡化相关市场"理论易导致反垄断法规制的周延性变宽，可能会破坏移动互联网市场的竞争，抑制作为其核心驱动力的创新性。因此在移动互联网领域垄断行为认定中，适用"淡化相关市场"理论应附加严格的限制条件。首先，要求在移动互联网市场中已经发生了损害竞争的事实，并且证据充分、相关事实清楚；其次，所涉及的移动互联网领域相关市场界定过于复杂，现有的或改良的相关市场测试方法均无法对其进行准确界定；再次，对该损害事实的唯一合理性解释是涉案企业具有"市场支配地位"，除此之外无其他可能性；最后，法院误判给移动互联网市场造成的损失远远低于由此种竞争损害持续下去的损失。① 我们应清楚地认识到，学界和执法机构已洞悉到相关市场界定只是市场评估的方法而非目的。"淡化相关市场"理论并非针对解决双边市场的特殊方案，② 在确有必要的前提下适用"淡化相关市场"理论，直接认定垄断行为可以更及时有效地保护移动互联网市场的竞争性，促进移动互联网经济健康快速地发展，使之更好地为中国特色社会主义经济服务，这无疑更加符合反垄断法保护公平竞争的立法宗旨。

---

① 参见黄勇、蒋潇君《互联网产业中"相关市场"之界定》，《法学》2014 年第 6 期。
② 参见赵莉莉《反垄断法相关市场界定中的双边性理论适用的挑战和分化》，《中国法学》2018 年第 2 期。

第三章　移动互联网领域滥用市场支配地位行为的认定问题

随着移动互联网反垄断诉讼的发展，移动互联网领域滥用市场支配地位认定难题正日益凸显。与传统市场相比，移动互联网领域的竞争具有平台竞争、创新竞争、跨界竞争等特性。① 在此情形下，移动互联网领域中竞争关系发生了改变，不再局限于同业竞争，而是逐步扩展到各类经营者之中。以上特性使移动互联网领域市场支配地位的形成、滥用市场支配地位行为的方式产生了诸多变化，引发了滥用市场支配地位的认定难题。为此，在对该领域滥用市场支配地位行为进行认定时，应当深入分析移动互联网行业特点，以及其对市场支配地位判定、滥用市场支配地位行为认定的影响，探索适合移动互联网行业特点的滥用市场支配地位行为认定标准及方式，以期实现移动互联网领域滥用市场支配地位行为认定的科学性、准确性。

第一节　移动互联网领域滥用市场支配地位行为的认定困境

移动互联网行业的特殊性使该领域滥用市场支配地位的认定面临诸多困境，比如市场支配地位的形成主要不是依赖于市场份额，更大程度上由

---

① 参见朱理《互联网环境下相关市场界定及滥用市场支配地位的分析方法与思路》，《人民司法·案例》2016 年第 11 期。

企业掌握的用户资源及创新能力决定；滥用市场支配地位行为的方式更为隐蔽、行为更多兼具竞争及反竞争双重性等，这些变化使该领域滥用市场支配地位认定较难。目前，移动互联网领域滥用市场支配地位的认定难主要表现为：相关市场界定困难、市场支配地位较难确定、行为违法性难以判断等。由于相关市场界定问题已于本书第二章详细论证，本章不再赘述。本章将从移动互联网领域市场支配地位认定难、滥用市场支配地位行为认定难这两个现实问题出发，分析移动互联网特殊性对滥用市场支配地位行为认定的挑战，探究移动互联网领域滥用市场支配地位认定难的深层次原因。

一　移动互联网领域市场支配地位的认定难题

相较于传统市场，移动互联网领域市场支配地位的形成机理有所不同，因而采用传统认定标准对该领域市场支配地位进行认定时适应性较差，产生了一系列难题。

（一）移动互联网领域市场支配地位认定难的表现

移动互联网领域滥用市场支配地位行为的认定困境在实践中略见一斑。在"米时科技诉奇虎360滥用市场支配地位案"[①]中，原告米时科技为证明被告奇虎360在相关市场上具有市场支配地位，需首先对相关市场界定举证证明，而后对奇虎360在该市场上具备市场支配地位举证证明。然而，在移动互联网领域，相关市场界定以及市场支配地位认定并非易事。在该案中，米时科技主张相关市场是综合性、辅助性手机安全软件及服务市场，对此进行了大量举证。[②]为证明奇虎360具备相关市场中的市场支配地位，米时科技列举了360手机卫士市场份额的网页截图，"市场占有率"的新闻报道、用户规模、财务情况、市场渗透率、互联网百强企

---

① 参见北京市高级人民法院（2015）高民（知）终字第1035号。
② 为证明奇虎公司在相关市场上的市场支配地位，米时公司提供了腾讯公司与网络用户之间关于腾讯手机管家软件下载、安装、使用的软件许可使用协议等材料，并提供了反映腾讯手机管家软件、LBE安全大师软件和360手机卫士软件以及百度手机卫士软件的主要功能、特点、更新情况的诸多材料。

业榜单等网络资料及公证书等资料。然而，其认定奇虎360具有市场支配地位的主张未得到法院采信。二审法院以米时科技主张的"渗透率"不能直接作为计算市场份额的指标，[①] 无法准确反映被告市场份额分布的真实状况为由，认定奇虎360具有市场支配地位的主张不能成立。

同样，在"苹果App Store打赏抽成案"中，认定市场支配地位也十分困难。按照传统思路，欲认定苹果公司滥用市场支配地位，首先须界定相关市场，并证明苹果公司在相关市场上具有市场支配地位。对此，有学者认为，相关市场界定应以移动智能终端市场为宜，根据IDC中国季度手机跟踪报告，2016年苹果手机在中国出货量约为4490万台，市场份额为9.6%，根据这一数据，苹果公司具有市场支配地位的观点难以成立。[②] 也有实务界人士提出，欲认定苹果公司具有市场支配地位，要证明其在相关市场的市场份额达到1/2。而数据显示，苹果公司目前的市场份额未超过20%，基于此数据，较难认定苹果公司具备市场支配地位。[③]

此外，2017年6月欧盟委员会对谷歌公司开出了24.2亿欧元高额罚单，认定谷歌公司实施了滥用市场支配地位等垄断行为。关于该案的调查历时七年，为准确认定市场支配地位，除考虑市场份额因素外，欧盟同时考虑网络效应是构成市场进入壁垒的重要因素。由于创新频繁，移动互联网领域中的商业模式处于动态变化之中，其市场份额也随之不断变化，在确定市场支配地位时还要考虑相关时间市场，要避免认定结果与现实冲突。[④] 这些因素使相关市场界定、市场份额确定等难度更大，在一定程度上增加了市场支配地位的认定难度。

虽然数据对移动互联网企业市场影响力的重要性加剧，但如何准确认

---

① 在米时科技诉奇虎360滥用市场支配地位案中，二审法院认为米时科技主张的"渗透率"不能直接作为计算市场份额的指标，其仅反映用户安装软件情况而未能反映使用情况，仅反映存量而无法反映市场格局动态变化，在该领域动态竞争的市场格局下，其对于市场竞争状况的反映具有误导性，无法准确反映市场份额分布的真实状况。

② 参见杜鸣皓《争议"苹果税"：30%打赏分成遭遇多重质疑》，《中国品牌》2017年第7期。

③ 参见程子彦《苹果或陷垄断纠纷泥潭》，《中国经济周刊》2017年第37期。

④ 参见邓志松、戴健民《数字经济的垄断与竞争：兼评欧盟谷歌反垄断案》，《中国市场监管研究》2017年第10期。

定数据对企业的市场能力的影响还存在一定的难度，比如能够形成市场支配力的究竟是经营者对数据控制的本身还是对数据的处理能力？[①] 对这一问题也存在不同的认知，也必然影响对移动互联网企业市场支配地位的认定结果。

（二）移动互联网领域市场支配地位认定难的原因

通过上述案例分析，我们不难发现，移动互联网领域市场支配地位认定难已然成为不争的事实。欲解决移动互联网领域市场支配地位认定难这一现实问题，必须首先对该领域市场支配地位认定难的原因进行剖析。虽然《反垄断法》第23条和第24条分别提供了综合认定标准和市场份额推定标准，《禁止滥用市场支配地位行为规定》第6条至第13条对上述综合认定标准逐项作了细化规定，并在第12条就平台经济领域等新经济业态经营者市场支配地位的认定作了特别规定。此外《平台经济反垄断指南》也在第11条就平台经济领域市场支配地位的认定作了详细规定。但从总体上看，综合认定标准仍然是一种定性分析，且由于所涉及要素过多，认定过程难谓清晰明确，市场份额推定标准虽然较为简明，却可通过证据排除，特别是在数字经济领域，市场份额在判定市场支配地位时的作用已相对弱化。[②]

为此，本书从移动互联网行业特点出发，探求移动互联网企业市场支配地位形成的特殊机理，从而发现传统认定市场支配地位的方法在该领域存在的困境。

1. 行业特殊性对市场份额标准的冲击

在传统市场，对企业是否具备市场支配地位的认定，主要采用市场结构标准，辅之以其他因素，市场份额在评价企业市场地位时起决定性作用。[③] 在目前中国反垄断执法和司法实践中，市场份额是认定市场支配地

---

① 参见孟雁北《论大数据竞争带给法律制度的挑战》，《竞争政策研究》2020年第2期。
② 参见刘贵祥《滥用市场支配地位理论的司法考量》，《中国法学》2016年第5期。
③ 王晓晔：《王晓晔论反垄断法》，社会科学文献出版社2010年版，第195页。

位的第一参考因素,大量关于市场支配地位的论证都是从市场份额开始的。① 然而,移动互联网市场的诸多特性使该领域中市场份额难以确定,市场份额与支配地位之间的关系备受质疑。在认定市场支配地位时,传统的以"市场份额推定"为主的市场结构标准受到巨大挑战。

首先,相关市场界定难导致市场份额难以计算。欲认定经营者具有市场支配地位,首先需要界定相关市场。② 对此,我国《反垄断法》第 18 条、第 19 条关于市场支配地位的认定规则中多次强调相关市场界定对于市场支配地位认定的必要性。③ 关于此问题,有学者曾指出:"界定市场是识别滥用行为的起点,界定相关市场作为测度市场份额和间接认定市场支配地位的基础,在涉及滥用行为案件的竞争分析中起着全方位的作用。"④ 由此可见,界定相关市场是市场份额计算的前提和基础,准确界定相关市场对于市场份额的计算至关重要。然而,如第二章所述,移动互联网领域相关市场界定困难,这在一定程度上导致市场份额难以确定,加剧了市场支配地位认定难度。在传统反垄断法理论中,相关市场的界定关键即需求替代性分析和供给替代性分析。⑤ 然而,在移动互联网领域相关市场界定中,需求替代性分析受制于网络效应、锁定效应,供给替代性分析受制于新型市场壁垒,且双边市场增加了替代性分析的难度,⑥ 这些因素共同导致相关市场难以界定,也令市场份额计算的基础难以确定。

其次,移动互联网领域普遍存在的免费经营模式,使该领域市场份额难以计算。欧盟委员会《关于相关市场界定的通知》中指出,经营者在相关市场上的销售额是计算市场份额最基本的依据,尤其对包含不同商品的

---

① 参见万江《中国反垄断法:理论、实践与国际比较》,中国法制出版社 2015 年版,第 111 页。

② 参见戴龙《滥用市场支配地位的规制研究》,中国人民大学出版社 2012 年版,第 42 页。

③ 参见李平、郝俊淇《互联网行业滥用市场支配地位认定中相关市场界定问题研究——基于"奇虎诉腾讯垄断案"终审判决的思考》,《西部法学评论》2015 年第 4 期。

④ 王晓晔:《论相关市场界定在滥用行为案件中的地位和作用》,《现代法学》2018 年第 3 期。

⑤ 参见种明钊《竞争法》(第 2 版),法律出版社 2008 年版,第 280 页。

⑥ 参见刘佳《互联网产业中滥用市场支配地位法律问题研究》,人民出版社 2018 年版,第 68~73 页。

相关市场而言，销售额更能反映每个经营者的市场地位。同时，销售量也是计算市场份额的首选标准。① 然而，在移动互联网领域，免费经营模式已成为普遍经营模式，其显著增加了销售额和销售量计算难度。具言之，免费经营模式即通过基础产品免费使用获得用户锁定，再利用增值及广告服务等方式获取利润。② 就销售额计算而言，由于产品及服务的免费性使企业销售额等货币数据不再适用，③ 这直接导致市场份额难以计算。就销售量计算而言，传统经济中经营者在相关行业的销售数量体现为实打实的销售数量，可以通过会计数据统计计算而来。而在移动互联网领域，免费策略下产品的销售数量表现为产品的使用人数，销售数量则难以计算。④以 App 为例，双边市场结构中该 App 的销售数量取决于 App 的使用人数。而由于使用人数的计算存在较大争议，如若以注册人数计算，则无法区分注册后该用户是否使用此 App，一人可能同时注册较多具有相互替代性的App 账户，但其使用频率可能存在较大差异，注册人数不能准确测度 App的使用情况，若以活跃用户数为标准进行衡量则应确保数据的准确性，以上因素使得市场份额计算的难度加大。

此外，移动互联网市场的动态性及不稳定性，致使市场份额计算难度增大。相较于传统经济，移动互联网市场瞬息万变，由于受其自身特点的影响，经营者的市场份额更具动态性和不稳定性。此外，企业技术创新快带来了市场结构的动态变化，⑤ 致使市场份额标准在认定企业市场支配地位时存在一定的时间局限性，由于移动互联网市场相比传统市场具有更强的动态变化性，因而通过计算得出的市场份额并不能准确反映当下的市场

① 参见万江《中国反垄断法：理论、实践与国际比较》，中国法制出版社 2015 年版，第107 页。

② 参见胡丽《互联网企业市场支配地位认定的理论反思与制度重构》，《现代法学》2013 年第 2 期。

③ 参见杨文明《市场份额标准的理论反思与方法适用——以互联网企业市场支配地位认定为视角》，《西北大学学报》（哲学社会科学版）2014 年第 3 期。

④ 参见邹越《竞争性垄断视野下互联网企业市场支配地位的认定》，《税务与经济》2018 第4 期。

⑤ 参见杨文明《市场份额标准的理论反思与方法适用——以互联网企业市场支配地位认定为视角》，《西北大学学报》（哲学社会科学版）2014 年第 3 期。

竞争状况，从而影响市场支配地位认定。

最后，我们需格外注意，在移动互联网领域市场份额对于市场支配地位认定的作用力减弱。在传统产业，市场份额是衡量经营者市场力量的重要标准。企业的市场份额通常可以反映其市场地位。而在移动互联网领域，进一步加剧的网络效应、用户锁定效应，动态竞争特性等，使该领域市场份额对于支配地位认定的判断作用进一步退化，[①] 其无法像传统行业中作为衡量市场支配地位的最重要因素。在移动互联网领域，由于网络外部性的存在，"一家独大"已经成为一种十分常见的现象。然而，结构上的集中并不必然代表高市场份额的企业拥有市场支配地位。对此，德国联邦卡特尔局在对 Facebook 滥用市场支配地位的裁定书中曾明确指出了这点。[②] 另外，移动互联网行业的动态性竞争特点使移动互联网企业对高市场份额的拥有往往具有短暂性，这与传统行业有很大区别，其意味着企业的市场支配地位不可能仅仅取决于较高的市场份额或市场集中度。[③]

总之，市场份额标准作为企业市场支配地位的传统认定方式，在认定移动互联网企业市场支配地位时，不仅计算难度增加、计算精准度下降，且市场份额标准本身对于该领域企业支配地位的认定作用弱化。此外，行业特殊性给市场份额标准带来的挑战，也是移动互联网领域市场支配地位认定难的原因之一。

2. 市场支配地位形成的新因素产生

移动互联网领域市场支配地位的形成不再局限于企业经济实力，扩大再生产能力等因素，技术创新带来的企业创新实力、新产品研发能力，对数据资源的掌控力，用户数量的多少等因素逐渐成为该领域市场支配地位形成的重要影响因素。数字经济中的网络效应和数据积累使得市场份额无

---

① 参见胡丽《互联网企业市场支配地位认定的理论反思与制度重构》，《现代法学》2013 年第 2 期。

② 参见《Facebook 被裁定滥用市场支配地位》，竞争法微网，https://mp.weixin.qq.com/s/B8PZyHMkHmGqEQJVpJk3SQ，最后访问日期：2019 年 2 月 19 日。

③ 参见叶明《互联网行业市场支配地位的认定困境及其破解路径》，《法商研究》2014 年第 1 期。

法全面反映经营者的实际市场影响力。① 对于市场支配地位形成的新因素的认识不足及衡量方法的欠缺，是移动互联网领域市场支配地位认定难的主要原因之一。

其一，在移动互联网领域，企业的创新能力等因素对于市场支配地位的形成尤为重要。一个占有较大市场份额的企业，若缺乏良好的技术创新力，其未必能具备市场支配地位；相反，若一个移动互联网企业具备良好的技术创新力，进而形成良好的用户正反馈及锁定效应，即使其市场份额不占优势，企业仍能对市场产生控制力，拥有支配地位。② 移动互联网领域的企业以创新力优势而迅速占领市场的案例较多。以 Facebook 及 Insta-gram、Whatsapp 为例，在 Instagram 和 Whatsapp 出现时，Facebook 早已占据了社交软件中较大的市场份额，但由于 Instagram、Whatsapp 抓住了移动互联网领地，虽然其市场份额较小，却一度成为 Facebook 的有力竞争者，成为具备具有较强市场影响力的企业。由此可知，在移动互联网领域，市场份额标准对于市场支配地位的判断力下降，创新等因素对于企业市场支配地位的形成更为重要。Facebook 虽具有极高的市场份额，却难以阻止移动互联网领域极具技术创新力的小企业加入并占领市场，这一例子很好地印证了这一观点。

其二，在移动互联网领域，企业拥有的数据资源对于市场支配地位的形成产生了重要影响。盖伊·罗福等学者指出，一个占支配性的企业可以通过收集不断增长的海量数据，为消费者提供更好和更有针对性的服务，这让该企业变成极具吸引力的宿主，因而数据收集能稳固平台的市场地位。③ Facebook 数据之争④也印证了数据对于移动互联网企业的重要性。在移动互联网领域，谁拥有了数据资源，谁就能在市场竞争中取得决胜的先

---

① 张媛：《数字经济次生风险的全景透视与法治之维》，《中州学刊》2023 年第 12 期。
② 参见刘佳《互联网产业中滥用市场支配地位法律问题研究》，人民出版社 2018 年版，第 116～118 页。
③ See Guy Lougher&Sammy Kalmanowicz, "EU Competition Law in the Sharing Economy", *Journal of European Competition Law & Practice*, 2016, 7（2）, p. 96.
④ 德国反垄断监管机构"联邦卡特尔局"（Bundeskartellamt）裁定 Facebook 在收集、合并和使用用户数据时滥用了其市场支配地位，并要求其在 12 个月内停止这些滥用行为。

机，也即数据资源大小影响其支配地位的形成。对于数据资源与市场支配地位的关系问题，有学者曾指出：对数据的再开发、利用，将之集合在产品之上，会促进市场支配地位的产生。① 这个观点印证了数据在一定程度上会促进市场支配地位的形成。是故，对移动互联网领域市场支配地位的衡量应更多地考虑企业所掌握的数据资源，由于当前认定市场支配地位的标准难以对数据等资源的价值进行准确衡量，因而该领域市场支配地位较难认定。

其三，在移动互联网领域，具有平台属性的企业的优势地位部分来自其私权力。平台企业构造了全新的商业模式，兼具市场与企业两种资源配置与组织方式，同时扮演着市场参与者和组织者的双重角色。一方面，平台运用数字技术以双边市场为载体，实现了两种或者多种类型的用户、商家与资源之间的交互匹配，从而发挥市场组织者的作用。另一方面，作为市场参与者，平台是一家独立经营并承担盈亏责任的企业。基于"理性经济人"理论，平台出于盈利的需求会追求自身利益的最大化，不可避免地会将市场组织者的权力运用到市场竞争中，因此，平台经济具有天然的垄断性特征。凭借平台经济的特殊商业模式与自身的双重角色，相比于其他市场竞争者，平台获取了交易的优势地位以及强大的市场力量，其本质是经济权力。平台经营者强大的经济权力转化为反垄断法律上的权力便是市场的优势地位。②

二 移动互联网领域滥用市场支配地位行为的判定困境

移动互联网市场不仅与传统市场存在较大差异，相较于 PC 端互联网市场，其亦呈现诸多特殊性。相较于 PC 端互联网市场，移动互联网行业最突出的特征是其移动性，并因此形成了与用户的紧密联系性，进而使该行业动态竞争特性更为凸显、用户服务免费性更强，同时网络效应及用户

---

① 参见戴龙、黄琪、时武涛《"庆祝〈反垄断法〉实施十周年学术研讨会"综述》，《竞争政策研究》2018 年第 4 期。

② 参见张荣刚、尉钏《平台领域反垄断法律规制的效能提升策略》，《南昌大学学报》（人文社会科学版）2023 年第 6 期。

锁定效应更强。这些特殊性使移动互联网行业呈现独特的市场竞争特性，产生了该领域滥用市场支配行为的认定难题。

（一）移动互联网领域滥用市场支配地位行为认定难的表现

在实践中，移动互联网领域滥用市场支配地位行为认定难的情况较为普遍。

以"米时科技诉奇虎 360 滥用市场支配地位案"[①] 为例，在该案中，奇虎 360 滥用市场支配地位的行为认定难度较大。米时科技首先提供诸多材料，证明奇虎 360 在相关市场具备市场支配地位；其次，为证明奇虎 360 滥用市场支配地位限定交易，米时科技提交了公证书，对 360 安全卫士软件安装前后"易米片"和"米洽"软件使用情况及对比过程进行证明；为证明奇虎 360 滥用市场支配地位搭售商品，米时科技提供材料证明"来电秀"为独立商品、用户对于其"搭售来电秀"的行为不知情。二审法院首先以奇虎 360 不具备市场支配地位为由，认定其不构成《反垄断法》（2007 年）第 17 条[②]所禁止的无正当理由限定交易和搭售商品的行为，不构成滥用市场支配地位的行为，随后又对奇虎 360 行为进行分析，认定米时科技所提供的证据不足以证明奇虎 360 在相关市场上具有市场支配地位，也不能证明奇虎 360 实施的被诉行为构成滥用市场支配地位行为。[③]

以"奇虎 360 诉腾讯滥用市场支配地位案"为例，关于该案"产品不兼容"（用户二选一）行为是否构成反垄断法禁止的限制交易行为，法院生效裁判认为，虽然被上诉人实施的"产品不兼容"行为对用户造成了不便，但并未导致排除或者限制竞争的明显效果，被上诉人实施的"产品不兼容"行为不构成反垄断法所禁止的滥用市场支配地位行为。另外，在"苹果 App Store 打赏抽成案"中，关于"打赏"行为的性质，苹果公司认

① 北京市高级人民法院（2015）高民（知）终字第 1035 号。
② 参见现行《反垄断法》（2022 年）第 22 条规定："禁止具有市场支配地位的经营者从事下列滥用市场支配地位的行为……"
③ 该案中，二审法院根据《全国人民代表大会常务委员会关于加强网络信息保护的决定》第 7 条规定，认为米时公司发出的短信确有可能构成被拦截的短信，且奇虎公司通过软件升级的方式加以解决，故认定其不构成滥用市场支配地位。

为"打赏"行为属于"应用内购买"(以下简称"IAP 机制"),对其收取 30% 佣金并无不当。对此,产生了诸多争议。其中,有学者认为,打赏金额属于赠予而非销售,将用户间的赠予行为强制纳入以购买为核心的 IAP 机制,对用户来说构成侵权。在打赏情形下,苹果公司没有提供任何服务,无资格收取费用。也有学者认为,不论是赠与还是销售,苹果公司都提供了相关服务。关于其是否构成滥用市场支配地位,该学者指出,只要有足够的证据证明,其行为已延伸至可以通过市场支配地位控制支付行为,使得其他支付工具竞争者受到限制的情况下,方可讨论其垄断问题,否则需谨慎认定。此外,前文谷歌滥用市场支配地位案,欧盟历时七年,分析 17 亿条搜索结果后才得出结论,其中的艰辛不难想象。

从上述争议我们可以看出,对于移动互联网领域的企业是否构成滥用市场支配地位行为的认定,不仅要从其行为性质考虑行为是否具有合理性,还要考虑其行为是否达到滥用程度,然而对行为性质的判断及认定是否达到滥用程度都存在较大难度,因而认定移动互联网领域的企业市场行为构成滥用市场支配地位难度较大。

(二) 移动互联网领域滥用市场支配地位行为认定难的原因

通过上述案例分析,我们不难发现,移动互联网领域市场支配地位认定难已然成为不争的事实。传统反垄断法大多从市场结构上认定市场力量,以相关市场中的市场份额进行认定或推定市场力量。如果坚持传统的反垄断理论与规则,只立足于市场力量、市场份额,而未能捕捉到由数据、网络效应、"免费"产品和极端产品集成驱动等现实,法院以害怕阻碍创新为由给予高科技公司特殊豁免,则反垄断将变得更加宽松。[①] 欲解决移动互联网领域市场支配地位认定难这一现实问题,必须首先对该领域市场支配地位认定难的原因进行剖析。为此,本书从移动互联网行业特点出发,探求移动互联网企业市场支配地位形成的特殊机理,从而发现传统认定市场支配地位的方法在该领域存在的困境。

---

① 参见陈兵、徐文《规制平台经济领域滥用市场支配地位的法理与实践》,《学习与实践》2021 年第 2 期。

1. 移动互联网特殊性对反垄断法价值的挑战

反垄断法的价值是反垄断法的灵魂，其对反垄断法具体制度的制定及司法、执法适用具有重要意义。移动互联网经济对反垄断法价值的挑战，直接影响该领域滥用市场支配地位行为的认定，使该领域滥用市场支配地位行为认定面临困境。

（1）对传统"公平"与"效率"价值的冲击

反垄断法的价值选择与经济学理论密切相关，反垄断经济学的发展，衍生了不同的反垄断法价值。不同时期，反垄断法的价值选择倾向并不相同，且同一时期多种价值可以同时并存。以"哈佛学派""芝加哥学派""后芝加哥学派"为主要代表，传统意义上的反垄断法价值主要包括"公平竞争"和"经济效率"。"哈佛学派"以"公平竞争"作为反垄断法的价值目标，其强调"市场结构—市场行为—市场绩效"模式，认为市场结构决定企业市场行为，继而决定市场绩效，在该学派影响下，干预市场结构成为反垄断法的主要目标。"哈佛学派"认为市场集中度或企业规模过高是限制竞争行为产生的根源，因而反垄断法应干预市场结构从而促进竞争。与之不同的是，"芝加哥学派"则将"经济效率"作为反垄断法唯一追求的目标，致力于实现效率最大化。而"后芝加哥学派"虽同样认为经济效率是反垄断法的核心价值，但由于其分析方法和手段不同，其主张反垄断法应该以阻止垄断厂商将消费者福利转移为垄断利润为首要目标，而非仅仅提高整个资源配置效率。他们质疑"芝加哥学派"关注经济效率，认为有时具有经济效率的资源配置方式可能会付出不能创新的代价。

从各个学派对价值的不同追求来看，关于反垄断法的价值，出现了以"竞争"为核心和以"效率"为核心的不同观点。[①] 而移动互联网经济给以"竞争""效率"为核心的反垄断法价值皆带来了挑战。在移动互联网经济中，较强的网络效应使适用传统的"竞争""效率"价值在认定反垄断行为时遭遇困境。首先，移动互联网领域中"市场均衡"的内涵发生了

---

① 参见张小强《网络经济的反垄断法规制》，法律出版社 2007 年版，第 70 页。

深刻变化，这对"竞争"这一反垄断价值产生了一定影响。在传统领域，当市场结构达到完全竞争的市场均衡时，竞争性均衡是帕累托最优。然而，在移动互联网领域，完全竞争并非最优结果，由一个福利最大化的垄断者垄断反而是最优结果，完全竞争则是次优结果。举例来讲，在即时通信领域，若出现较多竞争者实力相当，将导致用户分散在各即时通信 App 中，如此一来消费者增加了额外的交流成本，降低了社会福利。因而，对于竞争的过分追求与干预保护，有可能降低社会福利，不符合反垄断法的本质目的。故以"竞争"为反垄断法的核心价值，与移动互联网经济的市场均衡产生冲突。与此相对应，在行为认定过程中，过分追求"竞争"价值，可能导致对行为的过多规制，结果却是降低了效率。

在移动互联网市场，经济效率的不确定性同样导致以"效率"为核心的反垄断法价值遭受挑战。"经济效率"为核心的反垄断法价值，强调对市场竞争状态的保护，其以对市场的较小干预实现经济效率。在移动互联网领域，由于受网络外部性的影响，在市场自由竞争状态下，反而可能产生无效率的结果。网络经济中会出现正反馈（positive feedback）、冒尖（tipping）、锁定（lock-in）、转移成本（switching cost）等一系列相关现象，[1] 产生传统经济中少见的次优经济获胜现象。正反馈、冒尖、锁定等几种现象间相互影响、相互作用，更是加剧了这一现象。以"冒尖"[2] 现象为例，在移动互联网领域，消费者对于何种技术最优并不确知，在此种情形下，如果偶然的因素导致较多消费者选择了次优技术，则更多消费者便会倾向于这种技术，使其成为竞争的优胜者，造成最优技术退出市场。锁定效应则加剧了前述最优技术取胜的难度。如此一来，市场自由竞争状态下，反而产生了低效率。

（2）价值冲突对滥用市场支配地位行为认定的影响

"公平"与"效率"价值的冲突，伴随反垄断法长期存在，对二者的不同选择将导致行为认定产生不同结果。过于侧重"公平"价值，则可能

---

① Davids Evans, A Guide to the Antitrust Economics of Networks, *Antitrust ABA* 36, 1996（10），pp. 36~39, 转引自张小强《网络经济的反垄断法规制》，法律出版社 2007 年版，第 34 页。

② 冒尖即在网络效应作用下企业迅速成长为具有支配地位甚至独家垄断的企业。

导致滥用行为认定较为苛刻。反过来讲，如若过度强调"效率"价值，则有可能导致滥用行为认定较为宽松。"公平""效率"价值的选择，对于滥用市场支配地位行为认定结果具有十分重要。其本身的不确定性加之移动互联网市场对"公平""效率"等反垄断法价值的挑战，使该领域滥用市场支配地位行为的准确认定更为困难。

移动互联网经济发展带来的价值冲突，模糊了滥用市场支配地位行为认定结果。如前所述，相较于传统市场及 PC 端互联网领域，移动互联网领域市场结构发生了显著变化。在移动互联网领域，完全竞争并非最优结果，由一个福利最大化的垄断者垄断反而可能成为最优结果。这对将"竞争"当作反垄断法的核心价值的理念造成了冲击，与此同时，也给滥用市场支配地位行为的认定带来了难题。若移动互联网企业"滥用行为"带来了高效率及高社会福利，是否应对其网开一面，而不认定其构成滥用市场支配地位行为？在行为认定时应如何把握尺度？滥用行为的认定将有损效率时，是否应予以认定？在进行滥用市场支配地位行为认定时，是否对"滥用行为"的社会效果进行经济分析，将会影响行为认定。

不仅如此，在移动互联网领域，企业竞争行为蕴含了更为复杂的价值冲突，这使滥用市场支配地位行为认定的不确定性进一步升高，显著增加了行为认定难度。移动互联网行业的商业模式伴随着价值冲突与争议。为提高企业竞争力，移动互联网企业纷纷推出各种优惠活动，红包、优惠券等成为移动互联网企业进行推广的主流模式。近年来，饿了么、美团、滴滴的新用户优惠政策，支付宝、微信红包，云闪付优惠等，以优惠方式实现新产品推广已成为移动互联网领域常见的商业模式。且为持续吸引用户，优惠活动甚至长期存在，并不仅仅局限于产品推广初期。在此种情形下，规模大、经济实力强的企业往往会在竞争中胜出，而经济实力弱的小企业有可能会被淘汰，该商业模式是否涉嫌滥用市场支配地位值得深入思考。以移动互联网领域中典型的共享经济为例，为求生存和发展，共享平台在成长初期通过"免费"模式吸引平台某一边用户的行为具有一定合理性。但实践中，很多成熟的大型平台在获得市场支配地位后，持续奉行低价竞争或免费营销策略。在双边市场条件下，如果具有市场支配地位的平台在市场另一边的收益低于因提供免费服务所导致的收入损失，这就有可能构成反垄断法所禁止的掠夺性定价行为。[①] 对于移动互联网领域司空见惯的商业模式，是否会产生限制竞争效果，秉持不同的价值对行为竞争效果进行分析会得出不同的结论，"公平竞争""经济效率""社会福利"的价值冲突已成为滥用市场支配地位行为认定困难的重要原因。

2. 移动互联网特殊性加剧了反垄断法的不确定性

反垄断法的不确定性，使移动互联网领域滥用市场支配地位行为的认定难度进一步增加。自第一部反垄断成文法诞生至今，对反垄断法确定性的质疑，始终伴随着反垄断的法律发展。[②] 对于垄断行为的违法性认定而言，反垄断法的不确定性显然增加了行为认定难度，不确定性带来的法律规则的模糊性、事实认定的不确定性，客观上增加了行为违法性的认定难度。尤其在移动互联网领域，竞争模式及垄断行为的特殊性，使反垄断法不确定性问题表现得更为明显，给行为违法性认定带来的困境越发突出。

（1）法律规则的模糊性增加了行为违法性认定难度

法律规则的模糊性伴随反垄断法的产生便一直存在，在美国的《谢尔曼法》中，部分条款规定较为笼统，模糊性较强。在其他国家的反垄断法的规定之中，同样到处充斥着模糊性词汇。以我国《反垄断法》为例，在滥用市场支配地位行为规制中，何种行为是滥用，如何界定滥用？"滥用"一词在立法中往往没有明确界定。我国 2022 年《反垄断法》关于滥用市场支配地位行为规定中，第 22 条规定了滥用行为的形式，其中以不公平的高价销售商品或以不公平的低价购买商品，何谓"不公平"？"正当理由"仅在第 22 条当中便出现了 5 次，正当理由的边界在哪里？第 23 条规定了市场支配地位认定依据，其中"相关市场的竞争状况""交易上的依赖程度"皆存在较大模糊性。从以上列举我们不难发现，"规则本身的模糊性使其更具有原则性，从而反垄断法的不确定性异常突出，造成行为认定困难"。[③] 在

---

① 参见孙瑜晨《互联网共享经济监管模式的转型：迈向竞争导向型监管》，《河北法学》2018 年第 10 期。

② 参见潘丹丹《反垄断法不确定性的意义研究》，法律出版社 2015 年版，第 11~12 页。

③ 参见潘丹丹《反垄断法不确定性的意义研究》，法律出版社 2015 年版，第 13 页。

行为违法性认定时，对市场支配地位规定的不确定性，以及滥用市场支配地位行为的具体类型规定模糊，影响了对行为是否构成滥用行为的判断。

反垄断法规则的模糊性给滥用行为认定带来的困难，在移动互联网领域更为突出。在移动互联网领域，关于企业是否具备市场支配地位的认定，需从多方面综合考虑。我国《反垄断法》仅从"市场份额"方面规定了市场支配地位的推定形式，欠缺对其他因素的具体规定，这导致移动互联网企业市场支配地位在实践中很难认定，进而导致该领域滥用市场支配地位行为难以认定。在司法实践中，关于"3Q 大战""3 米大战""苹果App 打赏抽成案"中涉嫌的滥用市场支配地位行为，皆因法律规则的模糊性而难以认定。国家市场监督管理总局于 2023 年 3 月 10 日发布的《禁止滥用市场支配地位行为规定》第 12 条虽提出认定平台经济领域经营者具有市场支配地位，还可以考虑相关行业竞争特点、经营模式、交易金额、交易数量、用户数量、网络效应、锁定效应、技术特性、市场创新、控制流量的能力、掌握和处理相关数据的能力及经营者在关联市场的市场力量等因素，但关于具体如何认定滥用市场支配地位行为仍有待进一步细化。

（2）事实认定的不确定性增加了行为认定难度

从案件事实到法律事实的认定是启动法律评价的前提和基础，将事实涵摄于法律描述的构成要件之下，是司法推理的前提。然而，在反垄断法实践中，案件事实多为经济事实，经济事实的瞬息万变、复杂性与特殊性，导致由经济事实向法律事实认定过程的复杂性和不确定性。具体而言，认定移动互联网领域滥用市场支配地位行为，需要对相关市场和企业行为进行事实认定。

首先，相关市场这一事实认定的不确定性增加了滥用行为认定难度。相关市场界定是界定企业市场支配力的关键，是认定滥用市场支配地位行为的前提。相关市场的认定涉及相关产品市场、相关地域市场，在移动互联网领域，由于市场的瞬息万变，相关市场界定往往还要涉及相关时间市场。故此，移动互联网领域相关市场呈现交叉性、复杂性和多样性样态，且由于市场的动态变化性，很难用相同的标准及规则界定相关市场范围。此外，相关市场的界定还会受反垄断政策的影响，不同的反垄断政策对于

"公平竞争"及"经济效率"价值的不同追求，导致市场界定这一事实认定不确定性进一步增加，这都给滥用行为的认定带来了极大的难度。

其次，对企业行为这一事实认定的不确定性，使移动互联网领域滥用市场支配地位行为认定较难。以"搭售"为例，《反垄断法》第22条规定的搭售行为包含搭售商品以及附加不合理的交易条件。[①] 由于多数移动互联网产品的虚拟性，区别于传统实体经济，该领域搭售行为的界限较为模糊，对企业搭售行为的事实认定包含不确定性，争议较大。例如，在"米时科技诉奇虎360滥用市场支配地位案"中，关于"来电秀"是不是独立的产品，争议较大。在移动互联网领域，区别于传统市场中独立商品的清晰界限，每款移动互联网产品之上可同时搭载各种功能，互为替代品，对移动互联网产品是否为独立产品的认定结果具有很大不确定性，因而对于其是否构成搭售行为的认定争议较大。在移动互联网领域，企业行为的事实认定不确定性较大这一问题普遍存在。不仅存在于搭售行为认定之中，也存在于移动互联网领域滥用市场支配地位的其他类型中，对企业行为这一事实认定的不确定性将导致其滥用行为难以认定。

（3）反垄断法的经济政策性增加了行为认定难度

"从历史的角度考察，发达市场经济国家最初的竞争政策主要是通过法律形式表现出来的，在很多情况下，竞争政策同时就是反垄断法的内容。反垄断法的制定、修改本身与国家的经济政策密切相关，反垄断法的执法和司法活动也带有很强的政策性并进而具有较大的灵活性，同样的法条在不同的国家以及不同国家的不同时期的执行情况可能有很大的差异。"[②] 反垄断法的经济政策性使得垄断行为认定的不确定性加剧，从而增加了垄断行为认定难度。

在移动互联网领域滥用市场支配地位行为认定中，反垄断法的经济政策性带来的不确定性加之移动互联网行业的特殊性，使得行为认定的不确定性进一步增加，进而导致滥用市场支配地位行为认定的难度加大。具言

---

① 参见《反垄断法》第22条，禁止具有市场支配地位的经营者没有正当理由搭售商品，或者在交易时附加其他不合理的交易条件。

② 参见孟雁北《反垄断法》（第2版），北京大学出版社2017年版，第38页。

之，不同的反垄断政策可能会导致反垄断法执行力度的差异，例如，2017年欧盟委员会对谷歌公司开出了高额罚单，认定其滥用市场支配地位。据统计，欧盟开出的罚单远高于美国，"尽管美国在反垄断法立法方面比欧盟更为严苛，但欧盟在反垄断执法方面更为严格"。[①] 在滥用市场支配地位行为认定中，宽松、严苛的反垄断政策导向会带来不同的行为认定结果。在移动互联网领域滥用市场支配地位行为认定时，对于行为的竞争性分析、合理性分析等都要涉及竞争政策的考量，因而竞争政策对于行为认定影响很大，竞争政策的不确定性导致行为认定难度加大。经济现象、经济学理论的不断变化与更新带来的竞争政策变化使移动互联网领域滥用市场支配地位行为认定的不确定性进一步升高，行为认定的难度由此进一步提升。

综上，反垄断法的不确定性带来的滥用市场支配地位行为认定难题，诸如法律规则的模糊性、事实认定的不确定性及反垄断法的经济政策性等，增加了滥用行为认定难度。且经与移动互联网领域市场特性、竞争行为特殊性叠加，产生的认定困境进一步加剧。在移动互联网领域，由于反垄断政策的不确定性所带来的滥用市场支配地位行为认定难题更为突出，反垄断法的不确定性已然成为移动互联网领域滥用市场支配地位行为认定难的原因之一。

3. 移动互联网市场特征对违法性认定原则的挑战

"目前，学界通说认为判定某一行为是否触犯反垄断法有两个原则或两种方法：本身违法原则和合理原则。"[②] 本身违法原则和合理原则是美国反托拉斯法在规制垄断协议行为的过程中产生的两项非常重要的原则，其最初适用于规制垄断协议行为，后被广泛运用于对所有的反竞争行为的规制。[③] 作为反垄断法的两大违法认定原则，"本身违法原则"和"合理原则"对于限制竞争行为的认定发挥着纲领性作用。然而随着移动互联网行

---

① 《全球反垄断罚单排行榜：欧盟最高罚142亿元》，人民网，http://it.people.com.cn/n/2014/0801/c1009-25383840.html，最后访问日期：2024年5月29日。

② 叶明：《互联网企业独家交易行为的反垄断法分析》，《现代法学》2014年第4期。

③ 参见孟雁北《反垄断法》（第2版），北京大学出版社2017年版，第134页。

业的发展，在新的市场竞争特征下，适用这两大原则来认定该领域限制竞争行为违法性时，显现出种种不足，影响了行为违法性认定的准确性。

（1）对本身违法原则的挑战

本身违法原则是指对市场上的某些限制竞争行为违法性的认定，不必考虑这些行为的具体情况和后果，即可认定这些行为严重损害竞争，构成违法并应受到反垄断法禁止的原则。① 在对滥用市场支配地位行为认定方面，其优点体现为减少反垄断执法机构及法院调查取证程序，节约反垄断法实施的时间和费用。本身违法原则可以避免对行为是否属于合理行为的个案评价花费大量资源，避免对执法或诉讼中难以决断的经济、商业问题的司法调查。在移动互联网领域，由于滥用行为的技术性及隐蔽性，这一问题更为突出，因而本身违法原则提高诉讼效率的优势更为突出。如适用本身违法原则来对前文案件中所述谷歌操纵搜索引擎算法的行为进行判断，则可以避免旷日持久的司法调查。如若适用本身违法原则来对谷歌公司的行为进行判断，则可以避免旷日持久的司法调查。

然而，虽然本身违法原则的适用可以节约大量执法、司法资源，但其缺陷也不容忽视。从移动互联网领域滥用市场支配地位认定来看，适用本身违法原则可能会带来认定失误并损害公平和正义，这对于移动互联网经济的长期健康发展是极其不利的。"简明标准会限制或者妨碍许多对竞争和经济发展利大于弊的行为的判断，在行为的竞争后果具有多面性的情况下，以评价证据有难度为由而一概采取简明标准，没有充分的理由，也会损害公平正义；且简明标准没有充分考虑经济行为的复杂性，非常有可能存在失误。"② 在移动互联网领域，大量的新型商业模式的出现，给市场带来了一定的高效率，然而其反竞争性也相伴而生，在这种情况下，甄别商业模式的反竞争性，对于准确认定该领域滥用市场支配地位行为至关重要。适用简明标准对经济行为的复杂性考虑是极其不充分的，由此适用本身违法原则对行为进行认定将导致认定结果不准确。

---

① 参见王保树主编《经济法原理》，社会科学文献出版社1999年版，第230~231页。
② 参见孟雁北《反垄断法》（第2版），北京大学出版社2017年版，第137页。

（2）对合理原则的挑战

合理原则是指市场上某些被指控为反竞争的垄断行为不被视为必然非法，而需要通过对企业或经营者在商业或贸易领域的行为及其相关背景进行合理地分析，以在实质上损害有效竞争、损害整体经济、损害社会公共利益为违法标准的一项法律确认原则。[1] 合理原则的适用为反垄断执法、司法机关提供了充分的自由裁量权，在判断行为是否构成违法时，需要对行为的具体情况进行分析。

对移动互联网领域滥用市场支配地位行为认定而言，适用合理原则的优点体现为认定结果更为公正合理。合理原则对移动互联网领域滥用市场支配地位行为的判断，充分考量移动互联网经济的动态性，更能适应移动互联网行业复杂的市场情况，避免机械执法可能对移动互联网经济造成的消极影响。自由裁量权的赋予，使裁判者根据个案灵活运用法律进行裁判，能够结合社会整体利益进行考虑，更容易保护移动互联网经济的发展。然而，合理原则的缺陷也是显而易见的。首先，适用合理原则增加了反垄断执法、司法成本。在移动互联网领域滥用市场支配地位行为认定中，对被控企业的市场份额、市场力量的举证十分复杂，这一点在"米时科技诉奇虎 360 滥用市场支配地位案"[2] 中有充分体现。在该案中，米时科技为了证明奇虎 360 的市场支配地位，提供了诸多证据，首先举证证明其相关市场范围，其次提供了奇虎 360 的市场份额、市场占有率、用户规模、财务情况、市场渗透率、百强企业榜单等资料，但最终支配地位仍未得到认定。在前述欧盟对谷歌涉嫌滥用市场支配地位等限制竞争行为进行审查的案例中，合理原则带来的低效率也不证自明。该案中，欧盟历经七年调查，共分析 17 亿条搜索结果，才得出谷歌滥用市场支配地位的结论。合理原则带来的低效率显然不符合移动互联网领域的经济发展需求，在移动互联网领域滥用市场支配地位行为认定中，对于违法行为认定的低效率有可能影响竞争对手的发展。

---

① 参见李钟斌《反垄断法的合理原则研究》，厦门大学出版社 2005 年版，第 1 页。
② 参见北京市高级人民法院（2015）高民（知）终字第 1035 号。

第二节 移动互联网领域滥用市场支配地位
行为的认定建议

为更好地克服移动互联网领域滥用市场支配地位行为的认定难题，应对该领域市场支配地位认定及滥用行为认定困境逐一击破。在该领域的市场支配地位认定方面，主要采用弱化市场份额标准、加强用户数量考察、兼顾跨界竞争分析的方式对市场支配地位认定方式予以改进。在该领域滥用行为的认定方面，主要从反垄断政策的调整、违法性认定原则的选择、滥用行为认定的具体方式选择等方面进行完善，以实现移动互联网领域滥用市场支配地位行为的准确认定。

一 移动互联网领域市场支配地位认定建议

认定滥用市场支配地位行为时，首先需要对市场支配地位进行界定，以确定滥用市场支配地位行为的主体资格。[①] 将拥有市场支配地位作为滥用市场支配地位行为的认定前提，在当前理论界及实务界仍是主流。故而，科学合理地认定市场支配地位尤为重要。在移动互联网领域，由于该领域呈现较为明显的"市场多边性""跨界竞争性"等特征，因而在对市场支配地位认定时应进行适当调整。

（一）改良和弱化市场份额标准

如前所述，传统领域认定企业市场支配地位主要采用市场结构标准，市场份额在衡量企业市场支配地位时发挥了决定性作用。[②] 然而，在移动互联网领域，市场份额标准不仅难以计算，且对于衡量企业市场支配力的作用下降。为此，可以适当改良和弱化市场份额标准对于市场支配力认定的作用。

在移动互联网领域市场支配地位认定中，首先可以改良市场份额标

[①] 参见孟雁北《反垄断法》（第 2 版），北京大学出版社 2017 年版，第 145 页。

[②] 参见王晓晔《王晓晔论反垄断法》，社会科学文献出版社 2010 年版，第 195 页。

准，从而避免因市场份额标准计算难度带来的市场支配地位认定困难。对于此，《平台经济反垄断指南》第 11 条进行了回应。该条指出："确定平台经济领域经营者市场份额，可以考虑交易金额、交易数量、销售额、活跃用户数、点击量、使用时长或者其他指标在相关市场所占比重，同时考虑该市场份额持续的时间。"作为平台经济重要组成部分的移动互联网经济，在确定经营者市场份额时，也应结合移动互联网经济的特点，不仅要关注交易金额，更要关注交易数量、销售额、活跃用户数、点击量、使用时长或者其他指标在相关市场所占比重。而且，基于移动互联网经济的明显的变动性，还要考虑该市场份额持续的时间。如此，方能比较准确地确定移动互联网领域涉案企业的市场份额。

其次，可以弱化市场份额的作用，从而克服市场份额作用力下降而带来的市场支配地位认定精准度下降问题。关于这一点，有学者曾提出，市场份额不是决定经营者是否拥有支配地位的唯一条件。对市场支配地位的认定并不完全取决于大规模的市场，通过立法或者设定其他条件，经营者同样可以处于垄断或者具有完全或者实质性减少竞争能力的地位。关于弱化市场份额的做法在传统领域中便有案例可循，在"联合商标案"中，法院对经营者是否拥有市场支配地位进行评判时，除考虑经营者市场份额外，还考虑了经营者的品牌效应、生产规模或能力、专有技术、竞争对手的实力以及竞争状况等诸多因素，这些都成为认定市场支配地位的主要因素。[1] 此外，在移动互联网领域，竞争日新月异，企业市场力量时刻处于动态变化之中。市场份额虽然是说明企业市场地位极其重要的因素，但它基本是对企业过去竞争力的说明。因此，在判断移动互联网领域市场支配地位时，除了市场份额这一标准，还应当考虑影响企业竞争力的其他因素，比如"经营者拥有的用户数量、数据、互联网平台企业的网络效应等";[2] 又如，市场的可竞争性，可竞争性代表潜在竞争对手的进入门槛，既包括牌照，也包括用户、数据等其他沉没成本。只要进入门槛足够低，

---

[1]　参见戴龙《滥用市场支配地位的规制研究》，中国人民大学出版社 2012 年版，第 124 页。

[2]　参见戴龙、黄琪、时武涛《"庆祝〈反垄断法〉实施十周年学术研讨会"综述》，《竞争政策研究》2018 年第 4 期。

即使是占据较高市场份额的平台也难以实施垄断行为。[①] 此外，还可以"提高自身创新产品的价格"或"提高竞争对手的创新成本"的定义是对市场力量和垄断力量的另一种更好描述，其可回应传统理论中"控制价格的力量"和"排除竞争对手的力量"。[②]

在移动互联网领域，适当弱化市场份额标准并加强对其他因素的考量，将更利于市场支配地位的准确认定。此外，关于企业市场支配地位的认定，当前立法实践已表现出弱化市场份额标准的倾向。2023 年 3 月 10 日国家市场监督管理总局发布的《禁止滥用市场支配地位行为规定》第 7 条明确提出，分析相关市场竞争状况除了考虑市场份额外，还可以考虑相关市场的发展状况、现有竞争者的数量和市场份额、市场集中度、商品差异程度、创新和技术变化、销售和采购模式、潜在竞争者情况等因素。这在一定程度上体现了市场支配地位认定中对于市场份额标准的弱化倾向。在《禁止滥用市场支配地位行为规定》指导下，今后反垄断执法中对移动互联网企业市场支配地位的认定应弱化市场份额标准；同时，《禁止滥用市场支配地位行为规定》不仅对反垄断执法提供指导，也将对法院审判该类案件提供参考，在移动互联网领域企业市场支配地位的司法认定中，市场份额标准的作用应当进行相应弱化。

（二）加强对用户数量、网络效应等因素的考察

从移动互联网市场竞争特性的角度分析，传统的市场支配地位认定较为看重市场份额标准，然而在移动互联网领域，由于市场的双边性乃至多边性，使市场份额标准不能准确地反映移动互联网领域企业市场支配地位。在移动互联网领域，免费端用户数量的重要性将直接导致盈利端商户数量增加，而研判整个商业模式是否具有前景时，首先关注的是免费端的用户数量，因此数量比销售额更具有实际意义。[③] 移动互联网领域企业市

---

① 参见王先林《平台经济领域强化反垄断的正当性与合理限度》，《苏州大学学报》（哲学社会科学版）2024 年第 2 期。

② 参见金俭《超越市场力量和垄断力量：平台经济时代的反垄断规制》，《比较法研究》2023 年第 1 期。

③ 参见朱婧珂《互联网反垄断中认定滥用市场支配地位》，Proceedings of 2015 International Conference on Law and Economics，2015 年 6 月 6 日。

场支配地位认定中加强对用户数量的考察，不仅是实践需要，同时也形成了相应规定。此外，从立法规定的角度进行分析，《禁止滥用市场支配地位行为规定》实质上确认了用户数量在认定企业市场支配地位中的作用。《禁止滥用市场支配地位行为规定》第 12 条明确指出，认定平台经济领域经营者具有市场支配地位，还可以考虑相关行业竞争特点、经营模式、交易金额、交易数量、用户数量、网络效应、锁定效应、技术特性、市场创新、控制流量的能力、掌握和处理相关数据的能力及经营者在关联市场的市场力量等因素。[①]

故而，要准确认定移动互联网领域市场支配地位，必须加强对用户数量的考察。而对用户数量进行分析时，又必须区分"僵尸用户"与"高频用户"。[②] 以应用软件为例，用户下载某软件后便不再继续使用的情形大量存在，单纯从下载数量而言不能反映市场支配地位强弱，应结合使用时长这一数据对使用频率进行分析，从而更为准确地对是否拥有市场支配地位作出判断。由于移动互联网领域具有更强的用户锁定效应，高频用户数对企业市场支配地位的形成具有决定性影响，故而在判断移动互联网企业是否具备市场支配地位时，应加强对"用户数量"这一标准的考察。在判断移动互联网领域相关企业是否具备市场支配地位时，应重点关注免费端的用户数量，结合使用时长这一数据合理区分"僵尸用户"与"高频用户"，以期实现对移动互联网领域市场支配地位的合理认定。

根据《平台经济反垄断指南》第 11 条的规定，认定或者推定经营者具有市场支配地位，结合平台经济的特点，可以具体考虑以下因素："（一）经营者的市场份额以及相关市场竞争状况。确定平台经济领域经营者市场份额，可以考虑交易金额、交易数量、销售额、活跃用户数、点击量、使用时长或者其他指标在相关市场所占比重，同时考虑该市场份额持续的时间。分析相关市场竞争状况，可以考虑相关平台市场的发展状况、现有竞争者数量和市场份额、平台竞争特点、平台差异程度、规模经济、

---

① 参见《禁止滥用市场支配地位行为规定》第 12 条。
② 参见何昕擘《互联网+背景下滥用市场支配地位的反垄断法规制》，华东政法大学 2015 年硕士学位论文。

潜在竞争者情况、创新和技术变化等。（二）经营者控制市场的能力。可以考虑该经营者控制上下游市场或者其他关联市场的能力，阻碍、影响其他经营者进入相关市场的能力，相关平台经营模式、网络效应，以及影响或者决定价格、流量或者其他交易条件的能力等。（三）经营者的财力和技术条件。可以考虑该经营者的投资者情况、资产规模、资本来源、盈利能力、融资能力、技术创新和应用能力、拥有的知识产权、掌握和处理相关数据的能力，以及该财力和技术条件能够以何种程度促进该经营者业务扩张或者巩固、维持市场地位等。（四）其他经营者对该经营者在交易上的依赖程度。可以考虑其他经营者与该经营者的交易关系、交易量、交易持续时间，锁定效应、用户黏性，以及其他经营者转向其他平台的可能性及转换成本等。（五）其他经营者进入相关市场的难易程度。可以考虑市场准入、平台规模效应、资金投入规模、技术壁垒、用户多栖性、用户转换成本、数据获取的难易程度、用户习惯等。（六）其他因素。可以考虑基于平台经济特点认定经营者具有市场支配地位的其他因素。"其中，对"平台差异程度""规模经济""平台经营模式""网络效应""掌握和处理相关数据的能力""锁定效应""用户黏性""技术壁垒""用户多栖性""用户转换成本""数据获取的难易程度""用户习惯"等因素，都是在认定移动互联网领域市场支配地位时需要重点考察的因素。而且，随着数据作为生产要素，其重要性日益突出，在考察移动互联网领域相关企业市场支配地位时，尤其应关注企业对数据的控制能力和竞争者对数据的获取难度。①

（三）重视对数据要素的关注

数据是移动互联网企业的关键生产要素，移动互联网平台规模越大就能获得越大的数据量。而算法的训练需要以大规模的数据为基础，这就意味着规模越大的移动互联网平台就越具有算法上的优势，能够更好地进行算法训练，从而形成正反馈。数据和算法驱动的特征进一步增强了先发移

---

① 参见叶明、李鑫《大数据领域反垄断规制的理论证成与制度构建》，《科技与法律》（中英文）2021 年第 1 期。

动互联网平台企业的竞争优势，往往成为一种难以逾越的市场进入壁垒。[①]数据作为移动互联网平台的核心竞争力，不论是加强自身地位，还是传导至其他不相关市场，都具有极大优势。[②] 因此，2021 年《平台经济反垄断指南》将活跃用户量、控制数据的能力纳入市场支配地位认定考量因素。在分析移动互联网企业的市场支配地位时，应该重视数据要素的作用。

在分析数据要素对移动互联网企业市场支配地位认定的影响时，主要从以下几个方面进行。其一，从企业采集数据的成本考察。通常来讲，尽管数据不属于有限资源，但是数据的收集仍然需要一定的采集成本，包括人力成本、财力成本、时间成本。在某种程度上，数据收集的成本较低，说明该市场上收集数据的市场进入壁垒较低，市场的集中度较弱，移动互联网企业在该市场上占据市场支配地位的可能性较低。其二，处理数据的能力。有学者认为："大数据的运用不仅是存储数据、建立数据中心，关键是对数据的变现和分析，把不同的数据聚合，这才是大数据的价值来源。"[③] 因此，根据移动互联网企业拥有海量的数据还不能推定其具有市场支配地位，如果它在拥有海量数据的同时又拥有强大的数据处理能力，则可以认定该移动互联网企业具有市场支配地位。其三，移动互联网企业拥有数据的质量。根据移动互联网企业拥有强大的数据处理能力还不能推定其具有市场支配地位，还需要考量该互联网平台拥有数据的广度和深度。[④]

（四）关注跨界竞争特征

在移动互联网领域，平台竞争、跨界竞争模式的兴起对该领域市场支配地位的认定产生了较大影响，故而应对移动互联网领域市场支配地位的认定标准进行适时调整。在传统领域，我们对企业是否具备市场支配地位

---

① 王先林：《平台经济领域强化反垄断的正当性与合理限度》，《苏州大学学报》（哲学社会科学版）2024 年第 2 期。

② 参见袁嘉、兰倩《数字经济时代传导效应理论与妨碍性滥用垄断规制》，《东北师大学报》（哲学社会科学版）2023 年第 2 期。

③ Autoritat Catalanadela Competencia, "The Data-driven Economy, Challenges, for Competition", Accessed December 15, 2020, http://acco. gen-cat. cat/content/80-acc/documents/arxious/actuacions/Eco-Dades-i-Competencia-ACCO-angles. pdf.

④ 参见叶明、黎业明《互联网平台滥用杠杆优势行为的反垄断规制研究》，《管理学刊》2021 年第 2 期。

的分析往往局限于同行之间，而移动互联网领域中竞争关系不仅局限于相同产品的经营者之间，不同产品的经营者之间亦可形成争夺用户的竞争关系，我们在认定市场支配地位时应进行跨界竞争分析，对市场支配地位进行跨市场的考察。

对此，诸多学者曾提出建议。有学者曾提出："移动互联网领域产业边界日益交融，新型商业模式和服务经济快速兴起，新业态不断衍生。移动互联网行业内不同细分领域的企业，经常为争夺用户资源而展开激烈竞争。无论是搜索引擎、社交网络，还是电子商务，一方面各自有不同业务，另一方面又都面向网络用户，都在通过提供免费或低价产品换取用户关注，具有明显的平台化发展和竞争特点。"① 有学者在评论"奇虎360诉腾讯滥用市场支配地位案"时亦指出：在双边市场情形下，市场支配地位的认定过程必须进行跨市场的考察。② 为此我们必须清晰地认识到，移动互联网领域的竞争已不同于传统意义上的同种产品的竞争，其呈现出极强的"平台竞争"和"跨界竞争"特性。因此，在认定移动互联网企业市场支配地位时，应当考量移动互联网市场的平台竞争及跨界竞争特性，对其市场支配地位认定不仅局限于对传统意义上的同业市场的考察，同时应注意到跨行业跨领域的企业之间所存在的竞争关系。

在国家市场监督管理总局2021处理的"阿里巴巴集团控股有限公司在中国境内网络零售平台服务市场垄断案"中，国家市场监管总局从以下几个角度进行综合分析，认定阿里巴巴在中国境内网络零售平台服务市场具有支配地位：一是市场份额较大，近5年，其平台服务收入和平台商品交易额均超过50%；二是相关市场高度集中，长期保持较强竞争优势，其他竞争性平台对当事人的竞争约束有限；三是市场控制能力很强，包括控制服务价格、平台内经营者获得流量、平台内经营者销售渠道的能力；四是财力和先进的技术条件雄厚，巩固和增强了市场力量；五是其他经营者

---

① 时建中：《互联网市场垄断已见端倪亟须规制》，《经济参考报》2016年8月17日，第6版。
② 参见许光耀《互联网产业中双边市场情形下支配地位滥用行为的反垄断法调整——兼评奇虎诉腾讯案》，《法学评论》2018年第1期。

在交易上对其高度依赖，不仅对平台内经营者具有很强的网络效应和锁定效应，还是品牌形象展示的重要渠道，并且平台内经营者转换到其他平台的成本很高；六是相关市场进入难度大，不仅需要投入大量资金建设平台，建立物流体系、支付系统、数据系统等设施，还需要在品牌信用、营销推广等方面持续投入，同时，须在平台获得足够多的用户，才能实现有效的市场进入；七是在关联市场具有显著优势，阿里巴巴有限公司在物流、支付、云计算等领域进行了生态化布局，为网络零售平台服务提供了强大的物流服务支撑、支付保障和数据处理能力。① 其中，就加强了对网络效应、锁定效应、跨界竞争等平台经济特有因素的分析。

在国家市场监督管理总局 2021 年查处的"美团在中国境内网络餐饮外卖平台服务市场垄断案"中，国家市场监管总局充分参考了移动互联网的特殊性，认定美团在中国境内网络餐饮外卖平台服务市场具有支配地位。其指出，美团"积累大量的平台内经营者和消费者的数据，从而建立较为高效的配送安排和调度系统，提供个性化、针对性服务，并能够监测平台内经营者是否在其他竞争性平台经营""美团对平台内经营者具有很强的网络效应和锁定效应，是平台内经营者开展餐饮外卖交易的主要网络销售渠道，并且平台内经营者在美团网络餐饮外卖平台积累的数据难以迁移至其他平台""美团在到店餐饮消费、生活服务、酒店旅游、出行等多个领域和餐饮外卖上下游进行生态化布局，为网络餐饮外卖平台带来更多交易机会"。② 因此，该行政处罚决定书中认定市场支配地位的方法值得借鉴。

（五）分析经营者在关联市场和非关联市场的市场力量

在移动互联网领域，企业收集的数据往往具有多用途性。西班牙加泰罗尼亚地区竞争主管机构认为，"数据对经营者来说是一个基本变量，在某种程度上，它是经营者将其在某一特定市场的支配地位传导到另一市场的关键要素"。③ 若移动互联网平台能够通过实施搭售、掠夺性定价等排他

---

① 参见国家市场监督管理总局国市监处〔2021〕28 号行政处罚决定书。
② 参见国家市场监督管理总局国市监处罚〔2021〕74 号行政处罚决定书。
③ 参见〔美〕赫伯特·霍温坎普《联邦反托拉斯政策：竞争法律及实践》（第3版），许光耀、江山、王晨译，法律出版社 2009 年版，第 454 页。

行为将一个市场的市场力量利用数据传导至相关市场或者不相关市场，并体现出较强的竞争力，据此就可以证明该移动互联网平台在一个产品市场上具有支配地位。例如，Naver（韩国搜索巨头）通过操纵购物和视频服务搜索算法，将自家服务显示在搜索结果顶部，将其在引擎的市场支配力量传导至购物市场，对购物市场造成冲击。考察移动互联网企业在相关市场和非关联市场的影响力能够更加清晰地识别和判定移动互联网企业在市场中是否具有支配力。①

二 移动互联网领域滥用市场支配地位行为认定建议

在移动互联网领域滥用市场支配地位行为认定方面，主要从反垄断政策的调整、违法性认定原则的选择、加强对移动互联网市场特殊性的考量等方面进行完善，以实现移动互联网领域滥用市场支配地位行为的准确认定。

（一）反垄断政策的调整

反垄断政策的选择对于反垄断执法、司法实践具有深刻的影响。以美国为例，竞争政策的变化引发了"本身违法"到"合理理由"判决方法的变化，从 20 世纪 60 年代对低价销售的严厉打击，到 70 年代中期对法律介入的批判，到今天对消费者保护的重视而对低价销售采取法律基本不干预的价值取向，凸显了竞争政策对执法的影响力。② 政策对于反垄断执法的影响，使我们在研究滥用市场支配地位行为认定时不得不对其进行思考。在移动互联网领域，市场特殊性使移动互联网领域反垄断实践面临更为严峻的价值冲突，大量新型商业模式的出现，为市场带来了一定的高效率，也带来了垄断威胁。公平竞争、经济效率、社会福利等价值冲突模糊了滥用市场支配地位行为的认定标准，导致该领域滥用行为认定的难度进一步加大。反垄断政策的严格程度不同，将导致行为认定产生不同结果。因此，我国的反垄断政策应在改良传统反垄断法的基础上，注意与本国现有

---

① 参见叶明、黎业明《互联网平台滥用杠杆优势行为的反垄断规制研究》，《管理学刊》2021 年第 2 期。

② 参见顾敏康《竞争政策对竞争法制的影响》，《法学》2011 年第 9 期。

制度的衔接与融合，适当引入一些柔性行业监管规则，并一边观察域外规制实验的结果，一边摸索适合本土的实践路径。[①]

1. 反垄断政策应兼顾公平、效率、福利、创新等价值目标

不同的反垄断政策有着各自不同的价值追求，反垄断政策价值导向的差异对于行为认定将产生不同的影响。从反垄断政策的经济理论分析，不同经济理论对公平、效率等价值追求不同。[②] 与此相对应，不同价值导向下的反垄断政策在滥用市场支配地位行为认定时，会产生不同的结果。哈佛学派对"公平价值"的片面追求，较多地关注企业的市场份额、市场集中度等市场结构要素，滥用行为认定时可能出现对市场结构的过多干预，而忽略了企业市场行为的正当理由，造成滥用行为认定出现误差。芝加哥学派对静态效率的追求，不适合移动互联网领域竞争特性，其主张最低限度的干预对于该领域是片面的，在移动互联网领域，由于网络效应等特征的影响，市场不总是有效率的，对于静态效率的过分追求可能放纵了部分企业的滥用行为，影响社会总体效率的提升。因此，可以考虑后芝加哥学派对社会福利的关注、新布兰代斯学派对社会公共利益的重视，多目标综合考虑。

在移动互联网领域，反垄断政策应兼顾公平、效率、福利、创新等价值，加强对动态效率的保护，注重对创新的激励。有学者指出：动态产业背景下创新成为企业核心竞争力。互联网需要的是一个蓬勃发展的、极具竞争力的生态系统，政策制定者和监管者如何更好地理解互联网行业的运作方式，以及他们与传统实体市场的区别至关重要。[③] 持续创新的能力不仅是企业保持竞争优势的条件，也是高度竞争市场提出的要求，持续性、突破性创新影响消费者的选择，也与企业的经济效益休戚相关，"创新驱

---

① 参见洪莹莹《欧盟〈数字市场法〉及其对中国的启示》，《上海政法学院学报》（法治论丛）2023 年第 2 期。

② 参见周茂荣、辜海笑《新产业组织理论的兴起对美国反托拉斯政策的影响》，《国外社会科学》2003 年第 4 期。

③ 参见吴汉洪、刘雅甜《互联网行业的竞争特点与反垄断政策》，《财经问题研究》2018 年第 9 期。

动型战略"的提出，更是强调了创新对于国家经济转型的核心作用。① 在移动互联网领域，由于网络产业的垄断形成机理和垄断方式、手段与传统经济有很大的差别，反垄断政策应根据该领域市场垄断的特征有的放矢进行调整。移动互联网行业的垄断主要成因是网络效应，与传统经济中垄断形成的规模经济效应不同。企业实施垄断行为的手段不再是价格控制，而是技术创新。因此，传统的以成本—价格为基础的，以经济效率为核心的反垄断政策已不能完全适应网络产业发展，在网络产业中必须建立以保护技术创新为核心的反垄断政策。② 在移动互联网领域，垄断行为违法性的认定对于产品价格等具有重大影响，且由于创新形式不确定性，行为错误认定成本很大。因而应充分考虑移动互联网市场特性带来新的问题，谨慎认定滥用市场支配地位行为。而且，审慎认定滥用市场支配地位行为，既是对效率的提倡，也是对创新价值的保护。

国际反垄断实践开始在移动互联网领域滥用市场支配地位的认定中关注个人信息保护问题，将个人信息保护水平作为竞争损害评估的因素，"谷歌诉双击案③、微软诉领英案"中均有所体现该趋势。数字平台提供的个人信息保护水平是竞争的一个维度，对利用个人信息实施垄断行为带来的竞争损害进行判断时，可明确将个人信息保护水平作为竞争损害评估要素，建立损害个人信息保护水平的认定标准。④

在国家市场监管总局 2021 年处理的"阿里巴巴集团控股有限公司在中国境内网络零售平台服务市场垄断案"中，国家市场监管总局就兼顾了公平、效率、福利与创新等目标。首先，市监总局认为，阿里巴巴的"二选一"行为排除、限制了中国境内网络零售平台服务市场竞争，包括相关市场经营者之间的公平竞争和相关市场的潜在竞争。其次，损害了平台内

---

① 参见叶明、李鑫《大数据领域反垄断规制的理论证成与制度构建》，《科技与法律》（中英文）2021 年第 1 期。

② 参见蒋岩波《网络产业的反垄断政策研究》，中国社会科学出版社 2008 年版，第 121 页。

③ 参见曲创等《互联网平台反垄断案例评析：经济学视角》，经济科学出版社 2022 年版，第 150 页。

④ 参见杨利华、刘嘉楠《数字经济中个人信息竞争的反垄断治理》，《国际商务研究》2023 年第 3 期。

经营者和消费者的利益。一方面，损害了平台内经营者的经营自主权、不当减损平台内经营者合法利益和削弱了品牌内竞争程度；另一方面，限制了消费者的自由选择权、消费者的公平交易权，并且从长远看会给社会总体福利水平带来潜在损害。最后，阻碍资源优化配置，削弱了平台经营者的创新动力和发展活力，阻碍了平台经济规范有序创新健康发展。[①] 基于以上考虑，市场监管总局认定阿里巴巴的"二选一"行为违反了反垄断法。

同样，在国家市场监督管理总局 2021 年公布的"美团在中国境内网络餐饮外卖平台服务市场垄断案"的行政处罚决定书中，对公平、效率、福利和创新的价值进行了综合考虑。市场监管总局认为，首先，美团与餐饮经营者大规模签订独家合作协议，限制了相关市场经营者之间的公平竞争，提高市场进入壁垒，削弱潜在竞争约束，破坏了公平、有序的市场竞争秩序；其次，损害了平台内经营者的正当利益。通过多种措施迫使平台内经营者"二选一"，并对与其他竞争性平台合作的平台内经营者进行处罚，不合理地限制了平台内经营者的经营自由，损害了公平竞争的市场环境和平台内经营者的正当利益；再次，损害了消费者利益，减少了消费者的选择范围，使消费者无法获得更优质的价格和服务，降低了消费者长期福利水平；最后，阻碍平台经济创新发展。不仅阻碍要素自由流动，妨碍资源优化配置，而且削弱平台企业创新动力，影响平台经济创新发展。[②]

2. 反垄断政策应宽严适中

在移动互联网领域，由于网络效应及锁定效应，该市场极易出现份额巨大的大企业，谷歌、脸书、苹果、腾讯、阿里巴巴、百度等公司在相关市场内皆拥有较大的市场份额，然而高份额一定程度上会产生高效率，且并不必然带来垄断，并不必然构成滥用市场支配地位行为。哈佛学派过于严格的反垄断政策，过分看重市场结构对于竞争的作用，忽略了创新等因素对于企业竞争力的影响，一味打击大企业的行为将遏制其积极性。在移

---

① 参见国家市场监督管理总局国市监处〔2021〕28 号行政处罚决定书。
② 参见国家市场监督管理总局国市监处罚〔2021〕74 号行政处罚决定书。

动互联网领域，技术已成为核心竞争力，掌握创新技术的小企业在某种程度上也能在竞争中取胜，对于小企业的一味保护并无必要，反而可能使一些低效率的小企业得到不必要的特殊保护，不利于整体社会福利的提升。"芝加哥学派"倡导宽松的反托拉斯政策，强调最低限度的干预及市场机制的自我调节，认为干预市场结构只能破坏市场机制的有效作用。"芝加哥学派"采用标准的新古典均衡分析并不适合处理以动态不均衡为特征的信息产业问题。由于网络效应的存在，可能并非最好的产品占据了支配地位。所以当冒尖（tipping）① 的可能性存在时，滥用市场支配地位使对手处于不利地位的行为都比一般情况更具危害性。而且即使是合法地利用网络效应获得市场支配地位的企业，也能通过将消费者锁定在已有产品和服务上来排挤竞争对手。锁定现象使软件业等产业可以存在很高的进入壁垒，也使垄断一旦形成就难以逆转。② "芝加哥学派"倡导的最小干预原则，在认定移动互联网领域滥用市场支配地位时的宽松政策，将使移动互联网领域垄断问题更为严峻，从而影响公平竞争。"后芝加哥学派"理论，注重公平竞争与经济效率的平衡，有利于实现公平与效率目标的有机统一；其强调更为严密的反托拉斯分析方法，注重对企业策略行为的研究，更适合移动互联网领域滥用支配地位行为认定。如此一来，在面对移动互联网领域垄断行为的隐蔽性时，更能有的放矢。比如，在对"苹果 App 打赏抽成案"中，在对苹果公司的行为是否构成滥用市场支配地位行为进行认定时，仅仅从市场份额标准考虑其是否具备市场支配地位是不够的，应对企业策略进行研究，准确认定其抽成规定的性质，对于打赏抽成行为进行解释，比如是否为应用内购买？打赏是赠予行为还是销售行为？其抽成行为是否滥用了市场支配地位？

在移动互联网领域，一方面过于宽松的反垄断政策会导致垄断企业阻碍小企业参与竞争，降低市场活力。另一方面，过于严苛的反垄断政策，会使具有一定规模的高效率企业积极性受挫，不利于其进一步创新，从而

---

① 即在网络效应作用下企业迅速成长为具有市场支配地位甚至独家垄断的企业。

② 参见周茂荣、辜海笑《新产业组织理论的兴起对美国反托拉斯政策的影响》，《国外社会科学》2003 年第 4 期。

减损社会福利。2019 年 9 月，金砖国家竞争法律与政策中心发布了关于数字时代竞争法的报告《数字时代下的竞争：金砖国家视野》，其第一章提出，"各国在监管数字领域时应采取谨慎的思路，同时注意避免因过度监管扼杀新兴市场和技术"①，"除非非常明确，否则不予干预"成为我国互联网领域反垄断执法的基本态度。② 亦有学者指出互联网领域反垄断执法过于谦抑导致执法回应不足③，并围绕数字音乐版权独家授权④、数字内容平台版权集中⑤、网约车经营者集中⑥等具体主题展开分析。

因而，选择宽严适中的竞争政策，协调公平竞争与经济效率等目标间的冲突，平衡社会各方利益，对于移动互联网领域滥用市场支配地位行为的认定十分必要。

（二）违法性认定原则的选择

违法性认定原则即反垄断法的违法性确认原则，它是认定限制竞争行为是否违法的准则。采用不同的违法性认定原则，将会对行为认定产生截然不同的结果。违法性认定原则对于滥用市场支配地位行为等具体行为认定的重要性不言而喻。作为反垄断法的两大违法认定原则，"本身违法原则"和"合理原则"对于限制竞争行为的认定发挥着纲领性作用。然而随着移动互联网经济的发展，在新的市场竞争状况下，两大原则在认定该领域限制竞争行为时，显现出种种不足，影响了行为认定的准确性。通过对二者的比较分析，合理原则更适合移动互联网领域滥用行为的认定，为此，应在对其进行适当修正的前提下，将合理原则适用于滥用市场支配地

---

① 《数字时代下的竞争：金砖国家视野》（报告第一章），邱越译，搜狐网，https://www.so-hu.com/a/342372705_120057883，最后访问日期：2024 年 3 月 7 日。

② 参见叶明、张洁《大数据竞争行为对我国反垄断执法的挑战与应对》，《中南大学学报》（社会科学版）2021 年第 3 期。

③ 参见谭晨《互联网平台经济下最惠国条款的反垄断法规制》，《上海财经大学学报》2020年第 2 期；郜庆《优化数字经济营商环境背景下支配地位认定条款之重塑》，《行政法学研究》2020 年第 5 期。

④ 参见龙俊《数字音乐版权独家授权的竞争风险及其规制方法》，《华中科技大学学报》（社会科学版）2020 年第 2 期。

⑤ 参见王伟《数字内容平台版权集中的法律规制研究》，《政治与法律》2020 年第 10 期。

⑥ 参见刘乃梁《包容审慎原则的竞争要义——以网约车监管为例》，《法学评论》2019 年第5 期。

位行为认定之中。

合理原则实质上为一项效益和价值衡平原则。由于反垄断法的价值目标多元，故合理原则要求对多元价值进行衡平和整合，这势必会提高司法成本，降低司法效率，但合理原则以权衡垄断行为对竞争的正负双重效应为核心，着眼于对竞争造成的实际后果，故其具有很强的适应性和灵活性。[1]"芝加哥学派"的伊斯特布鲁克认为假阳性所造成的危害后果比假阴性更严重，因为在假阴性当中，新的市场进入、创新和其他变化的环境很可能会消除虚假竞争所带来的危害。[2] 对于移动互联网领域滥用市场支配地位行为的认定而言，由于该行为具有明显的双重效应，若适用本身违法原则，则可能将有助于经济效率的行为认定为非法，这与反垄断法的经济效率目标相悖。尤其在移动互联网领域，本身违法原则的适用会使一些本身具有经济效率的行为或者有益的商业策略受到错误惩罚，付出高昂的社会成本。而合理原则关注行为后果而非行为本身，综合分析考虑各种因素能够避免对经济效率行为的错误规制。[3]

在适用合理原则对移动互联网领域滥用市场支配地位行为进行认定时，要对其行为目的和行为后果进行充分考量。首先，应考察涉案企业是否具备排除、限制竞争的主观意图。其次，要重点加强对行为后果的考察。只有涉案企业实施滥用市场支配地位行为时主观上具有限制竞争的目的，且该行为具有实质排除或限制竞争的效果时，才能判定该行为违法。因此，行为目的只作为认定企业滥用行为违法的重要因素，但不是唯一因素。判断移动互联网领域有关企业的行为是否构成滥用市场支配地位行为时，还必须对该行为所造成的后果进行考量。为此，可从市场进入壁垒、技术创新、消费者福利和经济效率四个方面对行为后果进行分析。分析行为是否形成了较大的市场进入壁垒，考量该行为对技术创新的影响，是否扼杀了创新，并分析行为是否破坏移动互联网领域的公平竞争环境、是否

---

① 参见叶明《互联网企业独家交易行为的反垄断法分析》，《现代法学》2014 年第 4 期。

② See East Erbrook F. H. , "Vertical Arrangements and the Rule of Reason", *Antitrust Law Journal*, 1984, 20（2）, pp. 381–422.

③ 参见张小强《网络经济的反垄断法规制》，法律出版社 2007 年版，第 83 页。

损害了消费者福利，此外还要分析涉案企业的市场行为对经济效率的影响，是否降低了资源配置效率。① 在移动互联网领域滥用市场支配地位行为的认定中，应适用合理原则，从以上几方面加强对行为主观意图及后果的考察。

（三）加强对移动互联网市场特殊性的考量

移动互联网领域竞争呈现"行为复杂性""跨界竞争性""动态竞争性"等特性，这些竞争特性使得该领域滥用市场支配地位行为也随之产生了新的变化，如不对这些新特征进行合理把握，将影响该领域滥用市场支配地位行为认定的准确性、科学性。在对移动互联网领域滥用市场支配地位行为进行判定时，应合理分析该领域滥用市场支配地位行为的特征，从而更为精准地认定移动互联网领域滥用市场支配地位行为。

1. 辨别移动互联网领域滥用市场支配地位行为复杂性

由于移动互联网产业主要提供虚拟产品及信息服务，相较于传统经济，其滥用市场支配地位行为较为复杂，表现形式多样且隐蔽性极强，该领域滥用市场支配地位行为往往较难辨别。因而，在对移动互联网领域滥用市场支配地位行为进行认定时，应准确把握其行为特征及表现形式，努力辨别行为复杂性及隐蔽性，从而准确认定移动互联网领域滥用市场支配地位行为。

如何辨别移动互联网领域滥用市场支配地位行为的复杂性？下面以滥用市场支配地位行为中较为常见的"搭售行为"及"差别待遇行为"为例，对移动互联网领域滥用市场支配地位行为的复杂性及如何辨别进行分析。对于搭售行为，移动互联网领域往往采用 App 捆绑销售等方式进行，该行为认定的复杂性主要在于辨别其是否为同一产品难度较大，为此应准确判定搭售商品与被搭售商品的独立性。在判断移动互联网产品的独立性时，应考虑以下因素：搭卖品和结卖品分别满足用户的什么需求以及这些需求之间的关系；产品各自的功能；产品之间的联系手段及影响程度；产品所使用的技术是否具有关联性。对于差别待遇行为，传统行业中差别待

---

① 参见叶明《互联网企业独家交易行为的反垄断法分析》，《现代法学》2014 年第 4 期。

遇行为的常见表现形式主要是价格歧视。但在移动互联网产业中，由于多边市场的存在，差别待遇行为经常会表现为非价格歧视，表现形式更为特殊。我们在认定移动互联网领域差别待遇行为的违法性时，应当对交易的形式进行扩大理解，以适应移动互联网产品和商业模式的迅速变化。对于交易是否影响了竞争秩序应结合具体产品和移动互联网产业特点进行评估，考虑其对潜在创新和消费者利益的影响。①

总体而言，相较于传统行业，移动互联网领域滥用市场支配地位行为的基本类型未发生显著变化，但其行为表现形式却有了明显不同。例如，搭售中的"App捆绑搭售"行为、差别待遇中的"非价格歧视"等，为此我们应深入分析滥用市场支配地位行为的内涵和外延，准确把握移动互联网领域滥用市场支配地位行为新的表现形式，辨别移动互联网领域滥用市场支配地位行为复杂性，准确认定该领域滥用市场支配地位行为。

2021年的《平台经济反垄断指南》第16条指出："分析是否构成搭售或者附加不合理交易条件，可以考虑以下因素：（一）利用格式条款、弹窗、操作必经步骤等交易相对人无法选择、更改、拒绝的方式，将不同商品进行捆绑销售；（二）以搜索降权、流量限制、技术障碍等惩罚性措施，强制交易相对人接受其他商品；（三）对交易条件和方式、服务提供方式、付款方式和手段、售后保障等附加不合理限制；（四）在交易价格之外额外收取不合理费用；（五）强制收集非必要用户信息或者附加与交易标的无关的交易条件、交易流程、服务项目。"第17条规定："分析是否构成差别待遇，可以考虑以下因素：（一）基于大数据和算法，根据交易相对人的支付能力、消费偏好、使用习惯等，实行差异性交易价格或者其他交易条件；（二）实行差异性标准、规则、算法；（三）实行差异性付款条件和交易方式……"其中，"搜索降权、流量限制、技术障碍""强制收集非必要用户信息""大数据和算法"等就与移动互联网经济密切相关。2022年《反垄断法》第22条新增"具有市场支配地位的经营者不得利用数据

---

① 参见蒋潇君《互联网企业滥用市场支配地位行为的反垄断法规制研究》，对外经贸大学2014年博士学位论文。

和算法、技术以及平台规则等从事前款规定的滥用市场支配地位的行为"的规定。因此,在辨别移动互联网领域滥用市场支配地位行为时,应该关注该领域滥用市场支配地位的复杂性和特殊性。

2. 行为竞争效果分析应结合移动互联网双边市场特性

移动互联网行业提供的产品或服务常常具有双边甚至多边市场的特征。与传统单边市场不同,处在双边市场中的企业面向的是两个或两个以上的消费群体且群体之间存在关联性。[①]在这种情形下,竞争关系不仅存在于同行之间,而且更多地存在于不同行业之间。无论是搜索引擎、社交网络,还是电子商务,一方面各自有不同业务,另一方面又都面向网络用户,都在通过提供免费或低价产品换取用户关注,具有明显的平台化发展和竞争特点。例如,百度在打造搜索帝国的同时涉足视频、音乐、安全等领域;腾讯背靠10亿海量用户,可以轻松进军游戏、邮箱、团购等各个领域。移动互联网领域的竞争已经不同于传统意义上的行业竞争,而是一种崭新的平台竞争、跨界竞争。[②]具体而言,在移动互联网领域,相同功能的软件之间自然存在直接的竞争关系;即使是功能不相同的软件之间,在网络广告市场中也有着直接的竞争关系。同时,由于移动互联网领域经营者往往同时提供多种功能的产品,彼此涉足的市场领域往往互相重叠,如果某一款移动互联网应用软件在用户端具有足够的市场份额和足够强的用户锁定效应,若其对其他应用软件在用户端上进行排斥,无论该软件与其功能是否具有替代关系,都可能会构成在相关市场中的排斥和限制竞争的后果。[③]

在这种竞争模式下,我们对移动互联网领域滥用市场支配地位行为的认定也要作出相应调整。在认定移动互联网领域滥用市场支配地位行为时,对其行为产生的竞争效果进行分析时,应注意移动互联网领域"双边

---

① 参见李剑《双边市场下的反垄断法相关市场界定——"百度案"中的法与经济学》,《法商研究》2010年第5期。

② 参见时建中《互联网市场垄断已见端倪亟须规制》,《经济参考报》2016年8月17日,第6版。

③ 参见寿步《互联网市场竞争中滥用市场支配地位行为的认定》,《暨南学报》(哲学社会科学版)2012年第10期。

市场"特性，对行为是否产生排斥、限制竞争后果的分析应基于正确的市场范围。在对竞争效果分析时，不能仅从表面分析其行为产生的竞争效果，而要透过现象挖掘其背后的竞争效果，否则极易出现行为对竞争无影响的判断，影响对滥用市场支配地位行为的认定。

3. 行为判定方法应适应移动互联网领域动态竞争特性

传统的三步法认定移动互联网领域滥用市场支配地位局限性较大，不能适应移动互联网领域动态特性，与时俱进革新滥用市场支配地位行为的认定方法，对于准确判定移动互联网领域滥用市场支配地位行为具有较大意义。

为克服传统的三步分析方法的局限性，可以选择市场支配力—竞争效果评估方法（M-C），绕过相关市场界定，直接对市场支配力进行认定；或者选择行为—竞争效果评估分析法（C-C），直接从市场行为造成实际或者可能的影响来评估相关行为是否违法。如前所述，无法精确且无争议地界定出相关市场，并不意味着并不存在反垄断问题，相关市场理论不应成为移动互联网企业逃脱反垄断审查的理由，应当允许进行"弱化"或"越过"相关市场完整分析的处理，以避免三步分析方法的弊病。[1] 具体而言，在移动互联网领域，如果有可能直接获得市场支配力的证据，或者从市场行为中推断出市场竞争可能具有的积极或者消极影响，这时就可以不界定相关市场，也不需要传统的分析方式。当然，即使选择后面的两种方法，得出的结论仍然可能不确定。这时我们也可以考虑相关市场界定，但不需要把相关市场、市场支配力和竞争效应的分析作为前后割裂的步骤，而应该看作具有关联性的三个要素。如果对市场支配地位的判断标准能够反过来验证相关市场以及市场份额判断，就可以增加判断结论的说服力。[2]

法院的判决也昭示了实践中对传统滥用市场支配地位方法的突破，在"奇虎360诉腾讯滥用市场支配地位案"中，法院的生效裁判打破了传统

---

① 参见孙瑜晨《互联网共享经济监管模式的转型：迈向竞争导向型监管》，《河北法学》2018 年第 10 期。

② 朱理：《互联网环境下相关市场界定及滥用市场支配地位的分析方法与思路》，《人民司法·案例》2016 第 11 期。

的分析滥用市场支配地位行为的"三步法",采用了更为灵活的分析步骤和方法。最高人民法院认为,在相关市场边界较为模糊、被诉经营者是否具有市场支配地位不甚明确时,可以进一步分析被诉垄断行为对竞争的影响效果,以检验关于其是否具有市场支配地位的结论正确与否。此外,即使被诉经营者具有市场支配地位,判断其行为是否构成滥用市场支配地位,也需要综合评估该行为对消费者和竞争造成的消极效果和可能具有的积极效果,进而对该行为的合法性与否作出判断。[①] 这也提示我们,在移动互联网领域,由于动态竞争特性,相关市场边界模糊性等特征,在相关市场界定、市场支配地位确定等方面存在较大困难,继续沿用传统的滥用市场支配地位行为认定思路将使该领域滥用行为认定面临诸多困境,为此,可以通过"弱化"或"越过"相关市场完整分析的处理,以避免三步分析方法的弊病。[②]

总之,在认定移动互联网领域滥用市场支配地位行为时,要根据该领域市场竞争的实际状况,结合移动互联网领域"动态竞争性"等特征,灵活变革行为认定方法,以实现对移动互联网领域滥用市场支配地位行为的合理认定。

[①] 参见最高人民法院(2013)民三终字第 4 号民事判决书。

[②] 参见孙瑜晨《互联网共享经济监管模式的转型:迈向竞争导向型监管》,《河北法学》2018 年第 10 期。

第四章　移动互联网领域垄断协议的
违法性认定问题

　　移动互联网市场是一种新生的、独立的市场，其与 PC 端互联网虽分别属于不同的领域，但也具有网络效应、用户锁定效应以及垄断行为隐蔽性等特征。移动互联网市场的发展，逐渐衍生了较多的移动互联网领域垄断协议问题。和传统市场垄断协议一样，移动互联网领域的垄断协议也具有两面性，兼具促进创新、提高效率与排除、限制竞争的特征。故而，移动互联网领域垄断协议的违法性认定，需要综合衡量其对市场竞争所产生的正负效应。相较于分析移动互联网领域垄断协议的行为构成与责任追究，对其违法性的认定是规制移动互联网垄断协议的一大难点。[①] 随着经济全球化的发展，"反垄断法应当干预的不是垄断状态，而是垄断行为"的观念日益深入人心，尤其对于崇尚私权自治的移动互联网市场主体而言，一味强硬的政府干预无疑会招致抵触与反感。因此，面对方兴未艾的移动互联网经济，应当秉持辩证法的思维，不能一味地打压发生在移动互联网领域的垄断协议，应看到移动互联网领域垄断协议的积极作用，鼓励商业模式和经营策略的创新，适应、引领移动互联网经济发展。所以，在移动互联网领域垄断协议的违法性认定上，以传统市场垄断协议违法性认定原则为基础，可以坚持以合理原则为主、本身违法原则为辅的宽容态度进行分析。

[①]　参见石俊华《反垄断与中国经济发展——转型时期中国反垄断政策研究》，经济科学出版社 2013 年版，第 80~81 页。

在谦抑原则指导下，如何对移动互联网领域垄断协议行为进行违法性认定，是本书需要研究的重要问题。本书认为考察移动互联网领域的一项"协议"行为是否构成违法性垄断协议，需要从主体、行为、主观、效果四个方面展开。其中，主体和行为是构成垄断协议的基础，主观与效果是分析垄断协议是否具有违法性的关键，进而结合是否存在豁免情形的考虑，对移动互联网领域垄断协议的违法性作出最终判断。通过以上内容的层层推进，探究垄断协议在移动互联网领域呈现的新问题，才能准确地对移动互联网领域垄断协议行为进行正确的反垄断法规制。

第一节　移动互联网领域垄断协议违法性分析模式

当前，世界各国立法并未一致采用"垄断协议"这一法律术语，但是都有对"垄断协议"实质内容的规定。我国 2022 年《反垄断法》将垄断协议定义为"排除、限制竞争的协议、决定或者其他协同行为"。2023 年3 月 10 日国家市场监督管理总局发布的《禁止垄断协议规定》第 5 条对垄断协议作了细化规定："垄断协议是指排除、限制竞争的协议、决定或者其他协同行为。协议或者决定可以是书面、口头等形式。其他协同行为是指经营者之间虽未明确订立协议或者决定，但实质上存在协调一致的行为。"但是，就移动互联网领域垄断协议而言，我国《反垄断法》尚无类似《反不正当竞争法》中的"互联网专条"进行专门规定。

对移动互联网领域垄断协议违法性认定问题，和传统行业垄断协议一样，我国《反垄断法》未厘清垄断协议违法性认定及豁免制度与本身违法原则或合理原则之间的关系，[①] 而且，反垄断法学界现有研究对移动互联网领域垄断协议排除、限制市场竞争问题的理解、分析，还未形成明确统一的判断与认定标准。比如对轴辐类共谋的认定，轴辐类共谋是指多家企业使用相同的计算机算法决定市场价格或对市场做出反应，可能形成全行业的合谋，导致价格上涨。这种情况下如何适用合理原则，是一个待解决

---

① 参见曾晶《反垄断法上转售价格维持的规制路径及标准》，《政治与法律》2016 年第 4 期。

的问题。① 相比之下，美国《谢尔曼法》、《联邦贸易委员会法》和《克莱顿法》则将合理原则与本身违法原则相结合，综合考虑垄断协议的竞争效果、性质、参与者的市场力量、对经济效率的影响、替代方法和利益平衡六个因素，按照从前往后的步骤依次进行分析，更为严密清晰，有一定参考意义。美国著名竞争法学家赫伯特·霍温坎普在其著作《联邦反垄断政策：竞争法与其实践》中曾列出一个较为简易的美国垄断协议违法性认定适用步骤指南，② 如表 4-1 所示。为便于与我国《反垄断法》规定的相关内容进行比较，本表增加我国反垄断实践中惯用的违法性认定分析模式。

表 4-1　中美垄断协议违法性认定适用步骤和分析模式

	美国	中国
步骤一：效果	协议是否可能造成产量降低或价格上涨。如果不是，一般来说属于合法行为；如果会造成上述结果，则进入步骤二的分析	是否属于《反垄断法》第 17 条、第 18 条、第 19 条规定的内容（即我国认为具有反竞争效果的协议），如果是，则进入步骤二的分析
步骤二：性质	协议是纯粹的限制竞争协议，还是有利于成本降低、产品质量提升，但附随反竞争效果的协议。如果是前者，则违法；反之进入步骤三的分析	是否属于《反垄断法》第 20 条第 1 款，如果不属于，则违法；反之进入步骤三的分析
步骤三：市场力量	分析协议参与者的市场力量：在此阶段需要分析参与者的数量、市场集中度、参与方之外是否存在具有竞争力的市场主体、市场准入门槛、协议参与方是否能够突破限制自由地买卖商品。如果经过分析表明，参与方行使其市场力量也不能获利的，则行为合法；如果参与方行使其市场力量可以获利的，则进入步骤四的分析	N/A（即不相关或不适用，下同）

---

① 参见王先林《论我国垄断协议规制制度的实施与完善——以〈反垄断法〉修订为视角》，《安徽大学学报》（哲学社会科学版）2020 年第 1 期。

② 参见〔美〕赫伯特·霍温坎普《联邦反托拉斯政策：竞争法律及其实践》（第 3 版），许光耀、江山、王晨译，法律出版社 2009 年版，第 275~280 页。

续表

	美国	中国
步骤四：效率	是否有足够充分的证据证明协议可以通过降低参与者成本，或提高产品质量而创造经济效益。如果没有，则行为违法；反之则进入步骤五的分析	符合《反垄断法》第 20 条第 1 款第（1）至（5）项的，是否会严重限制相关市场的竞争，并且能够使消费者分享由此产生的利益。若不会严重影响竞争且使消费者分享由此产生的利益，则豁免；反之违法
步骤五：替代方法	是否有其他对竞争损害较小，但能达到同样效果的行为。若有，则行为违法；若没有，则进入步骤六的分析	N/A
步骤六：利益平衡	反垄断执法机关需要在竞争威胁与带来的效益之间进行平衡。如果威胁真实存在，并且参与协议的经营者不能想出一个重新安排其协议的办法以使这种威胁降低的话，只能认为该行为是违法的	同步骤四

　　由表 4-1 分析可知，我国《反垄断法》继受了欧盟规制垄断协议相关规定的基本精神，在对垄断协议违法性进行分析时，采用的是违法推定、个案效果评估与公共利益抗辩相结合的方式。其主要综合考查垄断协议的性质、对竞争的效果和是否提升效率和公平利益三个因素，进而得出具体的垄断协议行为是否违法以及能否得到豁免的结论。对移动互联网领域的垄断协议案件，也基本上按照此模式进行违法性认定。然而，两大违法性认定原则，即本身违法原则和合理原则的对立，反映了反垄断法实施过程中诉讼成本和社会成本的矛盾。这也导致实践之中司法部门与行政部门对垄断协议违法性认定的做法分歧较大，就同一个垄断协议案件，存在截然不同的垄断协议违法性认定后果。司法部门在认定垄断协议（包括移动互联网领域垄断协议）违法性时，认为本身违法原则更加严厉，即不需要对主观目的、行为方式及竞争效果进行衡量，只要实施了某些特定类型的垄断协议行为，均将被认定为违法。因此，本身违法原则一般仅适用于部分"核心卡特尔"[1]，例如操纵

---

[1]　"核心卡特尔"（Hard-Core-Cartels）一词，最早提出是在经济合作与发展组织（OECD）1998 年《关于打击核心卡特尔的有效行为建议》中，根据该建议，核心卡特尔是指竞争者之间达成的反竞争协议、协同行为或安排，包括固定价格、串通投标、限制产量、限定配额，通过划分消费者、供应商、地域或商业渠道等方式分享或分割市场。

价格、划分市场等。相反，采用合理原则认定垄断协议违法性则较为宽容，通过对个案情况进行综合考虑，实践中最终认定为违法性垄断协议的比率较低。简言之，司法部门通常对横向垄断协议主要采用本身违法原则或推定违法原则①，对纵向垄断协议采用合理原则。② 但行政部门与此不同，基于执法成本等考量因素，更倾向于采用简单方式处理垄断协议行为，即多数情况下采用本身违法原则处理横向垄断协议和纵向垄断协议。③

　　和对待传统市场垄断协议以及 PC 端互联网领域垄断协议一样，我国对移动互联网领域垄断协议违法性的分析相对简单。美国作为反垄断法治建设最早的国家之一，其认定垄断协议违法性的一些做法值得我国借鉴。美国垄断协议违法性分析的考量标准与流程步骤都有严密的规定，不论这些规定的实际效果如何，至少进行垄断协议违法性认定时，可以在一定程度上避免程序失误，增强垄断协议违法性认定结果的科学性。例如，在世界上第一起因利用算法实施价格协议而遭受处罚的案件——"Topkins案"④ 中，美国司法部指控亚马逊公司实施了"合谋修改在线销售商品价格"的行为。其分析该案中合谋行为是否违法时思路如下：①Topkins 代表亚马逊公司与其他竞争者就特定海报协商定价；②在协商过程中，Topkins 与其他合谋者达成协议，以固定、提高、维持和稳定特定海报商品的销售价格；③为实施价格协议，Topkins 与合谋者约定采用特定定价算法，以协调各自的价格调整；④为落实价格合谋，Topkins 撰写定价算法代码，该代码可指导亚马逊公司按照价格合谋约定对特定海报商品定价；⑤为落实价格协议和监督定价算法的效力，Topkins 与合谋者搜集、交换、监督和讨论相关定价与销售信息；⑥Topkins 与合谋者按照达成的价格协议销售海报商

① 推定原则是假设存在排除、限制竞争的效应，但被告可以证明不具有排除、限制竞争的效应而免责。
② 参见兰磊《论我国垄断协议规制的双层平衡模式》，《清华法学》2017 年第 5 期。
③ 参见叶卫平《反垄断法分析模式的中国选择》，《中国社会科学》2017 年第 3 期。
④ U. S. Department of Justice, "United states of America V. David Topkin", Accessed July 15, 2019, https://search. justice. gov/search? query=Topkins&op=Search&affiliate=justice.

品，收取价款。① 对以上六种行为通过采用表 4-1 分析模式进行违法性认定，可以明确得出亚马逊公司与其他竞争者之间达成并实施了价格垄断协议，违反《谢尔曼法》关于垄断协议的规定，故而受到相应的处罚。②

　　总之，当前我国移动互联网领域垄断协议依托于移动互联网市场而存在，具有主体隐蔽性、市场双边性等特殊性，在垄断协议的主体、行为、主观目的以及竞争效果等方面均存在一定的认定困境。但是，当前我国移动互联网领域垄断协议的违法性认定，仍然按照分析传统垄断协议违法性的模式进行，基本上未结合移动互联网市场的特殊性，提炼出一套有针对性的违法性分析模式。而要对移动互联网领域垄断协议行为进行专门的违法性认定，除了运用反垄断法进行定性分析、价值判断之外，还需运用经济学、统计学等方法进行定量分析，以破解一系列困境。

第二节　移动互联网领域垄断协议违法性认定困境

　　移动互联网领域垄断协议的违法性认定，不仅面临主体界定不明与客观行为判定上的困境，亦存在主观目的与行为效果认定上的困难，尤其是移动互联网领域垄断协议的认定偏向采用合理原则的背景下，相关考量因素更多，增加了违法性认定的难度。因此，下文分别对移动互联网领域垄断协议违法性认定困境进行分析。

一　移动互联网领域垄断协议的主体界定不明

　　移动互联网领域垄断协议的违法性认定，首先要解决的就是行为主体的界定问题。但是，移动互联网市场是由许多主体共同经营的特殊运作体系，该市场垄断协议主体呈现多元化、隐蔽性强的特征，使得移动互联网领域垄断协议行为主体难以确定、独立性判定困难。

---

① 参见钱大立、黄凯《通力法律评述：算法与定价——数字时代的反垄断合规问题初探》，搜狐网，http://www.sohu.com/a/206466975_740476，最后访问日期：2019 年 7 月 16 日。
② 参见詹馥静、王先林《反垄断视角的大数据问题初探》，《价格理论与实践》2018 年第 9 期。

（一）垄断协议参与主体隐蔽性强

垄断协议是指经营者之间达成的限制竞争协议，移动互联网领域垄断协议是指移动互联网领域的经营者之间达成的限制竞争协议。我国现行法律并未对移动互联网领域的经营者进行专门规定，只在《反垄断法》第15条将垄断行为的重要主体即"经营者"阐明为"本法所称经营者，是指从事商品生产、经营或者提供服务的自然人、法人和非法人组织"。该主体范围适用于整个《反垄断法》所调整的垄断行为主体，未关注移动互联网市场的特殊主体。2021年《关于平台经济领域的反垄断指南》指出，"平台经济领域经营者，包括平台经营者、平台内经营者以及其他参与平台经济的经营者"。并对平台、平台经营者、平台内经营者进行了解释，"平台"即互联网平台，是指通过网络信息技术，使相互依赖的双边或者多边主体在特定载体提供的规则下交互，以此共同创造价值的商业组织形态；"平台经营者"，是指向自然人、法人及其他市场主体提供经营场所、交易撮合、信息交流等互联网平台服务的经营者；"平台内经营者"，是指在互联网平台内提供商品或者服务（以下统称"商品"）的经营者。上述定义对于我们理解移动互联网领域垄断协议的行为主体有重要的启示。

在激烈的移动互联网市场竞争中，诸多经营者也平台化，其发展诉求也从抢占市场向实现盈利转变，不断采取跨界、联合等行为，如以即时通信业务为主的腾讯公司跨界到电子商务（微店、京东股东）和综合视频（腾讯视频、微视）等领域。因此，移动互联网市场主体的跨界经营，导致垄断协议行为主体呈现多元化的特征，一个垄断协议行为背后往往牵涉众多利益主体，但很难有直接证据将行为指定到隐藏的各个主体。例如，2017年QQ、微信中的淘宝优惠券客户群账号接连被封，大批淘宝客中招，账号被封时间从2天到永久不等。尽管最初腾讯官方宣称"是因有用户投诉并确认有大量垃圾信息等骚扰行为"，但是在90%的发单号都被封的情况下，微信系统内的电商小程序同时展开了专属活动，比如蘑菇街联盟蘑客的"717爆品节"，而且微信开始对京东联盟予以扶持，形成"京东客"形象。微信封杀淘宝客之后，连接电商购物平台的入口便是与腾讯合作的电商小程序、微店、京东等商家，并且2014年腾讯就以15%的股份成为京东的大股东，不得不令人联想到背后的利益集团签署了相关协议。这就说明，移动互联网领域垄断协议的多元主体之间往往存在复杂的关系，相关利益主体在移动互联网领域主体虚拟化的背景下，难以有直接证据进行准确认定。

实践中，移动互联网企业对市场利益的追逐不断引发各种垄断问题，增加了垄断协议的认定难度。例如，移动互联网领域三大巨头企业——BAT，在当前移动互联网市场中涉足诸多行业，甚至是众多垄断行为的幕后"黑手"。[1] 那么，若是多个企业利用算法等方式实施诸如上述事件的垄断协议行为，如何在多元化的主体中确定隐蔽的移动互联网领域垄断协议参与者，亦是当前需要考虑的问题。

（二）垄断协议参与主体的独立性难界定

移动互联网领域垄断协议主体的认定困境，不仅体现在多元主体的隐蔽性强方面，还体现在垄断协议参与主体是否具有实质"独立性"的判定上。就传统市场而言，垄断协议参与主体的独立性认定有两个标准：一是在法律上具有独立的人格；二是实质上具有独立的人格。这是具备垄断协议参与主体具有独立责任能力的必要条件。[2] 而在移动互联网领域，由于行为主体具有虚拟性，这两个必要标准的判断变相增加了界定垄断协议主体的难度。因为以往的移动互联网领域反垄断行政执法与司法实践中，垄断协议参与主体大多是参照传统的"经营者"概念进行认定。但移动互联网领域垄断协议主体较之传统市场，涉及实体主体与虚拟主体，关系更加复杂，独立性判定困难。

在移动互联网领域最具代表性的是算法共谋问题。移动互联网企业利用大数据向竞争对手发出信号，并监视对方对这些信号的反应，[3] 从而通

① 2015年起，58同城和赶集网、滴滴和快的合并、美团网和大众点评网合并、携程和去哪儿网的合并，背后都有BAT的身影。详见陈凯茵、徐曼曼《起底互联网公司合并潮：谁是最终赢家？》，新华网，http://www.xinhuanet.com/fortune/cjqmt/2.htm，最后访问日期：2019年8月17日。
② 参见孙晋《反垄断法——制度与原理》，武汉大学出版社2010年版，第31页。
③ 参见〔美〕詹姆斯·R.卡利瓦斯、迈克尔·R.奥弗利《大数据商业应用风险规避与法律指南》，陈婷译，人民邮电出版社2016年版，第163~166页。

过计算机运用多种算法达成限制竞争协议，而且同一类别的网络平台可以利用"技术黑箱"① 实现算法共谋。② 其主要表现在两个方面：一是行为人利用计算机技术进行沟通实施固定价格、划分市场等价格垄断协议行为；二是依据市场透明的价格信息和大数据算法技术，可以在没有意思联络的情况下达成心照不宣的共同实施排除、限制竞争的行为。③ 但是，算法不是适格的法律主体，因为其非自然人、法人或社会组织，而仅仅是被市场主体人为操纵的程序工具。若是再进一步追究算法设计者的责任，便会发现对其进行惩罚的法律基础亦不存在。因为通过算法实施的共同行为并非出自算法设计者之手，他们既没有明示或默示的合谋意思联络，也没有在客观上实施相应的一致行为。④ 至于中途的算法参与者，则可能人数较多难以确定，也可能其实施算法的行为代表了个人、企业、行业协会的利益，性质和目的均不易确定。由此可见，算法和大数据的存在，使得移动互联网领域的垄断协议容易衍生算法合谋，而算法合谋的主体又该如何认定，目前尚无统一定论。

又以直播带货模式下 PMFN（platform most-favored-nation，平台最惠国待遇条款）条款的反垄断法规制为例，直播带货模式正符合代理模式的特征。从所有权来看，在销售达成前，商品所有权所包含的占有、使用、收益权能完整属于品牌方。从定价权来看，虽然主播方会为其直播间的消费者争取更优惠的交易条件，但主播方仅参与议价，影响品牌方的定价行为而不影响定价权的归属，最终商品的销售价格仍由品牌方决定。职是之故，代理例外原则可能成为直播方抗辩不构成纵向垄断协议的理由，进而难以将直播带货模式下的 PMFN 条款认定为纵向垄断协议。⑤

---

① 技术黑箱，是指通过大数据代码、算法技术，输入数据信息，得出数据结论的大数据系统。
② 参见曾迪《大数据背景下互联网平台反垄断法适用难题及对策研究》，《重庆邮电大学学报》（社会科学版）2019 年第 3 期。
③ 参见郭宗杰《反垄断法上的协同行为研究》，《暨南学报》（哲学社会科学版）2011 年第 6 期。
④ 参见钟原《大数据时代垄断协议规制的法律困境及其类型化解决思路》，《天府新论》2018 年第 2 期。
⑤ 参见吴太轩、张梦《直播带货模式下 PMFN 条款的反垄断法规制困境及对策》，《重庆理工大学》（社会科学版）2023 年第 9 期。

除此之外，传统市场遗留的问题，比如纵向垄断协议要求其中一方行为主体具有市场支配地位，[①] 在移动互联网领域同样存在。而诸如此类相关问题仍然亟待解决，传统市场垄断协议法律规则对主体的定位已经不能完全适应复杂多变的移动互联网市场，应当及时作出调整和相应改变。

二　移动互联网领域垄断协议行为认定困难

移动互联网的高度便捷性、使用时间碎片化加剧了其内容传播的即时性，大范围高速运转的海量信息资源，使得移动互联网领域垄断协议行为较 PC 端互联网领域垄断协议更加隐蔽，难以被发现和认定。

（一）行为方式认定困难

垄断协议行为通常表现为两个或两个以上的主体通过口头、书面或行为一致的方式达成垄断协议。此处的"协议"是指经营者以及行业协会等主体之间的协议、决定及协同行为，该表现方式类似国外的"合同""联合""共谋"，统称为"通谋"，分为明示通谋与默示通谋。而移动互联网领域市场行为的超时空性和个性化特征，各种算法程序的出现，导致该领域的垄断协议较之传统市场和 PC 端互联网市场中的垄断协议更加难以识别。

当前，在移动互联网领域，经营者之间通过协议、决定达成的垄断协议越来越少，多以默示的协同行为表现出来。一般而言，行为主体通过大数据、云计算等网络技术获取大量资源从而形成一种默示的协同行为，而算法的存在使得市场透明度增强，相关企业在没有合谋的意思联络下出现了高度一致行为。由于算法默示合谋的智能隐蔽性，竞争执法机构和消费者一般难以察觉产品或服务价格、产量等市场因素的变化，但此类合谋却能实质性地排除、限制竞争，破坏数字市场竞争秩序、削弱消费者福利、损害社会总体福祉。这意味着算法默示合谋能够扭曲反垄断法传统共谋原则从而达到明示合谋效果，使得反垄断执法机构难以识别辨认。因此算法

---

① 参见盛杰民、叶卫平《反垄断法价值理论的重构——以竞争价值为视角》，《现代法学》2005 年第 1 期。

设计与运行的非透明性、合谋行对高技术性与隐蔽性、稳固性，均向竞争执法机关现有的合谋识别机制提出了挑战。[1]

在理论界，学者对算法形成的数字卡特尔，包括轴辐协议、自我学习卡特尔、算法支持的默契串谋三种形式垄断协议的认定以及违法性分析尚无统一定论。[2] 尤其是第三种形式的垄断协议行为，究竟是基于市场的趋利性，在采用了相同或类似的算法后导致的一种偶然的市场一致行为，故而不构成垄断协议，[3] 还是市场主体为了获利，通过信息搜索或数据共享达成的一种新型高度协同一致行为，对此学界争议较大。但是，司法实践中偏向认为构成垄断协议，这在我国《禁止垄断协议规定》第 6 条有关协同行为的四项考虑因素以及第 8 条第 2 项禁止"约定采用据以计算价格的标准公式、算法、平台规则等"的规定中均有所体现，[4] 只是缺少详细的衡量方法。国外实践中，根据欧盟委员会的行业调查，超过 2/3 的电子商务零售商都在使用定价算法[5]。在美国，2018 年底进入仲裁程序的"Uber案"中，美国居民斯宾塞·迈耶（Spencer Meyer）于 2015 年提起民事集体诉讼，指控特拉维斯·卡兰尼克（Travis Kalanick）（Uber 联合创始人、前任 CEO、Uber 司机）利用算法操纵 Uber 移动平台，形成司机之间的高车费定价，构成横向与纵向的合谋，损害消费者利益，违反市场自由竞

---

[1] 参见吴太轩、谭娜娜《算法默示合谋反垄断规制困境及其对策》，《竞争政策研究》2020年第 6 期。

[2] 轴辐协议即第三方算法支持的垄断协议；自我学习卡特尔即人工智能自我学习串谋；算法支持的默契串谋，目前学术界争议较大。

[3] 参见孙晋《反垄断法——制度与原理》，武汉大学出版社 2010 年版，第 31 页。

[4] 《禁止垄断协议规定》第 6 条："认定其他协同行为，应当考虑下列因素：（一）经营者的市场行为是否具有一致性；（二）经营者之间是否进行过意思联络或者信息交流；（三）经营者能否对行为的一致性作出合理解释；（四）相关市场的市场结构、竞争状况、市场变化等情况。"《禁止垄断协议规定》第 8 条："禁止具有竞争关系的经营者就固定或者变更商品价格达成下列垄断协议：（一）固定或者变更价格水平、价格变动幅度、利润水平或者折扣、手续费等其他费用；（二）约定采用据以计算价格的标准公式、算法、平台规则等；（三）限制参与协议的经营者的自主定价权；（四）通过其他方式固定或者变更价格……"

[5] 定价算法是指通过彼此分享定价算法，利用人工智能学习技术设置一种利润最大化的算法，并依据市场数据实时调整价格，通过编程对应其他平台的价格变动，从而实现动态固定的效果。

争。而这些主张基本得到美国纽约南区联邦地区法院的认可。由此可见，移动互联网领域大数据和定价算法合谋的行为已经引起欧美国家反垄断执法和司法机构的关注，而我目前尚无进入司法审判程序的相关案件。

（二）垄断协议行为举证较难

移动互联网有较强的隐蔽性、时效性、信息交流的广泛性，加大了对垄断协议行为的举证难度。移动互联网领域垄断协议的发现者可以是相关执法部门、竞争对手以及本企业内部人员等。而大数据使竞争更加复杂，企业具备一定的数据持有能力和处理能力，与消费者以及其他弱势竞争者相比，存在信息不对称的情况，这就导致证据信息在移动互联网市场行为高度隐蔽的环境下大多受控于侵权者，其他人对证据信息获取困难。例如，在"苹果电子书定价垄断"案①中，苹果公司等被调查的巨头企业能够动用各种网络资源混淆视听，扰乱公众视线，利用公众舆论掩盖本身的垄断协议行为，阻断双方或多方之间通过垄断协议来控制价格限制、排除竞争的表示，导致美国司法部在该案审理过程中用了九个多月的时间收集相关证据。② 这足以说明移动互联网领域垄断协议行为具有高度隐蔽性，难以证明。并且，随着移动互联网经济的发展，垄断协议的载体也以Word、Rtf、Txt 文本文档等数据电文的方式表现出来，也许内容与传统市场垄断协议载体所表达的内容差异不大，但是其时效性、可改变性则较大。比如，企业之间达成一种垄断协议电子数据协议，若是企业提前得知将会受到相关部门反垄断调查的消息，可能会采取一些特殊措施以掩盖原本的垄断协议，如通过删除、改变云端储存、制作假协议等方式，抑或部门查处时遇到垄断协议文件过了一定时间段自动隐藏消失而难以恢复的情形。这就会给反垄断执法或司法带来举证上的困难，难以提供有效证据证明垄断协议的达成。③

---

① See U. S. Department of Justice, "United States v. Apple, Inc", Accessed July 13, 2019, https://www. justice. gov/atr/case-document/file/624326/download.

② 参见吴韬、何晴《美国"苹果电子书价格垄断案"争点释疑》，《法学》2017 年第 2 期。

③ 参见叶明、梁静《移动互联网领域垄断协议的认定困境与出路》，《财会月刊》2021 年第21 期。

实践中，移动互联网垄断协议主体若是私下采取"数据共享"或信息传递的行为，则很难有证据证明行为的存在，即使推定也较为困难。例如，2013 年阿里巴巴入股高德，持有高德约 28% 的股份，成为第一大股东。但是阿里巴巴以股东身份实施代表高德公司的行为，依旧是以数字地图、导航和位置服务等业务范围以及与高德以移动互联网位置服务和深度生活服务的基础设施搭建为切入点，在数据建设、地图引擎、产品开发、云计算、推广和商业化等多个层面展开的广泛深入的战略合作，而不包括在电子商务、电商物流等方面的商业活动。因此，二者之间的项目开发需要视情况区分主体是否具有独立性，是否构成垄断协议。例如在生活中，有诸多消费者反映，只在打开高德地图语音时表述过购物的内容，竟然很快被推荐到手机淘宝，且在手机淘宝中并未搜索过相关内容。据此，可以怀疑高德固定将海量的基础地图和生活服务数据转移给阿里巴巴，阿里巴巴通过分析消费者出行、语音内容等众多信息，直接或间接得出消费者所需商品，并将相关产品在手机淘宝、阿里巴巴等移动购物软件中推荐给消费者。可以确定的是，该信息传递行为并非高德内部商业行为，因为手机淘宝是与高德无关的阿里巴巴集团旗下电商产业，此行为中的阿里巴巴是独立的经营者主体，不具有高德股东身份。该行为不仅侵害了消费者隐私，也是阿里巴巴利用与高德存在合作的关系，独占海量位置服务与生活服务数据，排除、限制其他竞争对手获取市场信息资源的行为，构成了纵向垄断协议。虽然阿里巴巴与高德并不承认有"数据窃取或共享"的操作，但不能否认两大平台有能力进行传递信息的行为。而且若是存在该行为，那么相关证据亦是掌握在平台内部的高层管理机构或人员手中，尚无正当理由通过科技手段破解信息内容，举证条件不充分。对于类似事件，实践中将其归属为不能证明意思联络的事实和内容，但经营者行为却高度一致，且该行为属于非经经营者同意不能出现的类型。此时，除非经营者给予合理解释，否则可以推定经营者间存在协同行为，[①] 该方式属于推定方法，但应当依据什么标准推定，我国法律没有明确规定。

---

① 参见江帆主编《竞争法》，法律出版社 2019 年版，第 197 页。

此外，对于算法类垄断协议，证据收集也比较困难。移动互联网平台利用算法实时分析竞争对手的价格策略并进行价格调整，无须人为干预即可实现价格共谋，使算法成为平台领域实现垄断协议的新工具，其违法证据不同于传统的书面形式，很难被执法机关识别。[①]

三　移动互联网领域垄断协议的主观目的不易判定

行为主体之间是否具有限制竞争的"合意"，是认定是否构成垄断协议的重要条件，这种合意包括有法律拘束力的表示和不具有法律效力的其他表示。[②] 而且我国《禁止垄断协议规定》第 6 条亦对其他协同行为的认定因素予以明确，其中规定垄断协议参与方之间有意思联络或信息交流是认定价格垄断协议的行为要件。[③] 但是，由于移动互联网领域垄断协议目的的主观性以及移动互联网市场主体的隐蔽性，行为主体的意图不易判定。

（一）合意难以直接证明

一般而言，垄断协议的认定要求行为主体之间有意思联络，即明显的制约协调的意思表示。但是，在移动互联网领域垄断协议违法性认定时，要在具体操作过程中证明移动互联网市场主体的合意或共谋并非易事。

传统商业模式下的企业共谋主要通过签订协议或合约达到排除或者限制竞争的目的。移动互联网领域的企业之间竞争、谈判、协商等行为都可充分利用算法。比如，实现共谋仅需经营者利用算法精准地向某一群体发送邀约信息即可，在这一过程中企业间达成共谋既不用签订明确的协议，也不用表现出意识联络或形成互动交流，只是借助算法在企业间达成垄断共谋的默契，而被排除垄断共谋之外的经营者则难以获取相关的信息。与此同时，共谋企业通过动态分析市场行情，集体修正市场行为将共谋意识隐藏起来，共谋的形式更多表现为默示共谋，因此在达成共谋状态时相较

[①]　参见张荣刚、尉钏《平台领域反垄断法律规制的效能提升策略》，《南昌大学学报》（人文社会科学版）2023 年第 6 期。

[②]　参见李昌麒主编《经济法学》，法律出版社 2015 年版，第 247 页。

[③]　参见叶卫平《垄断协议的认定及其疑难问题》，《价格理论与实践》2011 年第 4 期。

于明示共谋具有行为隐蔽这一特性，其意识联络难以被证实。①

移动互联网领域垄断协议参与主体的目的在本质上只是一种主观心理状态，而且移动互联网市场主体的虚拟性、隐蔽性使得证明"合意"的直接沟通证据较少。在主观意思联络方面，由于协同行为认定中"心照不宣""意思一致"等词含糊不清，②且本身就带有一定的主观性，而移动互联网领域垄断协议合意的达成多基于数据操作和算法自主决策，并不存在明确的意思交流，这更使得算法默示共谋"合意"的认定举步维艰。③众多学者察觉到移动互联网领域中"合意"达成的变化，认为应当放宽垄断协议的范畴。④但归根结底，"合意"的认定难题并非垄断协议的范畴问题，而是主观"合意"的证据认定问题。囿于"合意"认定的直接证据难以取得，因而依靠间接证据⑤来认定合意不失为明智之举。但我国《反垄断法》关于间接证据的结构、权重、层次规定不明，存在较大的不确定性。⑥

例如，2018 年底，美团外卖与饿了么先后提高了食品配送费和外卖商家的抽成，⑦但是外卖员的收入与商家进账并未增加，而消费者实际的食品结算金额却变高了。在这次涨价事件中，美团外卖发布了提价通知，饿了么却对提价行为予以否认。美团外卖与饿了么作为外卖市场的两大平台，在同年 6 月的市场评估中分别占据 54%、35% 的市场份额，⑧二者同时涨价的行为无疑减损了消费者的优惠福利、增加了平台利润。只是对于

---

① 参见周学荣《算法共谋下反垄断的规制困境与路径选择》，《行政论坛》2024 年第 1 期。

② 参见李胜利、陈绍伟《论默示共谋的类型化及其反垄断法规制》，《安徽大学学报》（哲学社会科学版）2022 年第 5 期。

③ 参见叶明、朱佳佳《算法默示共谋反垄断规制的反思与对策》，《甘肃政法大学学报》2023 年第 5 期。

④ 参见周围《算法共谋的反垄断法规制》，《法学》2020 年第 1 期。

⑤ 参见刘继峰《依间接证据认定协同行为的证明结构》，《证据科学》2010 第 1 期。

⑥ 参见江山《反垄断法上协同行为的规范认定》，《法商研究》2021 年第 5 期。

⑦ 2018 年底，美团提高了针对商户的佣金，向商家发布通知称，自配送和美团专送抽点更改分别如下：独家自配送 10%，非独家自配送 15%，独家专送 18%，非独家专送 25%。同时，饿了么也传出抽佣从 18% 上升至 26% 的消息，不过饿了么对此进行了否认。

⑧ 参见艾媒新零售产业研究中心《2018Q1 中国在线餐饮外卖市场研究报告》，艾媒网，https://www.iimedia.cn/c400/61551.html，最后访问日期：2019 年 8 月 18 日。

该价格协同一致的行为，没有直接沟通证据等可以认定二者存在主观上关于涨价的意思联络。

实践中，移动互联网领域垄断协议难以通过外在的证据直接证明，往往需要由行为主体的客观行为进行推定。[①] 但是，很少有像"3Q 大战"[②]的后续事件那样存在明显的证据。在该案后续事件中，金山、百度、腾讯、傲游、可牛 5 家互联网公司共同发布《反对 360 不正当竞争及加强行业自律的联合声明》，呼吁同行企业一起封杀 360 公司、不与 360 公司发生任何形式的业务合作。该"联合抵制"已经达到了拒绝供给、拒绝购买，或者促使 360 公司的交易相对人拒绝供给、拒绝购买以使 360 公司陷入不利于经营的境地。其中《反对 360 不正当竞争及加强行业自律的声明》便是五家公司"合意"的表示，即不与 360 公司合作、断绝与 360 公司交易。五家公司明显具有设置市场壁垒的心态和行为表示，因此构成垄断协议中的联合抵制。但诸如此类的证明可谓是少之又少，推定的方式也只是在实践中存在，法律并未对如何推定合意进行明确规定，因此要证明市场主体之间的意思联络合意较为困难。

（二）目的性质难以清晰认定

在移动互联网领域垄断协议行为中，仅仅具有意思联络并不能证明具有"垄断"目的。因为正常的商业交往也有合意的达成，还需要这些市场主体之间的行为具有限制竞争、排除竞争对手的不正当意图，而对于该协议的目的是否具有"限制竞争性"至今没有统一判断标准。

以算法默示合谋为例，智能算法本身所具有的自主学习能力、人为因素偏低、市场高度透明都造成了难以认定算法默示合谋的主观意图。首先，在算法默示合谋中，人为因素相较于算法明示合谋更少，算法本身并不具有意图、欲望和恶意，换言之，"黑箱算法"具有极强的自主学习能力，能单独根据市场现状实施定价策略，因此客观上并不存在主观目的，而是经过大量数据分析后的理性商业选择。其次，算法程序也不是其创造

---

① 参见叶明《互联网企业独家交易行为的反垄断法分析》，《现代法学》2014 年第 4 期。
② 参见最高人民法院（2013）民三终字第 5 号民事判决书。

者以及使用者内心偏见和目的的简单投射。最后，数字经济下的数据获取极易实现，市场的高度透明度即受益于此。在高度透明的市场环境下，经营者之间无须信息交流，算法就能为之自主实现大量有关商品的数据信息抓取、分析、处理工作，从而在无意思联络的情况下自主达成共谋，最大赚取市场利润。因此，根据传统反垄断法制度，难以认定算法机器人、算法运营商、技术开发方等多方主体是否存在主观过失或恶意。①

实践中，对于排除、限制竞争目的的认定，难以准确分析，通常以行为效果进行推定。但是，移动互联网领域垄断协议行为不仅只产生一种影响，而是可以带来多种影响。在分析协议多种影响效果时，法律对于主要、次要的区分，以哪种效果为主要评判标准并不清晰，故而对于"限制竞争、排除竞争对手"的目的认定往往引发争议。例如，前文在提到的"苹果电子书定价案"中，美国司法部认定代销模式②以及 MFN 条款③的适用使得电子书价格比亚马逊批发模式下上涨，属于串谋定价抬高电子书销售价格的行为，具有限制竞争的目的，损害了消费者利益，构成了横向垄断（价格卡特尔）。但是苹果公司辩称其行为目的具有正当性，是为了打击亚马逊公司"一家独大"的垄断地位，并且随后电子书价格下降，并未损害消费者利益，亦给消费者提供更多选择权，不构成违法垄断协议。④ 对于该案，我国部分学者对苹果公司的主张持赞成态度，认为其行为目的具有正当性，这与美国司法部以及其他国内学者的观点有所不同。由此可见，对于价格因素背后的消费者福利与竞争效果的冲

---

① 参见吴太轩、谭娜娜《算法默示合谋反垄断规制困境及其对策》，《竞争政策研究》2020年第 6 期。

② 该模式被广泛应用于移动互联网应用服务领域，最先开始于 2010 年苹果公司与 5 家出版巨头（哈珀·柯林斯、西蒙 & 舒斯特、阿歇特、企鹅和麦克米伦）签下的代理合同，主要是一种电子图书的定价模式。代销模式不同于传统的批发模式，出版社拥有对电子图书的定价权，中间商则提取一定比例的佣金作为回报。

③ 最惠国待遇条款，即 Most-Favored-Nation clause，简称 MFN 条款，是指供应商与移动互联网平台经营者约定商品或服务的价格由供应商决定，但供应商承诺在平台上销售商品或提供服务的价格，不得高于其在其他平台上销售商品或提供服务的价格。

④ 参见何晴《移动互联网垄断协议界定之疑难问题——以"苹果电子书定价垄断"一案为例》，《哈尔滨学院学报》2014 年第 7 期。

突，又该如何进行价值取舍，以判定移动互联网领域垄断协议行为的目的性质，仍然存疑。

应当注意的是，对于目的正当性的分析，还要考察垄断协议的豁免情形。对此，我国《反垄断法》第 20 条[①]规定了三种类型的豁免情形，主要包括出于技术创新、提高经济效率和维护公共利益，采用的是"原则禁止，例外豁免"的立法模式。但是，由于对"目的"的推定主观性强，正当性判断同样存在举证困难的问题。比如，在移动互联网领域因经济不景气，为缓解销量严重下降或者供给明显过剩采取垄断协议行为，如何区分其非利用垄断协议维持产品低价供给的行为，该目的"正当性"的界限应怎样划定。并且，若对行为目的正当性进行推定则又涉及下文竞争效果的考量。所以，对移动互联网领域垄断协议目的正当性的认定在适用豁免制度时也存在疑难。

四　移动互联网领域垄断协议竞争效果认定标准不统一

"垄断协议"必须包括"垄断"的含义，否则只是一种具有其他内容的协议，而"垄断"就是指具有排除、限制竞争的效果或结果。[②] 这是分析该行为具有违法性的关键，各国法院在实践中对垄断协议竞争效果的分析也十分重视。

（一）行政与司法双标准

从我国当前立法来看，《反垄断法》第 16 条对"垄断协议"作了定义，在第 17 条和第 18 条第 1 款分别类型化地列举了横向垄断协议与纵向

---

① 《反垄断法》第 20 条："经营者能够证明所达成的协议属于下列情形之一的，不适用本法第十七条、第十八条第一款、第十九条的规定：（一）为改进技术、研究开发新产品的；（二）为提高产品质量、降低成本、增进效率，统一产品规格、标准或者实行专业化分工的；（三）为提高中小经营者经营效率，增强中小经营者竞争力的；（四）为实现节约能源、保护环境、救灾救助等社会公共利益的；（五）因经济不景气，为缓解销售量严重下降或者生产明显过剩的；（六）为保障对外贸易和对外经济合作中的正当利益的；（七）法律和国务院规定的其他情形。属于前款第一项至第五项情形，不适用本法第十七条、第十八条第一款、第十九条规定的，经营者还应当证明所达成的协议不会严重限制相关市场的竞争，并且能够使消费者分享由此产生的利益。"

② 参见许光耀《垄断协议的反垄断法调整》，人民出版社 2018 年版，第 105~109 页。

垄断协议，并且采用了"禁止……达成下列垄断协议"的表述。[①]但是，行政执法部门与司法部门对此却有不同的理解，尤其是对"排除、限制竞争的客观效果"这一要求差异较大。行政执法部门一般采用"目的说"，也称"限制竞争目的说"，只要垄断协议以限制竞争为目的，便认定其具有限制竞争的效果；而司法部门则区分横向垄断协议与纵向垄断协议，即横向垄断协议采用"目的说"，纵向垄断协议则要求行为已经达到了"排除、限制竞争的实际效果"，采取"结果说"，亦称"实质限制竞争说"。[②]换言之，对于横向垄断协议的认定，只要证明协议以限制竞争为目的即可；而对于纵向垄断协议的认定，则要根据协议产生的效果来判断。[③]

比如，反垄断行政执法机构认为当事人从事了"联合抵制交易""固定或变更商品价格"等行为之后，即认定当事人达成了禁止性垄断协议。而法院认为仅凭当事人在纵向垄断协议中"固定市场价格"等约定不足以直接认定构成禁止性垄断协议，还需要考察当事人行为对市场造成的实际效果。[④]但是，我国《反垄断法》对禁止性垄断协议的列举项是默认其已经达到"排除、限制竞争"这一标准，还是需要对"排除、限制竞争"再行证明，这还存在争议。法条关于垄断协议的定义本应具有指导意义，但由于其规定的原则性，实务部门在适用时出现了分歧，这也说明我国关于垄断协议现行法律规定的模糊性，需要相关解释来进行说明。

目的和结果的不同是或然与实然的差别，而移动互联网领域垄断协议难以察觉，行为效果的明确性不同以往，实践中如果仍然采用双标准将有

---

① 《反垄断法》第 17 条："禁止具有竞争关系的经营者达成下列垄断协议：（一）固定或者变更商品价格；（二）限制商品的生产数量或者销售数量；（三）分割销售市场或者原材料采购市场；（四）限制购买新技术、新设备或者限制开发新技术、新产品；（五）联合抵制交易；（六）国务院反垄断执法机构认定的其他垄断协议。"第 16 条："本法所称垄断协议，是指排除、限制竞争的协议、决定或者其他协同行为。"第 18 条："禁止经营者与交易相对人达成下列垄断协议：（一）固定向第三人转售商品的价格；（二）限定向第三人转售商品的最低价格；（三）国务院反垄断执法机构认定的其他垄断协议。"

② 参见江帆主编《竞争法》，法律出版社 2019 年版，第 247 页。

③ 参见张世明《结果论与目的论：垄断协议认定的法律原理》，《政法论丛》2020 年第 3 期。

④ 参见马行知《垄断协议认定问题刍议——以典型案例为视角》，《东南大学学报》（哲学社会科学版）2018 年第 S1 期。

失公允，不利于移动互联网领域垄断协议违法性的认定。比如，近年移动互联网领域出现了一种中心辐射型垄断协议，亦称轴辐协议，其形式通常表现为纵向垄断协议，却产生与横向垄断协议近似的排除、限制竞争效果。[①] 从表面看，轴辐协议是一种纵向垄断协议，反垄断执法部门会直接认定为构成了禁止性垄断协议而进行行政处罚等。而司法部门在审理相关案件时，需要分析协议的类型，但移动互联网领域垄断协议的证据难以获取，相对而言纵向垄断协议可能较隐藏在其后的横向垄断协议更易被认定。具体而言，司法部门对纵向非价格垄断协议多适用合理原则，横向垄断协议偏向采用本身违法原则。若是依旧采用"结果说"证明垄断协议行为使竞争对手遭受损失等结果，则又面临移动互联网领域垄断协议举证困难，不易认定构成违法垄断协议。最终移动互联网领域存在的轴辐协议，很有可能仅被认定构成纵向垄断协议，进而采用合理原则去分析效率、公平等价值目标，较多的认定因素使得行为人更容易逃避法律责任，不利于对移动互联网领域轴辐协议的规制。

（二）价值目标衡量困难

移动互联网领域垄断协议行为效果的违法性认定，就是基于正负竞争效应因素分析的结果。但是，反垄断法维护的价值目标不再仅限于传统的公平、效率等价值，而是逐渐拓展到产业创新、消费者保护等价值领域。[②] 因此，对于移动互联网领域垄断协议的违法性认定，存在考量因素过多、价值衡量困难的问题。

例如，近年常常出现在移动互联网领域具有争议性的 MFN 条款，即所谓的最惠国待遇条款，是指供应商与移动互联网平台经营者约定商品或服务的价格由供应商决定，但供应商承诺在平台上销售商品或提供服务的价格，不得高于其在其他平台上销售商品或提供服务的价格。随着国外对于平台经济领域最惠待遇条款的一系列执法、司法活动发生，国内学者提出

---

① 参见张晨颖《垄断协议二分法检讨与禁止规则再造——从轴辐协议谈起》，《法商研究》2018 年第 2 期。

② 参见叶明《〈反垄断法〉在互联网领域的实施》，载王先林主编《竞争法律与政策评论》2018 年第 4 卷，法律出版社 2018 年版，第 26 页。

平台最惠待遇条款（PMFN）这一新概念。① 国外司法实践中，MFN 条款行为常被认为构成违法垄断协议而受到调查。比如"2013 年德国联邦卡特尔局调查亚马逊案"②，德国联邦卡特尔局认为亚马逊除了经营 Market-Place 平台以外，自身也提供商品零售服务，因此亚马逊与零售商签订的协议并不是单纯的纵向垄断协议。并且，在德国范围内的 B2C（Business to Consumer）在线零售平台服务市场中，亚马逊与第三方零售商在所有产品类别中具有普遍竞争关系，签订的平行价格协议也构成横向垄断协议，属于对竞争的核心限制。该案最终以亚马逊承诺放弃平行价格条款的适用终止调查。国内有学者认为 PMFN 条款中价格对特定商家的优惠限制，存在对消费者利益的潜在危害；也有学者认为约定适用 PMFN 条款一定程度上降低各方谈判和交易的成本，优惠待遇可以避免竞争对手"搭便车"的行为，具有促进竞争的正当性，③ 还有激励部分竞争对手进入市场的作用，因此 PMFN 条款推动零售价格上涨，那些与在位平台拥有相似商业模式的潜在竞争者可能会为了高佣金而进入市场。④ 综观移动互联网领域垄断协议维护的价值目标，存在衡量价值多元化的情况，而当前法律并无具体的价值定位标准，对于如何分析和采用哪些价值因素，实践中亦难以给出明确的判定。

最后，应当注意的是，移动互联网领域垄断协议存在豁免的情形，但目的与效果的关联性较大，分析更加复杂。例如，对于属于《反垄断法》第 20 条第 1 款第 1 项至第 5 项的情形，若是证明不构成禁止性垄断协议，

---

① 参见唐要家、钱声绘《平台最惠国条款的竞争效应与反垄断政策》，《竞争政策研究》2019 年第 4 期；谭晨：《互联网平台经济下最惠国条款的反垄断法规制》，《上海财经大学学报》2020 年第 2 期；焦海涛：《互联网平台最惠国条款的反垄断法适用》，《商业经济与管理》2021 第 5 期。

② See Bundeskartellamt-Startseite，"Amazon beseitigt die Verpflichtung zur Preisparität für Händler auf dem Amazon Marketplace"，Accessed July 17, 2019, https://www. bundeskartellamt. de/SharedDocs/Entscheidung/DE/Fallberichte/Kartellverbot/2013/B6-46-12. html？nn=3591568.

③ 参见孙晋、宋迎《数字经济背景下最惠待遇条款的反垄断合理分析》，《电子知识产权》2018 年第 12 期。

④ 参见李鑫《电商直播平台"全网最低价"条款的反垄断法规制路径探究——从头部主播与欧莱雅的"差价争议"切入》，《甘肃政法大学学报》2022 年第 5 期。

除了需要具有出于技术创新、增进效率、维护社会公共利益等正当性目的，经营者还应举证所达成的协议不会严重限制相关市场的竞争，并且能够使消费者分享由此产生的利益。在分析移动互联网领域垄断协议行为是否符合《反垄断法》第20条第1款第1项至第5项的规定时，涉及移动互联网领域"相关市场"的界定、移动互联网领域消费者利益的考量等问题。而且，需要进一步针对性地界定移动互联网领域什么样的协议行为或者联合程度属于"技术创新、提高经济效率、维护公共利益"。除此之外，对其他具有明显两面性的垄断协议行为，分析其是促进竞争、创新等正效应作用大，抑或联合抵制交易、分割市场、限制转售价格等负面效应大，同样需要衡量竞争、效率、社会公共利益等价值。

第三节 移动互联网领域垄断协议违法性 认定困境的解决思路

在判断移动互联网领域垄断协议的违法性时，应当采用科学的认定标准，综合多种考量因素，借鉴国外经验完善该领域垄断协议违法性认定思路，坚持合理原则为主、本身违法原则为辅。

一 明确移动互联网领域垄断协议主体认定规则

移动互联网领域垄断协议存在协议类型较多、主体多元化、主体跨界行为导致隐蔽性强等现象。在对移动互联网垄断协议主体进行界定时，需要重点关注参与的各个行为主体，以及主体独立性质的认定。

（一）准确界定多元化的垄断协议主体

移动互联网领域主要包含三个要素：移动终端、移动网络、应用服务。① 对此，学界主要有两种理解：一是广义上的移动互联网领域包括基础层移动互联网领域、服务层移动互联网领域以及终端层移动互联网领

---

① 参见工业和信息化部电信研究院《移动互联网白皮书（2011年）》，工业和信息化部网，http://www.miit.gov.cn/n1146290/n1146402/n1146455/c3226891/content.html，最后访问日期：2019年7月19日。

域；二是狭义上的移动互联网领域仅仅指终端层的互联网企业。对于移动互联网领域垄断协议的主体，有学者认为是通过智能移动终端直接与消费者进行交易和为消费者或者第三方提供交易机会的经营活动，并以此来谋求利益的主体。[①] 但该定义只是对移动互联网领域行为主体的一种笼统概括，实践中，移动互联网领域的垄断协议主体则有多种表现形式，不仅包括具有网络效应、"用户锁定"效应以及相对封闭性、产品个人性等特征的移动互联网领域主体，还包括活跃在移动互联网领域的实体企业、行业协会等多元化的主体。

故而，对于移动互联网领域垄断协议的多元隐蔽主体，立法规范可以在要求行为主体是二者及以上的基本前提条件下，不以垄断协议主体实质提供的产品或者服务是否具有移动互联网企业经营内容的方式来判定，亦不根据垄断协议的类型认定，而是进行一种类型划分。其一，依托移动互联网产生的新型行业经营者，比如占据搜索引擎市场支配地位的百度公司。其二，进入移动互联网领域的实体经营者，比如阿里巴巴旗下电子商务平台引入的实体商家。其三，包括移动互联网行业协会以及传统行业协会在内的特定社会组织。同时应当注意到，各行各业的市场主体又贯穿移动互联网的三个领域中，其中尤其要注意规范应用服务领域的主体。因为从当前实践中移动互联网领域达成的垄断协议案件来看，行为主体多为应用服务类型经营者。例如，团购市场中操纵团购价格集体上涨的拼多多、网易考拉，网购旅行平台中调高不同出行方式票价的携程旅行、去哪儿旅行等市场主体。再如，常用的滴滴打车和曾经的优步叫车，在客运高峰期通常会以"需求过多""叫车过旺"等理由而加价 1.2 倍、1.5 倍甚至更多。[②] 虽然相关部门未对这些企业进行处罚，但并不能否认其在各自的行业占据较大的市场份额，集体涨价的行为损害了消费者优惠利益，构成了违法性垄断协议。

---

① 参见韩祥宗《"互联网+"战略背景下我国移动互联网产业发展研究》，《商业经济研究》2016 年第 8 期。

② 参见法制日报《法大教授怒批滴滴加价模式》，新华网，http://www.xinhuanet.com/legal/2017-04/21/c_129557769.htm，最后访问日期：2019 年 7 月 19 日。

（二）合理分析主体独立性标准

在认定移动互联网领域垄断协议行为主体时，一定要考虑主体的"独立性"，即主体需要具有独立的权利能力和行为能力。移动互联网具有开放性、互通性、综合性等特点，对垄断协议参与主体的独立性进行明确认定，亦有助于违法责任的承担和分配。

首先，针对争议较大的直播带货模式下 PMFN 条款的反垄断法规制中主播方是否具有独立性的问题，建议更新主播方作为代理人的独立性判断标准。在传统代理模式下，"辅助机构+不承担风险"标准能够顺利推出经济独立性丧失这一结论，但移动互联网语境下的代理模式与传统语境下的代理模式有所区别。传统代理模式的"辅助"更多的是针对销售标的实体意义上的辅助，可以将其理解为一种"寄售"，虽然商品的所有权未发生转移，但该商品极有可能由代理人实际管理。因此，是否承担商品灭失毁损的风险这一因素在判断代理人是否具有独立性时才显得尤为重要。而互联网代理模式的"辅助"是依托信息技术对销售实施观念意义上的辅助，值得注意的是，虽然互联网经济中代理模式下代理人对销售标的在物理层面的介入程度极低，但对销售行为的影响却极为显著。当今商品销售市场在绝大多数情况下是买方市场，商品生产高度发达加之物流技术的进步使商品与服务有效供应范围迅速扩张，面对同类商品，消费者往往有着众多选择，商品并不属于稀缺资源，买方的注意力才是稀缺资源。可以说，传统的代理模式是为了辅助委托人更好地实现商品的分销，而互联网经济下的代理模式是辅助委托人更多地获得销售者注意力。也正由于其能够独立地对销售施加影响，而非简单地依附于被代理人，满足"辅助机构+不承担风险"这两个条件即可被认为丧失独立经济地位这一逻辑在互联网经济下并不必然能被证成。因此，宜在判断代理人独立性时增加"影响力"因素，即便商品销售采取代理模式，且代理人满足"辅助机构"与"不承担风险"标准，若代理人能够对商品销售施加独立影响，即宜保留其独立主体地位，阻却代理例外原则的适用。具体到直播带货领域，主播方能够对商品销售施加影响，且该影响并非自品牌方力量传导而来，而是源于主播方自身市场影响力，因此作为代理人的主播方并不因代理模式而丧失独立主体地位，属于代理例外原则的例外情形。故此，代理例外原则抗辩的排除使用后，具有独立经济主体地位的主播方，与处于其上游环节的品牌方订立具有排除、限制竞争效果的协议，系纵向垄断协议。①

其次，算法共谋下的垄断协议具有隐秘性和复杂性，表面上是算法主导了垄断协议行为，但是实际操纵者为隐藏在一系列算法技术背后的程序设计者，还有中途引入的其他改良参与者，以及算法的最后使用者。无论这些人员是否存在重叠，不可否认的是，在移动互联网领域存在众多算法设计者、改良者和使用者，他们分属于算法存在的不同阶段，有可能在某一阶段才产生了排除、限制竞争效果的垄断协议，需要具体情况具体分析。除此之外，应当考虑到算法设计者、改良者和使用者的行为不一定代表个人，很可能是企业或者团体行为，这便是将"算法"的合谋落实到"人"的合谋。在具体操作上，应当以算法引发的垄断协议为主线，将从算法设计到最后应用阶段的所有参与主体涵摄在内，可以把自证未曾使用算法的主体排除在外，不能自证的主体则进行具体违法性要件的分析。此种类型化定位分析，减少了对移动互联网垄断协议的主体认定障碍，保证了"独立性"标准，亦有助于提高反垄断法的实施效果。

总之，对移动互联网领域垄断协议违法性判断，主体的认定应当成为首要明确内容，这也是责任承担的前提。实践中，移动互联网领域垄断协议主体认定多采用传统法律规则，比如横向垄断协议要求主体间有竞争关系，纵向垄断协议要求主体间具有上下游关系，即一般要求纵向垄断协议中的一方企业具有市场支配地位的条件。而移动互联网是一个开放性的领域，具有市场多边性和用户的多重归属性等特征，轴辐协议的存在比较特殊，已经突破传统的横向垄断协议与纵向垄断协议模式，存在纵横关系交叉的情况，并且常以纵向垄断协议展现出来，影响横向垄断协议主体的认定。为了便于移动互联网领域垄断协议主体认定，可以不区分横向、纵向协议类型，以及按网络经济形态划分的电子商务垄断协议行为、联合制定

---

① 参见吴太轩、张梦《直播带货模式下 PMFN 条款的反垄断法规制困境及对策》，《重庆理工大学》（社会科学版）2023 年第 9 期。

标准限制竞争行为、联合利用网络限制竞争行为三种类型。而是直接判断一项协议是否排除限制了竞争，可以从目的、行为之一推断是否具有限制竞争性，在认定属于限制竞争协议后，进一步判断该限制竞争协议所参与的主体是哪些，是否为二者及以上，若是，则只要参与主体符合独立性标准，均应作为移动互联网领域垄断协议的主体。如此，便可减轻反垄断执法部门、司法部门较大的工作量，更好地对移动互联网领域垄断协议进行违法性认定与相关责任追究。

二　规范移动互联网领域垄断协议行为判定标准

移动互联网领域垄断协议行为主要是通过协议、决定以及协同行为实施的，因此要解决移动互联网领域垄断协议违法性认定困境，需要对上述三种行为方式进行逐一认定。

（一）准确推定协议的存在

这里所指的协议是狭义上的协议，主要由经营者之间达成的类似合同的具有排除、限制竞争目的的书面协议和口头协议。通常情形，书面形式的协议更容易被发现，而口头形式限于移动互联网信息的保密性和隐蔽性，难以证明双方或多方基于意思联络或信息交流而达成了一致口径。所以，在对移动互联网领域垄断协议进行认定时，只要有直接或者间接证据的证明主体之间达成了书面合同、口头协议，且具有排除、限制竞争的性质，即可认定存在垄断协议。

一般而言，移动互联网领域垄断协议中的书面协议，包括电子协议、纸质协议，均具有明确的条款，可以通过分析具体内容认定是否为垄断协议。但是，口头协议则难以发现和证明，需要扩大来源渠道与形式。在来源方面，《禁止垄断协议规定》第22条规定了包括依据职权，或者通过举报、上级机关交办、其他机关移送、下级机关报告、经营者主动报告等途径，① 较为全面。在形式方面，以电话、录音为主证明口头协议的传统方

---

① 《禁止垄断协议规定》第22条规定："反垄断执法机构依据职权，或者通过举报、上级机关交办、其他机关移送、下级机关报告、经营者主动报告等途径，发现涉嫌垄断协议。"

式，较为简单明了，认定时没有歧义。但是，对口头协议的证明方式还可以更加多样化，比如增加微信语音、QQ 语音以及视频等方式证明，形式上的变动将会大大增加移动互联网领域垄断协议的证明力度。比如，协议主体之间召开视频会议，商议利用数据或信息共享达成同时性的价格调整或者瓜分市场，或进行了其他的排除、限制市场竞争的行为，即可推定垄断协议的存在。例如，随着电商的发展，阿里巴巴与京东的对战从未停息，而 2007 年京东电商物流成立，2013 年菜鸟网络成立（阿里巴巴成为最大股东）①，使得京东配送、菜鸟网络、顺丰成为电商物流行业内的三大巨头。2017 的"顺丰菜鸟大战"是顺丰与阿里巴巴为了争夺物流数据，但京东平台掌握的电商相关数据与占据的市场份额，亦使其与阿里巴巴的明争暗斗愈演愈烈。当前，京东电商分为京东自营商家与非自营商家，京东快递的物流配送只负责京东自营、京东商城、平台商家选择的三种业务来源。此行为表明，京东与其旗下京东快递很可能达成了一种纵向协议，即要求京东快递只配送和京东有利益关系的商家。而消费者则没有选择快递的权利，在其选择京东某一商家购物之后，除非该商家不是京东自营且与京东没有快递合作，否则，没有对快递公司的选择权，自身利益受到损害。横向来看，京东公司在一定程度上利用消费者与京东平台商家，排除了其他快递公司，打击了顺丰与以阿里巴巴为主的各大菜鸟网络股东公司，限制了他们在京东平台电商行业的竞争，亦属于纵向垄断协议的行为。但在该事件中，有关垄断协议的达成，并没有直接的书面协议被公之于众，若能从其他渠道获得证明京东与有关商家达成的语音或视频协议资料，便可推定口头垄断协议的存在，亦不失为一种有效的方式。

（二）清晰判定决定的形式

决定主要是由行业协会作出的，表现形式多样化，对其应作宽泛意义

---

① 2013 年 5 月 28 日，阿里、顺丰、"三通一达"（申通、圆通、中通、韵达）等共同组建"菜鸟网络科技有限公司"。该公司股权结构中，天猫投资 21.5 亿元，占股 43%；圆通、顺丰、申通、韵达、中通各出资 5000 万元，占股 1%。2017 年阿里巴巴为进一步推进新零售战略，将增持旗下菜鸟网络的股份，并将在已投入数百亿元的基础上，未来五年继续投入 1000 亿元。按照协议，此次阿里巴巴将投资菜鸟网络 53 亿元，增资后，阿里巴巴持有菜鸟股权将从原来的 47% 增加到 51%，并新增一个董事席位，从而占董事会 7 个席位中的 4 席，成为最大的股东。

上的理解，包括制定发布含有排除、限制竞争内容的行业协会章程的条款，根据该章程对会员或者由会员作出的决议或建议，或者在协会内达成的非正式的建议。[①]

因此，移动互联网领域相关行业协会作出的章程、规则、通知、纪要、备忘录等均可作为"决定"来处理。例如，联合利用网络限制竞争对手的行为是网络市场滋生的新的垄断协议表现方式，是类似独家交易的一种网络经济特有行为。[②] 1995 年美国花卉电送协会（FTD）成功开发"Mercury Network"网络专门为花卉电送订单，并且借助其实施了"FTD only"计划，对仅使用 FTD 交易服务而不用其他花卉电送协会交易服务的成员给予股票、广告支持等金融奖励，以限制其他花商的加入，利用自身庞大的用户基础达到了排除、限制竞争的效果，因而被美国反托拉斯局禁止。FTD 行业协会的行为就是以决定的行为方式达成违法性垄断协议。这也从另一方面说明，联合利用网络限制竞争对手的行为不需要经营者像独家交易那样同时具有行业优势地位和占有较大的市场份额的标准，只要求具有该行业的优势地位即可，比如像该案例中的 FTD 行业协会一样拥有较大的用户群。因此，移动互联网领域行业协会会员企业为避免参与行业协会组织的行为违法，建议甄别所属行业协会组织的活动、留下有关会议记录，并设定参与行业协会活动的准则。[③]

（三）综合认定协同行为

在移动互联网领域，协同行为是移动互联网企业最常实施的，也是反垄断执法机构最难认定的一种垄断协议行为，主要体现为竞争者之间实施了相同或者类似的市场行为，如共同涨价、降价等。

移动互联网领域的协同行为不能仅仅依据主体的"一致行为"就判定其具有违法性，还应考虑《禁止垄断协议规定》第 6 条规定的另外三种因

[①] 参见江帆主编《竞争法》，法律出版社 2019 年版，第 246 页；孔祥俊《反垄断法原理》，中国法制出版社 2001 年版，第 379 页。

[②] 按网络经济形态划分垄断协议行为主要有电子商务垄断协议行为、联合制定标准限制竞争行为以及联合利用网络限制竞争行为三种类型。

[③] 参见邓志松《广州市番禺动漫游艺行业协会组织垄断协议被罚 10 万元》，《中国工商报》2015 年 12 月 16 日，第 6 版。

素：经营者之间是否进行过意思联络或者信息交流；经营者能否对行为的一致性作出合理解释；相关市场的市场结构、竞争状况、市场变化等情况的因素。其中，认定"一致行为"的实施者之间是否具有某种意义上的信息交流，既可以是直接的证明，也可以是间接的举证。假如一方当事人向另一方发出信息，或向对方能够接收信息的地区发出信息，那么就可认定该当事人实施了某种积极的意思联络行为，而不一定要证明有显而易见的垄断协议存在。比如协同行为中的算法问题，一般将其理解为经营者之间心照不宣共同实施的一种默契行为。①

　　鉴于在不同场景下证明意思联络的难度不同，需灵活结合行为主观特征和客观特征的间接证据，针对性地确立两种证明方法。一是如若能够以信息传递为起点证明共谋时，则可直接以交流证据推定"意思一致"。例如在轴辐类算法共谋中，由于纵向层面的信息传递在先，可通过交流证据来推定横向层面上的共谋意图。二是如若难以利用主观证据证明时，则可以平行行为为起点证明，需通过行为证据与便利行为证据、市场结构证据和交流证据之间的相互补强与印证，厘清其关联关系与累积效果，以证明共谋"合意"的存在。② 此外，需灵活利用不同类型的间接证据以形成证明方法，确立优势证据标准以提升对共谋认定的科学性，同时也需合理配置举证责任以提高对共谋认定的准确性。适用优势证据标准并非遵从主观臆断，而是建立在有效经验和科学方法上的综合判断基础上。对算法默示共谋的证明需通过经济分析来获得可靠的证据，以分析竞争效果、权衡行为利弊。③ 在此基础上，可按照盖然性对单一类型证据进行排序，并择取盖然性较高的间接证据作为主要证据，通过其他类型的间接证据对主要证据进行补充印证，再考量间接证据的整体证明力，以达到明显优势证据标准。

---

① 参见周智高《价格协同行为的认定思路分析》，《中国价格监督检查》2013 年第 7 期。
② 参见叶明、朱佳佳《算法默示共谋反垄断规制的反思与对策》，《甘肃政法大学学报》2023 年第 5 期。
③ 参见金善明《中国平台经济反垄断监管的挑战及其应对》，《国际经济评论》2022 年第 3 期。

在举证责任上，合理分配举证责任。从协同行为路径认定共谋时，需采用举证责任部分倒置。原告承担意思联络和平行行为的初步举证责任，而由被告对未达成合意和未达到排除、限制竞争效果承担证明责任。值得强调的是，对于证明不存在"合意"或不具有"共同性"，往往需要对算法机制的设计原理和运行流程进行解释，被告往往掌握更多、更准确的证据，因而由其承担主要的证明责任更为合理。[1] 这不仅能缓解原告和被告之间的信息不对称，提高执法司法的准确性，也能明确涉嫌经营者对算法机制的合理设计和使用义务，要求经营者主动避免共谋的发生，加强算法机制的合规审查。[2]

例如，2011 年美国亚马逊销售平台上出现一本关于苍蝇的普通书籍（*The Making of a Fly*），一家销售商利用定价算法技术将该书籍定价与竞争对手保持一致，而另一家竞争对手也通过算法将价格始终设置在该销售商价位的 1.27 倍。如此循环使用定价算法，最终书籍单价被抬高至 2370 万美元的"天价"。由此可知，经营者会在竞争中自然趋近相似或相同商品的价格，运用定价算法单方面跟踪竞争对手并进行价格匹配。该案中的参与主体最终达成一致的协同涨价行为，只是综合考虑认为，经营者天然逐利性的单方面跟踪行为属于合法的平行协同行为，不适用本身违法原则，亦不构成违法性垄断协议，未被法律所禁止。

三　类型化分析移动互联网领域垄断协议主观目的表示

移动互联网领域违法性垄断协议行为除了证明有"一致行为"之外，还应考虑到"合谋"的不正当，即经营者之间须有意思联络，且以限制、排除竞争对手为目的。鉴于目的的主观性较强，本书通过对主体行为的类型化分析以判断其主观目的表示。

在认定主观目的之前，可以借鉴欧盟的做法，以立法明确"以限制竞

---

[1] See Andrew Selbst & Julia Powles, "Meaningful Information and the Right to Explaination", *International Data Privacy Law*, 2017, pp. 233, 240—241.

[2] 参见刺森《算法共谋中经营者责任的认定：基于意思联络的解读与分析》，《天津财经大学学报》（现代财经）2022 年第 3 期。

争为目的"的含义。例如，欧共体委员会在 2004 年制定的《关于适用条约第 81 条第 3 款的指南》中通过设置"集体豁免中的黑色清单"以及"核心限制"的方式，对横向垄断协议中的固定价格、限制产量以及划分市场和消费者的行为，纵向垄断协议中的维持转售价格、固定最低价格等行为，都规定为"以限制竞争为目的"的行为。这样就避免了对移动互联网领域垄断协议行为目的进行逐一分析，减轻了反垄断执法机构的工作量。

（一）主观要件的推定证据

司法实践中，移动互联网领域垄断协议主观要件难以发现沟通合意达成的直接证据，往往利用企业间的合作行为达到排除、限制竞争的效果而推定其有"合意"。因此，对移动互联网领域垄断协议主观要件的证明，可以采用类型化分析，即从沟通证据到行为证据、经济证据的转变，[1] 这是一种变相的"目的"法律推定制度。

即使是高度协同一致的行为之"合意"也要满足两个条件：一是企业间达成了一致意见；二是它们在实践中存在合作。[2] 虽然协同行为在外观上缺少达成合意的直接证据，但对主观目的判定，可以通过证据类型化分析。例如，人工智能下的定价算法在达成垄断协议时可能并不具有任何的意思联络，却形成了默示合谋的结果。此时，针对算法的参与者，应当考察其设计或改动算法的行为是否以排除、限制竞争为目的，以及是否具有合理的解释。通过对经营者的行为方式、相关市场结构、竞争状况、市场变化，以及商品或服务价格的变化等，逐渐推定出行为证据与经济证据，以判定行为主体的目的。例如，立陶宛一家名为 E-TURAS 的旅行产品线上预订平台，其管理者 Eturas UAB 通过平台内部通信系统向一部分代理商发出信息，要求代理商将折扣率统一控制在 3% 以下，超过 3% 的折扣优惠会通过系统自动调整为 3%。欧盟法院裁决认为，该行为使得 E-TURAS 平台与各个代理商达成内部低价协议，以低价占据相关预订平台消费者市场，

---

① 参见钟原《大数据时代垄断协议规制的法律困境及其类型化解决思路》，《天府新论》2018 年第 2 期。

② 参见王晓晔《王晓晔论反垄断法》，社会科学文献出版社 2010 年版，第 108 页。

限制了其他竞争对手，具有排除、限制竞争的目的。同时，旅游代理商收到信息没有采取相应措施予以阻止的行为，视为默认同意该平台采用的算法折扣。而各个代理商实际的经济折扣措施，在事实上表示达成联合行为，限制了其他竞争代理商，可以推定各个代理商之间的行为具有限制竞争的目的表示，构成了价格合谋。由此看来，以行为证据、经济证据推定的方式来证明主观要件，将会极大减少对行为目的尤其是默示合谋判定的困难。

由于移动互联网领域的垄断协议较多表现为算法合谋，在目的性质的方面上，可以采取"读心政策"——进行算法审查和检验，引入专家团体从静态和动态两个维度，检验判断算法程序是否存在合谋动机。[1] 静态算法审查是在程序不运行的时候，通过回顾算法程序代码，查询设计上的不足，从而检验算法程序代码本身是否具有合谋动机。动态算法审查则是在程序实际运行的情况下，人为输入变量或数据，通过样本测试的方式，来检查算法运行的输出结果，以此来判断算法运行的时候是否会产生默示合谋的结果。算法检验制度能够在一定程度上实现算法效用的透明度，检验算法代码的合谋动机。[2]

（二）目的性质的推定分析

即使移动互联网领域垄断协议产生损害后果，也不一定真正违反反垄断法，如果具有某些特殊理由，如有利于实现效率、能够维护公共利益，可能会豁免其违法行为。[3] 这就要对行为目的的正当性进行分析。

对移动互联网领域垄断协议行为目的进行分析，是指行为主体具有排除、限制竞争的不正当目的，才可能认定垄断协议违法。排除、限制竞争的不正当目的可以是排挤竞争对手，也可以是减损消费者利益等，即行为目的已经超出正常的利益诉求。例如，往年使用微信和支付宝提现、转账

---

① Kroll, J., Huey, J., Barocas, S., et al. "Accountable Algorithms", *University of Pennsylvania Law Review*, 2019, pp. 633-705.

② 参见吴太轩、谭娜娜《算法默示合谋反垄断规制困境及其对策》，《竞争政策研究》2020年第6期。

③ 参见叶明《互联网经济对反垄断法的挑战及对策》，法律出版社2019年版，第107页。

到银行卡免收手续费。但 2017 年底，微信开始对信用卡还款进行收费，每人每月享有 5000 元的免费额度，而 2018 年 8 月又进行了重新调整，每笔还款均收取 0.1% 的手续费。无独有偶，2019 年 2 月，支付宝也宣布收费新规，最后调整为每人每月具有 2000 元的免费还款额度，超出的部分将按 0.1% 收取手续费。微信与支付宝同时收取手续费的行为，不仅取消了消费者的优惠福利，而且每 10000 元中自身可以抽取大约 10 元的收益。微信和支付宝作为两大电子支付平台，占据了大量的线上提现、转账金额，在当前收取手续费的操作中，二者仅依靠需要缴纳银行转账费故对提现行为收取手续费的说法难以服众。毕竟使用微信和支付宝的各大商家以及银行，都要按月或者其他的方式给予两大平台相应的利益返点，只是因其属于商业秘密难以知晓具体返点。由此可以判断，两大电子支付平台损害了消费者优惠利益，具有获取收益的事实，又不符合《反垄断法》第 20 条规定的为了改进技术、提高经济效率等豁免情形，可以推定其目的不具有正当性。

四　统一移动互联网领域垄断协议竞争效果考量因素

一般而言，垄断行为只有具备社会危害性，才可能具有违法性。垄断协议行为的侵害客体已经从自由、公平有效的竞争秩序发展到公众利益等方面。在认定垄断协议对市场竞争的影响时，考虑到移动互联网领域垄断协议具有两面性，在进行违法性认定时多采用合理原则以对行为产生的实际效果进行判断，因此本书采用"实质性限制竞争说"。[1] 具体而言，从是否损害竞争机制、是否阻碍创新、是否减损消费者福利三方面进行衡量。[2]

（一）是否损害竞争机制

良好的市场竞争机制有利于社会经济健康发展，破坏竞争机制运行可能造成垄断并危害社会经济发展。移动互联网领域的网络效应、用户锁定效应等特性使得该领域一旦达成垄断协议，用户的多重归属性就会变低，

---

① 参见王玉辉《垄断协议规制制度》，法律出版社 2010 年版，第 59 页。

② 参见王健《垄断协议认定与排除、限制竞争的关系研究》，《法学》2014 年第 3 期。

选择权在不知不觉中被限制，其他企业想要进入该市场就要改变移动用户对某项产品与服务的黏附力，付出更大的转移成本以获得市场份额。此时，移动互联网本身就是一道天然的市场进入壁垒，极易对竞争机制产生破坏。故而，对移动互联网领域垄断协议行为可以从以下内容分析。首先，该行为是否设置了市场进入壁垒，使其他相关企业无法进入移动互联网相关领域；其次，该行为是否限制了移动互联网领域用户的选择权，并且控制了信息产品及服务的产销范围。以直播带货的 PMFN 条款为例，头部主播通过 PMFN 条款垄断商品低价，获得价格竞争优势，成为消费者的首选购买渠道，其他直播主体很难有效地与其竞争。[①] 而"双十一"带货数据又是来年品牌方在选择合作方时的重要指标，由此主播方能够通过低价垄断吸引消费者观看直播，同时凭借观看人数与品牌方博弈以维护低价垄断，在此循环中不断巩固头部地位，形成市场封锁效应，加剧直播行业超级主播独大的格局并构筑起中腰部及其后主播强大的破局壁垒。[②]

在 2013 年"德国联邦卡特尔局调查 HRS 案"[③] 中，德国联邦卡特尔局认为酒店在线预订服务商 HRS 公司与合作酒店签订的最优惠价格条款在实质上限制了竞争。原因有三：一是最优惠价格条款使得酒店在线预订服务商没有动力向较低佣金的酒店经营者提供服务；二是 HRS 的最优惠价格使得新酒店在线预订服务商不能享受更优惠的订房价格，进入在线预订酒店市场困难；三是由于酒店经营者根据酒店在线预订服务商以及分销渠道的不同，给予不同订房价格或条件的可能性在很大程度上受到限制，酒店经营者之间的竞争也受到影响。因此，德国联邦卡特尔局判定 HRS 公司与合作酒店签订的协议内容损害竞争机制，违反德国和欧盟竞争法，应当禁止。

---

① 参见李鑫：《电商直播平台"全网最低价"条款的反垄断法规制路径探究——从头部主播与欧莱雅的"差价争议"切入》，《甘肃政法大学学报》2022 年第 5 期。

② 参见吴太轩、张梦：《直播带货模式下 PMFN 条款的反垄断法规制困境及对策》，《重庆理工大学学报》（社会科学版）2023 年第 9 期。

③ See Bundeskartellam-Startseite，"HRS-Hotel Reservation Service"，Accessed July 16, 2019, https://www.bundeskartellamt.de/SharedDocs/Entscheidung/DE/Entscheidungen/Kartellverbot/2013/B9-66-10.pdf?＿blob＝publicationFile&v＝2.

（二）是否阻碍创新

技术创新是移动互联网企业发展的支柱和不竭动力，阻碍技术创新将会造成发展缓慢。① 移动互联网企业利用算法达成共谋，在这一过程中企业只要加入共谋集团，并根据同谋者的行为对自身行为进行动态调整即可实现规模效应，获取高额利润，这种"有利"结果使企业疲于所谓的"创新"，缺乏真正的实质性改革创新的动力。② 因此，考量移动互联网领域垄断协议的竞争效果，必须分析其对创新是否有妨碍作用。

对是否阻碍技术创新的判断可以从以下两个方面进行。一是该行为是否阻碍了垄断协议参与者的技术创新，导致协议参与者形成"几家独大"的情形，对移动互联网行业的总体发展造成不良影响。③ 二是该行为是否阻碍了潜在竞争者的技术创新积极性。垄断协议的参与者可能会通过联合行为抵制潜在竞争者，抑制竞争者的创新精神，导致整个移动互联网行业的经济发展都会受到影响。例如，近期华为公司开始设定 5G 收费标准，如果参照美国高通公司的高专利收费模式④，形成两家独大的市场结构，那么拥有 5G 标准专利的两个公司在全球范围内就极有可能横向筑起高墙，破坏市场竞争秩序，形成"价格卡特尔"。如此一来，该行为等同于利用高昂的专利费变相抬高手机价位，而且最终将费用分摊至消费者身上，损害了消费者利益。除此之外，移动网络技术标准长期被两大公司独占使用，潜在竞争者难以与之抗衡，如果两家公司联合实施一些技术封锁行为，则不利于该行业的技术创新和良性竞争。

---

① 参见吴太轩《互联网企业搭售行为的违法性认定研究——以反垄断法为视角》，《经济法论坛》2014 年第 1 期。

② 参见周学荣《算法共谋下反垄断的规制困境与路径选择》，《行政论坛》2024 年第 1 期。

③ 参见叶明《互联网企业掠夺性定价的认定研究》，《法律科学》（西北政法大学学报）2015 年第 5 期。

④ 根据 2018 年高通公司发布的消息可知：①全球范围内使用高通移动网络核心专利的 5G 手机每台收取专利费如下：单模 5G 手机：2.275%；多模 5G 手机（3G/4G/5G）：3.25%。②使用了高通移动网络标准核心专利+非核心专利的 5G 手机：单模 5G 手机：4%；多模 5G 手机（3G/4G/5G）：5%。而且该收费标准按照单台手机售价缴纳，我国手机市场以多模手机为基础。假设按低标准计算，单台多模手机每 1000 元即缴纳 32.5 元。2017 年，OPPO、VIVO、小米等国内 4G 手机出货量 4.62 亿部，按均价 2000 元估算，国产厂商每年可能要缴纳给高通专利费高达 300 亿，可谓是"专利流氓"。

（三）是否减损消费者福利

消费者基础是移动互联网企业发展壮大的首要条件，消费者的注意力和数据为移动互联网企业提供了源源不断的增长动能，消费者需求往往直接引导着移动互联网经济的发展态势。[1] 强大的消费者基础是构建和运营移动互联网平台不可或缺的关键要素，这既可提升消费者使用该平台的价值效用，亦能吸引其他市场经营者的加入（如广告商、平台内商户等）。消费者在互联网平台生命全周期中扮演着重要角色。[2] 对消费者福利的考察是衡量垄断行为是否违反反垄断法的重要标准之一，也是衡量竞争是否受到损害的重要因素。

移动互联网领域垄断协议对消费者福利的侵害主要表现为两方面。一为限制了移动互联网市场消费者的自主选择权。消费者选择的多样性是反垄断法之关切，[3] 移动互联网领域消费者的选择权亦为彰显消费者主权、发挥消费者主导作用之基础。若移动互联网领域垄断行为划分市场和消费者，导致在一些移动互联网企业控制的相关范围内，消费者只能选择购买这些企业的信息产品或者服务，那么就认定其损害了消费者的自主选择权。二为通过价格联盟的方式导致产品或者服务的价格过高，损害了移动互联网领域消费者的公平交易权。[4] 移动互联网企业间通过算法分析可针对不同消费者的偏好为自身产品制定最有利的价格结构，形成隐性垄断协议，实现共谋所无法避免的负面影响转移至消费者身上，通过产品加价等形式直接损害消费者利益。[5]

例如，2007 年中国电信和中国网通签订的《中国电信集团公司与中国网络通信集团公司合作协议》，主要内容是通过划分南北地域市场从而提高自身的市场占有率，不仅破坏了市场竞争秩序，并且可能导致垄断高

---

[1] 参见叶明、冉隆宇《数字平台并购的反垄断法规制疑难问题研究》，《电子政务》2022 年第 8 期。

[2] 参见叶明、冉隆宇《从间接保护到直接保护：平台经济下消费者在反垄断法中的定位》，《竞争政策研究》2021 年第 5 期。

[3] See Eleanor M. Fox, Against Goals, 81 FORDHAM L. REV. 2157, 2158 (2013).

[4] 参见蒋岩波《网络产业的反垄断政策研究》，中国社会科学出版社 2008 年版，第 194 页。

[5] 参见周学荣《算法共谋下反垄断的规制困境与路径选择》，《行政论坛》2024 年第 1 期。

价、价格歧视等其他垄断行为的出现。南北地区移动互联网用户，由于地域限制难以对移动网络运营商进行自由选择，外出其他地区网络速度受限、消费金额也可能不合理。这对用户来说，其自主选择权、公平交易权无疑受到侵害。

除此之外，移动互联网领域垄断协议的竞争效果不是单一的，往往是多种效果的叠加，需要逐一判断是否损害竞争机制、是否损害技术创新、是否侵害消费者利益等。比如，移动互联网领域常见的 MFN 条款就具有两面性。以 2015 年"欧盟委员会调查亚马逊案"① 为例，亚马逊与电子书供应商签订的 MFN 条款要求供应商一旦给其他竞争平台更优惠的条件应通知亚马逊，并将相应条件也给亚马逊，相应条件具体包括商业模式同等、选择同等、代理价格同等内容。在亚马逊的英语版电子书分销份额约为 80% ~ 100%，德语版电子书份额约为 50% ~ 70% 的移动端电子商务市场中，该条款的施行不但降低了供应商支持和投资其他新商业模式的能力和动机，而且妨碍其他零售商利用新的商业模式进行差异化竞争来挑战亚马逊的市场地位，降低了零售商层面的竞争，强化了移动端电子商务市场进入壁垒，同时侵害了消费者通过新的模式获得电子书的权利。而在 2010 年"英国公平交易局调查 Expedia、Booking、IHG 案"② 中，Expedia、Booking 分别与 IHG 集团签订协议，限制酒店和在线酒店预订平台给予折扣的能力，在事实上构成"最优价格担保"。综合分析来看，这些协议提高了在线酒店预订市场的进入壁垒，阻碍了在线酒店预订平台通过打折方式增加其市场份额的可能性，限制了消费者享受诸如低价促销的福利。由此可见，不同案件中的 MFN 条款会产生不同的影响，应根据个案考量不同因素，进而分析是否需要进行违法处罚。

简言之，运用合理原则对移动互联网领域垄断协议进行违法性认定，就是要综合评估垄断协议行为所带来的正面效应和负面效应的作用大小。

---

① See European Commission, "E-book MFNs and related matters (Amazon) ", Accessed July 16, 2019, http://ec. europa. eu/competition/publications/annual_ report/2017/part1_ en. pdf.

② Office of Fair Trading-GOV. UK, "Hotel online booking investigation", Accessed July 16, 2019, https://www. gov. uk/cma-cases/hotel-online-booking-sector-investigation.

例如，在移动互联网市场存在一种"最低广告价格"（minimum advertised price，简称 MAP 协议），即制造商要求在线销售商只能在广告中以等于或高于最低广告价格的标准来宣传商品，作为回报，制造商要给在线销售商一定的奖励，该奖励往往与最低广告价格的高低挂钩。以 2000 年的"美国音乐 CD 案"[①] 为例，美国联邦贸易委员会最终撤销了本案应适用本身违法原则的陈述，认为这类协议存在有利于竞争的一面，可以激励销售商推广产品并且促进了品牌内的竞争，因此应以合理原则来分析 MAP 协议。从辩证的角度看，MAP 协议并非必然违法，当 MAP 协议实施效果与维持最低转售价格相同时，可以采取严厉的措施进行管制，当其对消费者没有损害或损害较小时，要运用合理原则具体分析。[②] 再如，欧洲的 Nokia 和 Ericsson 公司开发出了 GSM 技术，并联合把其成功推广为第二代移动通信领域的标准，导致竞争对手 Motorola 公司不得不采用 GSM 标准技术。[③] 对此事件，就需要分析 Nokia 和 Ericsson 公司的合作研发科技行为，显然，其促进移动互联网通信技术标准进步的意义，远远大于联合排挤竞争对手使其遭受损害的负面作用，属于我国认定的技术创新豁免情形。应当注意的是，考量因素不仅限于以上三个方面，还应包括移动互联网领域垄断协议行为的性质、市场份额、市场竞争度、价格因素、经济效率等因素，具体因素作用大小需要依靠个案的特殊性进行着重分析。因此，明确移动互联网领域垄断协议行为竞争效果认定的标准，有利于准确规范该领域的垄断协议，维护不同市场参与主体的合法权益。

---

① 在 2000 年，美国五大 CD 音乐制品生产厂商与在线销售商达成 MAP 协议，但被美国联邦贸易委员会宣布其行为涉嫌联合操纵价格，禁止其继续实施 MAP 协议。

② David A Balto, "Emerging antitrust issues in electronic commerce", *Journal of Public Policy & Marketing*, Fall 2000, 19（2），p. 277.

③ 参见李波《基于网络效应的标准竞争模式研究》，浙江大学管理学院 2004 年博士学位论文，第 7 页。

第五章　移动互联网领域经营者集中的反垄断法审查问题

如果说禁止滥用市场支配地位是对已经形成的、现实的市场支配力量予以事后的监管和控制，那么经营者集中反垄断法审查则是针对企业产生或者加强其潜在的市场支配力量并可能滥用该市场支配力量损害市场有效竞争的行为进行的事前预防和控制，旨在维护合理的市场结构，防止市场力量的过度集中。虽然我国《反垄断法》设有专门章节对经营者集中的反垄断审查进行了规定，但是移动互联网领域经营者集中不同于传统经济领域，它具有动态化的垄断地位、集中前多数达不到经营者集中的申报标准等特征。这些新特征不可避免地对我国《反垄断法》所规定的经营者集中审查制度提出了挑战。

为了对此作出回应，本章主要针对我国移动互联网领域经营者集中的现状、特点以及我国移动互联网领域经营者集中反垄断法审查的困境，结合移动互联网领域经营者集中反垄断法审查的域外先进经验，提出我国移动互联网领域经营者集中反垄断法审查的建议。

第一节　移动互联网领域经营者集中审查的现状分析

2015 年 2 月 14 日，滴滴打车和快的打车两大网约车公司在结束了"烧钱大战"之后走向合并。在此之前，滴滴打车获得来自腾讯近 50 亿元人民币的投资，快的打车也获得来自阿里巴巴 50 亿元人民币的投资。① 这本是反垄断执法机构应该进行审查的移动互联网领域的经营者集中事件，但是在这两大网约车公司的合并过程中反垄断执法机构却全程缺位。其原因可能是：移动互联网市场发展迅速，我国反垄断执法机构未能及时作出反应；我国《反垄断法》立基于传统经济，对移动互联网领域经营者集中审查的规定具有滞后性，致使反垄断执法机构介入此次合并事件的执法依据不足。基于此，本章将首先梳理我国移动互联网领域经营者集中审查的现状，探析为何会出现如此情况。

一　移动互联网领域经营者集中的现状

自我国政府提出"互联网+"概念以来，移动互联网行业的并购高潮迭起，移动互联网公司成为资本并购市场的焦点。除了前述的滴滴打车和快的打车合并案件，近几年移动互联网领域也发生了其他不少的并购案例。2015 年 4 月 17 日，58 同城入股赶集网，合并后将获得分类信息市场的绝对份额，但是双方团队和品牌保持独立。② 2015 年 5 月 22 日，携程公司宣布入股竞争对手艺龙公司，持有艺龙公司 37.6% 的股权，至此携程公司成为艺龙公司的最大股东。从在线旅游和机票市场预订规模来看，两家公司合并后，将会占这两个领域一半左右的市场份额。③ 2015 年 10 月 8 日，美团网和大众点评网对外宣称要合并，合并后的新公司将成为中国第五大互联网公司。2015 年 10 月 16 日，阿里巴巴用 56 亿美元收购优酷土豆在美国纽约交易所上市的所有流通股票。2015 年 10 月 26 日，携程宣布与去哪儿网合并。而百度通过股权置换拥有携程近 1/4 的总投票权，这背

---

①　参见《滴滴快的战略合并：出行平台巨无霸崛起》，新浪新闻网，http://finance.sina.com.cn/roll/2015-12-31/doc-ifxncyar6055710.shtml，最后访问日期：2019 年 5 月 22 日。

②　参见《回顾 2015 年，中国互联网十大事件》，搜狐网，https://www.sohu.com/a/54291990_352429，最后访问日期：2019 年 8 月 21 日。

③　参见《携程再入股竞争对手 4 亿美元成艺龙最大股东》，网易新闻，http://news.163.com/15/0525/05/AQEIGFO600014Q4P.html，最后访问日期：2019 年 8 月 21 日。

后的推手——百度成为合并的最大赢家。① 2016 年 8 月 1 日，滴滴和优步中国宣布合并，滴滴在中国占有较大的市场份额，其与优步中国的合并进一步巩固了其在我国网约车市场的份额。② 2017 年 12 月 29 日，携程促成艺龙与同程合作。③ 2017 年 8 月，饿了么与百度外卖合并，尔后被阿里巴巴收购。④ 2018 年 4 月，美团宣布收购摩拜单车。⑤ 2019 年，阿里巴巴集团以 20 亿美元全资收购网易考拉，网易考拉也正式更名为考拉海购。⑥ 在 2020 年 10 月 6 日美国众议院司法委员会反垄断小组发布的《数字化市场竞争调查报告》中列举了大型移动互联网企业在近年来并购名单，数据显示：亚马逊在 1998 年至 2020 年共收购 104 家企业、苹果公司在 1998 年至 2020 年共收购 120 家企业、脸书在 2007 年至 2020 年共收购 86 家企业，在我国，腾讯和阿里收购了大量的"独角兽"企业，阿里巴巴在 2014 年至 2020 年所披露的重大股权投资高达 3958 亿元、腾讯在 2015 年至 2019 年披露的重大投资项目合计 3888 亿元，百度自 2006 年至 2020 年共收购 197 家企业。⑦ 尤其是近几年，互联网行业三大巨头阿里巴巴、腾讯和百度的并购行为在社交软件领域、文化传媒领域、金融领域、生活服务领域等全面铺开，占据多个消费者入口，试图打造一个涉及人们各方面生活的全方位、封闭式的业务组合。目前，美国已经在针对 Facebook 进行经营者集中的反垄断调查，有人由此推断这可能掀起美国移动互联网领域反垄断的又

① 参见《回顾 2015 年，中国互联网十大事件》，搜狐网，https://www.sohu.com/a/54291990_352429，最后访问日期：2019 年 8 月 21 日。

② 参见《滴滴正式宣布与优步中国合并，估值 2000 亿（附公告）》，搜狐网，http://www.sohu.com/a/108590676_465436，最后访问日期：2019 年 8 月 21 日。

③ 参见《构筑"掩体"携程推动同程艺龙合并》，新浪科技网，https://tech.sina.com.cn/i/2018-01-07/doc-ifyqincu9864647.shtml，最后访问日期：2024 年 10 月 29 日。

④ 参见《全资收购饿了么：阿里式完全控股路径》，经济观察网，https://www.eeo.com.cn/2018/0305/323819.shtml，最后访问日期：2024 年 10 月 29 日。

⑤ 参见《美团收购摩拜的幕后风云》，新浪财经网，https://finance.sina.com.cn/chanjing/2018-04-14/doc-ifzcyxmu5261400.shtml，最后访问日期：2024 年 10 月 29 日。

⑥ 参见《阿里巴巴收购网易考拉，是发出坐稳跨境电商头把交椅的信号吗?》，搜狐网，http://www.sohu.com/a/342201197_827089，最后访问日期：2019 年 9 月 25 日。

⑦ 参见王迪《数字平台市场大型科技企业并购初创企业的违法性判定及规制路径》，澎湃网，https://www.thepaper.cn/newsDetail_forward_18616566，最后访问日期：2024 年 3 月 10 日。

一次热潮。①

二　我国移动互联网领域涉嫌垄断的经营者集中的特征

通过分析和归纳，我国移动互联网领域经营者集中的具体特征表现如下。

（一）被集中的企业营业额往往较低

总体而言，我国移动互联网领域被集中的企业营业额往往较低，一般达不到当前规定的经营者集中申报标准。《经营者集中申报办法》第4条第1款规定了经营者集中的申报标准，该标准采取营业额的方式来评估参与集中经营者的市场竞争力。② 以"美团网收购大众点评网案"为例，大众点评网在外卖餐饮行业的营业额并不是特别高，没有达到经营者集中申报的标准，并且当时有百度外卖、饿了么等外卖平台与其竞争。再如，在"滴滴打车和快的打车合并案"中，当时快的打车的营业额也较低，未达到目前的经营者集中申报标准。此外，在"美团和摩拜单车合并案"中，摩拜单车的营业额也未达到规定的经营者集中申报标准。前述这些合并案中，被合并企业往往是某一方面发展比较强劲的新兴企业，拥有较新的技术或者崭新的营业模式，但往往由于经营模式等多方面因素，其年度营业额并未达到《反垄断法》规定的经营者集中申报标准。

（二）主动集中者及其背后的推手往往是大型的移动互联网公司

滴滴打车和快的打车的合并，部分原因是腾讯和阿里巴巴的联手，因为这两个网约车公司合并前，它们分别获得腾讯和阿里巴巴公司的巨额投资。阿里巴巴收购优酷土豆，携程与腾讯、百度联手收购艺龙、去哪儿网，京东通过换股置换1号店，阿里巴巴收购新浪微博，百度收购pps并与爱奇艺合并，饿了么与百度外卖合并后被阿里巴巴收购，阅文集团与光线传媒共同控制的新丽传媒合并等经营者集中案件，均是大型移动互联网公司担任背后的推手。这类经营者集中案件占移动互联网领域经营者集中

---

① 参见方兴东《互联网反垄断或重新定义产业格局》，环球网，http://opinion.huanqiu.com/hqpl/2019-08/15236578.html？agt=15417，最后访问日期：2019年8月21日。

② 《经营者集中申报办法》第4条第1款："营业额包括相关经营者上一会计年度内销售产品和提供服务所获得的收入，扣除相关税金及其附加。"

案例的 70% 以上。[1]

（三）集中之后的移动互联网企业资产迅速膨胀

之前因"烧钱大战"亏损的企业在经营者集中之后，凭借其特殊的商业模式和先进的技术很可能会获得投资人的青睐，使其资产迅速增大。例如，2015年赶集网和58同城网的合并，涉及几亿元的交易额，合并之后由于新股东的投资，使其资产迅速膨胀。这并不是孤例，移动互联网领域的美团外卖、滴滴出行、摩拜单车、自如等企业在集中后都在各自领域迅速扩张和膨胀。

（四）集中前往往处于反垄断执法机构的监管真空状态

前述未进行反垄断审查的移动互联网领域的经营者集中案例中，涉及的集中企业一开始并未受到反垄断执法机构的关注，反垄断执法机构也未采取相应措施，但是这些企业在集中之后往往具有排除、限制竞争的能力，有些甚至采取了一些涉嫌限制竞争的行为。由此可见，移动互联网领域经营者集中确实存在着一定的监管漏洞。比如，一直以来广受关注的"滴滴和优步中国合并案"，虽然许多学者和民众认为其涉嫌垄断，反垄断执法机关应该介入，但是在营造良好的互联网发展大环境的影响下以及市场在资源配置中起决定性作用的谦抑性反垄断执法理念的指导下，[2] 反垄断执法机构迟迟未采取任何行动，致使该合并行为在监管真空下进行。截至 2023 年底，除了"虎牙公司与斗鱼国际控股有限公司合并案"被国家市场监管总局禁止外，其他的移动互联网领域的经营者集中以成功告终。

（五）集中后企业的市场支配地位呈动态性变化

移动互联网产业是以产品或服务的信息性和技术性为核心的产业，技术更新换代十分迅速。移动互联网领域的竞争不同于传统行业，它的竞争以信息技术为基础。移动互联网领域的动态性集中体现在市场支配地位的不固定性与脆弱性上。[3] 只要一个移动互联网经营者率先拥有一种核心技

---

[1] 34 例收购案例中有 22 例涉及阿里巴巴、腾讯和百度三大公司，占比 70% 以上。
[2] 谦抑理念主张市场在资源配置中起决定性作用，反垄断执法原则上应适用包容性监管，支持新生事物的发展。
[3] 参见李俪《互联网产业经营者集中审查制度探析——以滴滴和优步合并案为例》，《山东青年政治学院学报》2017 年第 6 期。

术，就有可能从默默无闻走向具有市场支配地位。例如，2012 年优酷网和土豆网的合并，根据当时的情况来看，二者合并之后将占有网络视频市场80%的份额。① 但出人意料的是，移动视频领域的竞争愈演愈烈，优酷土豆集团没能把握先机，导致在移动互联网市场势力减小，面临生存困境。再如，美团网和大众点评网的合并则使美团网很快成为外卖行业的领头羊。②

（六）通过低价、补贴、股东控制或扼杀式并购的形式进行规模扩张

其一，在移动互联网领域，成规模的用户数据既能在短期内直接变现，又能在长期业务中发展为企业的核心资源。掠夺性定价和"烧钱补贴"成为移动互联网领域常见的两种用户规模扩张途径。移动互联网平台通过价格补贴的方式积累了大规模用户群体，形成"初始垄断"。其二，移动互联网领域也存在较多的通过股权控制方式进行的规模扩张。典型的如 VIE 架构，其通过引入多方复杂主体，利用数据的便捷传输特性，从而实现快速、隐蔽的数据集中。在网络效应和数据优势的作用下，基于初始垄断优势和资本股权控制规模的扩张，移动互联网平台实现了优势传导，形成"双轮垄断"③。其三，通过"扼杀式并购"进行规模扩张。移动互联网大型平台通过"扼杀式并购"收购一些具有潜力的初创企业，以达到抑制竞争和数据集中的目的。④

三　我国移动互联网领域经营者集中的反垄断法审查困境

2014 年阿里巴巴收购中信 21 世纪，接管中国药品电子监管业务；2016 年腾讯音乐收购海洋音乐集团，将酷狗和酷我音乐纳入旗下；2017 年阿里巴巴投资的光线传媒收购美团的猫眼在线后和腾讯收购的微票合并，这些经营者集中行为大多足以控制所收购的目标公司，具有排除或者限制

① 参见《优酷土豆合并共占国内视频市场八成以上份额》，搜狐网，http://it.sohu.com/20120313/n337556512.shtml，最后访问日期：2019 年 8 月 21 日。

② 参见叶明、梁静《我国互联网领域经营者集中反垄断审查的不足与改进》，《西南政法大学学报》2021 年第 1 期。

③ 参见李勇坚、夏杰长《数字经济背景下超级平台双轮垄断的潜在风险与防范策略》，《改革》2020 年第 8 期。

④ 参见靳文辉、苏雪琴《数字资本无序扩张的风险与规制》，《改革》2024 年第 1 期。

竞争的可能，但是这些并购或者集中行为并未受到我国反垄断执法机构的审查。这不禁让人质疑是由于立法的滞后还是市场监督管理部门的不作为。本部分从我国移动互联网领域经营者集中的申报标准、审查标准、审查程序进行探讨，分析我国反垄断执法机构在移动互联网领域经营者集中浪潮中不作为的原因。

（一）移动互联网领域经营者集中事前申报标准规定不合理

移动互联网市场不仅与传统市场存在较大差异，相较于 PC 端互联网市场，其亦呈现诸多特殊性。其中，移动互联网市场最突出的特征在于产品的移动性和个人性，进而使得该领域的经营者集中涉及的利益更为广泛、复杂，对人们的生活影响更为明显。但是，现有经营者集中申报标准侧重对案涉营业额庞大的经营者集中行为进行控制，不能兼顾移动互联网领域经营模式、技术特征和竞争形态的特点，不能有效筛选出需要申报的经营者。从目前的研究来看，学者多集中于传统市场和 PC 端互联网领域的经营者集中申报制度研究，较少涉及移动互联网领域的申报制度和审查制度。因此，本书试图分析我国移动互联网领域经营者集中申报标准的缺漏，以弥补现有研究的不足。

1. 营业额申报标准，有单一性和滞后性

根据 2024 年修改后的《国务院关于经营者集中申报标准的规定》第 3 条的规定，我国现有的经营者集中申报标准采用的是择一的双重营业额标准，即参与集中的所有经营者的全球营业额均超过 120 亿元人民币，并且至少两个经营者的国内营业额超过 8 亿元人民币；或者参与集中的所有经营者的国内营业额达到 40 亿元人民币，并且至少两个经营者的国内营业额超过 8 亿元人民币。由此可见，我国现有的经营者集中申报标准属于纯粹的营业额标准，而不考虑经营者的资产额、集中交易额等因素。虽然该标准便于企业进行独立核算和申报，但是会导致市场份额相对较小的石油、钢铁等重资产企业即使集中对市场竞争的影响不大也需要申报，而那些用户基础庞大、对市场竞争产生重要影响的移动互联网企业由于采取低价和免费策略致使营业额低而不需要申报。

同时，单纯的营业额标准亦会造成监管的软弱性。移动互联网领域在新兴产业的商业模式、盈利模式、竞争力影响因素等已发生重大变化的情况下，营业额标准无法对移动互联网企业的市场竞争力作出准确评估。移动互联网领域被收购的具有潜在竞争力的科技型初创企业往往营业额规模较小，市场份额微乎其微，甚至有可能不销售竞争性商品。[①] 如果移动互联网领域的经营者集中具有营业额达不到申报标准、市场支配地位的动态化、双边市场特性等特征，仅以营业额标准来判断是否需要申报，会漏掉营业额达不到申报标准但具有垄断性质的经营者集中，因此显得监管不足。虽然市场监管总局对阿里巴巴投资有限公司收购银泰商业（集团）有限公司股权、阅文集团收购新丽传媒控股有限公司股权、深圳市丰巢网络技术有限公司收购中邮智递科技有限公司股权等 3 起未依法申报违法实施经营者集中案进行了调查，并于 2020 年 12 月 14 日依据 2007 年《反垄断法》第 48 条、49 条作出处罚决定，对阿里巴巴投资有限公司、阅文集团和深圳市丰巢网络技术有限公司分别处以 50 万元人民币罚款的行政处罚，[②] 但是，从整个移动互联网领域的经营者集中案例来看，大多数集中案件未受到反垄断执法部门的处理。追根溯源，是由于移动互联网领域经营者集中申报标准的规定仍采用纯粹的营业额标准，此申报标准具有单一性和滞后性，致使反垄断法在移动互联网领域经营者集中的监管中变成无牙的老虎，难以发挥应有的威慑力，达不到预期的法律和社会效果。此外，世界范围内仅以营业额作为经营者集中申报标准的国家并不多，其他国家在确定经营者集中申报标准时，通常情况下还会考虑市场份额或市场占有率、资产额、收入额、利润额等相关因素。[③]

2. 营业额计算方法不明确

《经营者集中审查规定》第 9 条规定，营业额包括相关经营者上一会

---

① 参见肖海军、罗迎《数字经济时代平台企业混合合并的反垄断规制》，《甘肃社会科学》2023 年第 2 期。

② 参见央视新闻《阿里、阅文、丰巢因违反反垄断法被罚，相关负责人介绍三起案件基本情况》，北晚新视角：https://www.takefoto.cn/viewnews-2355217.html，最后访问日期：2024 年 3 月 11 日。

③ 欧盟经营者集中的申报标准采取销售额标准，美国经营者集中的申报标准采取交易额、资产额、销售额标准，德国经营者集中的申报标准采取销售额标准，巴西经营者集中的申报标准采取市场份额标准，印度经营者集中的申报标准采取股权比例标准。

计年度内销售产品和提供服务所获得的收入，扣除相关税金及附加。前款所称"上一会计年度"，是指集中协议签署日的上一会计年度。但是，该规定采取税务方面的解释，没有明确具体的营业额计算方法和扣除相关税金及附加的方法。虽然《国务院关于经营者集中申报标准的规定》第 3 条还规定"营业额的计算，应当考虑银行、保险、证券、期货等特殊行业、领域的实际情况，具体办法由国务院反垄断执法机构会同国务院有关部门制定"，但是，具体如何计算各个行业的营业额还没有一个正式的规定，因此，关于如何计算营业额还存在较多争议。

特别在移动互联网领域经营者集中申报过程中，营业额的披露与计算面临着不小的障碍。通常情况下，非上市的移动互联网企业没有向公众进行信息披露的义务，且营业额的计算没有章法可循。因此，移动互联网领域经营者集中的当事方可以通过比较隐蔽的方式更改营业额，实现规避申报，进而达到集中的目的。例如"阿里巴巴收购高德地图案"，由于高德地图本身并不直接从事生产经营业务，而是通过收取服务费和扩展渠道赚取费用，其中的计算方法无从得知，致使反垄断执法机关面临着无法准确计算营业额的困境。同时，我国目前的申报标准主要适用于实体经济，营业额一般表现为企业的流水，如一般的线下生产销售企业，其营业额即为销售额。但是，移动互联网企业为双边市场，一边为免费市场，一边为付费市场，只计算一边市场的营业额则会顾此失彼；① 将两边都进行核算则没有明确的法律依据。以"腾讯音乐收购酷狗音乐和酷我音乐案"为例，既涉及音乐发行商和歌手，又涉及消费者用户，其中消费者用户包括注册用户和非注册用户，仅以专辑或歌曲付费收入计算营业额则显得片面，毕竟这些音乐 App 有着庞大的用户基础。而且，与传统经营者集中案件的一次性、永久性集中不同，因版权交易引发的经营者集中可能需要通过多次版权交易才能最终实现对其他经营者的控制，而且交易的版权均具有期限

---

① 参见李俪《互联网产业经营者集中审查制度探析——以滴滴和优步合并案为例》，《山东青年政治学院学报》2017 年第 6 期。

限制。^① 由于我国现行的经营者集中申报标准不区分具体行业和领域，适用单一的申报标准，没有充分考虑版权交易的特殊性，现行的营业额标准不利于识别潜在的反竞争版权交易，容易对外观看似合法却损害竞争的版权集中行为给出错误的结论。目前，学术界讨论的交易额标准所针对的是单次经营者集中交易，不符合版权多次交易的客观情况，即使能以一定期限内的累计交易额作为申报标准，但也会因期限难以确定而不具有可行性。^② 另外，还有一些中间平台性质的移动互联网企业，存在营业额和佣金比率不透明的情况，使得现行的营业额标准不能对其进行有效的评价。以滴滴为例，对于滴滴收取的司机佣金比例目前尚不透明。

3. 兜底条款未起到真正的作用

《国务院关于经营者集中申报标准的规定》第 4 条规定了经营者集中申报标准的兜底条款。^③ 但是，该条款并没有真正地发挥作用。一方面是由于经营者具有逐利性，会权衡利弊；另一方面是由于该条款具有非强制性，不能对经营者产生威慑。此外，反垄断执法部门依职权进行调查的标准是"经营者集中具有或者可能具有排除、限制竞争效果"，但是，对于什么情况下经营者集中具有或者可能具有排除、限制竞争效果，目前还没有明确标准，致使兜底条款的可操作性不强，故该条款到现在都几乎没有被适用过。

由上可知，在移动互联网领域，市场份额对企业市场支配地位的作用日益弱化，营业额申报标准不能准确、全面、客观地反映企业的真正市场竞争力量。现行经营者集中申报标准虽然考虑到申报效率和执法成本等因素，但未能涵盖影响移动互联网企业市场支配能力的主要因素，单一的营业额标准也与经营者集中实质审查阶段多元化的评价方式不符，由此导致对移动互联网企业市场支配力的识别不到位，可能导致规制失灵。能够反

① 参见王煜婷《数字经济背景下我国经营者集中制度的完善》，《华东政法大学学报》2022 年第 1 期。
② 参见殷继国《长视频平台版权滥用行为的反垄断法规制》，《政治与法律》2023 第 2 期。
③ 《国务院关于经营者集中申报标准的规定》第 4 条规定："经营者集中未达到本规定第三条规定的申报标准，但有证据证明该经营者集中中具有或者可能具有排除、限制竞争效果的，国务院反垄断执法机构可以要求经营者申报。"

映企业竞争力的决定性要素，并且便于识别和确定是对经营者集中申报标准进行完善的基本原则。但是，不可量化因素的存在，使得经营者集中申报标准在移动互联网领域的实施要更多地依靠反垄断执法机构在具体案件中的自由裁量。执法经验不足，对移动互联网市场特殊性关注不够，这就容易造成移动互联网领域经营者集中反垄断执法上的困境。

（二）移动互联网领域经营者集中审查标准和审查要素宽泛

之所以对移动互联网领域的经营者集中进行反垄断审查，是因为该领域的经营者集中会改变市场竞争者的数量及其市场竞争力量，影响市场竞争效果，从而可能破坏市场运行机制。因此，市场监管部门需要分析移动互联网领域经营者集中的相关信息，并结合社会、政治、经济等多种因素进行考量以决定某项经营者集中是否应当被禁止。为增强审查标准的操作性，便于反垄断执法机关及其工作人员识别哪些经营者集中应当受到禁止，经营者集中审查标准较经营者的申报标准应规定得更加细化。但是，我国移动互联网领域的经营者集中审查起步较晚，在审查标准和审查标准运用中的综合考察要素即审查要素方面均存在有待进一步完善和细化的地方。

1. 审查标准不明确

经营者集中申报标准决定市场监督管理部门是否对企业的集中进行审查的问题，而审查标准则决定市场监督管理部门是否许可经营者集中或者是否禁止经营者集中的问题。然而，我国《反垄断法》第 34 条对经营者集中实质审查标准的规定过于笼统，该条规定了经营者集中审查的标准是排除和限制竞争的效果，[①] 并未规定经营者集中的排除和限制竞争达到何种程度才应当禁止。经营者集中会导致相关市场上的经营者数量减少，因此任何经营者集中都具有排除和限制竞争的效果，应受反垄断法规制。但这一做法明显不符合反垄断法谦抑执法理念，不利于移动互联网经济的快

---

① 《反垄断法》第 34 条规定："经营者集中具有或者可能具有排除、限制竞争效果的，国务院反垄断执法机构应当作出禁止经营者集中的决定。但是，经营者能够证明该集中对竞争产生的有利影响明显大于不利影响，或者符合社会公共利益的，国务院反垄断执法机构可以作出对经营者集中不予禁止的决定。"

速、健康发展。虽然有学者认为"排除、限制竞争效果"这一禁止经营者集中的标准具有中国特色，和美国的"实质减少竞争标准"及欧盟的"严重妨碍竞争标准"一样，[①]都比较原则化，需要结合审查标准运用中的审查要素进行审查，但是，美国和欧盟关于经营者集中审查标准的规定都有对减少竞争或者妨碍竞争程度的把握，我国却只是规定了所有经营者集中的共性特征，没有体现出带有垄断后果的经营者集中的实质特征，存在规定过宽的嫌疑，容易增加市场监督管理部门的审查负担。因此，我国经营者集中的审查标准较不明确，这样既增加了市场监督管理部门的审查负担，又增加了对应予禁止的经营者集中错误放任的可能性。经营者集中审查标准不明确的问题不仅存在于传统行业以及 PC 端互联网市场，在移动互联网市场也依然存在。

2. 综合审查要素宽泛

纵观多数国家的立法和执法实践，对有关经营者集中审查的实质标准除了作一个总括性的规定以外，都会规定相应的制度和量化标准予以配套，这就是综合审查要素。综合审查要素如果无法对社会普遍关注的问题进行积极的回应，则无法为后来的移动互联网领域经营者集中审查提供良好的范本，集中参与者也无法采取理性的行动；如果赋予反垄断执法机关的自由裁量权过大或过小，容易造成个案的不公平与歧视，对于移动互联网领域相关企业和市场的长远有序发展极为不利。因此，《反垄断法》对经营者集中的综合审查要素不能进行宽泛的概括规定，亦不能过于细化造成僵硬死板。

目前，《反垄断法》第 33 条规定了审查经营者集中应综合考虑的因素，如参与集中的经营者在相关市场的市场份额及其对市场的控制力，相关市场的集中度，经营者集中对市场进入、技术进步的影响，经营者集中对消费者和其他经营者的影响，经营者对国民经济发展的影响，国务院反

---

① "实质减少竞争标准"以美国为典型，它是指按照是否实质性减少市场竞争为判断标准；"严重妨碍竞争标准"是指合并尤其是因其产生或增强企业的市场支配地位而严重妨碍共同体市场或相当部分地域的有效竞争的，则应宣布该合并与市场不相容，相反则不应阻止。

垄断执法机构认为应当考虑的影响市场竞争的其他因素。该条款虽然考虑因素较为全面，但仅是初步规定，并未细化市场份额、市场集中度的计算标准，对技术进步的影响标准，对消费者的影响等要素。同时，移动互联网领域的垄断行为主体多元化、经营的超时空性和个性化特征导致该领域垄断行为更为隐蔽，技术更新换代的迅速使得移动互联网领域相关经营者垄断地位不稳定，移动互联网大市场下各个细分市场的存在又造成了现阶段寡头垄断与竞争性垄断并存的局面，这一系列新的特征使移动互联网领域经营者集中综合审查因素更需要细化。具体到"滴滴和优步中国合并案"，两者的市场份额如何计算，是否需要将网约车司机的收入纳入计算，二者合并是否构成网约车市场进入壁垒、是否阻碍技术创新，其中的衡量标准是什么，以及二者合并是否给消费者带来有利影响，这些都是当前移动互联网领域经营者集中反垄断审查要素需要明确和细化的地方。

（三）移动互联网领域经营者集中审查程序不健全

我国《反垄断法》及相关配套法规规定了经营者集中的审查程序，《反垄断法》规定了经营者集中反垄断审查的宏观方向，相关法规则对经营者集中的审查程序进行了进一步的细化。审查程序问题不仅存在于传统行业及 PC 端互联网市场经营者集中的反垄断审查中，也存在于移动互联网领域。虽然我国移动互联网领域经营者集中案件较多，但是真正进入反垄断审查阶段的比较罕见，故本书依据现存的传统行业经营者集中审查程序存在的问题，结合移动互联网市场的新特征进行研究。总体来看，移动互联网领域经营者集中反垄断审查程序主要存在以下两个方面的不足之处。

1. 自由裁量权缺乏约束

经营者集中审查是一个极为复杂和具有弹性的行政执法过程。[1] 加之，《反垄断法》第四章对经营者集中审查程序规定较为模糊，致使反垄断执法机构在经营者集中审查与调查的启动、运行、决定等环节均缺乏相应程序的约束，导致存在较大的执法裁量权，并且自由裁量权的行使缺乏必要

---

[1]　参见游钰《论反垄断执法的司法审查》，《中国法学》2013 年第 6 期。

的约束。

《反垄断法》第 26 条规定了反垄断执法机关依职权主动调查的权力，《反垄断法》第 46 条规定了反垄断执法机构依职权和依举报进行调查的权力，《反垄断法》第 47 条详细规定了在调查程序启动之后执法机关所享有的调查措施，然而缺乏调查前的评估和相应程序约束，导致反垄断执法机构在面临移动互联网领域经营者集中行为时往往怠于行使调查权。① 从移动互联网领域经营者集中反垄断执法案例来看，目前仅有个别经营者集中案件受到反垄断执法机构的主动调查处理。虽然在《国务院关于经营者集中申报标准的规定》第 4 条和《反垄断法》第 26 条的基础上，《经营者集中审查规定》第 56 条规定对未达到申报标准的企业，可以在企业没有申报的情况下，由国务院反垄断执法机构进行立案调查，但是，在这一条文中，并没有规定反垄断执法机关主动依职权调查经营者集中的事实、证据与采信标准及时效要求，也没有规定调查的推进程序和相应的限制，增加了权力行使的不确定性，加重经营者负担，影响正常的商业交易。若经营者无足够动机自愿申报，执法机关亦不积极介入，则会产生合法不合理之困境，难以实现实质正义。② 同时，在实践中，反垄断执法机关在行使调查权时具有很大的裁量权且缺乏与之对应的制约机制，导致了类似案件处理结果的不同，而且将模糊立法导致的指引偏差和执法滞后等不利后果完全归于移动互联网领域经营者集中参与者显失公平，亦不符合信赖利益保护原则。例如，虎牙、斗鱼合并案是主动申报并经反垄断执法机构审查予以禁止集中的案件，而腾讯收购中国音乐集团股权案则是在并购结束五年后被反垄断执法机构进行经营者集中立案调查，被处以罚款、责令恢复市场竞争状态的案件。

2. 审查程序需进一步完善

程序公开、程序参与、程序中立是正当程序原则的主要内容。③ 对照

---

① 参见朱战威《从效率到公正：价值转换下反垄断执法程序之嬗变》，《安徽大学学报》（哲学社会科学版）2015 年第 6 期。

② 参见徐瑞阳《论反垄断行政执法自由裁量权及其规制》，《经济法学评论》2016 年第 2 期。

③ 参见段艳华《论反垄断行政执法程序规则的立法完善》，《湖南工业大学学报》（社会科学版）2016 年第 1 期。

程序正当性原则，我国移动互联网领域经营者集中审查程序主要表现为以下三方面的不足：①审查程序透明度不高。不仅申报前商谈制度公开度不足，审查过程、审查决定方面存在信息公开不足，而且在违法实施经营者集中调查和处罚公布方面存在透明性、公开性不足的问题。②程序性权利保障不足。相对于审查机关而言，参与集中的经营者力量往往较弱。③知情权保障不足。首先，《反垄断法》第 25、26 条规定了在审查过程中以书面形式通知其作出的程序性决定和审查决定，《经营者集中审查规定》第 28、29、30 条规定了经营者的书面陈述权和被听取意见以及消费者等利益相关方被听取意见的权利，但《反垄断法》并未提及，审查期间反垄断执法机构所收集到的信息、文件、事实、数据是否可以向申报人、集中参与人及第三人公开。若不能保障当事人和第三方查阅调查档案的权利，容易形成信息的不对称，削弱审查程序的透明性，限制了当事方的实质性沟通权。① 其次，听证程序设置较为粗糙。我国《反垄断法》中没有明文规定听证程序，仅在《经营者集中审查规定》中规定，市场监管总局在作出处罚决定前告知经营者要求听证的权利，在审查或调查过程中可以依据《市场监督管理行政许可程序暂行规定》《市场监督行政处罚程序听证办法》规定的程序举行听证。然而，上述规章及规定并未针对经营者集中审查这一特殊行政行为的听证程序做出有针对性的规定，特别是未明晰参加听证会的人员范围，对于是否将专家代表、行业协会代表、消费者代表、专家纳入听证人员，未予以明确。对于那些反垄断执法更加需要关注的、自身利益可能受经营者集中审查决定影响的潜在利害关系人和社会公众，则没有给予他们深入参与程序并表达意见的渠道，更没有为他们提供程序性制度保障。此外，我国经营者集中反垄断审查程序还存在执法机构中立性不够、审查期限规定不完备等问题。②

---

① 参见李青主编《中国反垄断十二年回顾与展望》，中信出版社 2020 年版，第 744 页。
② 参见梁静《互联网领域经营者集中审查制度研究》，西南政法大学博士学位论文，2023 年，第 84~92 页。

第二节　移动互联网领域经营者集中
反垄断法审查的建议

为了克服《反垄断法》所规定的经营者集中申报标准单一滞后、审查内容和审查程序不完善等问题，本节针对当前我国移动互联网领域经营者集中的特点，结合国外移动互联网领域经营者集中反垄断法审查的相关经验，提出以下完善建议。

一　完善经营者集中申报标准

正如前文所述，经营者集中的现有申报标准存在着标准单一、适用僵化等问题，不能有效规制移动互联网领域的经营者集中。结合移动互联网领域垄断主体多元化和隐蔽性、垄断地位的不稳定性、竞争和垄断并存、双边市场、锁定效应等特征，借鉴欧美国家的相关经验，提出确定多元的申报标准、建立申报标准动态调整机制、完善营业额的计算方法、明确豁免事由等完善建议，以求更好地引导移动互联网行业的发展。由于豁免事由也属于申报标准的一部分，本书也在此提出针对移动互联网领域经营者集中申报的豁免事由。

（一）确定多元的经营者集中申报标准

1. 引入流量标准

相对于传统行业，移动互联网领域因技术创新而千变万化，创新的迅速性造成的移动互联网领域市场主体垄断地位认定困难及反垄断诉讼成本高、耗时长，以至于在案件的审理过程中，涉嫌垄断行为的企业在案件办理的过程中就已经不符合垄断的条件。正是由于技术创新的不确定性，使得移动互联网企业对市场份额的占有具有暂时性，因此对移动互联网企业来说，用户数量或者说流量才是关键。基于移动互联网市场存在"免费"产品或者服务的特点，不能再简单、僵硬地使用销售额来计算市场份额，而应确定合理的起算周期，计算用户数量即流量，[①] 因为谁拥有了流量谁

---

① 参见叶明《〈反垄断法〉在互联网领域的实施》，载王先林主编《竞争法律与政策评论》2018 年第 4 卷，法律出版社 2018 年版，第 27 页。

就具有潜力掌握市场的主动权。因此，移动互联网领域经营者集中申报标准可以引入用户数量标准或流量标准，明确用户数量或流量的申报起点和计算周期，可以规定：若经营者集中未达到当前法律规定的经营者集中申报标准，但用户注册量达到市场上全部提供同类产品、服务或者相似产品、服务经营者的用户数量一半以上且拥有使用频率稳定用户的一半以上的，参与集中的经营者应当主动申报，反垄断执法机构也可以根据相关的事实和证据要求参与集中的经营者申报。

2. 引入集中交易额指标

由于受免费营销模式的影响，在很多情况下，一些移动互联网领域的企业财务状况比较糟糕，有的企业不盈利甚至亏损，这些移动互联网企业可能没有获得可观的营业收入，因此根据以前的经营者集中申报标准，可能达不到申报的要求，故许多移动互联网领域的经营者集中行为并没有向反垄断执法机构进行申报。例如滴滴打车这样的企业，合并前只赚取叫车产生的佣金，但佣金又用于补贴消费者，最终两者相互抵销，其基本没有营业收入。但是，没有营业收入并不意味着这些企业没有市场潜力或者市场发展前景，由于这些企业具有较高的市场影响力，拥有独特的商业模式，其市场估值往往较高，也更易获得投资，从而对相关市场的竞争造成更深层次的影响。对于上述未达到当前经营者集中申报标准的集中行为，如果不要求参与集中的企业进行申报，将会影响相关市场的竞争。因此，对于移动互联网领域的经营者集中案件，即使参与集中的企业在上一年度的营业额未达到法定申报标准，也不应放任不管。

从国外实践来看，对于移动互联网领域的超过一定金额的投融资性质的经营者集中行为，也需要相关经营者进行反垄断申报。例如，在"Facebook 收购 WhatsApp 案"中，欧盟委员会认为 WhatsApp 被收购前虽然营业额非常低，但是 Facebook 却以 140 亿美元收购，交易额巨大。尽管从营业额来看，该集中行为未达到欧盟和德国的经营者集中申报标准，不需进行申报，但是符合欧盟其他成员国的经营者集中申报标准，因此欧盟委员会对该收购案进行了反垄断审查。并且，欧盟委员会正考虑将交易额标准纳入经营者集中申报标准中。2016 年德国《反限制竞争法》在规定经营者集中申报标准时，引入了交易额标准。① 因此，借鉴欧盟委员会和德国的经验，我国可以在移动互联网领域引入交易额标准作为经营者集中申报标准，以规范移动互联网领域的经营者集中行为。在移动互联网领域经营者集中中引入"交易额"标准，也与我国移动互联网领域经营者集中的实际情况相符。譬如，2021 年 3 月，在"字节跳动公司并购沐瞳科技有限责任公司案"中，沐瞳科技的当年营业额收入仅有 2.14 亿美元，然而其并购交易价格却高达 40 亿美元。② 因此，针对移动互联网领域经营者集中存在交易额较高的特点，未来反垄断立法可考虑在平台企业合并控制制度中作出适当调整，将"交易额"标准引入经营者集中事先申报标准之中，起到预警作用。③

3. 多使用数据标准

在数字经济时代，数据已经是比资本更加强大的生产要素，平台竞争的核心就是数据的竞争。④ 移动互联网领域的企业靠免费服务吸引了一大批流量和用户，而拥有流量则意味着拥有大量的数据信息，移动互联网企业往往依靠这些数据展开激烈的竞争。因此，有学者提出，可以将营业额转变为数据商业价值，规避欲通过营业额避开经营者集中审查的企业。⑤ 欧盟委员会已经注意到，数据对于移动互联网市场的竞争具有重要影响，在微软收购雅虎时，欧盟委员会认为两家企业合并后扩大收集用户的信息规模能更好地改良网络服务的质量；在谷歌收购 Doubleclick、Facebook 收购 WhatsApp 时，欧盟委员会也考虑到了收购行为对数据共享的影响。欧盟委员会对移动互联网领域经营者集中案件在进行竞争效果评估时，充分

---

① 德国《反限制竞争法》第 35 条规定："本次集中的交易价格超过 4 亿欧元，且拟被收购企业在德国境内有重要的商业活动。"

② 参见《260 亿收购沐瞳科技，字节跳动买下国际游戏大盘"入场券"》，和讯网，https://licai.cofool.com/user/guide_view_1855609.html，最后访问日期：2024 年 3 月 23 日。

③ 参见肖海军、罗迎《数字经济时代平台企业混合合并的反垄断规制》，《甘肃社会科学》2023 年第 2 期。

④ 参见戚聿东等《平台经济领域监管问题研讨》，《国际经济评论》2021 年第 3 期。

⑤ 参见吴晓明、王杰《数字平台数据垄断规制的困境与出路》，《商业经济》2023 年第 6 期。

考虑到数据及其价值。① 我国 2023 年《经营者集中审查规定》与时俱进，在评估经营者集中对竞争的影响时，增加了对数据要素的考量。其第 33 条规定："评估参与集中的经营者对市场的控制力，可以考虑参与集中的经营者在相关市场的市场份额、产品或者服务的替代程度、控制销售市场或者原材料采购市场的能力、财力和技术条件、掌握和处理数据的能力，以及相关市场的市场结构、其他经营者的生产能力、下游客户购买能力和转换供应商的能力、潜在竞争者进入的抵消效果等因素。评估相关市场的市场集中度，可以考虑相关市场的经营者数量及市场份额等因素。"其中增加了对企业掌握和处理数据的能力的评估。第 34 条规定："评估经营者集中对市场进入的影响，可以考虑经营者通过控制生产要素、销售和采购渠道、关键技术、关键设施、数据等方式影响市场进入的情况，并考虑进入的可能性、及时性和充分性。评估经营者集中对技术进步的影响，可以考虑经营者集中对技术创新动力和能力、技术研发投入和利用、技术资源整合等方面的影响。"其中增加了对企业控制数据情况的评估。反垄断执法机关在审查移动互联网领域的经营者集中时，一定要结合最新的规定，增加对企业掌握、处理数据能力和控制数据情况的分析。

（二）建立申报标准动态调整机制

一般情况下，多数国家对经营者集中行为采取的申报标准主要有资产额、销售额和市场份额，许多国家对不同的行业采取不同的标准，并且申报标准也不是一成不变的。例如，美国的经营者集中事前申报标准采取的是交易额标准，1988 年 9 月 30 日后的每个财政年度，《克莱顿法》所规定的 1000 万美元和 1500 万美元的申报标准会在每年的 10 月 1 日由联邦贸易委员会根据市场监管部门公布的美国国民生产总值相对于 1987 年 9 月 30日增加或减少的百分比进行调整；从 2001 年 2 月 1 日起，《哈特—斯科特—罗蒂诺法》改变了经营者集中申报标准，将涉及合并交易额从 1500万美元提高到 5000 万美元，因而相对减少了错放经营者集中的可能性。②

---

① 参见叶明、梁静《我国移动互联网领域经营者集中申报标准问题研究》，《竞争政策研究》2019 年第 6 期。
② 参见叶军《经营者集中法律界定模式研究》，《中国法学》2015 年第 5 期。

关于申报标准的动态调整机制，国外主要有两种模式：第一种是根据年度国民生产总值进行调整，代表国家是美国；第二种是通过立法方式保持对营业额等申报标准的关注，以确定申报标准是否适应当前的经济社会发展状况。这两种机制各有优缺点，第一种对国外企业的申报而言难以操作，第二种虽然相对科学，但可操作性仍然不强。本书认为，我国可以规定由国务院根据国内生产总值的增长幅度进行适当调整，建立起移动互联网领域经营者集中申报标准的动态调整机制。对于移动互联网领域经营者集中申报中的营业额标准和交易额标准，可以根据国家统计局的数据，按比例进行调整；对于数据标准和流量标准，可以根据产业细分市场类别、商业模式、企业类别进行分类设置标准，并于每年度进行调整。

（三）完善营业额的计算方法

目前，我国关于营业额的规定采取税务方面的解释，没有明确具体的营业额计算方法和扣除相关成本的方法。在移动互联网领域，基于双边市场的特性可以将营业额计算为免费市场和付费市场营业额的总和。因为，只计算付费市场，不能全面反映移动互联网企业的营业额。而对于一些具有中间平台性质的移动互联网企业，营业额和佣金比率不透明使得现行的营业额标准不能对其进行有效的评价，需要结合佣金比例计算营业额。总体来说，移动互联网领域的营业额需计算双边市场的营业额，对于有佣金比例的则需要乘以佣金比例计算营业额。

（四）明确经营者集中申报豁免事由

我国现行《反垄断法》第 34 条的规定仅仅概括列举了有限的申报豁免事由，[①] 需要进一步明确豁免的具体范围。

1. 明确"公共利益"豁免的内涵

基于我国移动互联网领域反垄断法的价值目标与社会经济现状，移动互联网领域反垄断所保护的公共利益应当围绕消费者利益展开，消费者利

---

① 《反垄断法》第 34 条规定："经营者集中具有或者可能具有排除、限制竞争效果的，国务院反垄断执法机构应当作出禁止经营者集中的决定。但是，经营者能够证明该集中对竞争产生的有利影响明显大于不利影响，或者符合社会公共利益的，国务院反垄断执法机构可以作出对经营者集中不予禁止的决定。"

益保护的并不只是购买商品或者服务的个别消费者的权益，而是全体消费者的整体福利。根据英国的立法经验，新闻的准确提供、意见的自由表达、报纸中的新闻多样性、媒体所有权的多样性、广播的广阔范围等内容，也是需要考虑的公共利益，我国可以以此为借鉴。[①] 在此基础上，再进一步对申请公共利益豁免的经营者集中进行审查，以防止出现对公共利益豁免的扩大解释。

2. 明确效率豁免和合营豁免

纵观其他国家经营者集中豁免的立法，效率豁免都是不可或缺的实体标准之一，我国也应将效率豁免正式列入"有利影响大于不利影响"的豁免理由中去。[②] 反垄断执法机构应该确定效率的相关考查类型并附相关说明，以使得移动互联网领域经营者集中豁免事由更具操作性和实践性。例如，美团网和大众点评网的合并在一定意义上减少市场的恶性竞争，提高了外卖市场的生产经营效率，改善了相关市场的竞争秩序。同时，对于由一个经营者控制的企业之合营情况应明确豁免，因为基本属于母子公司的内部关系，不会对市场造成很大影响。例如，阿里巴巴组建菜鸟网，相当于建立一个新的公司，应当免于经营者集中反垄断的审查。

除了上述豁免情形，基于反垄断法具有很强的政策性，因此在豁免事由的设置中应该考虑国家的产业政策和竞争政策。

二 重构移动互联网领域经营者集中审查标准和要素

我国经营者集中实施至今，已有十余年，但是，现有的审查内容和程序仍存在欠缺，需要不断地进行完善，以便更加高效地发挥其在移动互联网领域经营者集中审查中应有的作用，保障市场经济有序发展。

（一）修改经营者集中的禁止条件

在明确了移动互联网领域经营者集中事前申报标准的前提下，依照什么样的标准对依法申报的案件进行审查成为必须解决的难题。尽管移动互

---

① 参见李国海《英国竞争法研究》，法律出版社 2008 年版，第 202 页。

② 参见应品广《经营者集中的效率抗辩法律问题研究》，吉林大学出版社 2011 年版，第73 页。

联网领域经营者集中在促进技术创新、提高经济效益等方面发挥着重要作用，但其也有破坏竞争格局秩序，潜在损害消费者、竞争者利益之弊。结合移动互联网平台企业和相关市场的特征，设置合理的反垄断审查标准是申报标准确定后的重要任务。目前，我国经营者集中审查的基本控制标准是"集中具有或者可能具有排除、限制竞争的效果"。从实质效果上讲，任何经营者集中都会减少市场竞争度的影响，都具有排除、限制竞争的结果，若仅粗略地将"具有或可能具有排除、限制竞争的效果"作为审查经营者集中的标准，这就不免给我国反垄断执法带来了困境。作为审查标准需要明确的实质标准，我国可以借鉴美国的"实质减少竞争标准"或者欧盟的"严重妨碍市场竞争"标准。由于我国的法律更接近大陆法系的特点，与欧盟在反垄断法规方面也有很多相通的地方，本书建议引入欧盟的"严重妨碍竞争"标准，在今后修改的经营者集中审查标准中的相关条文中，明确规定如果经营者集中严重妨碍竞争，将会受到禁止。

（二）细化综合审查要素

《反垄断法》对经营者集中实质审查的标准仅作出了原则性规定，却没有可量化的标准，这种高度抽象的审查标准将在一定程度上赋予反垄断执法机构较大的自由裁量权，若运用不当，将会妨碍企业发展、限制市场的良性竞争。因此，针对经营者集中反垄断审查要素不明确的问题，结合我国移动互联网市场的特点，提出如下建议。

1. 建立以 HHI 指数为基础的"安全港"制度

建立以 HHI 指数[①]为基础的"安全港"制度，量化移动互联网领域市场份额和市场集中度。"安全港"制度就是在进行企业经营者集中实质审查前，依据市场份额信息对一些规模不大、对竞争不产生实质性影响的集中行为免予审查。目前"安全港"制度的量化标准分为两大类：一类是以

---

① HHI 指数，又称为赫芬达尔-赫希曼指数，是一种测量产业集中度的综合指数，是经济学界和政府管制部门使用较多的指标。它是指一个行业中各市场竞争主体所占行业总收入或总资产百分比的平方和，用来计量市场份额的变化，即市场中厂商规模的离散度。

HHI 指数作为基准来设定安全港；另一类是以 CRn 指数①作为基准来设定安全港。② 由于 HHI 指数较为严格，不易产生漏网之鱼，且符合国际通行做法，因此我国可以采用 HHI 指数来确立移动互联网领域经营者集中安全港规则的量化标准。具体运用方法是先以集中发生后的 HHI 指数初步表明移动互联网市场的竞争状况，再以集中 HHI 前后对比变化幅度准确体现该项集中对市场集中度造成的直接变化，从而得出对竞争损害的程度。③ 针对移动互联网领域的经营者集中状况，可以将 HHI 指数低于 1000 的情况设置为安全港，免于审查或者作出允许经营者集中的决定。

2. 明确构成市场进入壁垒的考量标准

对市场进入壁垒的考量，主要从市场进入的及时性、充分性、可能性三个维度进行考虑。④ 我国相关法律法规对"市场进入壁垒"已有较多规定，但仍有进一步细化的空间。具体到移动互联网市场，主要是判定经营者进入移动互联网市场所面临障碍的阻力大小，即进入的及时性、充分性、可能性。例如，考察一年内能有多少家新的同类企业进入。同时，明确规定具体的移动互联网市场进入的障碍形式，为判断移动互联网市场是否存在进入障碍提供指引，比如规定核心技术障碍、基础设施障碍。此外，还需要考虑宿主的多少与用户黏性。移动互联网平台在很多情况下采取免费注册加补贴的方式吸引新用户，以网约车、外卖、购物平台为例，很多用户对价格的变动十分敏感，往往会使用同一类型的多个 App。产品或者服务的多宿主使得新进入的经营者能以较低的成本进入相关市场。对于多宿主的移动互联网企业的集中行为，可以采取宽松政策。而对于用户黏性强的移动互联网企业，由于其更容易形成市场壁垒，则应采取严格的

---

① CRn 指数，又称为行业集中率指数（Concentration Ratio），是指某行业的相关市场内前 N 家最大的企业所占市场份额的总和。例如，CR4 是指四个最大的企业占有该相关市场份额。
② 参见余东华、乔岳等《横向并购反垄断规制中的安全港规则研究》，《产业经济研究》2010 年第 3 期。
③ 参见慕亚平、肖小月《我国反垄断法中经营者集中审查制度探析》，《学术研究》2010 年第 4 期。
④ 市场进入的可能性是以集中前的价格为衡量标准，主要考虑该进入是否会盈利；市场进入的及时性主要是评价在一个适当的时间内潜在的市场竞争者能否进入相关市场；进入的充分性是指潜在竞争者的进入在范围和数量上能否使市场价格恢复到集中前的水平。

审查态度，作出是否准予集中的决定。

3. 设立"创新减少"的评价机制

美国《知识产权许可反托拉斯指南》规定，反垄断执法部门会考虑经营者集中是否会反向鼓励集中后的企业将其创新努力降到低于集中前的水平，从而减少创新领域竞争。就创新的减少而言，可以体现为集中行为降低了集中后的企业对产品或服务继续进行技术改进的动机。① 在"微软和雅虎并购案"中，美国反垄断执法机构认为两家企业合并后减少了搜索引擎数量，一定程度上降低了竞争程度，但是由于两家企业合并后仍与谷歌公司的竞争非常激烈，最终美国批准了该项合并。再如，滴滴打车和优步打车合并后，在网约车市场成为具有优势地位的企业，但是在网约车市场，仍有易道、神州等平台与其进行激烈的竞争，所以，其仍然要重视技术创新，否则，其在网约车市场取得的优势地位将会被其他企业所取代，故滴滴、优步的合并不必然妨碍创新。因此，对于移动互联网领域的经营者集中案件的反垄断审查，建议设立"创新减少"的评价机制，即移动互联网领域有些企业的集中能够促进技术创新，则该项经营者集中应当优先通过审查，否则，应当予以限制。

4. 明确是否有利于社会公共利益的权衡机制

公共利益是一个比较宽泛的概念，这时需要经营者集中的申报者和反垄断执法机构进行准确把握，也需要在经营者集中反垄断审查考量因素中予以明确。对于"公共利益"这一标准，需要从长远进行考虑，不能因为一时的效率而牺牲公共利益，也不能因为追求公共利益而忽略对竞争的影响。在反垄断法规制制度最健全的美国，经营者集中审查的首要目标是维护社会福利，特别是维护消费者福利的最大化。在大陆法系国家，反垄断法维护的法益被界定为社会公共利益，其内容为竞争秩序和竞争效率，体现为使用者、购买者、竞争者的利益最大化。社会公共利益与经济效益则形成对立统一关系：一方面，对经济效益的违反最终表现为对个体利益、不特定主体或集体利益的损害，经济效益的提升则有助于社会公共利益的

---

① 参见韩伟《美国横向合并指南的最新修订及启示》，《现代法学》2011 年第 3 期。

最大化；另一方面，经济效益的优化在一定时空范围内与公共利益的实现可能相互冲突，这一点在移动互联网领域尤为明显，移动互联网平台企业效益的提升在某些情形可能意味着对社会公众利益的侵犯。例如，滴滴打车和快的打车的合并使滴滴打车在打车市场上占据优势地位，一定意义上减少了经营者的数量，限制了消费者的选择权。再如，美团网和大众点评网的合并，使美团外卖在外卖送餐市场成为少数寡头，当前很多餐馆和商户投诉存在进驻费用过高的现象，损害了商家的利益。因此，有必要对移动互联网领域经营者集中行为对社会公共利益的影响进行利弊权衡，将社会公众利益放在首位，并把公共利益具体细化为有利于消费者整体利益、有利于社会经济可持续发展等具体因素。而且，在评估社会公共利益是否受损时，由于移动互联网领域价格在竞争中的作用式微，在供需两方中受重视程度均明显下降。消费者受到的竞争损害也由价格维度转向产品质量、选择权、隐私保护等非价格维度。[1] 因此，要更多地考虑经营者集中对消费者选择权、个人信息权益的影响。在"Microsoft 收购 Linken In 案"中，欧盟委员会即指出这一并购行为可能导致个人信息保护水平更佳的竞争对手（如德国商务社交网站 Xing）受到不利影响，从而阻碍个人信息主体选择个人信息保护水平更优的经营者。[2]

5. 规定是否存在垄断协同效应和单边效应这一考量因素

协同效应是指实施经营者集中的企业需要与竞争对手合谋才能产生支配市场的力量。单边效应是指实施经营者集中的企业无须与竞争对手合谋就能产生支配市场的力量。单边效应一般是由于竞争企业之间的集中形成的，原有企业虽然合并，但生产线和品牌可能继续保留，相关市场仍然存在差异，双方很可能采取协同行为，与相关市场甚至与相邻市场的其他经营者达成共谋。因此，经营者集中更容易造成垄断单边效应。单边效应有两层含义：当两家具有竞争关系的企业集中后，参与集中的企业出于理性经济人的考虑，会将其产品价格提高，从而损害消费者和市场竞争，此为

---

① 参见承上《超级平台并购初创企业的反垄断规制》，《人文杂志》2021 年第 10 期。
② 参见叶明、张洁《反垄断法保护个人信息权益的理据与路径》，《华中科技大学学报》（社会科学版）2023 年第 1 期。

单边效应的第一层含义；当集中企业产品价格上涨后，市场上的其他竞争性企业可能也会独自做出提高其产品价格的反应，这种效应是经营者集中所带来的间接效果，为单边效应的第二层含义。此外，单边效应并不仅限于集中后产品价格水平的上升，还包括集中后可能带来的反竞争效应。由于技术创新因素、消费者利益因素已作为独立的判断标准出现，因此，在移动互联网领域经营者集中的反垄断审查中，单边效应与协同效应标准应重点关注经营者集中行为对其他竞争者利益的损害。

除上述五个考量因素之外，在移动互联网领域存在双边和多边市场的情况下，反垄断执法部门还应考虑移动互联网领域集中参与者的直接和间接网络效应、其他经营者提供的平行服务和用户转换成本、与网络效应有关的规模经济、经营者获取数据的难易程度以及技术和商业模式创新的压力等因素。①

三 改进移动互联网领域经营者集中的审查程序

如果反垄断执法机关在经过实质审查后对经营者集中作出禁止决定，则集中参与者不仅损失前期的投入，还会损失应对审查所耗费的人力、物力和时间成本。加之审查决定的作出属于行政行为，可能带有行政权力固有的扩张性特点，极易损害行政相对人的合法权益。因此，不仅对于经营者集中参与者的实体权利应进行保护，对于其参与经营者集中审查的程序权利也要提供保障。完善、健全的经营者集中反垄断审查程序应当保障当事人的知情权、参与权、辩护权，具体到移动互联网领域经营者集中审查程序，则从听证程序、审查期限、依职权调查的程序等三方面进行改进。

（一）改进经营者集中反垄断审查听证会制度

移动互联网领域经营者集中不仅关系着参与集中的经营者的利益，也关系到广大移动互联网用户的利益。因此，在对移动互联网领域经营者集中进行反垄断审查时，完善的听证会制度可在审查过程中起到调剂和平衡

---

① 参见郭传凯《互联网平台企业合并反垄断规制研究——以"滴滴""优步中国"合并案为例证》，《经济法论丛》2018 年第 1 期。

利益冲突的作用。为提高移动互联网领域经营者集中审查中听证会制度的民主性、参与性、透明性和公开性，[①] 我国有关经营者集中反垄断审查的听证会制度可以从以下几个方面进行改进。

首先，适当限制反垄断执法机构在召开听证会方面的自由裁量权。将《经营者集中审查规定》第 76 条中"在审查或者调查过程中，市场监管总局可以组织听证。听证程序依照《市场监督管理行政许可程序暂行规定》《市场监督管理行政处罚听证办法》执行"的内容修改为"在审查阶段，当事人请求召开听证会且具有正当理由的，市场监管部门应当决定召开听证会，并在合理期限内通知必要的与会人员到场；当事人没有提出请求的，市场监管部门可以根据需要，主动决定召开听证会"。同时，明确列举"具有正当理由"的相关情形，例如法律法规规定的情形、市场监管部门认为有必要的情形、申请人申请的情形等。[②]

其次，保障听证参与人的辩护权和参与权。应当规定听证参与人在听证会召开之前享有查阅案卷及相关材料的权利，以便对市场监督管理部门的调查意见提出实质、有效的反驳，保证其实现知情权、辩护权，而且也有利于市场监督管理部门可以有针对性地提出审查意见。特别是在经营者集中方与第三方之间存在利益对立，不易获取的非商业秘密的相关信息时，市场监督管理部门在听证之前可以给予其查阅文件的机会，以便于参与集中的经营者和第三方了解市场监督管理部门作出决定的事实和依据。

最后，加强听证过程及结果的公开。听证之前，明确反垄断执法机构选择受邀参加听证会的各方代表的依据和标准，提高公众的参与度和行政行为的透明度。听证之后，市场监督管理部门将参与听证会的各方在听证会中给出的具体意见及其依据，连同听证会的最终结果，以书面形式制作卷宗进行存档，同时在剔除含有商业秘密等其他保密内容的基础上，在市场监管部门网站上予以公布。此外，对于听证会的召开时间、主持人的选举、听证结果的公示，可以明确规定参照行政法中的听证程序，即听证前

---

① 参与性是指当事各方参与程序的程度或特点。
② 参见《〈反垄断法〉及专家修改建议稿全文对比》，竞争法微网，https://mp.weixin.qq.com/s/wrs7kn-Ihs1ELk1C9THeYw，最后访问日期：2024 年 10 月 21 日。

7 日通知当事人和利益相关者，听证一般应当公开，听证主持人须与本案无利害关系，听证结果应在公开媒体公示。

（二）缩短经营者集中反垄断审查期限

我国法律严格规定了经营者集中反垄断审查的期限，但从前期申报材料的准备再到审查决定，整个审查期间往往远超过法定最长期限的 180 日。这会给急于完成集中交易的移动互联网领域经营者带来较大的时间成本，增加市场交易的不确定性，也不利于参与集中的企业的后期经营活动。

欧盟对经营者集中第二阶段的调查期限限定在决定进入第二阶段之日起 90 个工作日之内作出审查决定，最长延长期限为 20 个工作日；日本《禁止垄断法》规定，经营者集中第二阶段的审查可将审查期限延长至从受理日开始经过 120 日或者接到全部追加的信息、资料之日起 90 日内；葡萄牙企业并购第二阶段的审查期限最长为 60 个工作日；美国的经营者集中第二阶段审查期限是当事人和反垄断执法机构进行协商确定审查期限，有利于激励当事人配合调查，提供信息，为经营者集中当事人节约了参与反垄断审查的成本，提高了反垄断审查的效率。[1] 从前述几个国家来看，经营者集中第二阶段的审查期限基本控制在 60 日至 110 日，兼顾经营者集中反垄断实质审查期限的法定性和灵活性。

审查虽然是移动互联网领域经营者集中反垄断执法的重中之重，但审查期限不应过长或过短。移动互联网市场发展日新月异，稍有不慎就将错过发展的良机。在我国，可以借鉴国外的经验并结合移动互联网的动态性垄断特点，适当缩短移动互联网领域经营者集中反垄断实质审查阶段因特殊原因可延长的时限，可以将进一步审查的期限规定为"自决定之日起 60 日内审查完毕，依据合理条件可以经申请进行适当延长，但最长不得超过 40 日"，减轻移动互联网领域经营者集中的时间成本、机会成本，便于集中参与者的后续经营，提高集中参与者的心理预期，也可以督促反垄断执法机构加快审查进度，与日趋完善的听证会制度共同发力，借此提高审查

---

[1] 参见吴振国、刘新宇《企业并购反垄断审查制度之理论与实践》，法律出版社 2012 年版，第 391~392 页。

效率。只有这样,才能实现审查质量与审查时间的平衡,推动移动互联网经济的快速健康发展。

(三) 完善依职权主动调查经营者集中的程序

依照《国务院关于经营者集中申报标准的规定》第 4 条的规定,经营者集中未达到该规定第 3 条规定的申报标准,但有证据证明该经营者集中具有或者可能具有排除、限制竞争效果的,国务院反垄断执法机构可以依法进行调查。鉴于滴滴和优步中国合并案反垄断调查过程中体现出的问题,反垄断执法部门在依职权主动对未达到申报标准的移动互联网领域经营者集中行为进行调查时,应当遵循以下要求。

第一,坚持穷尽原则。当移动互联网领域的经营者集中达到法定的申报标准时,参与集中的经营者应当主动申报;若经营者不履行上述义务的,反垄断执法机构应该责令其申报,并对违法行为作出处理。① 但是,当已有定量的申报标准未能涵盖现实中的所有情形,或者数据信息来源匮乏时,仍然需要反垄断执法机构在个案中分析确定该经营者集中行为对市场的影响并决定其是否申报。此时,自由裁量权的启动应以穷尽全部现有调查措施为前提。当反垄断执法机构根据当事方、利害关系方、社会舆论、市场信息等获知参与经营者集中的企业可能或者已经产生反竞争效果,并且穷尽已有全部规范依据仍然不能排除合理怀疑时,就应该主动介入调查,责令参与集中者依法申报。

第二,在调查的过程中要坚持审慎原则。既不能因监管过度而扼杀移动互联网领域经营者集中的动力和规模经济的优势,也不能因为监管不足或者不到位、缺位而导致移动互联网领域竞争秩序的紊乱,诱发市场风险。比如,对移动互联网领域经营者混业集中这种新业态和新的商业模式,不能不监管,因为其集中行为存在诸多风险,但又不能因为存在风险就对其进行严格限制或者一律禁止,限制其发展壮大或者对其扼杀,这样反而会因噎废食。这就要求市场监督管理部门在调查过程中要坚持审慎原则,不能使调查活动成为移动互联网领域集中经营者头上的利刃,以致形

---

① 参见徐瑞阳《论经营者集中申报标准实施机制的完善》,《法学家》2016 年第 6 期。

成对移动互联网领域正当经营者集中的掣肘。

第三，明确依职权主动调查的时间、程序、方式和具体实施步骤，使反垄断调查行为接受社会的监督与评判，减少权力行使的不确定性。例如，针对移动互联网领域未经申报的经营者集中反垄断执法介入的时间问题，可将市场监督管理部门的介入时间限定在集中交易完成后比较短的时间内，以避免集中参与方由于市场监管部门的事后追责引起对法律的不信任。此外，依职权调查的方式可明确为现场考察、询问、调取资料等方式。对于具体实施步骤可以参考行政法中的行政调查程序，包括进入营业场所依法进行询问等。

四 重视对移动互联网领域"先发制人的并购"的审查

所谓"先发制人的并购"，指的是对最具有竞争威胁或潜质的竞争企业，在其萌芽发展阶段就对其进行并购，[①] 也称为扼杀式并购。《2020年全球风险投资报告》数据显示，2020年有1500多家具有成长潜力的初创型公司被1300多家收购方以1490亿美元的价格收购，[②] 其中有较多被收购的初创型公司是移动互联网领域的企业。由于"先发制人的并购"的目的主要在于关闭或搁置被收购方正在研发的创新项目，以先发制人的手段消除潜在竞争对手，进而赢得或维持未来的市场竞争优势，[③] 其对竞争具有较大的影响，理应受到反垄断法的规制。

一方面，移动互联网领域中激烈的竞争使得移动互联网企业往往面临着严重的生存危机。传统企业的存续期间一般可以达到几十年，而移动互联网企业三五年就更新换代一拨。正是技术的不断革新能够使移动互联网领域的产品不断升级更新，吸引更多的流量。因此，处于优势地位的移动互联网企业往往会通过阻止竞争对手的产品创新、技术革新以巩固自身原

---

① 参见韩伟主编《数字市场竞争政策研究》，法律出版社2017年版，第47页。

② See Global VC Report 2020: Fuding and Exits Blow Past 2019 Despite Pandimic Headwinds, Crunchbase News, Accessed by March 23, 2024, https://news.crunchbase.com/news/glogal-2020-funding-and-exit/.

③ See Conningham C., Ederer F., Ma S., "Killer Acquisitions", *Journal of Political Economy*, 2021 (3), pp. 649-702.

有的市场地位。其中一种阻止方式就是进行"先发制人的并购",一旦并购成功,竞争对手的创新优势就会丧失。例如,Facebook 从 2003 年以来大约收购了 90 家科技公司,以扩张自己的业务,巩固其优势地位。而且,Facebook 在兼并后两年内关闭了近一半的兼并业务,包括与之服务接近的 The Find、TBH 等平台,亚马逊和谷歌也关停兼并的 40% 的项目。①

另一方面,为了进一步获取竞争优势,移动互联网领域的先发企业也可能会选择兼并小企业以获取竞争优势。在某些情况下收购新生竞争对手或许能够刺激竞争,但在某些情况下可能又会损害竞争。与传统市场竞争一样,在移动互联网市场上取得支配地位并不意味着必然违法。然而,与传统领域的市场竞争不同的是,移动互联网领域的竞争一般是首先进入特定相关市场的经营者更具有主导权,其商业策略和竞争模式往往影响着相关市场发展的方向。同时,由于创新行为的巨大力量,移动互联网领域更容易产生先入为主的状态,使得这些在相关市场发展初期进入的企业更有动机和能力成为垄断性的经营者。一般情况下,为了进一步获取这种竞争优势,企业可以通过自身的研发创造预测未来市场的发展方向,也可以利用自己的资金优势兼并拥有新技术的企业。后者一定程度上可以消除市场上潜在的竞争者或者屏蔽后发企业接触用户的途径,其实质上构成了先发制人的并购。这种经营者集中虽然在某种程度上为小企业起步与创新提供了充足的资金,一定程度上有利于促进技术革新,但小企业一旦在资金上依赖大企业,归属于大企业,那么这种集中会降低其与大企业抗衡的能力。因此,从整个移动互联网市场竞争来看,这种经营者集中又是反竞争的。

当一个具有市场支配力量的经营者通过这种集中扩张到其他领域以维持强化其市场地位,往往只是利用原有市场的力量,对于被涉足领域的创新几乎不会产生积极的推动作用。如果反垄断执法机构对这种并购不进行适度的审查和监管,反竞争效果一旦产生就不可逆转,因此某些"先发制

---

① See Agentesie, "Merger Policy in Digital Matkets: an Expost Assessment", *Journal of Compitition Law & Economics*, 2021 (17), pp. 95-140.

人的并购"应该被市场监督管理部门重点关注、审慎对待。在移动互联网领域的反垄断执法中，应注意对移动互联网领域有关经营者集中进行适度的审查和监管，防止这些大型移动互联网企业并购对之存在最大竞争威胁的公司，维持自己的市场支配地位，损害移动互联网领域市场竞争效果情形的发生。在移动互联网领域，被兼并主体往往是没有形成固定盈利模式的市场新进入者，执法机关往往难以论证该项并购具有竞争损害，因此可借用欧盟的违法推定模式进行审查。当反垄断执法机关对并购材料进行审查时，发现其可能消除未来市场中的竞争，则可推定其具有反竞争的效果。①

反垄断执法机构在对"先发制人的并购"进行监管的过程中，也需要注意以下几个方面，以防权力错位或者滥用。第一，对"先发制人的并购"的主观恶意方面的认定需要审慎把握。需要判断该收购行为或集中行为是恶意、反竞争的收购，还是基于正常的商业并购考虑。对于主观恶意的判断，一般通过其外在行为和一般的商业惯例来观察。第二，要注意价值平衡。需要考虑效率、安全、创新、消费者利益、社会总福利等因素，在出现价值冲突时，一般以保护自由竞争和社会福利为优先衡量因素。第三，注意豁免事由的把握。如果此次经营者集中行为有利于企业的规模经营，并不会给移动互联网市场的自由竞争带来损害，那么经营者集中也是可以被豁免的。②

---

① See Organization for Economic Co-operation and Development, *Concept of Potentical Competition*, Paris: OECD, 2021.

② 参见韩伟《数字市场竞争政策研究》，法律出版社 2017 年版，第 49 页。

第六章　移动互联网领域反垄断法
实施程序问题

第一节　移动互联网领域反垄断法私人执行制度

移动互联网领域反垄断法的实施程序可分为执法程序与司法程序，不同国家在执法程序与司法程序的划分上有所差异。我国属于行政执法与司法"双轨"体制，因行政执法领域的相关信息掌握在执法机关手中，一般不对外公开，外界较难获取有价值的研究资料，因此本章主要针对反垄断司法程序难题展开研究，以破解移动互联网领域反垄断案件的司法程序困境。反垄断司法救济也称私人执行，是指受限制竞争行为侵害的移动互联网用户或企业向法院提起反垄断诉讼，[①] 对此《反垄断法》第60条确立了我国反垄断私人执行的基本依据。[②] 同时，根据《最高人民法院关于审理因垄断行为引发的民事纠纷案件应用法律若干问题的规定》第2条，原告可以不经反垄断执法程序而直接提起诉讼，[③] 这也确保了我国反垄断私人执行制度之独立性。

---

① 参见王健《关于推进我国反垄断私人诉讼的思考》，《法商研究》2010年第3期。

② 《反垄断法》第60条第1款："经营者实施垄断行为，给他人造成损失的，依法承担民事责任。"

③ 《最高人民法院关于审理因垄断行为引发的民事纠纷案件应用法律若干问题的规定》第2条："原告直接向人民法院提起民事诉讼，或者在反垄断执法机构认定构成垄断行为的处理决定发生法律效力后向人民法院提起民事诉讼，并符合法律规定的其他受理条件的，人民法院应当受理。"

一　移动互联网领域反垄断法私人执行困境

在移动互联网领域反垄断中，不仅需要公权力执法的权威保证，也需要私人执行的及时规制。时下，不断革新的移动互联网技术使反垄断调查难有所获。因此，在加强行政执法的及时性和有效性之时，还须开拓其他监管和维权渠道。相较于反垄断行政执法，反垄断司法领域虽然也出现了影响行业发展的大案要案，但整体发展较为缓慢。[①] 举例而言，随着滴滴与优步合并、美团与大众点评合并、QQ 音乐与酷狗音乐合并等一系列市场兼并行为完成，当今中国移动互联网市场呈现出前所未有的寡头垄断格局。在此背景下，移动互联网领域反垄断司法案件却寥寥无几。由此可见，我国反垄断私人执行力度不足。

移动互联网具有的网络效应、锁定效应、交叉外部性等特点，则进一步巩固了垄断格局，[②] 并严重侵害消费者利益、抑制科技创新、威胁信息安全。[③] 因此，应当改变反垄断诉讼证明责任分配不均衡、原告诉讼风险过高的现状，让受到侵害的公众或移动互联网企业能够进行自我保护。

（一）证明责任分配不均衡

目前，移动互联网反垄断法私人执行存在证明责任分配不合理、举证困难、诉讼风险高等困境，致使移动互联网反垄断案件数量少且胜率较低。[④] 合理推定的裁决标准也影响着原、被告举证责任的分配。"合理推定"标准下，原告的举证责任明显重于"本身违法"标准，这也是反垄断案件鲜有胜诉的原因。[⑤] 加之《反垄断法》在执行机制、民事责任承担等

---

① 参见杜爱武、陈云开《中国反垄断诉讼案件数据分析和案例评析报告（2016—2017）》，《反垄断与政策评论》2018 年第 1 期。

② 参见陈伟华《互联网产业反垄断法实施困境探析》，《杭州电子科技大学学报》（社会科学版）2013 年第 3 期。

③ 参见杨慧《公用企业垄断对消费者权益的侵害及法律对策》，《安徽大学学报》（哲学社会科学版）2009 年第 4 期。

④ 参见杨紫烜主编《经济法》（第 4 版），北京大学出版社、高等教育出版社 2010 年版，第 224 页。

⑤ 参见冯博、张家琛《数字平台领域〈反垄断法〉与〈反不正当竞争法〉的经济逻辑和司法衔接》，《法治研究》2023 年第 3 期。

方面的规定有所缺失，导致法律的实效性不尽如人意，亟须完善相关的配套法规。此外，移动互联网领域案件数量有限，尚无明确的指导性案例，以致审判人员不能高效、准确地对移动互联网反垄断民事诉讼案件进行审判。

与其他民事诉讼案件相比，移动互联网领域反垄断诉讼双方当事人的举证能力往往存在较大差距。被告方当事人常是移动互联网领域的垄断型企业，而原告方当事人多为其竞争对手或普通消费者，由此可见，诉讼双方当事人对于相关市场信息的掌握能力极不对称。具体而言，被告作为移动互联网领域垄断企业，其在获取信息与分析数据方面占据优势。原告作为不具备市场优势的普通消费者或中小型企业，往往难以获得受商业秘密保护的企业数据信息，因此难以履行自己的举证责任。继而，原告会因无法证明被告实施了违法垄断行为而承担败诉风险。比如，在移动互联网领域的垄断协议纠纷案件中，原告必须对被告存在违法垄断协议这一要件承担举证责任，如若原告无法证明被告参与了违法垄断协议，则很有可能因此败诉。

据此观之，当移动互联网消费者或中小企业对该领域的垄断行为提起诉讼时，需要肩负沉重的举证责任，虽然司法解释明确规定了当事人可以采取专家证人制度，但总体而言，消费者或中小企业在移动互联网反垄断诉讼中仍处于劣势地位。因此，完善我国移动互联网领域的反垄断诉讼制度，首先应当区别不同类型的垄断行为，有针对性地调整证明原则和举证责任的分配模式，平衡双方当事人的诉讼地位差距，实现其在法庭上的平等对抗。①

（二）原告方诉讼风险过高

反垄断法作为国家的经济宪法，其规范的是一国市场经济中最重要的法律关系。在移动互联网领域作为原告提起反垄断诉讼，其不但要按诉讼标的额比例缴纳诉讼费用，还要承担昂贵的律师费用。这些在诉讼前产生的费用，足以让绝大多数受害者望而却步。

---

① 参见于洋《关于建立反垄断民事诉讼程序的探讨》，《中国价格监督检查》2012 年第 5 期。

即使原告能够承担起高昂的诉前费用，在进入诉讼程序后，原告方当事人还要承担极大的败诉风险。从多起败诉的移动互联网垄断案例来看，原告方往往因举证不足，无法证明被告的市场支配地位，或现有事实无法认定为具有"限制、排除竞争"效果等因素，而未能获得法庭支持。因为在移动互联网领域反垄断诉讼中，法官需要对垄断行为进行复杂的分析与判断，如被诉垄断行为是否存在危害市场公平竞争秩序的情况。所以，移动互联网领域反垄断诉讼存在极大不确定性，而这种不确定性进一步加重了原告方当事人的负担，最终导致原告方当事人放弃通过诉讼来维护自己的利益。最后，即使当事人获得胜诉判决，依据垄断侵权之诉的损害补偿原则，当事人获得的赔偿也无法弥补自己在诉讼中所付出的时间和精力成本。所以，在移动互联网领域，很难期望原告方当事人因较小的损害而向法院提起反垄断诉讼。

二　移动互联网领域反垄断私人执行困境之破解

传统的民事诉讼理论奉行"谁主张、谁举证"的原则，举证不能就要承担败诉风险。由于移动互联网反垄断诉讼双方当事人实力差异巨大，加之该领域垄断行为涉及诸多专业知识，原告方很难承担相应举证责任。因此，应对移动互联网领域反垄断诉讼当事人的证明责任进行合理分配，以维持法庭诉讼双方当事人的"对抗公平"。

（一）调整证明责任分配原则

为减轻原告证明负担，推动移动互联网领域反垄断诉讼发展，我国可以仿效日本、欧盟等地，采取"举证责任倒置"的原则。[1] 有学者提出，对于隐蔽性较强且负外部性较大的反竞争行为，可酌情采用举证倒置的方式，即由监管部门或原告举证该行为具有垄断性，转向企业（或被告）自证该行为具有充分市场竞争性。[2] 举证责任倒置是指在一定情形下，不按照一般民事诉讼证明责任原则分配证明责任，而实行与之相反的分配模

---

① 参见刘桂清《反垄断法中产业政策与竞争政策》，北京大学出版社 2010 年版，第 41 页。

② 参见陈琳琳、夏杰长、刘诚《数字经济市场化监管与公平竞争秩序的构建》，《改革》2021 年第 7 期。

式，即免除原告承担的证明责任，而被告负责证明其反面事实成立。① 对移动互联网企业垄断行为的竞争损害适用举证责任倒置规则，既能够大大减轻反垄断执法机构调查收集证据的成本，并弥补预测、评估能力不足的短板效应，又能够改善原告因信息不对称所导致的举证责任弱势地位。但是，为了平衡反垄断法保护效率与保护竞争并重的双重目标需求，只宜以超级平台为对象适用举证责任倒置规则。②

因为多数移动互联网领域垄断行为属于侵权行为，所以可从一般侵权责任的构成要件角度对其进行分析：第一，侵权之诉中一般应由原告证明被告行为具有违法性，如果实施举证责任倒置制度，原告的举证责任仅止于证明被告垄断行为的存在，而不需要对垄断行为是否违法作出证明，证明垄断行为合法是被告的义务；第二，损害结果与违法行为之间存在因果关系，即使实行举证责任倒置制度，这部分仍属于原告的证明责任范围，且提出的证据应证明两者间的因果关系；第三，"对于损害后果的合理估计"，因为移动互联网垄断侵权行为存在特殊性，原告缺乏相关知识积累，很难作出准确预判，因此应将计算损害后果的责任归入法院，以减轻当事人讼累；第四，为了减轻原告举证负担，不应将故意或过失列入原告的举证责任范围。举证责任倒置可作为移动互联网领域反垄断诉讼证明责任的原则，此外，还应对具体的垄断情形采用针对性举证分配策略。③

（二）划定证明责任分配模式

1. 横向垄断协议案件中的证明责任分配

首先，原告方当事人需要证明移动互联网领域横向垄断协议的存在。众所周知，移动互联网企业之间信息透明度较高，其产品和服务的价格、销量及其他信息相对容易获得。移动互联网企业之间只需要一个电话或一封邮件就可以交换关键信息，而此类"知根知底"情形则容易导致价格层

---

① 参见江伟主编《证据法学》，法律出版社 2004 年版，第 83 页。
② 参见肖海军、罗迎《数字经济时代平台企业混合合并的反垄断规制》，《甘肃社会科学》2023 年第 2 期。
③ 参见邹亚莎、李亚《反垄断民事诉讼中的举证责任分配》，《法律适用》2014 年第 2 期。

面的协同行为，从而产生实质上固定价格的效果。① 因此，在移动互联网领域，垄断协议的存在形式往往不拘泥于书面协议。随着移动互联网领域垄断经营者达成垄断协议的行为越来越隐蔽，书面协议、电子邮件或是会议记录等能够直接反映垄断协议内容的证据将越发难以取得。但是，有确切的证据证明协议行为存在是进行审判的逻辑起点，如果原告不能证明行为存在亦可胜诉，则会导致众多投机分子借用诉讼方式勒索企业。因此，即使此类证明横向垄断协议存在的证据较难获取，也应当是原告方必须提供的证据。综上，原告方当事人仍需要向人民法院提供证据证明，被告确实签订了相关垄断协议，或是垄断经营者之间确实存在着共谋的事实。

其次，原告方当事人须就自己因违法垄断行为而受到的损害，向法庭提供证据予以证明。在侵权之诉中，受害人需要就自己所受到的实际损害进行举证。在移动互联网领域横向垄断协议案件中，因受害对象的不同，损害也分以下两种：针对普通消费者而言，其需要向法庭提供证据证明，自己因移动互联网经营者的垄断行为而多支付的商品或服务价格；针对竞争者而言，其需证明自身因移动互联网横向垄断协议而导致的市场份额减损、企业利润下降和市场进入难度加大等财产性损失。

最后，原告方当事人需要对其所受到的损害，与被告所达成的移动互联网横向垄断协议之间具有因果关系进行证明。根据"近因原则"，如果侵权人的侵权行为与被害人的损害结果之间具有直接紧密的关系，那么一般可以认定因果关系存在，而非一定要从证据上推演出两者之间的因果关系，或是证明被害人的损害仅是因为侵权人的行为所致。因此，在移动互联网领域横向垄断协议案件中，原告只需证明垄断经营者的侵权行为是其所受损失的原因之一即可。

2. 纵向垄断协议案件中的证明责任分配

与横向垄断协议相对，达成纵向垄断协议的当事人往往是移动互联网领域某一特定产品或服务的上下游企业。与横向垄断协议相比，纵向垄断协议的违法性认定更为专业、复杂。

---

①　参见鲁篱《行业协会经济自治权研究》，法律出版社 2003 年版，第 258 页。

在移动互联网领域纵向垄断协议案件中，原告应当承担证明垄断协议具有排除、限制竞争效果的责任。首先，在司法实践中，由于移动互联网领域横向垄断协议往往具有极强的隐蔽性，协议外经营者或消费者很难了解到垄断协议的存在。在这种情况下，由原告方当事人进行初步举证后，将不具有排除、限制竞争效果的证明责任分配给被告，不但有利于查明案件事实，更能够从实质上平衡诉讼双方当事人的举证能力，弥补原告方当事人在诉讼上的劣势。而移动互联网领域纵向垄断协议案件则不然，与横向垄断协议相比，其对市场竞争秩序的影响并不明显。除了排除限制竞争的纵向垄断协议外，还存在着大量有利于提升市场竞争度以及消费者福利的纵向垄断协议。所以，在移动互联网领域纵向垄断协议案件中，不应当将排除、限制竞争的证明责任直接分配给被告当事人。

其次，司法实践中法官们对于排除、限制竞争效果证明责任的分配也表明了类似的观点。在相关纵向垄断协议纠纷的判例中，法院认为：纵向垄断协议对于竞争秩序的排除、限制效果不及横向垄断协议明显，所以不能简单将证明责任分配给被告方当事人。[①] 此外，最高人民法院在司法解释中，并未对移动互联网领域纵向垄断协议排除、限制竞争效果的证明责任作出特别规定。那么，理应适用一般民事侵权案件的证明责任分配原则，即在移动互联网纵向垄断协议案件中，由原告承担被告所达成的纵向垄断协议具有排除、限制竞争效果的证明责任。

3. 滥用市场支配地位案件中的证明责任分配

滥用市场支配地位民事诉讼作为移动互联网领域反垄断诉讼的主要案件类型，具有相当程度的复杂性与特殊性。与垄断协议案件不同，滥用市场支配地位案件中的被告，往往在移动互联网领域相关市场内具有绝对优势。其对于移动互联网市场内特定商品或服务的价格要素或数据要素具有较强控制力，甚至可以影响、决定其他竞争者能否进入相关市场。由此可见，和传统滥用市场支配地位案件一样，移动互联网反垄断案件认定滥用市场支配地位的法律要件，除了存在垄断行为、损害结果、垄断行为与损

---

① 参见上海高级人民法院（2012）沪高民三（知）终字第 63 号民事判决书。

害结果间的因果关系之外，还应包括移动互联网领域的相关市场界定，以及在相关市场内垄断企业市场支配地位的认定。所以，在双方当事人的证明责任分配上，移动互联网领域滥用市场支配地位的案件与其他类型的反垄断案件有所不同。

原告方当事人应当承担证明被告具有市场支配地位的责任。从我国司法实践出发，原告可选择两种证明被告在相关市场内具有市场支配地位的方法。第一种方式，是通过专业证据论证得出被告具有市场垄断地位的事实。第二种方式，是通过推定的方式证明被告具有市场支配地位。在移动互联网领域，市场支配地位的推定模式对于由中小企业或个体消费者提起反垄断诉讼极为有利。综上，在实力悬殊的移动互联网反垄断案件中，法官可适当偏向推定市场支配地位这一证明模式，以减轻原告在移动互联网领域反垄断案件中所承担的证明责任。

第二节　移动互联网领域反垄断法证据制度

移动互联网由一个庞大的虚拟空间组成，其拥有的信息、技术、资源并不以实体形式存在，这给该领域反垄断案件的举证提出了难题。移动互联网信息的虚拟性决定了其证据形式的虚拟性，并且此类电子证据区别于传统互联网市场中的电子证据，它往往以大数据、云储存等形式存在，在一定程度上造成了移动互联网领域电子证据取证难、保全公证难等问题。

一　移动互联网领域反垄断法电子证据困境

随着移动互联网时代的到来，以数字信息为媒介的证据成为调查取证的新内容。而且移动互联网电子证据与传统互联网电子证据具有较大差异，传统互联网的电子证据集中体现在网页、域名、电子邮件之中，而移动互联网则出现了用户信息大数据、云端储存数据等新的电子证据形式，此类特殊的移动互联网电子证据将在反垄断案件中起到重要作用。有学者认为，"就司法证明方式的历史而言，人类曾从'神证'时代走入'人证'时代；又从'人证'时代走入'物证'时代。也许，我们即将走入另一个新的司法证明时代,即电子证据时代"。①

(一) 移动互联网领域电子证据取证困难

早在 1999 年的《中华人民共和国合同法》、2004 年的《中华人民共和国电子签名法》中便有关于电子证据的规定,电子邮件、电子证据交换、在线聊天记录、互联网博客、手机短信、电子签名、域名等都被最高法、最高检等联合发布的《关于办理死刑案件审查判断证据若干问题的规定》定义为电子证据。2012 年修订的《中华人民共和国民事诉讼法》(简称《民事诉讼法》)、《中华人民共和国刑事诉讼法》以及 2014 年修订的《中华人民共和国行政诉讼法》都将电子证据作为证据种类之一。②

1. 移动互联网电子证据特性

移动互联网电子证据的自身特性导致取证困难。虽然我国已将电子证据作为一种新的证据种类,但由于移动互联网在我国出现的时间短,缺乏系统取证、举证、质证的操作规范,司法实践中也不得不参照传统互联网的证据规则进行收集、保全、审查、判断和运用。部分缺乏经验的司法机关,对于此类电子证据不会用、不敢用、不能用,从而使得移动互联网领域的办案质量大打折扣,电子证据应有的作用也未能完全发挥。③

首先,移动互联网电子证据本身的特性使其真实性受到质疑。例如,在移动互联网环境中,电子证据很容易被销毁、改变,以至于它所反映的信息未必真实。比如经过加工的数据资料、音视频和各类电子文件,如果没有其他证据印证,则不能确认其真实性。此外,移动互联网电子证据分散式地存储在不同地域的不同设备上,其数据抽象性、资源共享性和存储分散性使传统取证工具无法再现原始数据,取证复杂度远超 PC 端互联网电子数据。因此,法庭必须采取特定的鉴别方法,才能确保证据来源真实可靠。

---

① 参见樊崇义、李思远《论电子证据时代的到来》,《苏州大学学报》(哲学社会科学版) 2016 年第 2 期。
② 参见乔治《"互联网 +"背景下电子取证研究》,《法制与经济》2018 年 4 期。
③ 参见刘仁《互联网时代有待创新电子证据解决方案》,《中国知识产权报》2013 年 10 月 25 日,第 10 版。

其次，在移动互联网背景下，电子数据规模超大但缺乏统一的数据标准，结构化、半结构化和非结构化数据并存，证据类型涵盖了云盘、大数据、文档、音频、视频、邮件、数据库、网络日志等多种形式。这种数据存储的非标准性和复杂性给获取、分析电子证据带来了严峻挑战，要求取证人员具备较强的数据处理能力和数据关联分析能力。

最后，移动互联网技术的发展日新月异，该领域电子证据的调查取证也具有极强专业性，但是大部分人对于这个新兴市场了解甚微，司法机关中缺少一批经验丰富的专业人才，现阶段的电子设备和取证手段无法适应发展迅速的移动互联网市场。[①] 综上，移动互联网电子证据的特性导致司法机关面临证据真实性存疑、证据标准不统一的问题。

2. 相关电子证据规定缺失

在移动互联网领域，缺乏对当事人收集电子证据的程序规定。在取证过程中，应当遵循必要的取证程序，确保移动互联网电子证据可采、可信、可用。根据我国证据规则，若电子证据的生成、获取程序不符合法律规定，则可考虑对其加以排除。因此，如何合法收集移动互联网电子证据，对当事人而言是一大难题。

因为缺乏相关立法，当事人或取证人员在电子证据的取证过程中，缺失规范取证的意识。一方面，这影响了电子证据在司法实践中的应用。在当前电子证据的取证实践中，当事人或取证人员不具备专门知识，取证方法不符合相关技术标准，取证过程不规范等问题屡见不鲜，以上情形都直接影响了电子证据的可采性。另一方面，取证不规范还会造成侵犯法益的风险。在移动互联网时代，移动互联网与传统行业密切融合，法人、组织、个人的信息几乎都被数字化，如若不对取证过程加以严格规制，则取证人将轻松获取相关方的机密及隐私信息，侵犯他人合法权益。

如果不针对移动互联网领域电子证据的特性，改进、完善与发展传统电子证据的适用程序，提高移动互联网电子证据的证明效力，必将影响该

---

① 参见何小刚《移动互联网背景下电子数据的取证审查初探》，《安徽警官职业学院学报》2015 年第 4 期。

领域当事人的合法权益。综上，对移动互联网电子数据的取证、举证、认证等行为作出明确的程序规定，是提高移动互联网垄断案件审判质量的必由之路。

3. 云数据收集易侵犯隐私

在移动互联网的催化之下，传统国家和个人的二元关系之间出现了网络服务提供商这类中间层，经过各种中间层的中转之后，精准获取原始信息的难度大为提升。① 在司法实践中，当需要获取相关的移动互联网电子证据时，当事人或取证人员通过各种方式，要求网络服务商提供证据。若网络服务商积极配合，一方面导致用户的隐私权无法得到保障，另一方面也使自身不堪其扰。在决定网络服务商是否向当事人及取证人员提供证据时，需要明确特定的界限，从而在个人、网络服务商以及网络用户之间，找到权利和义务的平衡点。

在移动互联网领域，网络云盘是电子证据的主要形式之一。根据组织方式和储存构造的不同，云盘可以分为私人云、社区云、公共云、混合云四种类型②。在社区云和公共云的模式之下，云由各个不同组织和群体之间共享。云储存的特性也在于其共享属性，共享在带来资源整合效益的同时，亦使得用户的权益处于摇摆不定的漂浮状态。针对储存在公共云盘中的电子数据，若是从中提取某个或某类用户的数据，则容易侵犯其他用户的隐私。当事人提取云环境中的移动互联网电子证据时，如何确保不侵犯其他相关人的隐私权，在此背景之下，当事人取证与第三方的隐私保护，又该如何权衡都是移动互联网领域电子证据取证的难题。

（二）移动互联网领域电子证据保全公证困难

移动互联网电子证据保全公证，是指公证处根据当事人申请，在符合法律法规的前提下，对申请人提出的存在于移动互联网中的电子证据进行

---

① 参见裴炜《犯罪侦查中网络服务提供商的信息披露义务——以比例原则为指导》，《比较法研究》2016年第4期。

② George Grispos, Tim Storer and William Bradley Glisson, "Calm before the Storm: The Challenges of Cloud Com-puting in Digital Forensics", *International Journal of Digital Crime and Forensics*, 2012, pp. 28-48.

提取、固定的过程。经保全公证的移动互联网电子证据在证明力上有着优先效力，在预防、化解纠纷方面发挥着重要作用。移动互联网电子证据易被篡改，灭失后难以寻回，通过保全公证的方式提取、固定相关证据，可以有效防止与当事人权益密切相关的电子证据被篡改、损毁。

当前，公证移动互联网电子证据是在专业人员的帮助下，通过检查本地网络连接、解析域名、检查接入移动互联网的真实性等操作，对电子证据在网络环境中的不稳定状态加以锁定；也可以通过查询保存数据、签名、印章的初始状态，追踪篡改痕迹等操作对电子证据的真实性予以核实、证明；还可以现场监督当事人下载手机 App，当场操作应用程序，对应用程序的步骤、服务类别、服务方法予以记录、固化，这些公证服务契合了移动互联网时代垄断案件的现实需求。但是随着移动互联网技术进一步发展，实时监控、大数据、云储存等电子技术无不给移动互联网公证带来挑战。

2012 年中国公证员协会通过了《办理保全互联网电子证据公证的指导意见》，该意见对审查重点、询问笔录、保全手段、步骤有了详细规定，但是范围局限在传统互联网领域，缺乏对移动互联网电子证据的针对性规定。整体上看，当前我国的移动互联网电子证据保全公证还存在以下问题。

1. 保全公证缺乏专业人员

传统的证据保全，公证员所见所得即为真实。公证员仅需客观记录即可完成相应的保全程序，但在移动互联网背景下，亲眼所见也未必真实。如果公证员不具备相应的技术知识，只是简单依照传统保全方式记录，便无法甄别真假，甚至造成伪证的后果。若当事人为善意，则整个操作过程不存在瑕疵，得到的移动互联网电子证据亦为真实；若申请人心存恶意，公证员所见所得便是精心打造的"骗局"。例如，当事人可将操作的手机或其他设备处于脱机状态，实际所保全的内容是当事人事先存储在本地存储卡中的内容。在手机或其他设备未联入移动互联网的状态下，之前浏览过的网站依然是能够访问的，网站的内容会暂存在手机中。只要对网页设计方面稍有研究的人，都能轻而易举地按自己意愿修改网站内容，从而造成恶意申办公证的结果。①

此外，移动互联网电子证据本身特点鲜明，与传统互联网电子证据不同，它们随着技术发展呈现出越来越多的类型，如云储存、大数据、网络社群等，而且每种电子证据所记载的信息量又十分繁复。为办理好移动互联网电子证据的相关公证，公证机构不仅需要配备相应专业技术人员，还需要培养专门的法律团队，依据申请人的诉求，主动设计、提供可行的公证方案。以上情形都对移动互联网电子证据的公证保全提出了新要求。

2. 网络欺诈手段迭代出新

在移动互联网时代，网络欺诈手段不断更新，即使公证人员具有相关专业知识，也很难识别所有的欺骗手段。例如，当事人操作的手机或其他设备虽处于网络正常连接状态，但修改了其中的部分操作系统，在公证员输入需要访问的网址后会跳转到预存于设备的虚假网站中。尤其当保全地点不在公证处，所要操作的手机或其他设备又处于当事人控制的情况下，这种欺骗方式就更具隐蔽性。此外，部分"黑客"可以修改网站传递服务器，使要访问的网站映射到事先篡改好的其他网站，虽然公证员所见输入的网址真实无误，但系统指向的网站却大不相同，此时公证员所保全的移动互联网电子证据便非真实。以上欺骗手段都已经让公证员难以识别，对于更为新型的欺诈手段则更是无法防备。

二 移动互联网领域电子证据制度的完善建议

针对当前移动互联网电子证据的取证困境，我国可建构证据开示制度并完善电子证据收集的相关规定。此外，针对我国移动互联网电子证据保全公证缺乏专业人员、移动互联网欺诈手段不断更新等现状，可通过完善相关电子证据保全公证制度以解决此类问题。

（一）健全移动互联网领域电子证据取证制度

移动互联网电子证据的自身特性导致其在实践中应用困难。对此，我国可效仿美国推广电子证据开示制度，提升私主体反垄断案件的胜诉率。

---

① 参见米立琴《保全互联网电子证据公证法律问题研究》，《中国公证》2017 年第 6 期。

同时，完善移动互联网电子证据取证、质证、认证的操作规范，使其在司法实践中发挥应有作用。

1. 建立电子证据开示制度

美国企业及消费者提起移动互联网反垄断诉讼的意愿较强，部分归功于美国实行的电子证据开示制度。具言之，反垄断行政执法机关必须针对违法企业的垄断行为向联邦法院提起诉讼，通过司法机关的终局裁判，对违法垄断企业施以惩罚。在反垄断执法机关获得胜诉判决后，垄断行为的受害者可以通过证据开示制度向法院申请开示与本案相关的证据材料，从而减轻自己的举证负担，降低诉讼成本，同时提高获得胜诉判决的概率。

市场监管部门调查非法垄断企业具有行政上的优势，也更容易获取有价值的证据材料。如若能够在市场监管部门获取关键性证据后，再向行政机关申请开示证据，则可以极大降低个体受害者发起诉讼的成本。美国《克莱顿法》第 5 条明确作出规定：经过反垄断民事诉讼审判，并最终被确定的证据、事实，均可以作为其他当事人基于相同诉讼标的提起反垄断诉讼的初步证据。在这一模式下，当事人提起反垄断民事诉讼的成本大幅下降，既避免了司法资源的无限制浪费，同时也帮助市场监管部门提升了行政执法的威慑力。

既然市场监管部门的行政执法与移动互联网领域反垄断诉讼的目标都是消除垄断、保障市场经济健康发展与维护公民利益。那么，对移动互联网市场竞争秩序负有行政责任的市场监管部门，理应为反垄断诉讼案件提供真实可靠的证据信息，为司法裁判的公正保驾护航。所以，在反垄断后继诉讼中采用证据开示制度，不但保障了个体利益，同时实现了反垄断法的价值目标。这应当是私主体借助公权力维护自身利益、实现请求权的最好方式。同时，为了保护弱势群体的合法利益，当事人向法院提出调取证据的申请时，法院应适当放宽审查条件。

2. 完善电子证据取证规定

针对移动互联网反垄断案件的取证困境，应当建立移动互联网电子证据取证的标准化程序，一方面可以指导当事人合法有效地收集移动互联网电子证据，另一方面也可以增加已收集电子证据的可采度。从域外的司法实践来看，美国司法部发布的《网络和计算机犯罪侦查》① 分类型对互联网电子证据的取证程序进行了规定。具体到我国司法实践，也可建立以下移动互联网电子证据收集规定。

第一，确立严查移动互联网电子证据真实性、合法性原则。真实性和合法性是证据的重要特征，移动互联网电子证据作为证据的特殊形式，同样应该符合证据的一般标准。在移动互联网背景下，不法行为人经常利用网络技术手段对证据予以篡改，弱化证据真实性。因此，在移动互联网电子证据的认证过程中，应该对证据形成的时间、地点进行全面审查，以确保其来源真实可靠。程序正义是司法正义的重要部分，若移动互联网电子证据的形式不符合法律规定或者取证过程违反了法定程序，其都不能作为定案依据。

第二，完善我国移动互联网电子证据收集程序。移动互联网电子证据具有较高技术性，且容易被加密、伪造、篡改，如果没有合理的收集方法及程序，很难收集到完整、有效的电子证据。我国对于移动互联网电子证据取证程序的完善，可从以下几个方面进行。①准备阶段：明确需要收集的移动互联网电子证据范围；②鉴别阶段：明确需要采取的移动互联网电子证据收集手段；③决定阶段：根据采用方式的不同，实行不同的程序性规定；④收集阶段：运用特定的标准化技术对移动互联网电子证据进行收集；⑤保存阶段：对所有的程序性事项进行记录，以便查询。此外，还应在现有法律法规的基础上，根据实务需要出台相应的司法解释和实施细则，对移动互联网电子证据的收集、保全和认定等方面进行规范，通过优化现有法律，制定电子证据法，专门对电子证据进行立法规范。详细规定电子取证主体资格、取证程序规范，减少取证过程中的侵权风险。

第三，对移动互联网电子证据的取证程序进行全程录像。移动互联网电子证据取证是否有全程录像的必要？这涉及成本效益的分析。对取证程序全程录像，其成本是相应的录像设备、储存设备、人员成本等支出。但

---

① 参见美国司法部网站，Investigations Involving the Internet and Computer Networks，https://www.ncjrs.gov/pdffiles1/nij/210798，最后访问日期：2019 年 3 月 1 日。

从收益的角度看，全程录像有利于规范证据取证人员在取证过程中的行为，确保其取证行为符合相应的法律规定，保障相关权利人的隐私权。同时，在发生争议时增强证据可采性，避免证据不足导致的程序倒流。司法程序的倒流指的是公安司法机关将案件倒回到前一个诉讼阶段并进行相应的诉讼行为。[①] 司法程序一旦倒流，司法成本就会加倍。波斯纳曾言："对公平正义的追求，不能无视于代价。"[②] 在移动互联网电子证据的收集过程中，对取证过程进行全程录像是为保护电子证据的可采性而不得不付出的代价。

第四，建立兼顾隐私权、知情权与司法权威的移动互联网电子证据管理制度。首先，鼓励信息技术领域与法学领域的结合研究，明确数据持有者的数据管理责任，建立数据分类、分级存储机制，针对不同敏感级的数据采取不同的管理策略。其次，根据程序价值原则和证据适用规则，保障公民和企业的知情权。最后，完善公民和企业的申诉权。移动互联网电子数据取证是专业的司法活动，但诉讼主体在进行取证时也不能侵犯其他公民和法人的合法权利。

3. 采用比例原则划定取证界限

移动互联网电子证据的取证不同于一般证据的取证。移动互联网云盘中包含大量个人信息和隐私，如何处理取证与保护隐私的矛盾，是移动互联网电子证据取证的难题之一。在移动互联网时代，个人网络行为不受非法阻断、个人网络交流不受非法监视、个人网络数据不被非法公开，理应成为司法部门的共识。

对此，移动互联网电子证据的取证可采用比例原则划定界限。比例原则是宪法和行政法上的概念。比例原则主要包括适当性原则、必要性原则和均衡性原则。[③] 在比例原则的指导之下，需要根据审判需求确定需要收集的移动互联网电子证据层次。以即时通信为例，根据涉及的隐私程度，

---

① 参见汪海燕《论刑事程序倒流》，《法学研究》2008 年第 5 期。

② 〔美〕理查德·波斯纳：《法律的经济分析》，蒋兆康译，中国大百科全书出版社 2004 年版，第 32 页。

③ 参见刘权《目的正当性与比例原则的重构》，《中国法学》2014 年第 4 期。

其信息可以分为三个层次：基本的用户信息（如用户名）、往来信息（如联系人列表）以及内容信息。在美国，对于三种不同层次的信息收集需要不同的令状。当事人在收集即时通信证据的过程中，需要考虑到具体所需的即时通信信息，确保对权利人的隐私侵害符合最小损害原则。如只有通过收集即时通信内容信息，方可对待证事实起到证明作用，那么此类情况下收集内容信息就不违反比例原则。此外，收集移动互联网电子证据对隐私的侵害程度，需要与案件的重大程度符合适当比例。换言之，仅当采用其他方式查清案情可能无望，且提取的数据隐私度与案件的重要程度呈一定比例时，才允许采用收集措施。

4. 引入相应技术检验方法

引入技术方法检验移动互联网电子数据的真实性。第一，对移动互联网电子证据进行局部分析。如对手机数据、电子邮件、云盘信息进行分析，一般可分类为准备、识别、保存、检查、分析及报告六个阶段。第二，对移动互联网电子证据进行综合分析。移动互联网电子证据的典型特征是分布广泛、重复信息多、数据量巨大，关键信息淹没在海量数据中，只有经过综合分析才能发现隐藏在大数据背后的真相。第三，对移动互联网电子证据进行定向分析。对移动互联网电子证据的分析必须是结合案情的定向分析，如开展移动互联网垄断案件的定向调查。第四，采用时间戳技术，确保移动互联网电子证据的时间准确性。时间戳是数字签名技术的衍生应用，用于保护数据文件的时间信息。与签署文件不同，书面签署文件的时间是由自己写上的，而时间戳则不然，它是由认证单位 DTS 以收到文件的时间为依据来添加的。时间戳由国家授时中心负责授时与守时监测，以此保障其权威及法律效力。

（二）制定移动互联网领域电子证据保全公证程序

针对我国移动互联网电子证据保全公证缺乏专业人员、移动互联网欺诈手段迭代出新的现状，为增强电子证据保全可信度，可对移动互联网电子证据保全进行以下明确、具体的规定。

第一，全方位审查当事人情况。公证员应先审查当事人主体是否适格，申请人与申请保全的移动互联网电子证据是否存在利害关系；着重审查当事人申请公证的目的及用途，明确当事人申请保全的电子证据种类以及目前的存储介质状况；确定提取、固定电子证据的时间、地点、手段及所需设备，审查当事人是否有篡改移动互联网电子证据的可能性。

第二，审核移动互联网电子证据是否真实、合法。确保移动互联网电子证据真实合法是申办保全公证的前提。首先，寻求移动互联网电子证据的审查新方式。移动互联网技术的发展将衍生多样化作假手段，审查移动互联网电子证据的真实性也愈发困难，因此公证员应积极探索，寻求更好方式识别当事人恶意申办公证的行为。其次，详尽记录保全过程，包括取证的时间、地点、提取步骤，多样化、全方位固定当事人所要保全的移动互联网电子证据，并及时做好备份，防止数据丢失。[①]

第三，针对移动互联网电子证据保全公证中常见的欺诈手法，预先做好防范措施。首先，谨慎选择保全地点，证据提取过程尽量选择在公证机构进行，所操作的相关设备也应由公证处提供，杜绝当事人事先对设备进行技术处理。其次，要求承办移动互联网电子证据保全公证的公证员具备相应专业知识。移动互联网电子证据复杂多样，公证员若不具备一定的移动互联网专业知识，便可能被当事人用技术手段欺骗，以致公证结果不真实。最后，确保公证处网络系统的安全性。各公证处均应具备较高的抗网络攻击能力，预防当事人恶意修改网络程序或利用网络进行远程攻击。

第三节 移动互联网领域反垄断法诉前禁令制度

移动互联网违法垄断行为危害较大，推广使用诉前禁令可以弥补司法救济的滞后性。时至今日，诉前禁令制度在移动互联网领域的适用现状仍不理想。对此，本节从完善诉前禁令适用审查标准、建立相关程序制度及成立专业审查团队三个维度进行架构，以增强该制度的可操作性。

一 移动互联网领域反垄断诉前禁令制度适用的必要性及现状

我国移动互联网领域的商业模式发展迅速，与之相应，不法经营者采

[①] 参见米立琴《保全互联网电子证据公证法律问题研究》，《中国公证》2017年第6期。

取的垄断方式也愈发多样。比如，部分移动互联网垄断巨头利用传导优势，将其在某一领域内的垄断优势延伸至另一领域，随后利用垄断优势恶意排挤其他经营者，以迅速占领市场。此外，移动互联网市场还存在联合垄断、划分市场、排挤中小竞争者等行为。在分秒必争的移动互联网市场中，这些垄断竞争模式能够使垄断企业在极短时间内获取大量用户资源，并对竞争对手造成严重损害。简言之，较之传统互联网市场的垄断行为，移动互联网市场的垄断行为短时间内能产生更大且更加难以弥补的损害。

在移动互联网领域，由于违法垄断企业短期内便可获取巨大经济收益，因此此类企业往往通过管辖权异议、上诉等方式拖延诉讼进程，以时间换取最大限度的商业利益，即使最后输了官司，也已经获取足额的"补偿"，甚至有部分移动互联网公司将上述方式作为公司的经营战略，以实现盈利最大化。此外，移动互联网垄断行为的专业性和复杂性，如难以界定相关市场、难以认定市场支配地位等，再加之法官不熟悉此类案件的处理模式，共同造成结案时间一延再延。

综上，漫长的司法诉讼难以及时遏制移动互联网领域的垄断行为，为有效遏制垄断巨头的违法获利行为，使受害人的合法权益尽早脱离危险状态，有必要在司法实践中提高诉前禁令的使用率。

（一）适用诉前禁令制度的必要性

在我国，立法中并没有明确的诉前禁令称谓，在《中华人民共和国专利法》（简称《专利法》）中称之为"诉前停止侵犯专利权",[①] 在《民事诉讼法》中称之为"诉前行为保全"，而在理论探讨中，学者们习惯于用诉前禁令来概括这一制度。该制度起源于美国，旨在防止违法行为危害进一步扩大。换言之，法官在判决前如果认为违法行为会持续对受害者造成损害，就可以发布禁令禁止该行为。

从我国法律规定来看，《民事诉讼法》第103条第1款规定："人民法院对于可能因当事人一方的行为或者其他原因，使判决难以执行或者造成

---

① 根据《专利法》第66条的规定："专利权人或者利害关系人有证据证明他人正在实施或者即将实施侵犯专利权的行为，如不及时制止将会使其合法权益受到难以弥补的损害的，可以在起诉前向人民法院申请采取责令停止有关行为的措施。"

当事人其他损害的案件，根据对方当事人的申请，可以裁定对其财产进行保全，责令其作出一定行为或者禁止其作出一定行为；当事人没有提出申请的，人民法院在必要时也可以裁定采取保全措施。"这里的"禁止其作出一定行为"为移动互联网反垄断案件采用诉前禁令提供了法律依据。①

由于移动互联网具有开放性、瞬时性等特点，若在法院判决后才能禁止违法行为，则有可能给当事人带来难以弥补的损失，学者们提出推广使用诉前禁令以弥补司法救济的滞后性。在移动互联网反垄断案件中，可对垄断事实较为清楚、垄断侵害较为清晰、损害结果不易弥补的案件直接适用诉前禁令，及时遏制移动互联网领域垄断行为的"不正之风"。因此，积极探索诉前禁令在移动互联网反垄断案件中的适用规则，是保障行业健康发展的重要举措。

（二）适用诉前禁令制度的现状

总体而言，我国目前移动互联网领域诉前禁令制度的适用率较低，其主要原因有以下几个方面。

首先，对公正的精致追求严重遏制了诉前禁令的适用空间。虽然公正与效率是司法的生命线，但是公正与效率在一定程度上也具有不可调和性。从法律规定来看，适用诉前禁令的前提是客观的侵权情况或者可能的侵权状况已经相当严重和紧急，如果不发出诉前禁令就无法保护申请人的合法权益，这就要求诉前禁令必须尽快实施以提高司法效率。虽然在移动互联网反垄断案件中，适用禁令制度需要把握公正与效率的平衡，但这种平衡不应以牺牲制度本身为代价。诉前禁令的最大优势是提高司法效率，其体现的是效率最大化前提下对公正的追求。当下，适用诉前禁令应当寻求更为恰当的制度平衡，而非仅仅在公正与效率之间作无谓摇摆。

其次，除价值困境外，诉前禁令适用率低还有以下三个原因。第一，我国移动互联网反垄断案件诉前禁令的审查标准不明。相较于大陆法系，英美法系国家诉前禁令的审查标准更为全面细致，除了难以弥补的损害之

---

① 参见曲凌刚、杨扬《互联网行业不正当竞争案件审理研究》，《现代电信科技》2014年第11期。

外，还包括胜诉可能性、当事人利益衡平以及公共利益影响在内的四个审查标准。① 在我国司法实践中，由于缺少移动互联网领域诉前禁令的适用先例，法官对于如何运用以上标准没有明确思路，因而在实践运用中"束手束脚"，以致诉前禁令制度"有法难依"。第二，我国移动互联网领域诉前禁令制度程序缺失。移动互联网诉前禁令制度是从我国知识产权制度中借鉴而来，因此，反垄断法及相关的司法解释均未对诉前禁令的程序作出规定，导致该领域的诉前禁令程序制度操作性不强。第三，缺乏移动互联网领域的专业法官队伍。多数法官无法判断移动互联网垄断案件能否适用诉前禁令，因此为避免失误便选择弃之不用，严重影响了司法审判的时效性与公正性。

二 移动互联网领域反垄断诉前禁令制度适用建议

（一）完善诉前禁令适用审查标准

法官在行使裁量权时应有相关参考，以便于在遵守法律的基础上进行能动、理性的判断。比如，美国法院在作出诉前禁令前会考虑错误成本，即法院错误地拒绝诉前禁令给原告带来的成本，和错误地发出诉前禁令给被告带来的成本。这个错误成本甚至细化成一个著名的"汉德法官过错公式"。在我国，法官在决定是否签发禁令时，也应对所涉及的利益及发出禁令的后果进行权衡。因此，在移动互联网领域反垄断案件诉前禁令审查的过程中，可参考以下四个审查标准。

1. 参考"胜负可能性"标准

"胜负可能性"标准也被称作"侵权可能性"标准，"可能性"是概率的表示，那么"胜诉可能性"也需要明确的"概率尺度"。如果"胜诉可能性"采用较高的实质审查标准，一者有"未审先判"的嫌疑，再者也不能满足诉前禁令的及时性。因此，应当确立一个相对"折中"的审查方案：同时要求禁令申请人和被申请人提供相应的证明资料，法官参考既往

---

① 参见彭向阳、刘玲、彭一翔《浅析知识产权诉前禁令审查标准》，《科技管理研究》2017年第4期。

判例，对材料进行多方位的审查与判断，同时不必作出侵权与否的结论，达到"适中"程度便满足"胜负可能性"标准。

2. 参考"难以弥补的损害"标准

在移动互联网领域反垄断法案件中，造成怎样的损害能够称为"难以弥补的损害"？一般认为，"难以弥补的损害"便是"不能以金钱补偿或不能以金钱衡量的损失"。北京市高级人民法院曾对"难以弥补的损害"进行了细化解释：①对该损害后果的弥补难以使受到损害的合法权益完全恢复原状；②该损害后果不可能获得足额的救济；③侵权人没有能力赔偿权利人的损失；④申请人申请时损害后果的范围和程度尚无法确定。[1] 在移动互联网的背景下，应当结合以上判断标准，从市场份额减少、竞争优势削弱、后续侵权行为不可控、侵权方赔偿能力等四个方面进行"难以弥补的损害"认定，改变在此审查标准认定上的不确定性和随意性。

3. 参考"当事人利益衡平"标准

针对此标准，美国司法实践确定了一个判断原则：适用禁令给被告带来的不利要小于不适用禁令给原告造成的不利。[2] 换言之，法官要权衡发出诉前禁令给被申请人带来的影响与不发出诉前禁令给权利人带来的影响孰大孰小，只有当不发禁令给权利人造成的损失明显大于发出禁令给被申请人带来的损失时，法院才能发出诉前禁令。具体而言，在进行"当事人利益衡平"标准考量时，不仅需要考虑申请人面临的损害，也要把被申请人因禁令所面临的损失纳入考虑范围。综合以上两个方面的考量，对双方的可能损害程度作出客观评价，进而作出是否适用诉前禁令的判断。

4. 参考"公共利益判断"标准

易言之，若发布诉前禁令将会严重影响公共利益，法院就不应支持申请人的请求。比如，在移动互联网市场中，发布一项诉前禁令将会扰乱相关商品和服务的自由流动，不仅影响相关当事人，还会使公众失去已习惯

---

[1]　北京市高级人民法院知识产权庭：《关于审查知识产权诉前禁令措施案件的调查研究》，知识产权出版社2008年版，第409页。

[2]　参见李澜《美国禁令制度研究——兼评我国知识产权诉讼中临时禁令制度》，《科技与法律》2003年第2期。

的商品或服务。这时，法院决定适用诉前禁令，首先应考量市场反应和公共利益的损失。①

除以上判断标准之外，针对现实中较为突出、对行业竞争秩序损害较大的垄断行为，如移动互联网巨头滥用市场支配地位、达成横向垄断协议等，可适当提高诉前禁令的审查通过率。②

（二）建立诉前禁令相关程序制度

1. 应当完善保证金制度

因为移动互联网垄断案件适用诉前禁令有很大风险，因此法院在核发诉前禁令时，除采取审慎态度外，还需考虑如何给予被申请人必要的保障和救济。据此，法律规定了申请人在申请诉前禁令时应当提供担保，此举一方面可制约申请人滥用保全申请，另一方面也可在诉前禁令适用失当时补偿被申请人。

从各国法律规定来看，诉前禁令担保多以金钱作为担保方式。显然，采用保证金作为担保形式，能够在错发诉前禁令后有效给予被申请人经济补偿。因此，法官在作出裁定时，还应衡量损害的性质，即申请人所遭受的损害能够用金钱赔偿弥补。为了防止法官裁断的不确定性和不透明性，法律应当通过封闭式的列举方式，界定在移动互联网反垄断案件中，哪些垄断行为类型容易对当事人造成"无法用金钱弥补的损失"。

2. 应当设定移动互联网反垄断案件诉前禁令的效力范围

诉前禁令作为行为保全措施，应当被设立一定的效力范围。因此，移动互联网垄断案件诉前禁令的效力范围应受到以下限制：①当事人在本案可要求的申请范围限制；②暂时性限制；③申请人的申请内容限制。

3. 移动互联网垄断案件应当增加听证程序

由于诉前禁令是对被控侵权当事人行为的强制性禁止，一旦适用不当，必然会对被申请人造成严重损失。对此，《与贸易有关的实施产权协

---

① 参见周晓冰《北京市法院首例诉前禁令案评析——兼议诉前禁令的审查标准》，《科技与法律》2008 年第 2 期。
② 参见曲凌刚、杨扬《互联网行业不正当竞争案件审理研究》，《现代电信科技》2014 年第 11 期。

定》第 50 条第 4 款明确规定了对"被告不在场时的权利保护",许多国家在相关法律中也明确要求传唤被告出庭听证。这样有利于法院在听取双方当事人辩论的基础上,澄清事实并正确适用诉前禁令。此外,给予双方当事人听证和辩论的机会,还将有利于法官加快审查和作出裁决的速度,从而保障整个诉前救济程序的效率。综上可见,通过增加听证程序,一方面可以保障双方当事人享有均等权利,另一方面也可以完善移动互联网反垄断案件诉前禁令的审查程序,确保裁决的正当性。

在移动互联网反垄断案件中,建议经过听证程序再作出核发禁令的裁决,但这并不意味着要求双方当事人同时到法庭陈述意见。[1] 具体而言,听证程序要求法院在接受当事人诉前禁令申请后的 48 小时内,传唤双方当事人进行听证,特殊情况下可远程开展听证程序,未经听证程序不可作出诉前禁令裁定。与此同时,诉前禁令听证程序应当保护被申请人的程序参与权,分别确定诉前禁令申请人与被申请人的举证环节,保证双方举证权利平衡。此外,在诉前禁令听证程序中引入简化的法庭辩论和质证环节,并规定未经质证和辩论的证据不能作为裁定依据。[2]

4. 应设置移动互联网垄断案件诉前禁令的时间限制

诉前禁令和诉中禁令的申请时间、申请条件与审查程序都不相同,法律不可模糊二者的区别而在司法实践中自动予以转化。[3] 一方面,从法理上看,对于一些特殊纠纷,需要法院依实际情况在裁判之前做出临时性、创设性、展望性处理。另一方面,诉讼进程和案件事实总是不断发生变化,为了适应发展变化,必要时也可以对裁决进行变更甚至撤销。由于诉前禁令是在单方申请又未经庭审而作出的保全措施,难保万无一失。因此,禁令也应当明确其可撤销性及有效期。如在英国,法院作出的未通知被告的临时禁令,其有效期极短,一般仅为 5 天至一周。[4] 在美国,禁令

---

[1]　参见郭小冬《论保全诉讼中被申请人利益的保障》,《法学家》2010 年第 2 期。
[2]　参见吴太轩、王思思《互联网新型不正当竞争案件诉前禁令制度的适用研究——以 162 份司法文书为视角》,《竞争政策研究》2017 年第 4 期。
[3]　参见刘晴辉《正当程序视野下的诉前禁令制度》,《清华法学》2008 年第 4 期。
[4]　参见沈达明《比较民事诉讼法初论·下册》,中信出版社 1991 年版,第 227 页。

可以随情况变化而更改。如果只是针对申请人单方证据进行审查而作出的临时性禁令，那么其有效期仅为 10 天，直到举行双方能够对抗的预备性禁令听证会为止。[①] 所以，在我国移动互联网垄断案件的诉前禁令制度中，首先需要赋予被申请人在一定期间内提出撤销该禁令的权利，判案法官再结合移动互联网反垄断案件的影响力、涉及面等具体情形，为诉前禁令设置一个合理的有效期间。

（三）成立诉前禁令专业审查团队

近年来，我国司法系统特别注重培养审判团队的业务能力，也提高了进入审判队伍的人员要求。但是部分审判团队在面对移动互联网反垄断案件时，仍然有力不能及之处。特别是在诉前禁令的适用问题上，要求法官不仅具有法律专业的素养，也要具备认定相关领域事实关系的能力。在司法审判领域中，移动互联网反垄断案件极为特殊，需要法官以传统民事法律思维为背景，结合移动互联网相关知识，并且参照大量的司法审判实践经验展开综合推理。

首先，在移动互联网反垄断案件适用诉前禁令的审查中，留给审判者认定事实及作出裁决的空间较大，而审判者自身情况各异，有可能影响裁决的稳定性。因此，应当建立专门的移动互联网诉前禁令审查部门，一方面将专业性强、有相关审判经验的法官集中起来，合理使用审判资源，正确处理相关案件，提高审判工作效率。另一方面，限制法官个人主观性，以事实证据为核心，形成稳定的审判模式。

其次，设立移动互联网反垄断案件审查部门，保证禁令审查的正规化、专业化。移动互联网垄断案件专业审查部门的出现，可以有效地将审查从诉讼活动中抽离出来。如果法官既要审查申请人的诉前禁令，又要参与后续案件审理，法官不可避免地会产生先入为主的思维，影响认定案件的客观性。审查与审判的分离，可较好地避免这一问题，在加强禁令审查专业性的同时，又确保裁判者有清晰、客观的思路审理案件。更重要的

---

① 参见《美国联邦民事诉讼规则、证据规则》，白绿铉、卞建林译，中国法制出版社 2000 年版，第 103 页。

是，允许专门审查部门可以采用"专家出庭"的方式，并可长期聘请从事移动互联网领域的工作者、市场咨询机构或者高校学者参与审查活动。通过上述专业人士与法官的配合，提高诉前禁令的审查效率和准确程度。通过这种形式，法官可以获取准确的专业信息，提高了移动互联网垄断案件诉前禁令审查的专业性和准确性。

综上，通过确立移动互联网领域反垄断诉前禁令制度的审查标准，完善诉前禁令相关程序制度的配套措施，再建立专业的诉前禁令审查团队，从而达到既能快速救济申请人权益，又能保障程序正义的双重目标。①

---

① 参见孙彩虹《我国诉前禁令制度：问题与展开》，《河北法学》2014 年第 8 期。

第七章　移动互联网领域垄断行为的
法律责任问题

在对移动互联网领域三大类垄断行为的违法性认定以及相关程序制度进行剖析之后，最后要对被认定为违法的垄断行为追究法律责任。但是，反垄断法在移动互联网领域的适用过程中，面临责任主体制度不健全与责任形式不完善双重难题，具体表现为责任承担主体不确定、行业协会成员责任不清晰、民事责任形式单一、民事损害赔偿与行政罚款数额确定难等。本章将对这些问题进行针对性研究，并提出相对具体的建议，确保违法的垄断行为受到惩戒，因垄断行为而利益受损的主体能够获得比较充分的救济。

第一节　移动互联网领域垄断行为的责任主体

责任主体的认定是追究移动互联网领域垄断行为法律责任的必备环节，相较于传统经济领域的市场主体，移动互联网领域的市场主体呈现虚拟化和多元化特征，导致该领域发生垄断行为时很难直接确定责任承担主体。当受害者无法确定具体垄断行为的责任承担主体时，就很难追究其法律责任。同时，当认定责任主体涉及垄断行为决策者及主要实施者时，其是否需要承担责任，需要承担怎样的责任，这些都是在认定移动互联网领域垄断行为责任主体时亟须解决的重要问题。

一 移动互联网领域垄断责任主体制度的现状及问题

明确责任承担主体①是划定相应责任形式的前提，也是实现反垄断法立法目的之必要条件。相比于传统市场领域，移动互联网领域垄断行为法律责任主体的确定面临着更大难题。如前文第一章所述，移动互联网领域垄断主体复杂、多元，涉及移动终端、网络运营、应用服务领域，除此之外，与传统市场一样，移动互联网领域也有行业协会及经营者成员，相应的行政机关和法律、法规授权的具有管理公共事务职能的组织。移动互联网主体虚拟化与多元化的特征，虽然一定程度上造成了该领域垄断行为法律责任主体的认定困境，但是追本溯源，《反垄断法》责任主体制度不完善才是主要原因。因为《反垄断法》自2008年实施以来，其责任主体制度不健全一直是适用的疑难问题之一。

（一）移动互联网领域责任主体难确定

首先应该明确，这里的责任主体是指应对移动互联网领域的垄断行为实际承担法律责任的主体，其与该客观垄断行为的实施主体并非完全一致。一般而言，责令垄断行为主体承担相应法律责任，是维护移动互联网市场竞争秩序和社会公共利益的必由之路。但通过对移动互联网领域反垄断个案的分析可知，实际上并非所有违反《反垄断法》的行为人都必然会作为主体承担法律责任。② 这是因为，移动互联网领域市场主体的虚拟化及多元化特征导致移动互联网领域垄断案件不同于传统的垄断案件，其责任主体往往难以确定。以算法共谋行为为例，在移动互联网领域，实施共谋的主体对象不仅包括具有竞争关系的平台企业经营者，还包括算法的设

---

① 我国《反垄断法》条文中涉及的反垄断法律责任主体可分为六类：一是实施非法垄断行为的经营者；二是组织实施非法垄断行为的行业协会或其他组织；三是实施行政垄断行为的行政机关和法律、法规授权的具有管理公共事务职能的组织；四是实施行政垄断行为的行政机关和法律、法规授权的具有管理公共事务职能的组织直接负责的主管人员和其他直接责任人员（简称行政主体公务人员）；五是有依法协助反垄断执法机构调查义务却拒绝、阻碍调查行为的单位或个人；六是有滥用职权、玩忽职守、徇私舞弊或者泄露执法过程中知悉的商业秘密等渎职行为的反垄断执法机构工作人员。

② 参见张瑞萍《关于反垄断民事责任的若干思考》，《北京交通大学学报》（社会科学版）2011年第2期。

计者、提供端以及算法本身，因此有关算法共谋中主体责任承担问题饱受争议。[1] 在算法共谋案件中，算法程序作出价格协同行为的决定时，是否应该确立反垄断责任，谁应该对此承担责任，应该由问题算法开发者承担责任还是使用者（受益者）承担责任？[2] 又如，在 App 垄断侵权案件中，涉及该 App 的版权人、App 的行政部门备案登记人、App 的经营者以及具体垄断行为的实施人等，被侵权人往往难以提供直接证据确定责任主体。再如算法歧视行为，由于算法不再局限于进行机械化、模式化数据处理工作的"工具"，逐渐发展成可利用数据进行自动学习、智能判断的"决策者"。正是由于算法越来越复杂且日益具有主动性，算法决策行为与经营者行为难以区分，引发了算法价格歧视行为究竟是算法责任还是经营者主体责任的追责议题。目前尚未有任何一部法律能够同时解决算法价格歧视行为的责任分配和承担问题，这实则印证了算法价格歧视行为的责任规范存在片面性。[3]

而我国《反垄断法》将垄断行为的责任主体简单地界定为"经营者"，显然过于笼统，缺乏具体的解释。[4] 如"经营者"主要包括哪些主体，是否必须依法取得经营资格，是否包括各自的关联企业和存有代理关系的企业？特别是在客观行为实施主体与责任承担主体并不一致的情况下，如客观垄断行为实施主体为生产商的分公司或者代理商时，生产商是否应承担相应的法律责任；为关联企业时，应由从属企业还是控制企业承担责任；存在代理关系的企业实施相关违法协议的最终责任主体又是谁？以上诸多问题都亟需法律法规的进一步明确。

在移动互联网发展初期，App 的版权人、该 App 的行政部门备案登记人、App 的经营者、具体垄断行为的实施人大多为同一主体，因此垄断责任主体相对比较容易确认，也不存在责任的划分问题。但随着移动互联网

---

[1]　参见周学荣《算法共谋下反垄断的规制困境与路径选择》，《行政论坛》2024 年第 1 期。

[2]　参见李振利、李毅《论算法共谋的反垄断规制路径》，《学术交流》2018 年第 7 期。

[3]　参见叶明、郭江兰《数字经济时代算法价格歧视行为的法律规制》，《价格月刊》2020 年第 3 期。

[4]　我国《反垄断法》第 56 条至第 60 条将经济垄断行为的责任承担主体表述为经营者。

技术发展，越来越多的移动互联网企业开始将 App 的版权人、App 的备案登记人、App 经营者以及具体垄断行为实施人相分离，采用多个主体进行登记，而这些主体不断采取各种措施规避法律责任，增加了垄断行为责任主体的认定难度。

综上，移动互联网领域市场主体的虚拟化与多元化，加之现有责任主体制度的规定过于笼统，导致处理该领域垄断案件的一大难点就是垄断行为责任主体的认定。

（二）经营者负责人、行业协会负责人责任不清晰

我国《反垄断法》第 56 条第 4 款规定："行业协会违反本法规定，组织本行业的经营者达成垄断协议的，由反垄断执法机构责令改正，可以处三百万元以下的罚款；情节严重的，社会团体登记管理机关可以依法撤销登记。"由此可见，从行业协会角度，实施违反《反垄断法》规定的行为主体为移动互联网领域的行业协会（如通信行业协会、移动互联网协会、手机行业协会等）时，反垄断法现有规定亦未将行业协会主要负责人及直接责任人纳入法律责任的主体范围。反垄断法未将此两类主体纳入法律责任主体范围，不是反垄断法法律责任设置轻重的问题，而是我国反垄断法法律责任制度体系构建的制度性不足。在移动互联网领域，此两类主体责任制度的缺失，使得罚款、没收非法所得、剥夺特定资格等所有责任形式对其失去应有的惩罚功能和威慑力。

如前所述，我国《反垄断法》法律责任主体中缺失了行业协会负责人的个人责任主体，导致《反垄断法》对移动互联网行业协会主要负责人及直接责任人的威慑力不足。即使他们所控制的单位因垄断行为而受到惩罚，但因为其个人本身不会受到反垄断法规制，事后他们还可能再次操纵单位实施同样甚至危害更大的垄断行为。此外，根据我国《反垄断法》第 56 条的规定，移动互联网行业协会违反相关规定实施垄断行为时，责任承担主体仅指行业协会，而成员企业是否应当承担责任，法律规定模糊。尽管行业协会是互益性的自我管理、自我服务的社会组织，但是属于竞争性、营利性的会员很可能通过行业协会达成垄断的合意。移动互联网市场发展到现在，有一个很直观的现象，即随着发展的深入，移动互联网公司

的体量变得越来越大。例如，腾讯凭借微信和 QQ 几乎垄断了即时通信，虽然还有钉钉和陌陌等即时通信，但是两者的体量几乎无法相提并论。"百团大战"中活下来的美团，一直都在拓展生态场景，推出网约车服务，收购摩拜单车，进军出行领域。阿里则是战略投资和战略收购了很多公司，来筑建自己的生态壁垒，已经不单单是一家电商公司。[①] 在移动互联网领域的行业协会中，这些体量巨大的会员企业往往有着举足轻重的地位，很大程度上能影响协会的最终决策。如果仅以行业协会为责任主体，可能会使行业协会成为某些移动互联网巨头成员企业进行垄断的工具，使行业协会成为替罪羊，而真正实施垄断行为的会员企业得以逃避法律责任。

（三）行政垄断中缺失民事责任主体

依据我国《反垄断法》第 61 条，对于行政垄断的责任追究，以责令改正、处分为主，[②] 而对滥用行政权力的行政机关及其法律、法规授权的具有管理公共事务职能的组织是否应承担民事责任却并未提及。然而现代社会中，行政主体与经营者之间的界限并不明显，[③] 行政机关和公共组织也可能从事经济活动，取得经济利益；即使不从事经济活动，也可能因限制竞争而给他人造成财产或利益的损失。[④] 有观点认为，行政机关以及法律、法规授权的具有管理公共事务职能的组织是代表国家处理行政事务的组织，不是经营者，显然不属于反垄断民事诉讼被告的范围，[⑤] 因此不应

[①] 参见《2018 年上半年中国移动互联网行业发展分析报告解读》，百家号网，https://baijia-hao.baidu.com/s? id=1608311596801318423&wfr=spider&for=pc，最后访问日期：2019 年 7 月 18 日。

[②] 我国《反垄断法》第 61 条规定："行政机关和法律、法规授权的具有管理公共事务职能的组织滥用行政权力，实施排除、限制竞争行为的，由上级机关责令改正；对直接负责的主管人员和其他直接责任人员依法给予处分。反垄断执法机构可以向有关上级机关提出依法处理的建议。法律、行政法规对行政机关和法律、法规授权的具有管理公共事务职能的组织滥用行政权力实施排除、限制竞争行为的处理另有规定的，依照其规定。"由此可知，行政垄断的法定责任主要有责令改正和处分。

[③] 参见陈云良《从授权到控权：经济法的中国化路径》，《政法论坛》2015 年第 2 期。

[④] 参见史际春《反垄断法理解与适用》，中国法制出版社 2007 年版，第 342 页。

[⑤] 参见佟自强《我国反垄断民事赔偿案件的受理条件》，《人民法院报》2009 年 7 月 2 日，第 6 版。

成为民事责任的承担主体。同时，反垄断法没有规定行政垄断的民事责任问题，显然是将其排除在民事责任承担的范围之外，因此不应追究其民事责任。该观点虽然有一定的理论依据，[①] 但如果这类机关和组织滥用行政权力，例如实行政策保护打击移动互联网新兴企业，给其造成损失而完全不承担民事责任恐怕有损正义与公平。

特别是在当前移动互联网时代，由于移动互联网的创新性和颠覆性，其对传统行业影响巨大。例如，以滴滴为代表的网约车极大地冲击了传统出租车行业，在网约车发展的初期阶段，全国多地出现出租车行业集体抵制"专车"现象。以前一些政府部门将网约车贴上"黑车""非法车"的标签，不利于网约车行业的发展。以余额宝、支付宝为代表的移动互联网金融则是对传统银行业的重磅冲击。余额宝自出现以来，一直面临着政策上的严格监管，限制了余额宝的规模，保护了传统银行业。当面对移动互联网商业模式创新给传统行业带来的巨大冲击，部分政府部门利用行政权力对移动互联网新兴企业进行过度监管，一定程度上涉嫌行政垄断，限制了移动互联网新兴企业的发展。

行政垄断行为不仅会对被歧视、被限制竞争的移动互联网新兴企业的财产权益产生影响，也会给消费者利益带来重大损害。因为滥用行政权力的垄断行为通常表现为通过维持垄断而维持高价，进而损害消费者利益。但是我国现行《反垄断法》却没有规定行政垄断行为的民事责任。而基于社会公平正义的理念，法律面前人人平等的原则，上述机关与组织如果实施行政垄断行为，给他人造成损失时也应作为民事责任的承担者，这种民事责任当然包括最主要的民事赔偿。[②]

二　移动互联网领域垄断责任主体的确定

针对上述移动互联网领域垄断责任主体问题，建议今后在修改《反垄断法》时，进一步完善责任主体制度。具体而言，包括细化《反垄断法》

[①] 行政机构及其法律、法规授权的具有管理公共事务职能的组织应为行政法规范的主体，当其滥用权力给他人造成损失时，可通过行政法的规定予以处理。
[②] 参见王健《我国行政性垄断法律责任的再造》，《法学》2019年第6期。

责任主体的认定标准，以意思表示真实为实施标准，确认责任承担主体和行业协会成员的责任承担问题，健全行政垄断的民事责任主体制度。

（一）细化责任主体的认定标准

1. 移动互联网经营者实施垄断行为责任主体的确定

在民法、经济法和行政法领域，实施违法行为实施主体与他人可能存在着雇用关系、代理关系、委托关系、监护与被监护关系、行政上下级关系、师徒关系等各种关系，导致相应违法行为的实施主体与责任承担主体可能分离。① 因此，本书建议对移动互联网经营者垄断行为法律责任承担主体的认定采取"实质标准"，即无论行为者是否具备经营资格、办理相关手续，只要实施或从事了法律限制或禁止的垄断行为，都应依法承担相应责任。这有利于降低反垄断制度的运行成本，有效遏制违法垄断行为，形成反垄断法律责任的威慑效果而维护市场的有效竞争秩序。② 以算法共谋为例，目前为止，算法本质上仍然是人类的工具，只是带来了新的共谋手段，而非新的法律责任主体。定价算法本身并不具有自主意思，仅是人类智能的延伸，其如何运转仍旧取决于人们如何事前设置，并不属于独立的法律主体。因此，至少是在当前阶段，认定算法共谋仍旧不能脱离参与共谋竞争者之间的主观认定。③ 在这方面，美国及欧盟对于垄断行为责任主体的相关做法及规定值得我国借鉴。④具言之，应针对某些特殊情况作出具体的规定，即任何垄断行为主体，无论是国家公权机构还是私人经济实体，只要触犯了反垄断的法律规章制度就应承受其相应的法律责任，就应成为反垄断法律责任承担主体。

---

① 参见叶明、郑淑媛《我国纵向价格垄断协议的法律责任分析——以"洋奶粉案"为例》，《商业时代》2014 年第 17 期。

② 参见丁国峰《反垄断法律责任制度研究》，安徽大学法学院 2011 年博士学位论文，第 37 页。

③ 参见施春风《定价算法在网络交易中的反垄断法律规制》，《河北法学》2018 年第 11 期。

④ 根据美国最高联邦法院判例表明，反托拉斯法中的责任承担主体具有极为广泛的范围，其既包括企业、其他组织、自然人以及在诉讼中作为被告的政府机构和行政官员，还包括其他被联邦法律、各州法律和外国法律所承认的各类商业实体。在《欧共体条约》中，其规定的适用主体规定为"企业"，英文为"undertaking"，而后发布通告明确"undertaking"包括：企业、协议当事人、销售商、供应商、购买商等及各自的关联企业和存有代理关系的企业。

2. 移动互联网领域行业协会垄断协议的责任主体以意思表示真实为实质确定标准

移动互联网领域行业协会通过制定决议、组织安排或者参与主导等形式，与其成员经营者或成员以外经营者，达成或者实施限制竞争的意思表示一致的行为，这类行为的责任主体应确定为移动互联网领域行业协会和相关经营者。其一，移动互联网领域行业协会在制定、发布含有排除、限制竞争内容的垄断协议行为之前，召集相关经营者就有关情况进行讨论或者表决，包括个别进行不同形式的沟通。有关经营者通过参加会议或者参与沟通，从而了解垄断协议的内容，但是对有关排除、限制竞争的内容没有明确保留或者反对的意思表示，应当视为该经营者同意垄断协议。此时责任主体应为行业协会和有关经营者，且有关经营者是否为行业协会的成员经营者，在所不问。① 其二，移动互联网领域行业协会制定含有排除、限制竞争的章程，该章程要求成员经营者具有遵守行业协会制定的排除、限制竞争的行业规范和标准，原则上，移动互联网领域行业协会的成员经营者的实际行为符合上述规范和标准的要求的，应当作为移动互联网领域行业协会垄断协议行为的责任主体。在此种情况下，移动互联网领域行业协会的成员经营者是否参与了行业协会章程中规定的行业规范标准等文件的制定，在所不问。

（二）扩大责任主体范围

1. 将移动互联网领域行业协会或其他企业联合体组织的主要负责人及直接责任人列入反垄断法法律责任主体

移动互联网领域行业协会或其他企业联合体组织自身是较难作出违反《反垄断法》的行为决策，其垄断行为的作出往往由决策者决定，此时如果不追究其违法行为决策者的个人责任，就无法预防新的促成垄断行为的情形发生。事实上，移动互联网领域行业协会垄断行为是集体性行动，协会负责人作为行业协会决议的主要决策者和实施者，理应承担相应的责

---

① 　例外是，有关经营者在行业协会进行意思联络事中或事后，进行了对前述意思联络的会议或决议内容，以及个别交流的内容持保留或者反对意见的意思表示，通过公开的声明或拒绝在会议决议等有关文件上签字等明示的意思表示。

任。另外，移动互联网领域行业协会垄断行为决议往往是会员大会、理事会、监事会协商一致的结果，因此，也有必要追究理事会等决策机构的责任。通过这种行业协会决策者的个人责任追究机制，一定程度上能促使决策者在作出相关决定时，从整体上考量移动互联网领域行业协会决策的社会效应，进而增强移动互联网领域行业协会的独立性和自治性。

2. 增加其他类型的责任主体

针对算法垄断问题，由于算法作为经营者实现盈利的工具，表面上纯属技术问题，但由于算法的开发、设计、使用过程是不透明的，存在暗箱操作的可能，并且在算法技术掩护下，不法行为很难被察觉和规制，[1] 因此构建算法垄断行为的责任体系，应以风险防范为主，努力转变传统的、以经营者为主体的单轨责任追究模式，建立"经营者责任+算法技术责任"双轨责任规范。经营者主体责任是将算法作为工具，而算法技术责任是将算法作为"决策者"予以规制，这样设计的目的是解决"算法黑箱"下责任分配片面的问题，使用户在遭受算法垄断行为后能够知晓算法的决策过程，有效制止经营者、算法开发者、使用者滥用算法技术。[2]

（三）完善行政垄断的民事责任主体制度

行政垄断具有民事违法的特质——其后果表现为限制、妨碍、排除其他市场主体的合法竞争，具有显著的民事侵权特征。[3] 故而，应在反垄断法中设置明确的行政垄断民事责任制度，[4] 为行政垄断行为的受害者提供民事救济途径。本书仅从民事责任主体制度角度探究其构建路径，主要从以下三个方面进行分析。

首先，应当增加因行政垄断行为获利的经营者为反垄断法法律责任承担主体。[5] 尽管行政垄断行为是滥用行政权力造成的，这属于利用公权力

---

① 参见陶盈《机器学习的法律审视》，《法学杂志》2018年第9期。
② 参见叶明、郭江兰《数字经济时代算法价格歧视行为的法律规制》，《价格月刊》2020年第3期。
③ 参见李元龙《我国应当健全行政垄断法律责任制度——以〈反垄断法〉第51条为基点展开的探讨》，《当代经济管理》2010年第10期。
④ 参见王健《我国行政性垄断法律责任的再造》，《法学》2019年第6期。
⑤ 参见张晨颖《行政性垄断中经营者责任缺位的反思》，《中外法学》2018年第6期。

侵害市场主体合法权益，其所造成的损失主要应由国家负责；同时，行政垄断的获利经营者自身可能主观上无获取巨额垄断利润意愿、客观上亦未实施违法垄断行为，不具有可责性，一般不是责任主体。但是，在移动互联网领域，行政垄断很多情况下是为了维护既有经营者的利益，这些经营者因行政垄断行为所获得的利益并无正当理由，且同时会给其他竞争者或消费者造成损失。① 因此，至少这一部分利益，获利经营者应当返还。

其次，行政垄断行为造成移动互联网领域其他企业或消费者损失时，实施该限制竞争行为的行政主体应当承担相应的民事责任。其他主要国家和地区在反垄断实践中并未将行政机关实施的限制竞争行为单列，多按照"同等对待"的原则予以规制。根据公平正义理念，垄断行为主体无论是谁，造成他人损失，理当承担责任，否则就会使得消费者或其他经营者的损失无法获得弥补，这就背离了我国《反垄断法》的立法目的。而且，我国已有国家赔偿的相关规定，行政主体履职过程中因实施行政垄断行为而给他人造成损失的，承担相应民事责任有法律依据且实际可行。因此，行政垄断行为造成移动互联网领域其他企业、消费者合法权益受损时，实施该限制、排除竞争行为的行政主体应当承担相应的民事责任。

最后，明确行政垄断法律责任制度承担主体的范围。我国当下的法律并没有对行政垄断的承担主体进行严格区分，这也导致移动互联网领域行政垄断执法缺乏可操作性。要想进一步落实移动互联网领域行政垄断的民事法律责任，必须对责任承担主体的权力与责任进行明确划分。一是各级政府及行政机构应是行政垄断行为的民事责任承担主体。政府的行政权力应为人民服务，维护市场经济中的各个参与主体的利益。但是随着移动互联网经济的发展，移动互联网企业在各个领域的崛起，分走了既有利益者的蛋糕，且移动互联网平台对线下和用户的掌控力，使得平台的规则大有超越过去的行政权力之势。对于监管者来说，这是行政权力无法容许的。因此，政府部门有强烈的逐利性，并试图通过行政权力干预市场来保护传

① 参见孙晋《我国〈反垄断法〉法律责任制度的缺失和完善》，《法律适用》2009年第11期。

统行业和谋取自身利益，这便产生了移动互联网领域的行政垄断。所以，要规制移动互联网领域的行政垄断，必然要将各级政府及其行政机关纳入监管范围，一旦其出现行政垄断行为，便要承担民事法律责任。二是法律法规授权的管理移动互联网领域公共事务的组织也应成为行政垄断的民事责任承担主体。一方面，其作为行政主体之一，同行政机关一样，其行为具备行政特点，也有做出行政垄断行为的机会与动机；另一方面，这些组织通过制定相关规范性文件，履行行政机构、事业单位、中介组织等所具有的部分职责，与移动互联网领域各方面产生紧密联系，对其发展具有重要影响。因此，也应将其纳入行政垄断民事责任的承担主体范围。

第二节　移动互联网领域垄断行为的责任形式

移动互联网领域垄断行为法律责任的追究，很大程度上依赖反垄断法责任体系的设置。我国《反垄断法》规定了行政责任、民事责任以及刑事责任三种责任形式，但是在移动互联网领域具体适用时，面临着责任形式单一、违法成本低、民事损害赔偿与行政罚款数额难确定、刑事责任缺失等难题。如何解决这些问题，以完善移动互联网领域垄断行为的相关法律责任制度，是反垄断法得以在移动互联网领域有效实施的重要保障。

一　移动互联网领域垄断行为的民事责任

与传统企业一样，移动互联网企业的垄断行为也会损害消费者和其他经营者的利益，这些利益损失就需要民事责任进行救济。[①] 完善的民事责任制度体系对于消除垄断行为带来的危害、弥补受害者的合法权益具有重要意义。

（一）移动互联网领域垄断行为民事责任的困境

近年来，我国移动互联网经济在迅速发展的同时，也产生了许多垄断行为，如 App 搭售行为、算法共谋、平台"二选一"、大数据杀熟等。对

———————

① 参见叶明、商登珲《互联网搭售行为的反垄断法规制》，《山东社会科学》2014 年第 7 期。

此，反垄断法民事责任制度作为垄断行为私法救济的重要保障，[①] 在移动互联网领域适用过程中却无法发挥有效保障作用，面临着以下困境。

1. 民事责任形式不完善

（1）责任承担方式模糊

我国《反垄断法》对于垄断行为的民事责任只是笼统规定为"依法承担民事责任"，并没有专门陈述民事责任的具体承担方式。而根据《中华人民共和国民法典》（简称《民法典》）的相关规定，一般民事责任的承担方式主要包括停止侵害，排除妨碍，消除危险，返还财产，恢复原状，修理、重作、更换，继续履行，赔偿损失，支付违约金，消除影响、恢复名誉，赔礼道歉等十一种。[②] 虽然在司法解释《最高人民法院关于审理因垄断行为引发的民事纠纷案件应用法律若干问题的规定》中，第14条规定了停止侵害和赔偿损失等民事责任，[③] 但是对这些责任承担方式却无进一步的解释说明。

针对移动互联网领域垄断案件，我国法院从"3Q大战"[④] 开始，在判决中就原告诉讼请求的民事责任方式主要确定了四种类型：停止侵害、消除影响、赔礼道歉、赔偿损失。其中，以损害赔偿为主，其他责任形式适用不一，存在着"同案不同判"的现象。我国《反垄断法》对于损害赔偿的倍率未给予明确规定，也没有规定具体的计算方法，导致我国现行反垄断损害赔偿制度仅停留在纸面之上，难以在实践中发挥积极有效的作用。例如，在"华为诉IDC案"中，法院在当事人双方均未证明实际损害或实际收益的前提下，判决被告赔偿损失，并酌情认定具体金钱补偿数额。美国、日本以及我国台湾地区，针对垄断行为的民事责任主要为停止侵害、排除妨害、赔偿损失三种类型，特别是对赔偿损失，都作了较为明确的规

---

① 参见李国海《我国反垄断民事诉讼举证责任分配制度之检讨——以典型案例为样本》，《吉首大学学报》（社会科学版）2019年第1期。
② 参见《中华人民共和国民法典》第179条。
③ 《最高人民法院关于审理因垄断行为引发的民事纠纷案件应用法律若干问题的规定》第14条："被告实施垄断行为，给原告造成损失的，根据原告的诉讼请求和查明的事实，人民法院可以依法判令被告承担停止侵害、赔偿损失等民事责任。"
④ 参见最高人民法院（2013）民三终字第5号民事判决书。

定，其中美国《谢尔曼法》和《克莱顿法》相关条款还规定了垄断行为受害者的三倍损害赔偿请求权。[①]

"消除影响"和"赔礼道歉"这两种责任方式在移动互联网垄断案件中的适用标准则是尤为不清晰。在"消除影响"的责任承担方式中，登报告示和网站首页贴告采用哪一种？具体时长如何判定？这些都没有具体依据，而是交由法院自由裁量，同案不同判现象时有发生。"赔礼道歉"也是如此，例如在2013年的"腾讯诉奇虎案"[②]中，法院认为被告的侵权行为给原告的声誉和商誉造成了严重损害，责令被告在相关网页和《法制日报》《中国知识产权报》向原告赔礼道歉。而2013年审结的"百度诉奇虎案"[③]中则是截然相反，法院认为原告是法人，被告不涉及对原告人身权利的侵害，因而不予支持赔礼道歉的请求，仅仅支持了消除影响的请求。2017年的"小蚁诉飞狐案"[④]中，法院又认为赔礼道歉需要举证证明损害原告商誉的行为。面对三个案件不同的判决结果，"赔礼道歉"在移动互联网领域司法实践中应如何适用？其适用依据是原告的声誉和商誉受到损害，还是人身权利受损？为了避免与消除影响进行混淆，二者又该如何界定？这些都是移动互联网领域反垄断法适用需要解决的问题。

（2）赔偿范围不确定

赔偿范围的界定一直是司法实践中的重点问题，而我国《反垄断法》的相关规定却过于笼统，仅在第60条第款规定："经营者实施垄断行为，给他人造成损失的，依法承担民事责任。"但是，财产损害分为直接损失与间接损失，[⑤]赔偿范围是否包括间接损失，《反垄断法》对此并无明确规定。故而在认定移动互联网领域垄断案件的赔偿数额时，法院主要参考受

[①] 《谢尔曼法》第7条和《克莱顿法》第4条都规定，"任何因反托拉斯法所禁止的事项而遭受财产或营业损失的人……，不论损害大小，一律给予其损害额的三倍赔偿及诉讼费和合理的律师费"。

[②] 参见最高人民法院（2013）民三终字第5号民事判决书。

[③] 参见北京市第一中级人民法院（2012）一中民初字第5718民事判决书号。

[④] 参见北京知识产权法院（2017）京73民终25号民事判决书。

[⑤] 直接财产损失是指垄断行为直接导致的现有财产的减少，或者受害人为了补救所付出的不必要的费用。间接财产损失，是指因垄断行为致使受害者财产应增加却没有增加的数额。

害人所受到的实际损失和侵权人因侵权所获得的利益，而实际损失和所获利益往往难以确定。

　　一方面，实际损失数额的确定，需要结合移动互联网的特殊性，考虑错综复杂的相关因素，加之目前尚无可供操作的计算标准，使得人民法院在实际损失数额裁定上面临较大困难。比如移动互联网垄断案件往往涉及流量增值、广告收入、其他增值业务收入等因素，人民法院在裁定损失数额时，这些因素应作何考量，又该如何使其统一和法定化，这与酌定赔偿制度又有何关联？另一方面，所获利益的确定，往往要依靠实施垄断行为的移动互联网企业的财务报表和账簿，但在审查的过程中就会发现移动互联网企业的经营项目多元化，并非只有垄断行为涉及的一种。涉案产品和其他产品的销售情况和费用计算是统一的，很难单独计算出所需内容的费用收支。此种情况下，所获利益又该如何确定参考因素？获取利润和损失数额的计算方法又是什么？除此之外，赔偿范围中的"合理开支"① 包含哪些内容？这些问题都需要统一规范化，使实践有法可依。

　　2. 酌定赔偿制度不规范

　　酌定赔偿并非确定损害赔偿数额的第一选择，而是一种折中的特殊计算方法。虽然我国《反垄断法》并未对酌定赔偿作出相关规定，但是一方面，在司法实践中，由于损失数额及获取利润难以确定，为了提高审判效率，法院通常会采用酌定赔偿方法来确定赔偿数额。另一方面，对于与垄断行为相近的不正当竞争行为，《最高人民法院关于审理不正当竞争民事案件应用法律问题的解释》则是明确规定，在反不正当竞争领域中，只要符合法律规定的条件，可采用同专利法及商标法相似的损害赔偿额计算方式，即酌定赔偿。但即使是 2019 年最新修改的《反不正当竞争法》也仅在第 17 条第 4 款对混淆行为和侵犯商业秘密行为规定五百万元以下的酌定赔偿，此外并无其他具体规定。因而，在移动互联网领域反垄断司法实践中，法院多是粗略地概括相关因素，没有统一的适用标准，导致各案酌定

---

① 我国《最高人民法院关于审理因垄断行为引发的民事纠纷案件应用法律若干问题的规定》第 14 条第 2 款规定，"根据原告的请求，人民法院可以将原告因调查、制止垄断行为所支付的合理开支计入损失赔偿范围。"

赔偿数额悬殊。例如，"汉涛诉百度案"① 中百度公司被判决赔偿汉涛公司经济损失 300 万元，而"百度诉奥商案"② 中法院则酌定两被告共同赔偿经济损失 20 万元，其中差距可见一斑。故而，酌定赔偿制度值得商榷，需要确定哪些是"酌定因素"？是侵权行为的情节和性质、持续时间、产品的市场份额、影响范围还是其他因素？如何衡量各因素对赔偿数额的影响程度以及各因素之间的影响关系？在个案中该如何考虑这些因素？法律规定又该如何统一规范这些因素？诸如此类问题，都是酌定赔偿制度在移动互联网领域适用过程中亟须解决的问题。

3. 惩罚性赔偿制度缺失

惩罚性赔偿，同时兼具威慑性和补偿性，主要通过对侵权行为人科以较大数额的赔偿金，发挥其威慑作用，达到维护受害者权益、预防侵权行为人再次违法的目的。鉴于当前我国移动互联网处于高速发展阶段，移动互联网市场发展潜力巨大，传统互联网巨头公司纷纷转战移动互联网。而移动互联网垄断行为违法成本偏低，收益却甚是丰厚，导致移动互联网领域垄断行为层出不穷，反垄断法中正常的补偿性损失赔偿达不到应有的威慑效果和补偿效果。因此，针对移动互联网领域垄断行为构建惩罚性赔偿制度十分必要。③ 从理论上讲，当移动互联网领域垄断行为所获的利益与违法成本的比例是 1∶1 或更小时，垄断行为就极有可能发生；而当违法成本远远高于垄断收益时，移动互联网企业必然会放弃垄断行为。换言之，如果违法成本低于垄断收益，那么移动互联网企业的理性经济人本质会驱使其选择实施垄断行为。④ 而在移动互联网领域，反垄断法适用的一个基本目标便是对经营者产生威慑，使其不敢实施垄断行为，保障移动互联网领域的良好竞争秩序。目前，惩罚性赔偿制度在我国已有立法可供参考——现有《中华人民共和国消费者权益保护法》和《中华人民共和国食

---

① 参见上海知识产权法院（2016）沪 73 民终 242 号民事判决书。
② 参见山东省高级人民法院（2010）鲁民三终字第 5-2 号民事判决书。
③ 参见陈云良《反垄断民事公益诉讼：消费者遭受垄断损害的救济之路》，《现代法学》2018 年第 5 期。
④ 参见〔美〕理查德·波斯纳《反托拉斯法》，孙秋宁译，中国政法大学出版社 2003 版，第 313 页。

品安全法》都对特定行为规定惩罚性损害赔偿制度①。但在反垄断法领域，针对移动互联网垄断行为造成的损失，反垄断法规定了法定赔偿，实践中也运用了酌定赔偿，却未涉及惩罚性赔偿。惩罚性赔偿制度的缺失，使得移动互联网领域民事损害赔偿制度威慑效果不足，不能有效规制移动互联网垄断行为。因此，针对移动互联网垄断行为，应如何构建惩罚性赔偿制度，依照何种标准计算损害赔偿数额等问题是移动互联网领域反垄断法适用需解决的重点问题。

（二）移动互联网领域垄断行为民事责任问题的解决对策

为更好地救济因移动互联网垄断行为致损的消费者和其他经营者，须结合移动互联网行业的特点，不断完善反垄断法民事责任制度，使其能适应移动互联网经济发展的要求，有效弥补受害者损失和威慑移动互联网领域经营者。

1. 完善民事责任形式

（1）规范责任承担方式

从移动互联网领域反垄断法适用的司法实践出发，为规范化责任承担方式，尽量避免"同案不同判"的现象，需做到以下几点。

首先，需明确民事责任承担形式，在《反垄断法》中明文规定"停止侵害、消除影响、赔礼道歉、赔偿损失"四种责任承担形式。其次，消除影响是为了减少移动互联网领域垄断行为带来的不良影响，应该综合考量具体垄断行为的性质、情节、后果以及影响范围等因素，比如搜索引擎广告竞价排名案件中，搜索引擎垄断企业将竞价排名靠前的产品或服务在搜

---

① 《中华人民共和国消费者权益保护法》第55条规定："经营者提供商品或者服务有欺诈行为的，应当按照消费者的要求增加赔偿其受到的损失，增加赔偿的金额为消费者购买商品的价款或者接受服务的费用的三倍；增加赔偿的金额不足五百元的，为五百元。法律另有规定的，依其规定。经营者明知商品或者服务存在缺陷，仍然向消费者提供，造成消费者或者其他受害人死亡或者健康严重损害的，受害人有权要求经营者依照本法第四十九条、第五十一条等法律规定赔偿损失，并有权要求所受损失二倍以下的惩罚性赔偿。"2015年修订的《中华人民共和国食品安全法》第148条规定："……生产不符合食品安全标准的食品或者经营明知是不符合食品安全标准的食品，消费者除要求赔偿损失外，还可以向生产者或者经营者要求支付价款十倍或者损失三倍的赔偿金；增加赔偿的金额不足一千元的，为一千元。"

索结果中予以优先显示，可能使消费者对原有排序靠前的被侵权产品或服务降低依赖度，影响被侵权方的无形利益和可期待利益。而关于消除影响的履行方式则可以采用在一方或者双方网站上公开声明的形式，视原告诉讼请求和侵权行为的影响程度确定具体时长。再次，赔礼道歉作为民事责任承担形式之一，基于市场自由竞争与意思自治的原则和《民法典》中法人享有人身权的规定，在证明商誉受损的情形下，法院应当支持被侵权方赔礼道歉的诉讼请求。赔礼道歉的适用，应当根据商誉、声誉受损情况而确定。比如，在移动互联网信息高速传播的发酵下，商誉受损范围迅速扩大，很可能使中小型企业受到严重损失甚至破产。最后，针对移动互联网的"动态性"特征，赔偿损失需要有法定赔偿、酌定赔偿和惩罚性赔偿三种方式，下文将作详细阐述。总之，明确以上四种方式作为反垄断法民事责任承担方式，既是对相关法律制度的完善，也是对现实疑难问题的合理解决。

（2）统一确定赔偿范围

目前，我国反垄断法民事责任规定的赔偿范围主要是受害方的直接损失，而由于移动互联网的动态性和分散性，对间接损失和可期待利益一般不予考虑，但是会考虑侵权方获取的利润。针对司法实践中实际损失影响因素太多而计算方法难以统一的问题，需要统一确定赔偿范围。

损失数额的确定，应当就案件具体情况涉及的考虑因素划定，根据被告垄断行为的情节、性质和持续时间等查明网站流量减少产生的损失、软件插件功能遭受破坏产生的损失、增值业务损失、游戏收入损失、广告收入损失等。[①] 移动互联网商业模式与 PC 端互联网和传统商业有着不同的收入模式，其财产损失在不同阶段有不同的表现形式，这也需要考虑在内。移动互联网领域垄断企业获得的利润具有复杂的项目计算和结算内容，在实践中往往难以计算，因此酌定认定赔偿尤为重要。酌定赔偿是指侵权者对受害者承担的损害赔偿数额有一定的弹性空间，核心是法院运用自由裁量权，根据案件的实际情况，综合权衡相关酌定因素以确定赔偿额。"酌

---

① 参见吴太轩、罗淋尹《互联网新型不正当竞争行为的损害赔偿责任研究》，载岳彩申、盛学军主编《经济法论坛》第 17 卷，法律出版社 2016 年版，第 49 页。

定"垄断企业的销售价、利润额、销售量都是获取利润需要参考的因素，除此之外，法院在难以计算时可以通过比对产品售价及其成本从而估算产品的合理利润，或者比照该相关市场上同一类产品的通常利润，再结合产品的销售量，进而算出产品的大致获利额。在此基础上，同时考虑市场份额、产品的影响范围等因素来确定最终的获取利润，这就又涉及"酌定因素"，由此可见构建酌定赔偿制度的重要性。

随着考虑因素的确定，还需要解决的便是计算方法的确定。目前，针对移动互联网领域垄断案件赔偿的计算，行之有效的计算方式是损失与获取利润的平行计算方法，该方法运用的前提是统一确定考虑因素，根据损失数额和获取利润额的确定，辅以酌定赔偿制度，达到计算合理赔偿数额的效果。虽然在移动互联网领域，诸如小程序类的企业开发商并非像奇虎和腾讯这样的大公司，难以通过一些机构的专门计算获得证据，但是"损失评估报告"，每一个受害方一般都可以通过详细的计算举证出来，比如流量数据的损失。

除此之外，受害方的合理开支主要表现为维护权益过程中的律师费、公证费、诉讼费、专家评估费等内容，还应当包括经营者为制止侵权行为所支付的合理开支以及迟延履行期间的债务利息，这些都应纳入赔偿的范围。

2. 明确酌定赔偿考量因素

根据对移动互联网垄断案例的考察，适用酌定赔偿制度时主要考虑以下几个因素。

（1）侵权的性质、情节、主观过错和持续时间

一般来说，侵权行为性质越恶劣、情节越严重、主观过错越大、持续时间越长，则赔偿损失越多，这是一种正相关关系。之所以要考虑侵权时间，是因为损失的计算需要参考侵权方在该时段的销售量，而这又主要依赖侵权方提供相关证据。为避免其逃避举证的可能性，可通过侵权时长，对比市场上同类产品在该时段的销售量从而推定侵权产品的销售总量，进而计算出赔偿数额。

（2）商誉损害程度

商誉和知名度往往与市场份额相联系，是一种无形的经济利益。商誉

损失评估的依据可以参照受害企业获得的证书、榜单排名等，如优秀平台获奖证书、年度消费者喜爱网站排行榜单、年度网站排行评选结果、高新技术企业证书等。[①]

（3）反映原告财产损失与被告获利的相关事实

依据近年移动互联网领域反垄断司法案例的实践经验，可将这些事实主要归纳为原告公司与被告公司在垄断行为发生前后相同期间的业务收入、广告收入、社区增值业务收入、游戏收入、月度活跃用户数量、用户覆盖率、软件下载量、软件受欢迎程度排行榜的名次等，[②] 进而计算出侵权产品售价、一般利润、销售量的大致数额。

（4）侵权方承担责任的能力

在司法实践中，受害方提起反垄断诉讼主要是为了获得相关赔偿，侵权行为人是否具备足够的赔付能力至关重要。审理案件时，适当考虑其承担责任的能力，保证判决的执行效果，能更好地弥补受害方的损失，有利于市场竞争的和谐发展。移动互联网领域垄断企业的赔付能力可以通过注册资本和经营规模予以证明。除此之外，还有其他的考量因素，比如侵权行为的影响范围、受害方获取特定利益的难易程度、产品的市场份额、影响范围等各种因素。应当明确，这些因素不是单一存在，而是相互交叉影响，法院在行使自由裁量权时需要做到全面而谨慎的"酌定"考虑。

3. 构建惩罚性赔偿制度

移动互联网领域垄断行为具有隐秘性、分散性和对消费者的非直接性，并不是所有的移动互联网领域垄断行为都能被及时发现，而且受害者受损整体利益是不确定的。同时，移动互联网领域垄断行为的实施主体大多为规模较大、资金雄厚的移动互联网企业，这些企业通过垄断行为往往可获得巨额违法收益，如果只是对已证明的实际损害进行赔偿，惩罚力度可能远远不够。针对移动互联网领域垄断行为构建惩罚性赔偿制度，不仅

[①] 参见张钦坤《中国互联网不正当竞争案件发展实证分析》，《电子知识产权》2014 年第 10 期。

[②] 参见蒋舸《反不正当竞争法一般条款的形式功能与实质功能》，《法商研究》2014 年第 6 期。

可以弥补受害者的整体利益，更重要的是可以进一步提高移动互联网领域垄断行为的违法成本，对垄断者产生威慑效果，令其及时停止侵害，从而有效地维护消费者和其他经营者权益，促进移动互联网市场有序竞争。[①]

美国著名反垄断法专家赫伯特·霍温坎普曾提出，区别不同类型的垄断行为，对不同类型的垄断行为适用不同的损害赔偿倍数，可以在某些实体领域减少过度的反垄断诉讼。[②] 这可以达到一种实质上的正义，也可以真正实现反垄断法惩罚性损害赔偿的目标。但是，该制度首先得对违法垄断行为进行分类，从而确定不同类型垄断行为赔偿数额的倍数适用问题。对此，有学者认为，移动互联网领域垄断行为涉及的范围更广、过程更复杂、结果更加不确定，可借鉴美国《谢尔曼法》规定的"三倍损害赔偿"制度[③]构建我国的惩罚性赔偿制度，具体标准为三倍损害赔偿加判决前利息。但是也有学者指出，移动互联网领域垄断行为往往是具体市场经营行为，其是异常复杂的，包括市场结构、盈利模式、经营策略的前后变化、对市场竞争秩序的影响、消费者福利变化等等，它对竞争的正向、负向影响很难简单作出判断。适用三倍损害赔偿副作用过于明显，极有可能使移动互联网企业陷于破产的境地，有过度威慑之嫌。[④]

针对上述观点，本书认为，对于移动互联网领域垄断行为而言，其造成的损害金额往往较大，三倍赔偿可能产生巨额赔偿，导致滥诉现象的发生。鉴于此，对移动互联网领域垄断行为损害赔偿责任的追究，可以三倍赔偿为上限，以垄断企业年度销售额为计算依据，由反垄断执法机关自由裁量，根据个案予以判决。

具言之，反垄断法应确立以实际损失为赔偿基准的弹性模式——按实际损失基数的一倍以上三倍以下确定赔偿数额。以实际损失为基数，是因

---

① 参见李建华、管洪博《大规模侵权惩罚性赔偿制度的适用》，《法学杂志》2013 年第 3 期。

② 参见〔美〕赫伯特·霍温坎普《联邦反托拉斯政策：竞争法律及其实践》（第 3 版），许光耀、江山、王晨译，法律出版社 2009 年版，第 730 页。

③ 美国《谢尔曼法》第 7 条规定，"任何因反托拉斯法所禁止的事项而遭受财产或营业损害的人，可在被告居住地、被发现地或有代理机构地区向美国区法院提起诉讼，不论损害大小，一律给予其损害额的三倍赔偿及诉讼费和合理的律师费"。

④ 参见张晨颖《损失视角下的垄断行为责任体系研究》，《清华法学》2018 年第 5 期。

为该项内容确定较为简单，花费成本相对较低，能够实现惩罚性赔偿的最终目的。当然，由于移动互联网领域垄断行为的隐蔽性，大多情况下甚至没有明确的受害人出现，实际损失有时难以计算。但是垄断侵害一旦发生，消费者及其他经营者的利益必然受到影响。此时，可以借鉴德国《反限制竞争法》中简化的损害赔偿金的计算方法，以垄断企业获得的利润为计算标准，作为前述实际损失基数的补充。[①] 一倍以上三倍以下的弹性空间，是科学、有条件地适用惩罚性损害赔偿，使民事责任的承担处于一种适中的状态。有学者建议对惩罚性赔偿金规定上限，但是如果这样，那么对财力雄厚的移动互联网大企业而言，惩罚性赔偿金额可能远不及其获得的巨额垄断利润，惩罚性赔偿制度的立法目的就没有达到。[②]

二 移动互联网领域垄断行为的行政责任

我国反垄断法对于垄断行为的规制以行政责任为主，具体行政责任条文[③]也主要是针对传统市场中的典型垄断行为而设置，这与我国计划经济体制向市场经济体制转轨的历史背景有极大关系，有着"政府干预经济"的时代烙印。然而，随着时代的变迁，尤其是移动互联网时代的来临，区别于传统垄断行为，移动互联网领域垄断行为更具复杂性和多样性，开始对现有反垄断法规制体系造成冲击，产生了行政责任形式单一、行政责任力度不足、行政罚款不确定等问题，这些问题是反垄断法行政责任制度在移动互联网领域适用过程中亟须解决的问题。

（一）移动互联网领域垄断行为行政责任的困境

具体来说，适用反垄断法确定移动互联网领域垄断行为责任主体的行政责任时，[④] 主要存在以下几个方面的问题。

---

① 参见陈云良《反垄断民事公益诉讼：消费者遭受垄断损害的救济之路》，《现代法学》2018 年第 5 期。
② 参见李友根《惩罚性赔偿制度的中国模式研究》，《法制与社会发展》2015 年第 6 期。
③ 我国《反垄断法》的行政责任主要规定在第 46 条到第 49 条。
④ 不同于广义上行政责任的责任主体包括行政执法主体和行政相对人，这里的行政责任仅指对作为行政相对人的移动互联网领域经营者违反竞争法而应当承担的强制性行政制裁后果，也称行政违法责任。

1. 责任形式单一

我国反垄断法行政责任的制裁手段过于单一,针对移动互联网垄断行为的行政责任以行政处罚为主,包括罚款、没收违法所得和吊销营业执照,其中行政罚款是主要的制裁措施。因为责任形式的单一,在移动互联网领域,出现了个别移动互联网经营者采用"诉讼式营销"①的怪象,这可能诱发更多移动互联网领域经营者陷入网络恶性竞争的怪圈。

2. 行政罚款的不确定性

虽然我国反垄断法对移动互联网领域垄断行为行政罚款的规定具有相当的弹性,但是由于规定笼统,且并无进一步的解释,使得罚款基数、罚款裁量上均存在很大的不确定性。

(1) 罚款基数的不确定性

罚款基数的确定是反垄断行政罚款的重要环节。根据我国《反垄断法》第 56 条和第 57 条的规定,罚款基数是"上一年度的销售额"。据此要解决如下两个问题:一是"销售额"如何认定,二是"上一年度"如何确定。由于移动互联网虚拟性与广泛性的特点,实践中"销售额"与"营业额"的认定更加复杂。

(2) 罚款裁量的不确定性

一旦罚款基数确定后,反垄断执法机关就需在"上一年度销售额 1% 以上 10% 以下"的裁量范围内确定罚款的具体比例和数额。根据我国《反垄断法》第 59 条的规定,在确定具体罚款数额时,应考虑违法行为的性质、程度和持续时间和消除违法行为后果的情况等因素。然而,如何理解"性质和程度"?持续时间对罚款的影响有多大?除上述四个因素外,还包含哪些因素?这些因素在决定罚款比例和数额时的权重是如何分配的?不同性质、程度和持续时间的违法行为其罚款比例和数额应该如何体现?目前反垄断法尚未能对这些疑问予以解决,使垄断行为的行政罚款处于极大

---

① 即以诉讼之名、行营销之实,通过标的额惊人的诉讼行为吸引媒体的追踪报道和社会公众的广泛关注,引发轰动效应,且在诉讼过程中高调宣传其经营如技术创新、反垄断、保护用户等经营理念,进而打开知名度,从网络巨头的市场中分得一定份额,获取巨大经济利益。

的不确定性中。

3. 执法机构的不健全

国家市场监督管理总局的组建，结束了我国之前反垄断执法"三局鼎立"的局面，一定程度上解决了我国此前反垄断执法中执法机构设置不清晰、执法实践混乱的现象。但是反垄断机构三合一，能否实现原定的改革目标效果不确定。虽然我国反垄断机构原有职权配置存在不合理之处，缺乏正当性，但是如果从原理来说，执法权应统一还是分工？世界各国反垄断执法趋势又是如何？学者们各有不同说法。这涉及一个经济法内的概念问题：如何看待规制、竞争、反垄断以及三者之间的关系。如果从监管、规制和执法机构是否需要考虑竞争问题的角度，没有国家是由一个机构来完成这种工作的。即便在反垄断机构三合一之后，这种事权的重叠也必然存在。例如，中华人民共和国工业和信息化部（简称"工信部"）、中共中央网络安全和信息化委员会办公室（简称"中央网信办"）等部门在对移动互联网行业进行监管时，同样需要考虑市场机制和行业竞争状况，并根据竞争法的原理来执法。

因此，我国目前需要解决的是反垄断执法机构三合一后的强化推进问题。当下，除了国家市场监管总局，工信部、中央网信办等其他政府部门和党中央下属机构也拥有介入移动互联网领域某些重大垄断纠纷案件的权力和职能。市场监管部门作为反垄断领域主要的行政执法机构，对于传统市场中的垄断行为，其有着丰富的执法经验，能够有效对垄断行为进行查处。但是在移动互联网市场，垄断行为表现更为复杂、多样，仅依靠市场监管部门进行规制是远远不够的。如在违法性认定方面，移动互联网领域垄断行为技术性极强，隐蔽性极高，需要大量专业的网络技术人员才能对行为的违法性进行准确认定，市场监管部门在此方面有着明显的欠缺。虽然也有工信部等部门对此类行为进行执法，但多部门的执法又可能导致职能的交叉、责任的推脱，不利于执法的进行。

（二）移动互联网领域垄断行为行政责任制度的完善

1. 增加行政责任形式

可以考虑增加行政处罚的种类。比如，增加"警告"这一制裁措施，适用于轻微的垄断行为；还可以增加资质处罚，适用于受过两次以上行政处罚或者情节严重的移动互联网领域垄断企业，取消其再从事相关的经营活动的资格或禁止其从事特定行业，如吊销营业执照、取消从事相关行业的资格等，从而起到有效遏制违法垄断行为的作用。

2. 增强行政罚款制度的可预期性

第一，合理确定行政罚款的基础数额。考察欧盟竞争法行政罚款制度，其对行政罚款的基础数额或金额标准的合理界定保证了威慑效果的有效实现。[①] 具言之，对违法垄断行为者的行政罚款应等于或略高于违法所得，才能实现对垄断行为的有效威慑。依据最优威慑理论，最优行政罚款数额就等于垄断行为造成的损害或获利加上一定的安全余数除以被处以行政罚款的概率。如若具体个案中该计算方法失效，行政罚款数额不能根据损害水平或获利数额加上一定的安全余数确定，则应以"受影响商业"标准作为行政罚款计算的基本依据。充分考虑移动互联网领域垄断行为对社会和消费者的损害及其危害严重性，并在行政罚款制度中对移动互联网领域垄断行为的危害严重程度设置相应等级或程度指数。通过细化行政罚款责任，以更好地惩处各类不同程度的违法垄断行为，对垄断行为实现最优威慑的目的。

第二，制定权威统一、具体可行的反垄断法行政罚款指南。我国反垄断执法机构拥有较大的自由裁量权，当前法律制度和司法实践对反垄断法执法机构自由裁量权的约束都是软性约束，缺乏适度刚性。而在欧盟，欧盟法对欧盟委员会反垄断行政罚款自由裁量权的约束更具规范性、明确性。[②] 制定统一权威、具体可行的反垄断法行政罚款指南是必要的，这有利于为认定经营者垄断行为违法所得和确定罚款数额提供指导，提高反垄断执法透明度，增强经营者对反垄断行政处罚的可预期性。[③] 总之，制定

[①]　〔美〕伍特·威尔思：《欧洲共同体竞争法中的罚款处罚——以威慑论为中心的考察》，李国海译，载漆多俊主编《经济法论丛》第 5 卷，中国方正出版社 2001 年版，第 261～265 页。

[②]　参见王晓晔《欧共体竞争法》，中国法制出版社 2001 年版，第 240 页。

[③]　参见王健《追寻反垄断罚款的确定性——基于我国反垄断典型罚款案例的分析》，《法学》2016 年第 12 期。

行政罚款的反垄断法实施指南，可增强行政罚款责任制度的明确性，确保反垄断法行政罚款责任救济方式得以公正实施。

3. 健全反垄断监管机构

清晰的执法权配置是提高市场规制质量的首要条件。[①] 对于移动互联网领域垄断行为，国家将反垄断执法权由此前的国家工商行政管理总局、国家发展和改革委员会、商务部三家分别行使，统一整合由国家市场监管总局行使。下一步可进一步提高反垄断委员会的法律地位，赋予其更多权力，更好地发挥反垄断委员会在反垄断执法中的作用。[②] 总的来说，对于反垄断执法机构三合一的改革，国家市场监管总局之下履行反垄断职能的具体机构设置还有待进一步明确。但可以预见，反垄断执法机构的统一将有利于提高反垄断执法的效率、权威性和稳定性，从而降低行政执法成本以及企业的合规成本。下一步应尽快实现机构、人员的实质融合，共享既有经验。将过去分权体系下不同机构各自经验、知识积累进行内部融合、传播，成为统一后的市场监管部门具有的机构能力，并通过知识的总结、传承和培训将其固化，加强研究并进一步提升，开辟反垄断执法的新时代。

由于互联网平台自我监管相较于政府监管更具全面性、及时性、专业性、经济性，因此在平台经济领域，不断强化平台的监管作用，移动互联网领域也不能例外。移动互联网平台自我监管既是管理平台市场内各交易方的行为，也是对平台自身行为的自我管制，既具有对内管理功能，也带有自我纠错面向。[③] 相较于传统威权自上而下的监管，平台自我监管具有更为显著的技术和信息优势，此类"自发"型秩序亦有助于稳定交易预期、促进市场发展，且弥散化、扁平化的平台自我监管运作机制更为适切

---

① 参见宋亚辉《市场规制中的执法权冲突及其解决路径》，《法律科学》（西北政法大学学报）2012 年第 4 期。

② 参见王炳《论反垄断委员会制度的回应性、超越与改良》，《南京社会科学》2018 年第 10 期。

③ 参见叶明、邱威棋《"秘密自治"的数字平台信用评分：隐忧与规制》，《北京工业大学学报》（社会科学版）2023 年第 4 期。

数字社会的现实环境。①

　　但是，在监管移动互联网领域垄断行为时，也应注意到移动互联网平台自我监管也是一把"双刃剑"，平台兼具监管者与市场主体双重身份。因此在发挥移动互联网平台监管作用的同时，必须厘清平台自我监管与政府监管之间的边界，增强平台监管规则的科学性，健全平台自我监管的程序规范，② 这样才让移动互联网平台的监管与政府的监管协同发力，更好地规范移动互联网市场秩序。

三　移动互联网领域垄断行为的刑事责任

　　从各国反垄断法的规定来看，对于具有严重危害的垄断行为处以刑事责任是大势所趋。考察我国现行《反垄断法》的规定，虽然其第 67 条规定"违反本法规定，构成犯罪的，依法追究刑事责任"，但是，刑法中没有相应的罪名作为配套。本书认为，为促进移动互联网经济发展，健全移动互联网领域反垄断责任体系，应妥善规定垄断行为的刑事责任制度。

　　（一）移动互联网领域垄断行为承担刑事责任的必要性与可行性

　　移动互联网市场的发展需要一个和谐的市场环境，然而移动互联网自身的特点又容易导致种种危害市场秩序行为的发生，进而阻碍移动互联网经济的发展。此时便需要法律对危害移动互联网经济发展的种种行为进行规制，在此过程中，既需要民事责任和行政责任对某些损害个人或者社会利益的行为进行制裁，同样对于严重危害社会利益的行为，在上述两者不能很好地实现目的时，便需要刑事责任的制裁，这个过程我们也可以将其理解为一种国家干预的过程。当然，在移动互联网经济发展的不同时期，国家对于干预是有选择的，是干预还是不干预、干预得多还是干预得少，这取决于移动互联网经济的发展要求。目前我国处于移动互联网经济的快速发展时期，很多移动互联网经营者的垄断行为不仅给消费者的利益造成

---

① 参见叶明、冉隆宇《"数字弱势群体"权益的反垄断法保障：功能、限度与路径》，《新疆社会科学》2023 年第 3 期。

② 参见叶明、贾海玲《双重身份下互联网平台自我监管的困境及对策——从互联网平台封禁事件切入》，《电子政务》2021 年第 5 期。

了不良影响，还严重影响市场秩序、损害市场发展。因此，基于市场经济和谐发展的客观要求和刑事责任自身的强威慑性，对于严重破坏竞争秩序、危害整个社会利益的移动互联网领域垄断行为科以刑事责任是必要的。

移动互联网领域垄断行为是否应受刑事责任制裁要考虑其是否具有社会危害性、违法性和可罚性，而行为的社会危害性无疑是后两者的基础，因此要对移动互联网领域垄断行为科以刑事责任，首先应从其社会危害性开始分析。一方面，移动互联网领域垄断行为不仅严重损害移动互联网市场的自由竞争基础、扰乱市场经济秩序，而且通过垄断实现的资源集中和利润独占也在很大程度上破坏了社会分配秩序。另一方面，面对近年来移动互联网领域出现的屡罚不止的垄断行为，即使监管部门对其处以十万甚至上百亿的行政处罚，与其可能获得的更多市场收益相比，就显得微不足道。这种恶性垄断行为，若不加以刑法规制，必将引发竞相模仿潮，对移动互联网市场秩序造成严重影响。

随着移动互联网经济的扩张，移动互联网领域垄断案件的涉案金额不断攀升、影响范围不断扩大、危害程度不断加深，早已超越了民事责任和行政责任所能约束的范围。[①] 这是因为民事责任立足于补偿受害人私人损失，即便是惩罚性赔偿责任也难以体现国家为维护公共利益而对其做出的否定评价。行政责任中的行政罚款虽然使移动互联网领域垄断企业承担较大违法成本，但是也难以实现像刑事责任那样对严重破坏移动互联网市场竞争秩序的垄断行为进行强烈的否定评价。更为重要的是，民事、行政责任的威慑性远不及刑事责任，没有刑事责任就难以建立起一个完整有效的威慑体系。因此，要真正有效地把移动互联网领域垄断行为控制在人们"可容忍"的限度内，不能没有刑罚这把达摩克利斯之剑，这是由民事措施、行政措施的弱制裁性与移动互联网领域垄断行为的实施者能够获得巨额利润所决定。具体而言，刑事责任是通过对移动互联网领域垄断企业及其负责人的成本——收益计算进行干预来实现。如果法纪松弛，移动互联

---

① 参见丁国峰《反垄断法律责任制度研究》，法律出版社 2012 年版，第 235~239 页。

网领域垄断企业违法成本较低，或者违法成本虽高但不及违法收益，会诱
使移动互联网领域一些企业实施或再次实施垄断行为，给社会造成巨大损
害。因此要想减少移动互联网领域部分企业违法实施垄断行为，就必须提
高其违法代价或违法成本，使其一旦实施严重影响竞争并侵害消费者利益
的垄断行为，就会面临高额的刑事罚金，同时其主要负责人也可能会受到
监禁处罚。巨大的经济及人身自由限制风险将使移动互联网领域那些有垄
断动机的企业及负责人在实施垄断行为时"三思而不行"。

（二）移动互联网领域垄断行为刑事责任制度的完善

1. 增加"非法垄断行为罪"

违法垄断行为入罪是一种趋势，许多国家针对违法垄断行为设置有垄
断罪名，但是我国并没有将违法垄断设定为违法犯罪行为。[①] 随着移动互
联网经济的发展，移动互联网垄断行为的社会危害性不断暴露出来，将移
动互联网垄断行为纳入刑法规制范畴具有现实必要性。对垄断行为规定刑
事责任在法理上并没有障碍，真正的障碍在于我们尚未真正认识到移动互
联网垄断行为可能造成的社会危害。未雨绸缪，在理论上对移动互联网垄
断行为入罪进行探讨，为将来之立法修改做好理论准备，这对于我国下一
步反垄断法的修改显得尤为必要。为了更好地规制移动互联网垄断行为，
必须在反垄断法体系中规定刑事责任制度。因此，本书建议将"非法垄断
行为罪"引入我国刑法，并科学设置罚金和有期徒刑的幅度。当然，基于
刑法的谦抑性，我国在反垄断法律责任体系中引入刑事责任时，一方面必
须严格限定刑事责任的适用范围，只能针对特定的核心卡特尔适用刑事责
任;[②] 另一方面必须考虑刑罚制裁的最后手段性、范围的明确限定性，不
能滥用刑罚制裁措施。此外，在追究此类垄断行为的刑事责任时，不仅应
追究单位团体的法律责任，还应同时追究个人责任，以此威慑潜在的垄断
行为人及其决策者，促使具有理性经济人属性的这些企业及其决策者充分
考虑违法垄断所带来的严重后果，从而达到"不敢垄断"的目的。

---

①　参见谭袁《反垄断法责任制度探讨——刑事责任制度的缺失》，《西部法学评论》2012年
第4期。

② 　参见张晨颖《损失视角下的垄断行为责任体系研究》，《清华法学》2018年第5期。

2. 明确移动互联网领域垄断行为的刑事责任

刑事责任是法律责任体系中最为严厉的制裁措施，对于预防、惩罚违法犯罪有着不可替代的作用。要使刑罚的威慑功能在移动互联网领域反垄断中得以充分发挥，应明确限定刑法对于移动互联网领域垄断行为的规制范畴，同时将移动互联网领域严重垄断行为的刑事责任在反垄断法中予以明确。具言之，首先，可以通过移动互联网相关市场营业额来限缩刑事责任的范畴，只有移动互联网领域部分企业的垄断行为达到某个营业额标准之上的，才可能导致足以启动刑事责任的社会危害性。此处的"营业额"可以采用比例标准，即涉案金额在移动互联网某一具体行业的相关市场的营业额达到一定比例；其次，应注意罪与非罪标准的确定。如果界限过严，那么可能造成在遏制移动互联网领域垄断违法活动的同时，也遏制了移动互联网市场参与者从事经济活动的积极性；如果界限过宽，可能在刺激移动互联网市场参与者积极性的同时，也刺激违法活动从而损害国计民生。① 因此在划分罪与非罪的界限时，必须考察具体移动互联网领域垄断行为对整个行业的全局影响，并结合罪责刑相适应的原则，适当将一些严重危害移动互联网经济秩序的垄断行为纳入刑法的规制范畴。例如，对于明显地利用反垄断法规定的赔偿标准较低的空子，监管部门屡罚不止的移动互联网经营者，其主观恶性更大，其行为严重扰乱市场经济秩序。立法者可考虑对于情节严重的此类行为，比如在一定时间段内实施多次垄断行为，在不断处罚的情况下还在移动互联网领域继续实施垄断行为的，扰乱移动互联网市场秩序，可在适当的条件下纳入扰乱市场秩序罪的范畴，追究相关人员的刑事责任。最后，刑事责任旨在为民事责任和行政责任起到兜底的功能，因此只有在执法机关认定垄断行为成立后，且被处罚者没有改正、再次实施核心卡特尔行为的才应启动刑事程序。

四 移动互联网领域垄断行为的其他法律责任

（一）单一刚性威慑方式的不足

在执法方式上，我国反垄断执法机构一直以来主要采取的是单一的

---

① 参见王文华《加拿大市场竞争的刑法保护及其启示》，《法学评论》2005 年第 4 期。

刚性威慑方式，即以行政处罚方式为主，通过事后对行为人科以法律责任来实现规制目的。必须承认，刚性威慑方式对于预防、制止垄断行为具有积极作用，但是自进入互联网时代以来，采取单一刚性威慑方式的不足已经逐渐暴露出来。面对移动互联网垄断行为时，这种不足暴露得更加明显。

其一，受制于各种前置性难题，刚性威慑方式存在无法适用的可能性，并可能因此导致执法回应不足。事后规制、进行行政处罚的模式，以行为明确违法为前提。但由上文可知，移动互联网领域垄断行为的特点导致传统反垄断执法工具难以完全适用，受制于相关市场界定、市场支配地位认定等前置性难题，我国反垄断执法机构可能很难完成对一些移动互联网领域垄断行为的违法性认定。其结果是在反垄断执法规则、执法工具不作相应调整的情况下，行政处罚方式可能被束之高阁。当然，行为明确违法方能进行处罚的方式，符合依法治国的基本要求，也能够避免反垄断执法过度干预市场竞争。但在上述情形下，反垄断执法机构并不是因为确认涉案行为不具有违法性而作出不处罚决定，而是因为无从判断涉案行为是否违法进而无法确定能否进行处罚。这很可能导致执法回应不足的问题。从《关于平台经济领域的反垄断指南》来看，无论是我国反垄断执法机构积极对数据、算法这些新型要素作出回应，还是明确引入必需设施理论等，其目的都在于解决上述前置性难题，为行政处罚方式的适用扫清前置障碍。但是，这些规则的抽象性与法律规则固有的滞后性，意味着当下的反垄断执法规则能否有效应对移动互联网领域垄断行为的规制需求仍需打个问号。在这种情形下，刚性威慑方式的适用空间必然受限。

其二，面对移动互联网领域垄断行为，仅倚重刚性威慑方式难以有效实现反垄断法规制目的。一方面，仅依靠单一刚性威慑方式规制垄断行为的实践效果欠佳，很难有效实现反垄断法预防、制止垄断行为的目的。如在2017~2019年，欧盟委员会三次对谷歌滥用市场支配地位行为进行罚款，罚款总额高达82.4亿欧元（约合90亿美元）。从这一罚款频率与2019年后谷歌依旧多次被控涉嫌滥用市场支配地位可知，通过罚款制止垄断行为的实际效用并不突出，即使不断增加罚款数额，其结果也并不理想。① 当下"适用结构性救济方"的观点频现，实际上也是在回应刚性威慑方式效果不佳的问题。但是，结构性救济因其过分干预市场竞争，能否广泛适用、适用空间如何、适用限度如何等均有待进一步探索。同时，结构性救济方式作为事后救济方式，同样可能面临无法适用的问题，实践效果有待观察。另一方面，在数字经济时代，"前展规制逻辑、引入保护性预防规制"成为一种发展趋势，② 从预防风险的角度来讲，确有必要在单一刚性威慑方式之外发展其他执法方式。

如前所述，移动互联网领域垄断行为在行为效果上具有不确定性，这给反垄断执法机构确定合适的干预时间、干预限度等均带来挑战。但同时，移动互联网领域垄断行为对于市场竞争秩序的损害通常不可逆，这又要求反垄断执法机构必须及时回应规制需求。如果仅依靠行政处罚这一单一刚性威慑方式，等到事态非常明确、清晰之时再进行干预，可能导致一些确实危害市场竞争秩序的垄断行为得以逃脱法律规制，无法及时回应维护市场竞争秩序的时代要求。尤其是考虑到此前我国移动互联网领域的反垄断执法情况与后果，可见单一刚性威慑方式遵循的事后规制理念已经暴露出其局限性。综上所述，欲有效规制移动互联网领域垄断行为，有必要在单一刚性威慑方式之外探索其他执法方式。当然，这并不是单纯否弃刚性威慑方式，而是强调应同时适用其他执法方式，即制裁与执法行动尽管不能带来最适威慑，却是反垄断法最适威慑实现的必要条件。③ 在遵循适度规制理念、包容审慎原则的基础上，为避免对市场竞争的过度干预，尤其是考虑到对于移动互联网领域垄断行为规制中关涉的一些独特问题，社会各界的认知尚不清晰，我们建议在单一刚性威慑方式之外注重运用柔性执法方式。④

---

① 参见方翔《竞争合规的理论阐释与中国方案》，《安徽师范大学学报》（人文社会科学版）2020 年第 4 期。
② 参见陈兵《因应超级平台对反垄断法规制的挑战》，《法学》2020 年第 2 期。
③ 参见喻玲《从威慑到合规指引：反垄断法实施的新趋势》，《中外法学》2013 年第 6 期。
④ 参见叶明、张洁《大数据竞争行为对我国反垄断执法的挑战与应对》，《中南大学学报》（社会科学版）2021 年第 3 期。

（二）柔性执法方式的运用：以反垄断约谈为例

为回应规制移动互联网领域垄断行为的需求，已有学者建议我国反垄断执法机构学习域外经验、采取"市场研究"这一柔性执法方式。[①]"市场研究"方式强调反垄断执法机构在相关竞争行为的效果尚不清晰时，通过对相关市场展开调查，以更好地理解、认知相关竞争行为，并为后期反垄断执法做好铺垫，从而避免执法回应不足的问题。在规制移动互联网领域垄断行为时，引入"市场研究"方式同样具有积极作用。"市场研究"的方式较多，本书着重探讨更具中国特色的柔性执法方式——反垄断约谈。

1. 反垄断约谈的积极效用

事实上，我国反垄断执法机构在移动互联网领域执法时，已经逐渐在行政处罚方式外探索适用反垄断约谈。面对移动互联网领域可能造成竞争损害的涉嫌垄断行为，在面临诸多规制难题、相关行为是否真正排除限制市场竞争的答案尚不清晰时，为回应社会各界呼吁，更具软性、弹性的约谈成为我国反垄断执法机构采取的一种主要应对方式。例如，针对各方反映强烈的平台"二选一"行为，我国市场监管部门多次约谈电商企业，要求平台公平竞争，不得限制、排斥其他经营者开展促销活动，并表明会适时展开反垄断调查。[②] 通过约谈解决垄断争议，契合垄断风险的不确定性特点，[③] 能够回避反垄断法规制面临的一些难题，为后期采取行政处罚等措施提供一定经验，也能够以平等协商、磋商对话等工作方式疏解监管压力、减少社会矛盾，[④] 且具有节约执法资源与成本的优势。此外，约谈本身具有的柔性特点，意味着反垄断约谈一般不会对市场造成过度干预，能够在及时回应社会需求与避免过度干预市场之间实现平衡，符合包容审慎

① 参见唐要家、尹钰锋《算法合谋的反垄断规制及工具创新研究》，《产经评论》2020年第2期。
② 参见新华社《国家市场监管总局约谈平台企业将对"二选一"行为依法开展反垄断调查》，中国政府网，http://www.gov.cn/xinwen/2019-11/05/content_5449039.htm，最后访问日期：2024年3月7日。
③ 参见王虎《风险社会中的行政约谈制度：因应、反思与完善》，《法商研究》2018年第1期。
④ 参见周泽中《行政约谈的规制功能及其法治约束》，《学习论坛》2019年第12期。

的要求。

如上所述，移动互联网领域竞争行为主体的特殊性、行为手段的独特性，对垄断行为分析步骤包括市场支配地位认定、滥用行为认定等提出一定挑战，移动互联网领域垄断行为的效果也比较复杂，排除、限制竞争效果并不明晰。受制于这些前置性的规制难题，以及部分移动互联网领域垄断行为可能存在垄断危害而有待及时回应，反垄断约谈在移动互联网领域确实存在较大的适用空间。不过，采取约谈这一柔性执法方式并非毫无弊端，在适用反垄断约谈时应当予以关注。

2. 适用反垄断约谈时应当注意的问题

其一，采取约谈方式解决垄断争议，虽然可以回避反垄断法规制的一些具体认定难题，及时回应反垄断法规制需求，但因始终不能正面回应反垄断法规制面临的具体问题，难以深入研判、解决相关问题，一定程度上会减少可资借鉴的实证样本，无法从根本上解决移动互联网领域的反垄断法规制难题。因此，长久之计仍在于着力解决移动互联网领域垄断行为规制中的具体难题，解决反垄断执法面临的前置障碍。

其二，采取约谈方式解决垄断争议，因不需要进行严格的反垄断调查，可能会因过度干预而扭曲原本正常的市场竞争秩序。尤其是当下社会监督在推动反垄断执法中扮演着重要角色，反垄断法规制措施的采取在很大程度上受到民众意见的影响，但这种影响未必正确。原因在于，"社会公众对风险的认知更倾向于'体验-情感模式'，对风险的判断更多立足于感官刺激，对新兴风险的认知更加缺乏理性判断"。[1] 过度的媒体话语渗透，借助"风险框架的社会放大"效应，很容易使执法工作失去应有的冷静和理性，进而沦为"冲突-回应"的被动过程。[2] 就此而言，我国 2022 年《反垄断法》第 55 条虽然规定"经营者、行政机关和法律、法规授权的具有管理公共事务职能的组织，涉嫌违反本法规定的，反垄断执法机构可以对其法定代表人或者负责人进行约谈，要求其提出改进措施"，但是，

---

① 参见郭传凯《人工智能风险规制的困境与出路》，《法学论坛》2019 年第 6 期。

② 参见吴元元《信息能力与压力型立法》，《中国社会科学》2010 年第 1 期。

该条对反垄断约谈的规定还不够明确。建议明确反垄断约谈的适用条件、适用范围、具体程序等基本内容，避免以约谈之名行干预之实。

其三，需要警惕异化约谈的风险，典型如"以谈代罚"。约谈的作用空间并非完全没有限度。一般认为，约谈范围应当以潜在的或是轻微的违法行为为主。① 一旦超出这一适用范围，便可能产生"以谈代罚"的现象。其结果是一方面招致社会公众对于反垄断执法机构不作为的质疑，另一方面不利于发挥反垄断法本应发挥的威慑作用。因此，既需要明确反垄断约谈与行政处罚的关系、衔接方式、衔接条件等，避免反垄断约谈成为垄断主体逃避规制的避风港，也应关注程序公开、公正，使社会公众更充分地了解反垄断约谈的原因、内容、结果等，增强反垄断执法机构的公信力，减少社会公众的认知偏差。②

其四，对反垄断约谈加强全链条程序控制。《反垄断法》第55条仅就反垄断约谈制度作了实体性的规定，缺乏程序性的规定，因此，为了保证约谈制度的顺畅运行、保护约谈对象的合法权益，有必要为反垄断约谈制度构建全链条的程序。约谈的成功实施离不开前期的周密准备，为此，应当建立约谈报批和约谈告知制度。在事先已掌握的相关情况和问题的基础上，监管人员应当确定约谈对象、事由、时间、地点、参加人员、目的等内容，制作约谈实施方案，并将该方案报相关负责人批准后实施。在约谈实施方案的基础上，监管机构应当制作约谈告知书，并将其送达约谈对象，除了事由、时间、地点、参加人员、目的等内容，应着重告知约谈的事实、理由和依据，并给予约谈对象一定的准备时间。约谈的正式实施也离不开程序控制。一是要分层设置约谈议程，由于约谈一般采取会议形式，应当按照约谈可能涉及的具体事项，分层设计如情况通报、信息沟通、政策宣讲、原因分析、督促整改、意见反馈等内容，③ 以充分发挥约

---

① 参见朱新力、李芹《行政约谈的功能定位与制度建构》，《国家行政学院学报》2018年第4期。

② 参见叶明、张洁《大数据竞争行为对我国反垄断执法的挑战与应对》，《中南大学学报》（社会科学版）2021年第3期。

③ 参见黄培东《质监行政约谈制度建设初探》，《中国质量技术监督》2012年第9期。

谈的效果；二是要建立约谈纪要制度，对约谈全过程予以记录，特别是约谈主体对主要问题的通报以及提出的整改建议，约谈对象对情况的说明以及未来的整改方案等内容，应详尽记录，最终交由约谈双方确认并签字；三是要注重保护约谈对象程序性权利，包括申请回避、陈述申辩、寻求救济等权利。①

---

① 参见叶明、李文博《反垄断监管领域约谈制度研究——基于回应性规制理论的分析》，《竞争政策研究》2023 年第 3 期。

结　论

　　移动互联网由移动终端、移动网络和应用服务构成，其技术体系、产业链、产业生态系统等都与 PC 端互联网有所不同。由此形成的移动互联网市场也有其自身的特性，如相对封闭性、产品个人性、市场优势跨界传导等，这些特性直接导致移动互联网领域的垄断行为呈现较多新特征。移动互联网经济不仅正在改变商业模式，也正在改变法律理论，[①] 进一步正在改变法律规则。垄断主体多元化势必需要对各个细分市场进行反垄断监管；垄断方式专业化和垄断地位不稳定的特点，对规制手段的选择和监管时机的把握提出更高要求；而竞争性垄断和寡头垄断并存的现状，反映了反垄断法在移动互联网领域实施过程中，如何实现保护新型经营业态与防范垄断风险平衡的问题。面对移动互联网领域垄断行为带来的挑战，应当具体分析《反垄断法》针对滥用市场支配地位、垄断协议、经营者集中等典型垄断行为在移动互联网领域的适用困境，分别提出解决方案，以求最大限度降低垄断行为对移动互联网经济发展产生的负效应。

　　在规制移动互联网领域垄断行为中，相关市场界定是解决问题的起点。然而，目前移动互联网领域相关产品市场、相关地域市场、相关时间市场的界定均面临一些问题。为了解决这些问题，维持移动互联网市场公平的竞争秩序，亟需一个合理有效的界定方法来对相关市场进行界定。可在考量移动互联网市场的双边市场性、交叉网络外部性等特性的基础上，采用盈利模式来源法、产品性能测试法等新方法界定相关产品市场，根据

---

① Orly Lobel, "The Law of the Platform", *Minnesota Law Review*, 2016, Vol 101, p.91.

语言、用户习惯、贸易壁垒等因素界定相关地域市场，参考产品周期、知识产权因素等来界定相关时间市场。通过借助以往的相关市场界定经验，并结合移动互联网领域的商业模式与产品特征，可以对相关市场进行界定，为移动互联网领域垄断行为的规制奠定坚实基础。如果有充分证据表明移动互联网市场主体实施了垄断行为，也应允许有关机关越过相关市场界定直接对垄断行为进行规制。

移动互联网领域的颠覆式创新动摇了市场份额标准在市场支配地位认定中的重要作用，移动互联网市场的跨界竞争性带来了竞争关系的改变，使相关市场的边界进一步模糊。滥用市场支配地位行为的复杂性、隐蔽性，以及行为竞争效果的多重性，提升了移动互联网领域滥用市场支配地位行为的认定难度。面对移动互联网市场特殊性对滥用市场支配地位行为认定带来的诸多挑战，在认定该领域滥用市场支配地位行为时，应当对该领域市场竞争特性及行为特殊性予以充分考量。在移动互联网企业市场支配地位认定中，适当弱化市场份额标准，加强对企业用户数量的考察，关注跨界竞争特性对市场支配地位的影响；在认定移动互联网企业滥用市场支配地位行为时，坚持兼顾公平效率及宽严适中的反垄断政策，遵循以合理原则为主的违法性认定原则，辨别该领域滥用市场支配地位行为的复杂性及行为竞争效果的多重性，灵活调整具体认定方法以适应该领域竞争的动态性，进而实现该领域滥用市场支配地位行为认定的科学性及准确性。

移动互联网经济的快速发展，对移动互联网领域垄断协议违法性的认定也提出了现实挑战。移动互联网领域垄断协议既有促进经济效率的积极作用，也有排除限制、限制竞争的消极后果，应当坚持以合理原则为主、本身违法原则为辅的宽容态度。通过明确移动互联网领域垄断协议主体认定规则、规范移动互联网领域垄断协议行为判定标准、类型化分析移动互联网领域垄断协议主观目的表示、统一移动互联网领域垄断协议竞争效果考量因素，从主体、行为、主观、客观四方面探索出针对移动互联网领域垄断协议违法性认定的分析模式。

当前，移动互联网企业间的集中十分活跃，经营者集中已成为移动互联网企业非常重要的商业运作模式和竞争方式。但是，移动互联网市场又具有一些与传统市场和 PC 端互联网市场不同的特征，如相对封闭性、产品个人性、传播即时性等特征。这些特征使得移动互联网领域的经营者集中具有自身特性，如双边市场支配性、动态垄断性、交易额较大但营业额达不到申报标准、对市场的影响更为显著等特征。因此，反垄断执法机构有必要对移动互联网领域经营者集中进行审查，并对"先发制人的集中"进行适度的审查和监管。而在申报标准方面，引入流量标准、交易额标准以及数据标准，建立申报标准动态调整机制，完善营业额计算方法；在审查标准方面，应当细化综合审查要素，修改经营者集中的禁止条件；在审查程序方面，应当改进审查过程中经营者集中的听证制度，缩短审查期限，完善依职权调查的程序。通过程序和实体标准的完善，规范移动互联网领域经营者集中行为。

在移动互联网领域反垄断法的实施过程中，存在证明责任分配不合理、电子证据取证保全困难、诉前禁令制度操作性差等困境，因此应从上述三个维度完善相关制度。在证明责任制度层面，可采取"举证责任倒置"的证明责任分配原则，减轻原告证明责任以实现法庭两造的"对抗平衡"。在电子证据制度层面，建立健全电子证据开示制度及相关取证规定，指导当事人合法有效地收集移动互联网领域电子证据。与此同时，制定电子证据保全公证程序，确保移动互联网电子证据保全公证结果的真实性。在诉前禁令制度层面，确立移动互联网领域反垄断诉前禁令制度的审查标准，完善配套程序规定并建立专业的诉前禁令审查团队，提升诉前禁令制度的可操作性。

法律责任是移动互联网领域反垄断法适用的基本问题之一，是违法垄断行为的矫正机制和利益受损主体得到救济的保障机制，在整个反垄断法律体系中占有十分重要的地位。当前我国移动互联网领域反垄断法律责任面临责任主体认定难和法律责任形式不完善双重难题。其中，反垄断责任主体制度的不完善是造成移动互联网领域垄断行为法律责任主体认定难的主要原因，对此应细化责任主体的认定标准，扩大责任主体范围，在反垄断法中设置明确的行政垄断民事责任制度。对于移动互联网领域各类法律责任形式的选择及力度的设置上，既要使之产生适度的威慑力和预防效果；又不能太过严厉，妨碍移动互联网经济的正常发展。总之，国家应深入了解当前移动互联网经济发展背景，根据反垄断法的立法目的、价值，结合移动互联网市场的特点来完善反垄断法律责任制度体系，选择科学的法律责任形式，确定合理的法律责任轻重标准。

主要参考文献

一　中文文献

（一）中文著作

1. 朱宏文、王健：《反垄断法——转变中的法律》，社会科学文献出版社 2006 年版。

2. 仲春：《创新与反垄断——互联网企业滥用行为之法律规则研究》，法律出版社 2016 年版。

3. 薛新：《移动互联网时代新思维：企业如何快速转型与升级》，人民邮电出版社 2016 年版。

4. 冯江主编《中国网络市场之竞争法博弈》，法律出版社 2015 年版。

5. 时建中：《反垄断法——法典释评与学理探源》，中国人民大学出版社 2008 年版。

6. 李昌麒主编《经济法学》（第 3 版），法律出版社 2016 年版。

7. 孟雁北：《反垄断法》（第 2 版），北京大学出版社 2017 年版。

8. 王晓晔：《王晓晔论反垄断法》，社会科学文献出版社 2010 年版。

9. 万江：《中国反垄断法：理论、实践与国际比较》，中国法制出版社 2015 年版。

10. 戴龙：《滥用市场支配地位的规制研究》，中国人民大学出版社 2012 年版。

11. 刘佳：《互联网产业中滥用市场支配地位法律问题研究》，人民出版社 2018 年版。

12. 张小强：《网络经济的反垄断法规制》，法律出版社 2007 年版。

13. 潘丹丹：《反垄断法不确定性的意义研究》，法律出版社 2015 年版。

14. 蒋岩波：《网络产业的反垄断政策研究》，中国社会科学出版社 2008 年版。

15. 杨紫烜主编《经济法》（第 4 版），北京大学出版社、高等教育出版社 2010 年版。

16. 刘桂清：《反垄断法中产业政策与竞争政策》，北京大学出版社 2010 年版。

17. 北京市高级人民法院知识产权庭：《关于审查知识产权诉前禁令措施案件的调查研究》，知识产权出版社 2008 年版。

18. 白绿铉：《美国联邦民事诉讼规则、证据规则》，卞建林译，中国法制出版社 2000 年版。

19. 王先林：《中国反垄断法实施热点问题研究》，法律出版社 2011 版。

20. 种明钊：《竞争法》（第 2 版），法律出版社 2008 年版。

21. 王保树主编：《经济法原理》，社会科学文献出版社 1999 年版。

22. 李钟斌：《反垄断法的合理原则研究》，厦门大学出版社 2005 年版。

23. 石俊华：《反垄断与中国经济发展——转型时期中国反垄断政策研究》，经济科学出版社 2013 年版。

24. 〔美〕赫伯特·霍温坎普：《联邦反托拉斯政策：竞争法律及其实践》（第 3 版），许光耀、江山、王晨译，法律出版社 2009 年版。

25. 孙晋：《反垄断法——制度与原理》，武汉大学出版社 2010 年版。

26. 〔美〕詹姆斯·R. 卡利瓦斯、迈克尔·R. 奥弗利：《大数据商业应用风险规避与法律指南》，陈婷译，人民邮电出版社 2016 年版。

27. 江帆：《竞争法》，法律出版社 2019 年版。

28. 许光耀：《垄断协议的反垄断法调整》，人民出版社 2018 年版。

29. 孔祥俊：《反垄断法原理》，中国法制出版社 2001 年版。

30. 叶明：《互联网经济对反垄断法的挑战及对策》，法律出版社 2019 年版。

31. 王玉辉：《垄断协议规制制度》，法律出版社 2010 年版。

32. 李国海：《英国竞争法研究》，法律出版社 2008 年版。

33. 应品广：《经营者集中的效率抗辩法律问题研究》，吉林大学出版社 2011 年版。

34. 吴振国、刘新宇：《企业并购反垄断审查制度之理论与实践》，法律出版社 2012 年版。

35. 韩伟主编《数字市场竞争政策研究》，法律出版社 2017 年版。

36. 史际春：《反垄断法理解与适用》，中国法制出版社 2007 年版。

37. 〔美〕理查德·波斯纳：《反托拉斯法》，孙秋宁译，中国政法大学出版社 2003 版。

38. 北京航空航天大学法学院、腾讯研究院：《网络空间法治化的全球视野与中国实践（2019）》，法律出版社 2019 年版。

39. 〔美〕伍特·威尔思：《欧洲共同体竞争法中的罚款处罚——以威慑论为中心的考察》，李国海译，载漆多俊《经济法论从》（第 5 卷），中国方正出版社 2001 年版。

40. 王晓晔：《欧共体竞争法》，中国法制出版社 2001 年版。

41. 郑鹏程：《反垄断法专题研究》，法律出版社 2008 版。

42. 丁国峰：《反垄断法律责任制度研究》，法律出版社 2012 年版。

43. 张江莉：《反垄断法在互联网领域的实施》，中国法制出版社 2020 年版。

44. 裴轶：《互联网经济中滥用市场支配地位的反垄断法规制》，中国政法大学出版社 2019 年版。

45. 蒋岩波：《互联网行业反垄断问题研究》，复旦大学出版社 2019 年版。

46. 王中美：《互联网反垄断的难题及其解决》，上海社会科学院出版社 2019 年版。

47. 〔美〕赫伯特·霍文坎普：《美国反垄断法——原理与案例》（第 2 版），陈文煊、杨力译，中国人民大学出版社 2023 年版。

48. 曲创等：《互联网平台反垄断案例评析：经济学视角》，经济科学出版社 2022 年版。

49. 张文魁：《数字经济的产业组织与反垄断：数字市场全球治理及中国政

策》，中国人民大学出版社 2022 年版。

（二）中文文章

1. 王德禄：《移动互联网产业发展分析》，《中国高新区》2013 年第 1 期。

2. 何晴：《移动互联网垄断协议界定之疑难问题——以"苹果电子书定价垄断"一案为例》，《哈尔滨学院学报》2014 年第 7 期。

3. 冯源：《互联网领域优势传导效应与反垄断规制——以双边市场为视角》，《网络法律评论》2015 年第 2 期。

4. 韦骁勇、沈蕾：《"满意"还是"锁定"：理解技术创新路径依赖下的消费者持续使用》，《系统管理学报》2018 年第 4 期。

5. 李高广、吕廷杰：《电信运营商移动互联网运营模式研究》，《北京邮电大学学报》（社会科学版）2008 年第 3 期。

6. 万兴：《大数据时代的网络效应及其价值》，《现代经济探讨》2018 年第 12 期。

7. 魏如清等：《双边网络环境下开放与封闭平台的竞争：以移动操作系统平台为例》，《中国管理科学》2013 年 S2 期。

8. 宣潇然：《我国移动互联网行业的垄断问题及其对策》，《重庆第二师范学院学报》2018 年第 3 期。

9. 于馨淼：《搜索引擎与滥用市场支配地位》，《中国法学》2012 年第 3 期。

10. 胡凌：《互联网垄断：现实与未来》，《文化纵横》2014 年第 1 期。

11. 王雪：《网络经济下的垄断与规制研究》，《长沙大学学报》2013 年第 4 期。

12. 傅瑜等：《单寡头竞争性垄断：新型市场结构理论构建——基于互联网平台企业的考察》，《中国工业经济》2014 年第 1 期。

13. 张益群等：《中国电子商务第三方支付市场的单寡头竞争性垄断市场结构实证研究》，《商业经济研究》2018 年第 1 期。

14. 苏治等：《分层式垄断竞争：互联网行业市场结构特征研究——基于互联网平台类企业的分析》，《管理世界》2018 年第 4 期。

15. 颜运秋：《反垄断法的终极目的及其司法保障》，《时代法学》2005 年第 6 期。

16. 成也、武常岐：《移动互联网市场中的垄断行为与反垄断政策研究——以高通、腾讯为例》，《管理现代化》2015 年 5 期。

17. 孙挥：《互联网产业双边市场中相关市场的界定》，《价格月刊》2013 年第 9 期。

18. 赵莉莉：《反垄断法相关市场界定中的双边性理论适用的挑战和分化》，《中外法学》2018 年第 2 期。

19. 雷琼芳：《互联网相关市场界定的研究——基于假定垄断者测试法和盈利模式测试法的比较》，《价格与理论实践》2017 年第 2 期。

20. 孙晋、钟瑛嫦：《互联网平台型产业相关产品市场界定新解》，《现代法学》2015 年第 6 期。

21. 黄坤：《互联网产品和 SSNIP 测试的适用性——3Q 案的相关市场界定问题研究》，《财经问题研究》2014 年第 11 期。

22. 胡丽：《反垄断法视域下网络空间"相关地域市场"的界定——兼评"奇虎诉腾讯垄断案"中全球市场的认定》，《河北法学》2014 年第 6 期。

23. 黄勇、蒋潇君：《互联网产业中"相关市场"之界定》，《法学》2014 年第 6 期。

24. 孟雁北：《互联网行业相关市场界定的挑战——以奇虎诉腾讯反垄断案判决为例证》，《电子知识产权》2013 年第 4 期。

25. 杨文明：《市场份额标准的理论反思与方法适用——以互联网企业市场支配地位认定为视角》，《西北大学学报》（哲学社会科学版）2014 年第 3 期。

26. 王宛亭：《新经济行业反垄断分析中的市场界定演化》，《电子知识产权》2018 年第 7 期。

27. 蒋岩波：《互联网产业中相关市场界定的司法困境与出路——基于双边市场条件》，《法学家》2012 年第 6 期。

28. 王先林：《论反垄断法实施中的相关市场界定》，《法律科学》（西北政法学院学报）2008 年第 1 期。

29. 吴韬：《互联网行业反垄断案件中的相关市场界定：美国的经验与启示》，《电子知识产权》2011 年第 5 期。

30. 朱战威：《互联网平台的动态竞争及其规制新思路》，《安徽大学学报》（哲学社会科学版）2016 年第 4 期。

31. 时建中、王伟炜：《〈反垄断法〉中相关市场的含义及其界定》，《重庆社会科学》2009 年第 4 期。

32. 胡丽：《互联网企业市场支配地位认定的理论反思与制度重构》，《现代法学》2013 年第 2 期。

33. 叶明：《互联网行业市场支配地位的认定困境及其破解路径》，《法商研究》2014 年第 1 期。

34. 叶明：《互联网企业独家交易行为的反垄断法分析》，《现代法学》2014 年第 4 期。

35. 叶明、郑淑媛：《我国纵向价格垄断协议的法律责任分析——以"洋奶粉案"为例》，《商业时代》2014 年第 17 期。

36. 叶明、商登辉：《互联网企业搭售行为的反垄断法规制》，《山东社会科学》2014 年第 7 期。

37. 叶明：《互联网对相关产品市场界定的挑战及解决思路》，《社会科学研究》2014 年第 1 期。

38. 叶明：《〈反垄断法〉在互联网领域的实施》，载王先林主编《竞争法律与政策评论》2018 年第 4 卷，法律出版社 2018 年版。

39. 叶明：《互联网企业掠夺性定价的认定研究》，《法律科学》（西北政法大学学报）2015 年第 5 期。

40. 戴龙、黄琪、时武涛：《庆祝〈反垄断法〉实施十周年学术研讨会综述》，《竞争政策研究》2018 年第 4 期。

41. 寿步：《互联网市场竞争中滥用市场支配地位行为的认定》，《暨南学报》（哲学社会科学版）2012 年第 10 期。

42. 许光耀：《互联网产业中双边市场情形下支配地位滥用行为的反垄断法调整——兼评奇虎诉腾讯案》，《法学评论》2018 年第 1 期。

43. 任剑新：《美国反垄断思想的新发展——芝加哥学派与后芝加哥学派的

比较》，《电子知识产权》2004 年第 6 期。

44. 李剑：《双边市场下的反垄断法相关市场界定——"百度案"中的法与经济学》，《法商研究》2010 年第 5 期。

45. 朱理：《互联网环境下相关市场界定及滥用市场支配地位的分析方法与思路》，《人民司法·案例》2016 第 11 期。

46. 于洋：《关于建立反垄断民事诉讼程序的探讨》，《中国价格监督检查》2012 年第 5 期。

47. 邹亚莎、李亚：《反垄断民事诉讼中的举证责任分配》，《法学论坛》2014 年第 2 期。

48. 何小刚：《移动互联网背景下电子证据的取证审查初探》，《安徽警官职业学院学报》2015 年第 4 期。

49. 米立琴：《保全互联网电子证据公证法律问题研究》，《中国公证》2017 年第 6 期。

50. 曾荣鑫：《互联网电子证据保全公证机制探析》，《云南社会主义学院学报》2014 年第 1 期。

51. 彭向阳、刘玲、彭一翔：《浅析知识产权诉前禁令审查标准》，《科技管理研究》2017 年第 4 期。

52. 汪海燕：《论刑事程序倒流》，《法学研究》2008 年第 5 期。

53. 刘权：《目的正当性与比例原则的重构》，《中国法学》2014 年第 4 期。

54. 何月等：《电子证据鉴定技术和规范研究》，《电信科学》2010 年第 2 期。

55. 李澜：《美国禁令制度研究——兼评我国知识产权诉讼中临时禁令制度》，《科技与法律》2003 年第 2 期。

56. 周晓冰：《北京市法院首例诉前禁令案评析——兼议诉前禁令的审查标准》，《科技与法律》2008 年第 2 期。

57. 曲凌刚、杨扬：《互联网行业不正当竞争案件审理研究》，《现代电信科技》2014 年第 11 期。

58. 刘晴辉：《正当程序视野下的诉前禁令制度》，《清华法学》2008 年第 4 期。

59. 孙彩虹：《我国诉前禁令制度：问题与展开》，《河北法学》2014 年第 8 期。

60. 孙晋：《我国〈反垄断法〉法律责任的缺失及其完善》，《法律适用》2009 年第 11 期。

61. 范广达、刘佳：《反垄断法责任体系的制度反思与完善对策》，《人民论坛》2012 年第 9 期。

62. 张瑞萍：《关于反垄断民事责任的若干思考》，《北京交通大学学报》（社会科学版）2011 年第 2 期。

63. 刘迎霜：《浅析我国反垄断法中的民事责任》，《南京社会科学》2009 年第 1 期。

64. 黄勇：《垄断违法行为行政罚款计算标准研究》，《价格理论与实践》2013 年第 8 期。

65. 王健、张靖：《威慑理论与我国反垄断罚款制度的完善——法经济学的研究进路》，《法律科学》（西北政法大学学报）2016 年第 4 期。

66. 王健：《追寻反垄断罚款的确定性——基于我国反垄断典型罚款案例的分析》，《法学》2016 年第 12 期。

67. 王健：《垄断协议认定与排除、限制竞争的关系研究》，《法学》2014 年第 3 期。

68. 王健：《我国行政性垄断法律责任的再造》，《法学》2019 年第 6 期。

69. 丁茂中：《垄断行为法律责任条款实施困境的消解》，《法学》2017 年第 9 期。

70. 彭本红、鲁倩：《移动互联网产业系统生态化治理研究》，《中国科技论坛》2016 年第 10 期。

71. 杜爱武、陈云开：《中国反垄断诉讼案件数据分析和案例评析报告（2016—2017）》，载王先林主编《竞争法律与政策评论》2018 年第 4 卷，法律出版社 2018 年版。

72. 王迪、王汉生：《移动互联网的崛起与社会变迁》，《中国社会科学》，2016 年第 7 期。

73. 邹开亮、刘佳明：《大数据产业相关市场界定的困境与出路》，《重庆邮电大学学报》（社会科学版）2018 年第 5 期。

74. 王建文、张雯嘉：《论互联网企业相关市场界定的挑战与解决思路》，《商业经济研究》2017 年第 6 期。

75. 宁立志、王少南：《双边市场条件下相关市场界定的困境和出路》，《政法论丛》2016 年第 6 期。

76. 苏华：《多边平台的相关市场界定与反垄断执法发展》，《价格理论与实践》2013 年第 8 期。

77. 陈汉威、胡继春：《从"百度案"看我国互联网行业反垄断的困境与出路》，《价格理论与实践》2014 年第 6 期。

78. 赵静：《双边市场条件下相关市场界定的挑战与探索——以互联网产业为视角》，《牡丹江大学学报》2017 年第 8 期。

79. 李虹、张昕竹：《相关市场的认定与发展及对中国反垄断执法的借鉴》，《经济理论与经济管理》2009 年第 5 期。

80. 仲春：《互联网行业反垄断执法中相关市场界定》，《法律科学》（西北政法大学学报）2012 年第 4 期。

81. Daniel A. Crane、张江莉：《越过市场界定：市场力量的直接证明》（上），《竞争政策研究》2016 年第 2 期。

82. 杜鸣皓：《争议"苹果税"：30% 打赏分成遭遇多重质疑》，《中国品牌》2017 年第 7 期。

83. 程子彦：《苹果或陷垄断纠纷泥潭》，《中国经济周刊》2017 年第 37 期。

84. 邓志松、戴健民：《数字经济的垄断与竞争：兼评欧盟谷歌反垄断案》，《中国市场监管研究》2017 年第 10 期。

85. 李平，郝俊淇：《互联网行业滥用市场支配地位认定中相关市场界定问题研究——基于"奇虎诉腾讯垄断案"终审判决的思考》，《西部法学评论》2015 年第 4 期。

86. 王晓晔：《论相关市场界定在滥用行为案件中的地位和作用》，《现代法学》2018 年第 3 期。

87. 邹越：《竞争性垄断视野下互联网企业市场支配地位的认定》，《税务与经济》2018 第 4 期。

88. 孙瑜晨：《互联网共享经济监管模式的转型：迈向竞争导向型监管》，《河北法学》2018 年第 10 期。

89. 顾敏康：《竞争政策对竞争法制的影响》，《法学》2011 年第 9 期。

90. 周茂荣、辜海笑：《新产业组织理论的兴起对美国反托拉斯政策的影响》，《国外社会科学》2003 年第 4 期。

91. 吴汉洪、刘雅甜：《互联网行业的竞争特点与反垄断政策》，《财经问题研究》2018 年第 9 期。

92. 曾晶：《反垄断法上转售价格维持的规制路径及标准》，《政治与法律》2016 年第 4 期。

93. 兰磊：《论我国垄断协议规制的双层平衡模式》，《清华法学》2017 年第 5 期。

94. 叶卫平：《反垄断法分析模式的中国选择》，《中国社会科学》2017 年第 3 期。

95. 詹馥静、王先林：《反垄断视角的大数据问题初探》，《价格理论与实践》2018 年第 9 期。

96. 曾迪：《大数据背景下互联网平台反垄断法适用难题及对策研究》，《重庆邮电大学学报》（社会科学版）2019 年第 3 期。

97. 郭宗杰：《反垄断法上的协同行为研究》，《暨南学报》（哲学社会科学版）2011 年第 6 期。

98. 钟原：《大数据时代垄断协议规制的法律困境及其类型化解决思路》，《天府新论》2018 年第 2 期。

99. 盛杰民、叶卫平：《反垄断法价值理论的重构——以竞争价值为视角》，《现代法学》2005 年第 1 期。

100. 吴韬、何晴：《美国"苹果电子书价格垄断案"争点释疑》，《法学》2017 年第 2 期。

101. 叶卫平：《垄断协议的认定及其疑难问题》，《价格理论与实践》2011 年第 4 期。

102. 马行知：《垄断协议认定问题刍议——以典型案例为视角》，《东南大学学报》（哲学社会科学版）2018 年第 S1 期。

103. 张晨颖：《垄断协议二分法检讨与禁止规则再造——从轴辐协议谈起》，《法商研究》2018 年第 2 期。

104. 孙晋、宋迎：《数字经济背景下最惠国待遇条款的反垄断合理分析》，《电子知识产权》2018 年第 12 期。

105. 韩祥宗：《"互联网+"战略背景下我国移动互联网产业发展研究》，《商业经济研究》2016 年第 8 期。

106. 周智高：《价格协同行为的认定思路分析》，《中国价格监督检查》2013 年第 7 期。

107. 吴太轩：《互联网企业搭售行为的违法性认定研究——以反垄断法为视角》，《经济法论坛》2014 年第 1 期。

108. 李俪：《互联网产业经营者集中审查制度探析——以滴滴和优步合并案为例》，《山东青年政治学院学报》2017 年第 6 期。

109. 余东华、乔岳等：《横向并购反垄断规制中的安全港规则研究》，《产业经济研究》2010 年第 3 期。

110. 慕亚平、肖小月：《我国反垄断法中经营者集中审查制度探析》，《学术研究》2010 年第 4 期。

111. 韩伟：《美国横向合并指南的最新修订及启示》，《现代法学》2011 年第 3 期。

112. 郭传凯：《互联网平台企业合并反垄断规制研究——以"滴滴""优步中国"合并案为例证》，《经济法论丛》2018 年第 1 期。

113. 徐瑞阳：《论经营者集中申报标准实施机制的完善》，《法学家》2016 年第 6 期。

114. 李振利、李毅：《论算法共谋的反垄断规制路径》，《学术交流》2018 年第 7 期。

115. 焦海涛：《行业协会的反垄断法主体地位——基于中国体育反垄断第一案的分析》，《法学》2016 年第 7 期。

116. 陈云良：《从授权到控权：经济法的中国化路径》，《政法论坛》2015 年第 2 期。

117. 施春风：《定价算法在网络交易中的反垄断法律规制》，《河北法学》2018 年第 11 期。

118. 时建中：《我国〈反垄断法〉的特色制度、亮点制度及重大不足》，《法学家》2008 年第 1 期。

119. 李元龙：《我国应当健全行政垄断法律责任制度——以〈反垄断法〉第 51 条为基点展开的探讨》，《当代经济管理》2010 年第 10 期。

120. 张晨颖：《行政性垄断中经营者责任缺位的反思》，《中外法学》2018 年第 6 期。

121. 李国海：《我国反垄断民事诉讼举证责任分配制度之检讨——以典型案例为样本》，《吉首大学学报》（社会科学版）2019 年第 1 期。

122. 陈云良：《反垄断民事公益诉讼：消费者遭受垄断损害的救济之路》，《现代法学》2018 年第 5 期。

123. 张钦坤：《中国互联网不正当竞争案件发展实证分析》，《电子知识产权》2014 年第 10 期。

124. 蒋舸：《反不正当竞争法一般条款的形式功能与实质功能》，《法商研究》2014 年第 6 期。

125. 李建华、管洪博：《大规模侵权惩罚性赔偿制度的适用》，《法学杂志》2013 年第 3 期。

126. 张晨颖：《损失视角下的垄断行为责任体系研究》，《清华法学》2018 年第 5 期。

127. 李友根：《惩罚性赔偿制度的中国模式研究》，《法制与社会发展》2015 年第 6 期。

128. 宋亚辉：《市场规制中的执法权冲突及其解决路径》，《法律科学》（西北政法大学学报）2012 年第 4 期。

129. 王炳：《论反垄断委员会制度的回应性、超越与改良》，《南京社会科学》2018 年第 10 期。

130. 谭袁：《反垄断法责任制度探讨——刑事责任制度的缺失》，《西部法学评论》2012 年第 4 期。

131. 王文华：《加拿大市场竞争的刑法保护及其启示》，《法学评论》2005

年第 4 期。

132. 莱文：《98.5％安卓 APP 获取用户隐私权限》，《中国质量报》2018年 2 月 1 日，第 8 版。

133. 时建中：《互联网市场垄断已见端倪亟须规制》，《经济参考报》2016年 8 月 17 日，第 6 版。

134. 刘仁：《互联网时代有待创新电子证据解决方案》，《中国知识产权报》2013 年 10 月 25 日，第 10 版。

135. 邓志松：《广州市番禺动漫游艺行业协会组织垄断协议被罚 10 万元》，《中国工商报》2015 年 12 月 16 日，第 6 版。

136. 佟自强：《我国反垄断民事赔偿案件的受理条件》，《人民法院报》2009 年 7 月 2 日，第 6 版。

137. 周正：《基于双边市场理论的电子商务平台竞争规制研究》，东北财经大学应用经济学系 2010 年博士学位论文。

138. 丁茂中：《反垄断法实施中的相关市场界定研究》，华东政法大学2010 年博士学位论文。

139. 李波：《基于网络效应的标准竞争模式研究》，浙江大学管理学院2004 年博士学位论文。

140. 蒋潇君：《互联网企业滥用市场支配地位行为的反垄断法规制研究》，对外经贸大学 2014 年博士学位论文。

141. 丁国峰：《反垄断法律责任制度研究》，安徽大学法学院 2011 年博士学位论文。

142. 金俭：《超越市场力量和垄断力量：平台经济时代的反垄断规制》，《比较法研究》2023 年第 1 期。

143. 陈兵、徐文：《规制平台经济领域滥用市场支配地位的法理与实践》，《学习与实践》2021 年第 2 期。

144. 仲春：《数字经济平台相关市场界定研究》，《法治研究》2023 年第2 期。

145. 吴太轩、彭艳玲：《数字经济领域相关市场界定研究》，《竞争政策研究》2022 年第 5 期。

146. 殷继国：《互联网平台封禁行为的反垄断法规制》，《现代法学》2021年第4期。

147. 杨东：《论反垄断法的重构：应对数字经济的挑战》，《中国法学》2020年第3期。

148. 孙晋：《数字平台的反垄断监管》，《中国社会科学》2021年第5期。

149. 唐要家、钱声绘：《平台最惠国条款的竞争效应与反垄断政策》，《竞争政策研究》2019年第4期。

150. 谭晨：《互联网平台经济下最惠国条款的反垄断法规制》，《上海财经大学学报》2020第2期。

151. 焦海涛：《互联网平台最惠国条款的反垄断法适用》，《商业经济与管理》2021第5期。

152. 吴太轩、谭娜娜：《算法默示合谋反垄断规制困境及其对策》，《竞争政策研究》2020年第6期。

153. 陈兵、马贤茹：《数字经济平台企业垄断认定完善理路》，《上海大学学报》（社会科学版）2021年第3期。

154. 李胜利、陈绍伟：《论默示共谋的类型化及其反垄断法规制》，《安徽大学学报》（哲学社会科学版）2022年第5期。

155. 叶明、朱佳佳：《算法默示共谋反垄断规制的反思与对策》，《甘肃政法大学学报》2023年第5期。

156. 詹馥静：《数字内容平台滥用市场力量的反垄断规制分析》，《华中科技大学学报》（社会科学版）2023年第5期。

157. 周围：《算法共谋的反垄断法规制》，《法学》2020年第1期。

158. 金善明：《中国平台经济反垄断监管的挑战及其应对》，《国际经济评论》2022年第3期。

159. 刘继峰：《依间接证据认定协同行为的证明结构》，《证据科学》2010年第1期。

160. 胡元聪、冯一帆：《大数据杀熟中消费者公平交易权保护探究》，《陕西师范大学学报》（哲学社会科学版）2022年第1期。

161. 戴秋燕：《数据处理者滥用用户协议行为的反垄断法规制》，《法商研究》2023 年第 6 期。

162. 刺森：《算法共谋中经营者责任的认定：基于意思联络的解读与分析》，《天津财经大学学报》（现代财经）2022 年第 3 期。

163. 周学荣：《算法共谋下反垄断的规制困境与路径选择》，《行政论坛》2024 年第 1 期。

164. 叶明、梁静：《移动互联网领域垄断协议的认定困境与出路》，《财会月刊》2021 年第 21 期。

165. 张世明：《结果论与目的论：垄断协议认定的法律原理》，《政法论丛》2020 年第 3 期。

166. 王先林：《论我国垄断协议规制制度的实施与完善——以〈反垄断法〉修订为视角》，《安徽大学学报》（哲学社会科学版）2020 年第 1 期。

167. 李鑫：《电商直播平台"全网最低价"条款的反垄断法规制路径探究——从头部主播与欧莱雅的"差价争议"切入》，《甘肃政法大学学报》2022 年第 5 期。

168. 吴太轩、张梦：《直播带货模式下 PMFN 条款的反垄断法规制困境及对策》，《重庆理工大学》（社会科学版）2023 年第 9 期。

169. 叶明、郭江兰：《数字经济时代算法价格歧视行为的法律规制》，《价格月刊》2020 年第 3 期。

170. 李扬、袁振宗：《数字经济背景下互联网平台滥用市场支配地位行为的认定》，《知识产权》2023 年第 4 期。

171. 陶盈：《机器学习的法律审视》，《法学杂志》2018 年第 9 期。

172. 叶明、李文博：《数字经济互联互通的实现方式——问题揭示、欧盟经验及调整方向》，《科技与法律》2023 年第 2 期。

173. 陈兵、赵青：《反垄断法下平台企业"自我优待"行为的违法性认定》，《江汉论坛》2023 年第 7 期。

174. 段宏磊：《我国经营者集中分类分级审查制度的构建——以新〈反垄断法〉第 37 条为分析对象》，《法商研究》2022 年第 6 期。

175. 王先林：《论常态化监管下平台经济领域反垄断的定位和举措》，《江淮论坛》2023 年第 4 期。

176. 汪芯：《经营者集中反垄断审查制度的困境与优化路径》，《中国价格监管与反垄断》2023 年第 2 期。

177. 叶明、梁静：《我国互联网领域经营者集中反垄断审查的不足与改进》，《西南政法大学学报》2021 年第 1 期。

178. 叶明、梁静：《我国移动互联网领域经营者集中申报标准问题研究》，《竞争政策研究》2019 年第 6 期。

179. 刘桂清：《大型数字平台猎杀式并购初创企业的反垄断规制难题与破解进路》，《吉首大学学报》（社会科学版）2022 年第 5 期。

180. 仲春：《我国数字经济领域经营者集中审查制度的检视与完善》，《法学评论》2021 年第 4 期。

181. 叶明、李鑫：《大数据领域反垄断规制的理论证成与制度构建》，《科技与法律》2021 年第 1 期。

182. 孟雁北：《论大数据竞争带给法律制度的挑战》，《竞争政策研究》2020 年第 2 期。

184. 郜庆：《优化数字经济营商环境背景下支配地位认定条款之重塑》，《行政法学研究》2020 年第 5 期。

185. 龙俊：《数字音乐版权独家授权的竞争风险及其规制方法》，《华中科技大学学报》（社会科学版）2020 年第 2 期。

186. 王伟：《数字内容平台版权集中的法律规制研究》，《政治与法律》2020 年第 10 期。

187. 方翔：《竞争合规的理论阐释与中国方案》，《安徽师范大学学报》（人文社会科学版）2020 年第 4 期。

188. 陈兵：《因应超级平台对反垄断法规制的挑战》，《法学》2020 年第 2 期。

189. 叶明、张洁：《大数据竞争行为对我国反垄断执法的挑战与应对》，《中南大学学报》（社会科学版）2021 年第 3 期。

190. 唐要家、尹钰锋：《算法合谋的反垄断规制及工具创新研究》，《产经评论》2020 年第 2 期。

191. 王虎：《风险社会中的行政约谈制度：因应、反思与完善》，《法商研究》2018年第1期。

192. 周泽中：《行政约谈的规制功能及其法治约束》，《学习论坛》2019年第12期。

193. 郭传凯：《人工智能风险规制的困境与出路》，《法学论坛》2019年第6期。

194. 吴元元：《信息能力与压力型立法》，《中国社会科学》2010年第1期。

195. 朱新力、李芹：《行政约谈的功能定位与制度建构》，《国家行政学院学报》2018年第4期。

196. 李希梁、陈沁心：《平台反垄断治理的约束边界与调适向度》，《社会治理》2023年第2期。

197. 唐要家：《平台互操作政策的应用场景与实施机制》，《理论学刊》2023年第2期。

198. 黄培东：《质监行政约谈制度建设初探》，《中国质量技术监督》2012年第9期。

199. 宋荟柯：《数字经济下的竞争政策研究——欧盟应对数字经济下竞争监管的实践与启示》，《价格理论与实践》2021年第7期。

200. 叶明、李文博：《反垄断监管领域约谈制度研究——基于回应性规制理论的分析》，《竞争政策研究》2023年第3期。

201. 宋骊洁等：《"大数据杀熟"反垄断法规制路径研究》，《中国价格监管与反垄断》2023年第12期。

202. 贾玉环、王千：《电商平台"二选一"行为的相关市场界定问题研究——以"阿里巴巴"案和"食派士"案为视角》，《电子知识产权》2023年第5期。

203. 刘贵祥：《滥用市场支配地位理论的司法考量》，《中国法学》2016年第5期。

204. 叶明、冉隆宇：《数字平台并购的反垄断法规制疑难问题研究》，《电子政务》2022年第8期。

205. 孙秀蕾：《从亚马逊发展模式看数字经济平台的"自我优待"行为及规制》，《南方金融》2021 年第 6 期。

206. 承上：《超级平台并购初创企业的反垄断规制》，《人文杂志》2021 年第 10 期。

207. 叶明、张洁：《反垄断法保护个人信息权益的理据与路径》，《华中科技大学学报》2023 年第 1 期。

208. 任晓聪、和军、黄子龙：《基于分类视角的平台经济常态化监管策略研究》，《经济纵横》2023 年第 12 期。

209. 申乐诚：《互联网平台反垄断相关市场界定》，《经济研究导刊》2023 年第 10 期。

210. 叶明、贾海玲：《双重身份下互联网平台自我监管的困境及对策——从互联网平台封禁事件切入》，《电子政务》2021 年第 5 期。

211. 叶明、冉隆宇：《从间接保护到直接保护：平台经济下消费者在反垄断法中的定位》，《竞争政策研究》2021 年第 5 期。

212. 叶明、黎业明：《互联网平台滥用杠杆优势行为的反垄断规制研究》，《管理学刊》2021 年第 2 期。

213. 陈轩禹、徐涛：《"互联网+"经济形态下我国经营者集中申报制度问题探析》，《新疆财经大学学报》2019 年第 2 期。

214. 方小敏、张亚贤：《超级平台市场力量的三种规制模式》，《南京大学学报》（哲学·人文科学·社会科学）2023 年第 1 期。

215. 叶明、邱威棋：《"秘密自治"的数字平台信用评分：隐忧与规制》，《北京工业大学学报》（社会科学版）2023 年第 4 期。

216. 张荣刚、尉钏：《平台领域反垄断法律规制的效能提升策略》，《南昌大学学报》（人文社会科学版）2023 年第 6 期。

217. 杨利华、刘嘉楠：《数字经济中个人信息竞争的反垄断治理》，《国际商务研究》2023 年第 3 期。

218. 刘武朝、温春辉：《过度收集用户隐私数据行为的竞争损害及反垄断法规制》，《价格理论与实践》2021 年第 7 期。

219. 肖海军、罗迎：《数字经济时代平台企业混合合并的反垄断规制》，

《甘肃社会科学》2023年第2期。

220. 叶明、冉隆宇：《"数字弱势群体"权益的反垄断法保障：功能、限度与路径》，《新疆社会科学》2023年第3期。

221. 洪莹莹：《欧盟〈数字市场法〉及其对中国的启示》，《上海政法学院学报》（法治论丛）2023年第2期。

222. 谢富胜、吴越、王生升：《平台经济全球化的政治经济学分析》，《中国社会科学》2019年第12期。

223. 李勇坚、夏杰长：《数字经济背景下超级平台双轮垄断的潜在风险与防范策略》，《改革》2020年第8期。

224. 靳文辉、苏雪琴：《数字资本无序扩张的风险与规制》，《改革》2024年第1期。

225. 赵伟昊：《网络零售平台搭售行为的反垄断法规制分析——以阿里巴巴为例》，《安徽商贸职业技术学院学报》2023年第2期。

226. 黎业明：《超大型数字平台双轮垄断的反垄断法规制研究——兼论关键设施规则的适用》，《科技与法律》2023年第4期。

227. 杨东、周鑫：《数字经济反垄断国际最新发展与理论重构》，《中国应用法学》2021年第3期。

228. 焦海涛：《反垄断法上的竞争损害与消费者利益标准》，《南大法学》2022年第2期。

229. 任宣怿：《互联网经济背景下反垄断法的适用研究》，《中国价格监管与反垄断》2023年第4期。

230. 上海市市场监管局执法总队课题组：《互联网平台"封禁"行为的竞争法规制研究》，《中国市场监管研究》2023年第8期。

231. 陈兵：《互联网市场支配地位认定方法再探》，《安徽大学学报》（哲学社会科学版）2020年第6期。

232. 张媛：《数字经济次生风险的全景透视与法治之维》，《中州学刊》2023年第12期。

233. 王明泽：《结构主义视角下数字经济垄断分析》，《中国科技论坛》2023年第3期。

234. 戚聿东等：《平台经济领域监管问题研讨》，《国际经济评论》2021 年第 3 期。

235. 孙晋、帕孜丽娅·玉苏甫：《数字经济时代消费者数据权益保护的法律困境与出路》，《西北工业大学学报》（社会科学版）2024 年第 3 期。

236. 袁嘉、兰倩：《数字经济时代传导效应理论与妨碍性滥用垄断规制》，《东北师大学报》（哲学社会科学版）2023 年第 2 期。

237. 王先林：《平台经济领域强化反垄断的正当性与合理限度》，《苏州大学学报》（哲学社会科学版）2024 年第 2 期。

238. 李玉梅、高鹤鹏、陈洋毅等：《中国平台经济的现状、意义、问题及对策》，《华东经济管理》2024 年第 5 期。

二 外文文献

1. Amstrong M., Wright J., *Two-sided Market with Multihoming and Exclusive Dealing*, Working Paper, IDEI 2004.

2. Parker G. G., Van Alstyne M. W., "Two-sided Network Effects: A Theory Information Product Design", *Management Science*, 2005, 51 (10).

3. Katsamakas E., Xin Mingdi, *An Economic Analysis Enterprise Adoption of Open Source Software*, Working Paper, New York University, 2005.

4. *The Power of Google: Serving Consumers or Threating Competition? Hearing before the Subcommittee on Antitrust Competition Policy and Consumer Rights*, Washington, September 2011.

5. Erik Brynjolfsson, *Goodbye Pareto Principle, Hello Long Tail: The Effect of Search Costs on the Concentration of Product Sales*, *Management Science*, August 2011.

6. U. S. Department of Justice and the Federal Trade Commission, *Horizontal Merger Guidelines*, August 19, 2010.

7. Jonathan B. Baker, "Contemporary Empirical Merger Analysis", *George Mason Law Review*, Vol. 5, No. 3, 1997.

8. Davids Evans, "A Guide to the Antitrust Economics of Networks", 10 *Antitrust ABA* 36, 1996.

9. Thomas A. Piraino, Jr. , "Rreconciling the Per Se and Rule of Reason Approaches to Antitrust Analysis", *Southern California Law Review*, Volume 64 1991.

10. Bock, "An Economic Appraises Vertical Restraints", *The Antitrust Bulletin*, Spring 1985.

11. George Grispos, Tim Storer and William Bradley Glisson, "Calm before the Storm: The Challenges of Cloud Computing in Digital Forensics", *International Journal of Digital Crime and Forensics*, 2012.

12. Albert Sanchez Graells, *Discovery, Confidentiality And Disclosure of Evidence Under the Private Enforcement of EU Antitrust Rules*, IE Working Paper Derecho, 2006.

13. David ABalto , "Emerging Antitrust Issues in Electronic Commerce", *Journal of Public Policy & Marketing*, Fall 2000, 19 (2) 7.

14. Guy Lougher&Sammy Kalmanowicz, "EU Competition Law in the Sharing Economy", *Journal of European Competition Law&Practice*, 2016, 7 (2).

15. Richard A. Posner, *Antitrust Law*, University of Chicago Press, 2001.

16. U. S. Department of Justice, "United states of America V. DavidTopkin", https://search. justice. gov/search? query = Topkins&op = Search&affiliate = justice.

17. U. S. Department of Justice, "United States v. Apple, Inc", https://www. justice. gov/atr/case-document/file/624326/download.

18. Person v. Google, 2009 WL 3059092 (9th Cir. Sept. 24, 2009), http:// www. ca9. uscourts. gov/datastore/memoranda/2009/09/24/07−16367. pdf.

19. Bundeskartellamt-Startseite, "Amazon beseitigt die Verpflichtung zur Preisparität für Händler auf dem Amazon Marketplace", https://www. bundeskartellamt. de/Shared Docs/Entscheidung/DE/Fallberichte/Kartellverbot/2013/B6− 46−12. html? nn=3591568.

20. Bundeskartellamt-Startseite，"HRS-Hotel Reservation Service"，https：// www. bundeskartellamt. de/SharedDocs/Entscheidung/DE/Entscheidungen/ Kartellverbot/2013/B9-66-10. pdf？_blob=publicationFile&v=2.

21. European Commission，"E-book MFNs and related matters（Amazon）"， http：//ec. europa. eu/competition/publications/annual_report/2017/part1_ en. pdf.

22. Office of Fair Trading-GOV. UK，"Hotel Online Booking Investigation"， https：//www. gov. uk/cma-cases/hotel-online-booking-sector-investigation.

23. Hovenkamp H. "Antitrust and platform monopoly"，*Yale Law Journal*，2021 （8）.

24. Andrew Selbst & Julia Powles，"Meaningful Information and the Right to Explaination"，*International Data Privacy Law*，2017.

25. East Erbrook F. H. ，"Vertical Arrangements and the Rule of Reason"，*Antitrust Law Journal*，1984，20（2）.

26. Agentesie，"Merger Policy in Digital Matkets：an Expost Assessment"， *Journal of Compitition Law & Economics*，2021，（17）.

27. *Organization for Economic Co-operation and Development*，*Concept of Potentical Competition*，Paris：OECD，2021.

28. Orly Lobel，"The Law of the Platform"，*Minnesota Law Review*，2016，Vol， 10.

图书在版编目（CIP）数据

移动互联网领域反垄断法实施疑难问题研究 / 叶明，
吴太轩著 . --北京：社会科学文献出版社，2024.12.
（西南政法大学新时代法学理论研究丛书）. --ISBN 978-
7-5228-4516-6

Ⅰ. D922. 294. 4

中国国家版本馆 CIP 数据核字第 2024AD7092 号

西南政法大学新时代法学理论研究丛书
移动互联网领域反垄断法实施疑难问题研究

著　　者 / 叶　明　吴太轩

出 版 人 / 冀祥德
责任编辑 / 刘　芳
责任印制 / 王京美

出　　版 / 社会科学文献出版社·法治分社 （010）59367161
　　　　　 地址：北京市北三环中路甲 29 号院华龙大厦　邮编：100029
　　　　　 网址：www.ssap.com.cn
发　　行 / 社会科学文献出版社 （010）59367028
印　　装 / 三河市龙林印务有限公司

规　　格 / 开　本：787mm×1092mm　1/16
　　　　　 印　张：21.25　字　数：325 千字
版　　次 / 2024 年 12 月第 1 版　2024 年 12 月第 1 次印刷
书　　号 / ISBN 978-7-5228-4516-6
定　　价 / 128.00 元